LAS MIL MEJORES POESÍAS
DE LA LITERATURA UNIVERSAL

(Hasta el principio del siglo XX)

Selección, ordenación y prólogo de
Fernando González

Edición por Juan Bautista Bergua
Ediciones Ibéricas

Presentado por
Manuel Fernández de la Cueva Villalba
Profesor de Filosofía

Colección La Crítica Literaria
www.LaCriticaLiteraria.com

Copyright del texto: ©2011 Ediciones Ibéricas
Ediciones Ibéricas-Clásicos Bergua-Librería Editorial Bergua
Madrid (España)

Copyright de esta edición: ©2011 LaCriticaLiteraria.com
Colección La Crítica Literaria
www.LaCriticaLiteraria.com
ISBN: 978-84-7083-197-3

Imagen de la portada: Les sirènes visitées par les muses, Adolphe Lalyre (1848-1933)

Ediciones Ibéricas-LaCriticaLiteraria.com
Calle Ferraz, 26
28008 Madrid
www.EdicionesIbericas.es
www.LaCriticaLiteraria.com

Impreso por LSI (Internacional) y SAFEKAT S.L. (España)

Todos los derechos reservados. Esta publicación no puede ser reproducida, ni en su totalidad ni en parte, ni ser registrada en, o transmitida por, un sistema de recuperación de información, en ninguna forma ni por ningún medio, sea mecánico, fotoquímico, electrónico, magnético, electroóptico, por fotocopia, o cualquier otro, sin el permiso previo por escrito de la editorial.

Cualquier forma de reproducción, distribución, comunicación pública o transformación de esta obra sólo puede ser realizada con la autorización de sus titulares, salvo excepción prevista por la ley. Diríjase a CEDRO (Centro Español de Derechos Reprográficos-www.cedro.org) para más información.

All rights reserved. No part of this book may be reproduced or transmitted in any form, by any means (digital, electronic, recording, photocopying or otherwise) without the prior permission of the publisher.

ÍNDICE

PRESENTACIÓN - Manuel Fernández de la Cueva 29

PRÓLOGO - Fernando González 31

LAS MIL MEJORES POESÍAS DE LA LITERATURA UNIVERSAL . 39

POETAS ANTERIORES AL CRISTIANISMO 41
- VIASA 42
  - *El Mahabharata* 42
- (ANÓNIMO) 44
  - *Exaltación* 44
- DAVID 45
  - *Salmo I* 45
  - *Salmo VI* 46
  - *Salmo CXXIX* 47
  - *Salmo CIII* 49
  - *Salmo LXXXVII* 51
- SALOMÓN 53
  - *Proverbios* 53
- HOMERO 56
  - *La Odisea* 56
  - *Si eres mi amigo* 59
- ALCEO 59
  - *A Harmodio y Aristogitón* 59
  - *Los dardos del amor* 60
- ARQUILOCO DE PAROS 60
  - *Sobre la fortaleza* 60
- SAFO 61
  - *A su amado* 61
  - *Himno a Venus* 62
- TIRTEO 63
  - *Elegías* 63
- ÍBICO 65
  - *El amor tardío* 65
- SIMÓNIDES 65
  - *Un amor de Praxiteles* 65
- PÍNDARO 66
  - *A Timodemo de Atenas, vencedor en el Pancracio* 66
  - *Olímpica* 67
- ANACREONTE 73
  - *A su lira* 73

  El retrato de la amada *74*
  A una taza de plata *75*
  Odas *76*
 PALADAS DE ALEJANDRÍA 77
  La vida humana *77*
 ASCLEPIADES 78
  Climena *78*
 TEÓCRITO 79
  Idilio IV *79*
 BIÓN DE ESMIRNA 82
  Idilio *82*
  Canto fúnebre de Adonis *83*
 MOSCO DE SIRACUSA 89
  Amor arando *89*
  Canto fúnebre de Bión *90*
 MELEAGRO 98
  Súplica al amor *98*
 TITO LUCRECIO CARO 98
  Invocación *98*
 CAYO VALERIO CATULO 99
  Elegía a sí mismo *99*
 PUBLIO VIRGILIO MARÓN 100
  Las Geórgicas *100*
 QUINTO HORACIO FLACCO 102
  Perenne monumento *102*
  Beatus ille *103*
  A Sextio *105*
  A los romanos *106*
  A Leuconoe *106*
 TÍBULO 107
  Elegía III *107*
 SEXTO AURELIO PROPERCIO 109
  A Cintia *109*
 PUBLIO OVIDIO NASÓN 110
  Tristes *110*

POETAS DEL SIGLO I AL X **115**

 MARCO ANNEO LUCANO 116
  La Farsalia *116*
 MARCO VALERIO MARCIAL 118
  Acerca de Cloe *118*
 EMPERADOR WU TI 118
  Hay quien esconde su amor *118*
 ANTAR BEN SCEDAD 119
  Sensaciones de amor *119*

EMPERADOR YANG TI 121
   Flores y claro de luna sobre el río en primavera *121*
ABDERRAMAN I 121
   Tú también eres ¡oh palma! *121*
ABUL MAKSCHI 122
   Ciego *122*
GEMIL 122
   Como mi dulce amada... .... *122*
LI TAI PO 123
   La mujer del guerrero *123*
   Poema de la fugacidad del tiempo *123*
   Solos el vino y yo *123*
   Visita a un taoísta *124*
   El templo en la cumbre *124*
   Polvo viejo *124*
   Momento *125*
   Canto de la desolación *125*
   Añoranza del esposo ausente *126*
   Adiós a un amigo *126*
TU FU 127
   Paisaje de otoño *127*
WANG WEI 127
   Tú, que vienes de la tierra natal... .... *127*
WEI TCHEN KIN 128
   Adiós a mi hermano *128*
TSE LANG 128
   Canción de Siang Yang *128*
TSOEI HON 128
   Escrito en una puerta al sur de la ciudad *128*
LI TCHANG YIN 129
   Atardecer *129*
YUAN CHIEH 129
   El lago del Pez de Piedra *129*
OKI-KASE 130
   Entre sombras *130*
UANG-SING-YU 130
   En secreto *130*
IDZUMI SIKIBU 131
   Último deseo *131*
SUTO-KUIN 131
   El obstáculo *131*
MOTOKATA 132
   A la distancia *132*
MIKUNINO MACHI 132
   Mensaje *132*

PO CHU YI 132
   Resignación *132*
   Enfermo *133*
FUKAYUBU 133
   Nieve *133*
OUSHIKAUCHI MITSUNE 134
   Junto al sendero *134*
   La búsqueda *134*
SONE YOSHITADA 134
   Tan pronto *134*
TSURAYUKI 135
   Nieblas y flores *135*
   Dormí *135*
   Perdido *135*
   Mensajeros *135*
   Con hostil corazón *136*
ANÓNIMOS JAPONESES 136
   Campos sin flores *136*
   Amanecer *136*
SOSEI 136
   Reminiscencia *136*
TOMONORI 137
   ¡Ay! *137*
   Reflejo *137*
KINO TOSHISADA 137
   Rocío *137*
YORUKA 138
   Esperando *138*
YASUHIDE 138
   Flores de espuma *138*
FERDUSI 139
   Introducción del poema de Rustán y Asfendiar *139*
ABN ABD AL-MALIK 140
   Despedida en un jardín *140*
ABU L'ALA AL-MAARRI 140
   ¿No miráis? *140*
   ¿Por qué te quejas? *141*

POETAS DEL SIGLO XI AL SIGLO XV 143

BEN ZAYDUN 144
   Fragmentos de la "Qasida en Nun" *144*
   Desde Al-Zahra *144*
   Si tú quieres *146*
BEN AMMAR 146
   La amada *146*

- AL-MOTAMID DE SEVILLA ... 147
  - *Me canta la cadena*... *147*
- T'ONG CHOW ... 148
  - *Sueño fugaz* ... *148*
- WANG NGAN CHE ... 148
  - *Reposo estival en el pabellón* ... *148*
- CHOW SU CHENG ... 149
  - *Vieja melancolía* ... *149*
  - *Noche lluviosa de otoño* ... *149*
- LI TS'ING CHAO ... 150
  - *Lluvia de flores del melocotonero*... *150*
  - *Anochecer de otoño a la orilla del lago* ... *150*
- BEN AL-LABBANA ... 151
  - *Los lunares* ... *151*
- BEN SARA ... 151
  - *El naranjo*... *151*
- BEN AL-ZAQQAQ ... 152
  - *Las rosas* ... *152*
- BEN JAFACHA ... 152
  - *Escena de amor* ... *152*
- OMAR KHAYYAM ... 152
  - *El botijo* ... *152*
  - *La suerte*... *153*
  - *Imagina, si tú quieres...* *153*
- MOASI ... 154
  - *A mi esclava* ... *154*
- JUDA-BEN-SAMUEL-LEVI ... 155
  - *Himno de la creación: Dios* ... *155*
- SU CHE ... 157
  - *La muerte del hijo* ... *157*
- SOU TONG PO ... 158
  - *El funcionario errante* ... *158*
- HWANG TING TSIEN ... 159
  - *Loa de los pinos* ... *159*
- LOU YOU ... 160
  - *Paseo nocturno* ... *160*
- ABENZOAR ... 160
  - *Epitafio* ... *160*
- AL-HOMAIDI ... 161
  - *Vivir de mi patria ausente...* *161*
- IBN-CHAFADSCHE ... 161
  - *Con los amigos bebo*... *161*
- IBN-AL-ABBAR ... 162
  - *La cita nocturna* ... *162*
- ABU SAHET AL HEDHILY ... 163
  - *A la muerte de su dama* ... *163*

- SADI 163
  - *La greda olorosa* *163*
  - *Fábula* *164*
- DJELAL EDDIN RUMI 165
  - *Invocación* *165*
  - *El Shamsi Tabriz* *165*
- ABUL-BEKA 166
  - *Elegía* *166*
- GUIDO CAVALCANTI 170
  - *Balada* *170*
- DANTE ALIGHIERI 171
  - *A aquellos que saluda...* *171*
  - *Los ojos de mi amada...* *172*
  - *Vi una banda de ninfas* *172*
  - *Soneto en la muerte de Beatriz* *173*
- FRANCESCO PETRARCA 173
  - *Bendito sea el año* *173*
  - *¡Ay mirada suave!* *174*
  - *Si ella ve cual me hiere* *174*
  - *Puesto que vos y yo* *175*
  - *Siempre amé y amo aún* *175*
  - *¿Dónde cogió el Amor?* *176*
  - *En la muerte de Laura* *176*
- HAFIZ 177
  - *Gacela* *177*
  - *Gacela primeva* *178*
  - *Pecados de amor* *179*
  - *No tardes en llenar el hondo vaso...* *179*
- A C I M I 180
  - *La rosa* *180*
- AHMED BEN YAHIA 181
  - *Buenos días* *181*
- IBN ZAMRAK 182
  - *Una candela encendida* *182*
- FRANÇOIS VILLON 182
  - *Balada que hizo Villon a súplicas de su madre para implorar a la Virgen* *182*
  - *Envío* *183*
- OTA DOKWAN 184
  - *De mi ventana* *184*
- KUSUNOKI MASATSURA 184
  - *No vuelve la saeta* *184*
- ANGELO POLIZIANO 184
  - *Balada* *184*
- NICCOLO MACHIAVELLI 186
  - *La Ocasión* *186*

POETAS DE LOS SIGLOS XVI Y XVII 187

GIL VICENTE 188
La barca del Señor *188*
LUDOVICO ARIOSTO 188
¡Oh seguro, escondido y dulce puerto! *188*
¡Cuán bella sois, señora! *189*
FRANCISCO DE SA DE MIRANDA 189
A este viejo cantar *189*
FOUZOLI 190
Cuatro poemas *190*
MOULEY ZIDAN 192
Una bella tumba *192*
ANNIBAL CARO 192
Madrigal *192*
DIOGO BERNÁRDEZ 193
Horas breves... .... *193*
PIERRE DE RONSARD 193
A Casandra *193*
A Elena *194*
Soneto a María *194*
JOACHIM DU BELLAY 195
Feliz quien como Ulises... .... *195*
LUIS DE CAMÕES 196
Está el pájaro... .... *196*
Endechas *196*
Constancia *198*
ANTONIO FERREIRA 199
Soneto a la muerte de su esposa *199*
PEDRO DE ANDRADE CAMINHA 200
Endechas *200*
TORCUATO TASSO 201
Donde ningún palacio... .... *201*
EDMUND SPENSER 201
La gacela amansada *201*
FRANÇOIS DE MALHERBE 202
Consolación *202*
Señor, si mis pecados *203*
SAMUEL DANIEL 203
Belleza, tiempo, amor *203*
WILLIAM SHAKESPEARE 204
Cuando el dulce silencio... .... *204*
Cuando al fin la hora temida... .... *205*
¿Te puedo comparar? *205*
La unión fiel de dos almas *206*
Llora sólo por mí... .... *206*

¡Con qué tristeza!... .... *207*
En mi ves la estación... .... *207*
JOHN DONNE 208
El saludo *208*
FRANCISCO RODRIGUES LOBO 209
Soneto *209*
WILLIAM DRUMMOND 209
A su laúd, con ocasión de habérsele muerto su dama *209*
JOHANN MATTHAUS MAYFARTH 210
Jerusalén, ciudad sagrada... .... *210*
GEORGE HERBERT 211
Virtud *211*
JAMES SHIRLEY 212
Canción de Áyax y Ulises *212*
MARTIN OPITZ 213
Hartazgo de sabiduría *213*
CH'EN TZE LUNG 214
El carrito *214*
SUNG CHI 214
La muerte de una oropéndola *214*
PIERRE CORNEILLE 215
Epitafio de Isabel Ranquet *215*
EDMUND WALLER 216
Vejez *216*
Canción *216*
PAUL GERHARDT 217
Reposan ya los ganados... .... *217*
JOHN MILTON 219
Sobre su ceguera *219*
JOACHIM NEANDER 219
Loa a Dios... .... *219*
RICHARD CRASHAW 220
Epitafio de dos esposos que murieron y fueron enterrados juntos *220*
RICHARD LOVELACE 221
Graciana bailando *221*
ANDREW MARVELL 221
Un jardín *221*
HENRY VAUGHAN 222
La retirada *222*
PETTER DASS 223
Evocación *223*

POETAS DEL SIGLO XVIII **225**

ALEXANDER POPE 226
Oda a la soledad *226*

YUAN TSEN T'SAI 227
   La captura de un tigre 227
THOMAS GRAY 227
   De una gata favorita ahogada en una pecera............................... 227
FRIEDRICH GOTTLIEB KLOPSTOCK 229
   El lazo de rosas 229
OLIVER GOLDSMITH 229
   Canción.. 229
GOTTFRIED AUGUST BÜRGER 230
   Demasiado tarde... 230
VICTOR ALFIERI 230
   Su vida 230
JOHANN WOLFGANG VON GOETHE 231
   El pescador.. 231
   El rey de las Elfes 232
   Mignón 233
   A la luna 233
   Mira esa rama... 235
   Proximidad de la amada 235
WILLIAM BLAKE 236
   Eternidad... 236
   La rosa enferma 236
ROBERT BURNS 236
   ¡Oh márgenes del Doon!... 236
   Dulce Afton.. 237
   ¡Molinero blanco!... 238
FRIEDRICH VON SCHILLER 238
   El guante... 238
   La campana 240
   Los dioses 253
ANDRÉ CHÉNIER 253
   La joven cautiva... 253
   Un muchacho 255
   La joven tarentina 255
MANUEL MARIA BARBOSA DU BOCAGE.................................... 257
   Sentimientos de contrición 257
   A Camões.. 258

POETAS DE LA PRIMERA MITAD DEL SIGLO XIX.................**259**

JUAN VILARÁS... 260
   La primavera.. 260
FRIEDRICH HÖLDERLIN 261
   Bello sol... 261
   Hyperion.. 261
   Al éter.. 262
   El hombre 263

Al silencio 266
WILLIAM WORDSWORTH 268
   La segadora solitaria 268
   El mundo está en nosotros... 269
   Sí, ha sido el eco... 269
   A una alondra 270
   ¿Por qué estás silenciosa? 271
NOVALIS 272
   Lejos, al Este... 272
   Voy hacia unos prados... 273
   Fiel siempre 274
SAMUEL TAYLOR COLERIDGE 275
   Juventud y vejez 275
   Balada lírica 276
ATANASIO JRISTOPULOS 277
   El amor y el tiempo 277
ROBERT SOUTHEY 277
   Estancias 277
WALTER SAVAGE LANDOR 278
   El lamento 278
UGO FOSCOLO 279
   Desolación 279
   Durante el día... 280
CLEMENS BRENTANO 280
   Canción de la hiladora 280
   Lore Lay 281
ADALBERT VON CHAMISSO 284
   El castillo de Boncourt 284
MARCELINE DESBORDES-VALMORE 286
   La corona deshojada 286
ALESSANDRO MANZONI 287
   El 5 de Mayo 287
JUSTINUS KERNER 290
   Canción del caminante 290
LUDWIG UHLAND 291
   El castillo sobre el mar 291
   Las tres doncellas 292
   Primaveral 294
LORD BYRON 295
   Despréndete en bella floración... 295
   Canción del Corsario 295
   La peregrinación de Childe Harold 296
JOSEPH FREIHERR VON EICHENDORFF 297
   El anillo roto 297
FRIEDRICH RÜCKERT 298
   Desde la verde edad... 298

- JORGE ASAKI ... 299
  - Eufrosina ... 299
- ALPHONSE DE LAMARTINE ... 300
  - El lago ... 300
  - El Crucifijo ... 302
  - El valle ... 305
  - Recuerdo ... 308
  - Invocación ... 310
  - El ocaso ... 311
  - La ventana de la casa paterna ... 312
- PERCY BYSSHE SHELLEY ... 313
  - Adonais ... 313
  - Oda al Viento del Oeste ... 325
  - La nube ... 327
  - Estancias escritas en la melancolía ... 329
- SOR REGENTSU ... 331
  - Sin hogar ... 331
  - Soledad ... 331
- WILLIAM CULLEN BRYANT ... 331
  - Thanatopsis ... 331
- JOHN KEATS ... 333
  - Endymion ... 333
  - Oda a un ruiseñor ... 333
  - Hyperión ... 336
  - Soneto escrito en una página en blanco de las poesías de Shakespeare, frente a "La queja del mundo" ... 338
  - Cuando a veces me inquieta ... 338
  - La belle dame sans merci ... 339
- BÓLU-HJÁLMAR ... 340
  - En muchos lugares ... 340
  - Sobre mí ... 340
- ALFRED DE VIGNY ... 341
  - El cuerno de caza ... 341
  - La muerte del lobo ... 344
- GIACOMO LEOPARDI ... 346
  - El infinito ... 346
  - El sueño ... 347
  - Los recuerdos ... 349
- THOMAS HOOD ... 354
  - El lecho de muerte ... 354
  - ¡Cómo recuerdo con dulzura! ... 354
- SIGURDUR BREIDFJORD ... 355
  - Cantos ... 355
- ANDERS FJELNER ... 356
  - La Doncella del Sol ... 356

ADÁN MICKIEWICZ 356
El cazador *356*
La emboscada *358*
CONDE DIONISIO SOLOMOS 361
La envenenada *361*
ALEJANDRO PUSHKIN 362
El talismán *362*
Una flor *363*
A mis deseos he sobrevivido *363*
HEINRICH HEINE 364
Un pino solitario *364*
¿Dónde? *364*
Eres lo mismo que una flor... .... *365*
Tuve en un tiempo... .... *365*
Resplandecía el mar lejano... .... *365*
Angélica *366*
Se querían los dos... .... *366*
Al ir a separarse dos amantes *367*
¡Hoy es tan bello el mundo!... .... *367*
Problemas *367*
Paso por tu casa y miro... .... *369*
El sauce y el ciprés *369*
Si supieran las pobres florecillas *370*
Al zarpar *370*
Lírica *371*
ANÓNIMO 371
Canción popular *371*
ANÓNIMO 372
Otra canción popular *372*
ANÓNIMO 372
Elegía tradicional *372*
ANÓNIMO 373
Parábola sueca *373*
CANCIONES POPULARES SERBIAS 374
La muchacha y la Vila *374*
La muchacha y el pez *374*
Los dos ruiseñores *375*
ANÓNIMO 375
Canto de las estrellas *375*
ANÓNIMO 376
Canción de un cazador *376*
ANÓNIMO 376
Canto de la maga de Iglulik *376*
ANÓNIMO QUECHUA 377
Canción De Amor *377*

ANÓNIMO 377
   Canto de los isleños de Fiji *377*
POESÍAS DE ÁFRICA 378
   La venganza *378*
   La culebra y la rana *379*
   Cántico de la muerte *379*
   Cántico del fuego *380*
   Cántico del cocodrilo *380*
   Locura *381*
   El jefe *381*
   El fusil *381*
   El niño devorado *382*
   Diversos cantos *382*
CANTO DE LOS PIGMEOS 383
CANTOS POPULARES HOTENTOTES 383
KUSHAL KHAN 384
   Seducción *384*
MANGKOE BOI 385
   ¡Adiós! *385*
ANTÓNIO FELICIANO DE CASTILHO 387
   La visión *387*
VICTOR HUGO 390
   A Villequier *390*
   La tristeza de Olimpio *395*
   Booz, dormido *400*
   Poder igual bondad *403*
   Alborada *405*
EDUARD MÖRIKE 406
   La moza abandonada *406*
   ¡Piénsalo, alma! *406*
   A la amada *407*
JORGE ZALOKOSTAS 408
   El beso *408*
FELIX ARVERS 408
   Un secreto *408*
ELISABETH BARRETT BROWNING 409
   Cuando nuestras dos almas... .... *409*
   Sonetos del portugués *410*
ALOYSIUS BERTRAND 411
   Los cinco dedos de la mano *411*
HENRY WADSWORTH LONGFELLOW 412
   El antiguo reloj de la escalera *412*
   Excelsior *414*
   Amanecer *415*
   El molino de viento *416*
   La flecha y la canción *417*

GÉRARD DE NERVAL 417
   Soneto epitafio *417*
EDGAR ALLAN POE 418
   El cuervo *418*
   Las campanas *423*
   Balada nupcial *426*
   Annabel Lee *427*
EUGEN HÖFLING 428
   Recuerdos de un ex-estudiante *428*
LORD ALFRED TENNYSON 430
   Canción de "La hija del molinero" *430*
   En la escollera gris *430*
ALFRED DE MUSSET 431
   Estrella de la tarde *431*
   Recuerdo *432*
   Acuérdate de mí *437*
THÉOPHILE GAUTIER 438
   Sinfonía en blanco mayor *438*
PETROWITCH-NIEGOCH 440
   ¿Es un diablo o son magias? *440*
ROBERT BROWNING 441
   Una senda de amor *441*
   La novia perdida *442*
FRIEDRICH HEBBEL 443
   Canción nocturna *443*
   Ambos *443*
   El niño *444*
   El niño en el pozo *444*
EMMANUEL GEIBEL 446
   Cuando dos corazones *446*
GEORG HERWEGH 447
   Estrofas *447*
THEODOR STORM 448
   ¡Oh, ven y ciérrame los ojos! *448*
   Pregunta *448*
   Recuerdo de esposa muerta *448*
CHARLES LECONTE DE LISLE 449
   Los Elfos *449*
   Mediodía *450*
IVÁN TURGUÉNIEV 452
   El umbral *452*
BASILIO ALECSANDRI 453
   La flor del océano *453*
GOTTFRIED KELLER 454
   Noche de invierno *454*
   Canción crepuscular *454*

WALT WHITMAN 455
   ¡Oh Capitán, mi Capitán! 455
   Perfumada hierba de mi pecho 456
   Cantando a la Primavera 457

POETAS DE LA SEGUNDA MITAD DEL SIGLO XIX **459**
  CHARLES BAUDELAIRE 460
     Las viejecitas 460
     El albatros 462
     Bendición 463
  HIERONYMUS LORM 466
     Canción de las esferas 466
  MORITZ GRAF VON STRACHWITZ 466
     ¡Con qué placer aquí a tus pies! 466
  MATTHEW ARNOLD 467
     El tritón abandonado 467
     Requiescat 470
     Tú y yo 472
     ¡Cuán grande es este mundo! 472
  THEODORE DE BANVILLE 473
     Semíramis 473
     El salto del trampolín 474
  COVENTRY PATMORE 476
     Alguna vez, si muero 476
     Los juguetes 476
     Un adiós 477
  ARISTÓTELES VALAORITIS 478
     Dimos y su fusil 478
  CONRAD FERDINAND MEYER 479
     Entrevista 479
  AUGUSTO OKSANEN 480
     La muchacha sueña a orillas del mar 480
  PALL OLAFSSON 481
     Rima de amor 481
  DANTE GABRIEL ROSSETTI 481
     Glosa de una vieja canción 481
     El huerto de mi padre 482
     Luz súbita 482
  LEÓN TOLSTOI 483
     La primera ley 483
  GEORGE MEREDITH 484
     La tumba del amor 484
     Cielo invernal 484
  EMILY DICKINSON 485
     El mastín solo 485
     La culebra 486

CRISTINA GEORGINA ROSSETTI 487
   Canción *487*
   Amor soñando *487*
   Eco *489*
   Cuesta arriba *490*
   En casa *490*
JOÃO DE DEUS 491
   Lamento *491*
   Fuéseme poco a poco amorteciendo... .... *492*
ALEXIS KIVI 493
   La melancolía *493*
JAMES THOMSON 494
   Cuando viajando en tren... .... *494*
WILLIAM MORRIS 494
   Basta el amor *494*
SIMON JENKO 495
   Después de mi muerte *495*
ALGERNON CHARLES SWINBURNE 495
   Sobre las dunas *495*
   En San Lorenzo *500*
AQUILES PARASJOS 500
   Deseos *500*
GIOSUÈ CARDUCCI 501
   Alborada *501*
   Coloquio con los árboles *502*
   Primavera clásica *503*
   El buey *503*
   "Funere mersit acerbo" *504*
LEON DIERX 504
   Lázaro *504*
EKREN BEY 507
   Acuérdate *507*
SULLY-PRUDHOMME 508
   El extranjero *508*
   La Vía Láctea *508*
   Un sueño *509*
   Hora prima *510*
   El vaso roto *510*
   Aquí abajo... .... *511*
LOUIS FRECHETTE 512
   El invierno *512*
CARLOS SNOILSKY 512
   Zaragoza *512*
SEMBAT CHAHAZIZIAN 513
   El sueño *513*
   El niño y la estrella *514*

THOMAS HARDY 514
  Después 514
ENRICO PANZACCHI 515
  Oh terrible sirena 515
ANTHERO DE QUENTAL 516
  Entre sombras 516
  Mors-Amor 517
  Ignotus 517
  Elogio de la Muerte 518
STÉPHANE MALLARMÉ 521
  Siglo XVIII 521
  Herodiada 521
JOSÉ MARÍA DE HEREDIA 524
  Los Conquistadores 524
  El arrecife de coral 524
  La plegaria del muerto 525
  El esclavo 525
  Ninfea 526
  Romancero 526
FRANÇOIS COPPÉE 533
  Los tres pájaros 533
  El Horóscopo 533
  La etapa 534
ANTONIO FOGAZZARO 535
  Amor Amorum 535
MARIO RAPISARDI 535
  En el pueblo natal 535
PAUL VERLAINE 537
  Canción de otoño 537
  El tapado jinete 537
  Antes de que al ocaso te deslices... 538
  El cielo, por cima del techo 539
FRIEDRICH NIETZSCHE 539
  Poesías 539
DETLEV VON LILIENCRON 541
  Muerto en las mieses 541
  A la música 542
  Sabe Dios 542
  ¡Ya es tarde! 543
  En una gran ciudad... 543
ROBERT BRIDGES 544
  El sauce 544
TRISTAN CORBIÈRE 544
  ¡Hidalgo! 544
  Carta de Méjico 545

LORENZO STECCHETTI 546
   Cuando caigan las hojas... 546
MAURICE ROLLINAT 546
   La biblioteca 546
   Las campanas 547
ARTURO GRAF 547
   Azul 547
   Atenas 548
   Junio 549
ANTÓNIO GOMES LEAL 550
   Cuando Él, finalmente... 550
   El viejo palacio 550
JEAN RICHEPIN 551
   Cedo, al fin... 551
   La canción de María de los Ángeles 552
MIHAIL EMINESCU 553
   A la estrella 553
   Sobre las cimas 553
ROBERT LOUIS STEVENSON 554
   He hollado la colina 554
ABÍLIO GUERRA JUNQUEIRO 554
   Cortejo fúnebre 554
   La molinera 557
   El pastor 559
   Regreso al hogar 564
   In pulvis... 565
   Hablan pocilgas de obreros 572
TOAIAMA MARZAKAZU 573
   El terremoto 573
MOMIN 574
   Era un día... 574
RIZA 575
   Como la mariposa 575
ABDUL HAK HAAMID BEY 576
   La vuelta del pasado 576
GUSTAV FALKE 577
   Rosas tardías 577
   Dos 578
JAROSLAV VRCHLICKY 578
   Akmé 578
STEPHAN G. STEPHANSSON 579
   El arte 579
JEAN-ARTHUR RIMBAUD 579
   El barco ebrio 579
   El durmiente del valle 582
   Vocales 583

LAURENT TAILHADE 583
   Balada añeja de la consolación otoñal *583*
   Envío *584*
GEORGES RODENBACH 585
   Cuando se vuelve a casa... .... *585*
   El espejo es el alma... .... *585*
VITTORIA AGANOOR 586
   Madre, ¿eres tú?... .... *586*
GIOVANNI PASCOLI 587
   Huérfano *587*
   Fides *587*
   Con los ángeles *587*
   Mar *587*
   Medianoche *588*
ÉMILE VERHAEREN 588
   El esfuerzo *588*
   Me dijiste palabras... .... *590*
OSCAR WILDE 590
   Semana Santa en Génova *590*
   El artista *591*
   Requiescat *592*
JEAN MORÉAS 592
   Habla una muchacha *592*
   Estancias *593*
HERMAN BANG 594
   Hay días *594*
ALBERT SAMAIN 595
   La Infanta *595*
   Myrtilo y Palemona *596*
   Anochecer *597*
FRANCIS THOMPSON 598
   El lebrel del Cielo *598*
GUSTAVE KHAN 603
   Lied *603*
ALBERTO D'OLIVEIRA 604
   El entierro del poeta *604*
JULES LAFORGUE 606
   Lamentación de la buena difunta *606*
NICOLÁS MINSKY 607
   Como el rumor del mar... .... *607*
FREDERIK VAN EEDEN 608
   A la muerte de una niña *608*

POETAS DE FINALES DEL SIGLO XIX Y PRINCIPIOS DEL XX 609

  RABINDRANATH TAGORE 610
     Regalo de amante *610*

MAURICE MAETERLINCK 612
 Y si él vuelve un día... .... *612*
 Ya busqué treinta años, hermanas... .... *612*
RICHARD DEHMEL 613
 Aires de tempestad *613*
 El pueblo tranquilo *614*
 Turbación *615*
 Voz en las tinieblas *615*
GABRIELE D'ANNUNZIO 616
 Las manos *616*
 Consolación *617*
 La imagen *619*
 La dama del sarcófago *620*
HENRI DE RÉGNIER 621
 Soneto *621*
 El camino del bosque *622*
WILLIAM BUTLER YEATS 623
 Cuando seas muy vieja... .... *623*
 El sueño de la muerte *623*
 Un aviador irlandés prevé su muerte *623*
OLAVO BILAC 624
 Sordina *624*
 Cielo piadoso *625*
JAN F. E. CELLIERS 626
 Este es el rojizo... .... *626*
SOPHUS CLAUSSEN 626
 Contra el azul del acaso... .... *626*
 Tristeza de septiembre *627*
JORGE COSBUC 628
 Noche de verano *628*
ANTONIO NOBRE 629
 ¡Oh pinos altos!... .... *629*
 Lejos de ti... .... *630*
 Las algas *630*
CONSTANTINO BALMONT 631
 Es tarde *631*
 Los fantasmas *631*
 Yo he venido aquí a este mundo... .... *632*
 El cuervo *633*
 Las flores sepulcrales *633*
 La boda *634*
OTOKAR BREZINA 635
 Mi madre *635*
STEFAN GEORGE 636
 Aniversario *636*
 Mozo de aldea *636*

- **FRANCIS JAMMES** 637
  - *La niña lee el almanaque...* 637
  - *Fui a visitar...* 638
  - *Las plegarias* 640
  - *Buen amigo, fiel perro...* 641
  - *Las nueve Musas* 642
  - *Versos de destierro* 644
- **EDMOND ROSTAND** 644
  - *Los Pirineos* 644
- **EUGENIO DE CASTRO** 653
  - *Mis hijos* 653
  - *Crepúsculo* 656
  - *Diamantes y perlas* 658
  - *A una madre* 658
  - *Trece* 660
  - *Presagios* 661
- **ADA NEGRI** 662
  - *Fatalidad* 662
- **HELGE RODE** 662
  - *Quietos están los grandes árboles...* 662
- **CHARLES GILL** 663
  - *El pensamiento* 663
- **PAUL VALÉRY** 663
  - *El cementerio marino* 663
  - *Palma* 667
  - *Habla Narciso* 670
  - *Nacimiento de Venus* 671
  - *Helena* 672
  - *El vino perdido* 672
  - *Las granadas* 673
  - *Aurora* 673
- **PAUL FORT** 676
  - *Esta muchacha ha muerto...* 676
  - *Si todas las mozas...* 676
- **JÚLIO BRANDÃO** 677
  - *Las hadas buenas* 677
- **ALFONSO LOPES VIEIRA** 678
  - *Con la pena...* 678
  - *Un día te besé...* 679
- **GUILHERME DE ALMEIDA** 680
  - *De la pureza* 680
- **HENRI BATAILLE** 680
  - *La fuente de compasión* 680
- **LOUIS MANDIN** 681
  - *Sueño...* 681

VALDEMAR RORDAM 681
   Crepúsculo... *681*
CHARLES GUÉRIN 682
   Entre mi sueño y tú... *682*
CHARLES PÉGUY 682
   Eva, primera mortal... *682*
FERNAND GREGH 684
   Minueto... *684*
WALTER DE LA MARE 685
   Los centinelas.. *685*
FAIK AALI BEY 686
   Para una belleza ausente.. *686*
HUGO VON HOFMANNSTHAL 686
   Los dos... *686*
   De la fragilidad... *687*
   Sueño vivido.. *687*
TRISTAN KLINGSOR 689
   El soldadito de plomo... *689*
   Canción del molinero.. *690*
JULIEN OCHSÉ 691
   La noche blanca.. *691*
KAI HOFFMANN 692
   Ahora llega la oscuridad... *692*
RAINER MARIA RILKE 692
   Si aunque cierres mis ojos.. *692*
   Bailarina española.. *693*
   La muerte de la amada... *693*
   El interior de la rosa... *694*
THOGER LARSEN 694
   Tierra, de nuevo yo... *694*
ROBERT FROST 695
   Abandonado *695*
AVETIK ISAHAKYAN 695
   Mi dulce hermana *695*
NICOLAS CRAINIC 696
   Canto de monte *696*
ESTEBAN O. JOSIC 697
   Jesús... *697*
AART VAN DER LEEUW 697
   Una caña vacía.. *697*
YAVOROV... 698
   No me preguntes.. *698*
   No me la despertéis... *698*
ADY ENDRE 699
   Ni descendiente... *699*

MAXIMILIANO VOLOCHINE 700
   La primavera roja 700
OSCAR WLADISLAO DE L-MILOSZ 700
   Coro de la procesión 700
FRANÇOIS PORCHE 701
   ¿Qué quieren estos muros? 701
CONDESA MATHIEU DE NOAILLES 702
   Frente a España 702
JOAQUIM TEIXEIRA DE PASCOAES 704
   Al crepúsculo 704
   La sombra de Jesús 704
   La Virgen de los Milagros 705
   Buda 705
KAREL TOMAN 706
   Marzo 706
MÁRIO BEIRÃO 706
   Ángel 706
ANTONIO FERREIRA MONTEIRO 707
   El anhelo 707
JOÃO DE BARROS 708
   Triste 708
LEO LARGUIER 708
   Despertar 708
EINO LEINO 709
   ¿Qué es más hermoso? 709
BERTHEL GRYPPENBERG 710
   El sueño de España 710
WILFRID GIBSON 711
   La amazona invisible 711
JOHN MASEFIELD 712
   El caballero muerto 712
HARUKO 713
   La voluntad del pueblo 713
DZEMAWO 713
   He cantado... 713
SHI-WOI-UKO 714
   El tañedor de flauta 714
ALEJANDRO BLOK 716
   Una muchacha 716
HRAND NAZARIANTZ 717
   Mater Dolorosa 717
ANDRÉS BIELY 718
   Rusia 718
MILAN CURCIN 719
   En la escondida senda 719

P. CERNA	720
Mirad el cielo estrellado...	*720*
ÉMILE DESPAX	721
Soneto	*721*
SAROJINI NAIDU	721
El Amor y la Muerte	*721*
JOHN DRINKWATER	722
Los que me precedieron	*722*
MARTIN ARMSTRONG	723
Sobre un pajarito	*723*
ABEL BONNARD	723
El faisán	*723*
El escarabajo	*723*
La tortuga	*724*
El viejo can	*724*
GEORGES CHENNEVIÈRE	725
Inmovilidad	*725*
GEORGES DUHAMEL	728
Un adolescente	*728*
JULES ROMAINS	730
Un niño de diez años...	*730*
Oración a la casa	*730*
GUIDO GOZZANO	731
La última infidelidad	*731*
NICOLAI GUMILEV	732
Tú y yo	*732*
GEORGES A. TOURNOUX	732
Van por senderos floridos...	*732*
GEORG TRAKL	733
Sebastián en sueños	*733*
RUPERT BROOKE	734
El soldado	*734*
Amor y afecto	*734*
Polvo	*735*
ROBINSON JEFFERS	737
Borrasca abrileña	*737*
JULES SUPERVIELLE	737
Aparición	*737*
La noche que reina en mí...	*738*
Cuando duermen los soles	*739*
Alta mar	*739*
PIERRE-JEAN JOUVE	740
Mira como suben...	*740*
ANTONIO SARDINHA	740
Soneto del huerto	*740*

FERNANDO PESSOA 741
  Una música cualquiera 741
ADRIAN ROLAND HOLTS 741
  El niño 741
THOMAS S. ELIOT (T.S. ELIOT) 742
  La figlia che piange 742
DOROTHY WELLESLEY 743
  El niño enterrado 743
BORIS PASTERNAK 744
  Es primavera... 744
J. W. F. WERUMEUS BUNING 744
  Soneto 744
ARCHIBALD MAC LEISH 745
  Gobi 745
MATEO ZARIFIAN 746
  Niña blanca... 746
SERGEI ESSENIN 746
  No me quejo... 746
PAUL ÉLUARD 747
  Gritar 747
EDMUND BLUNDEN 748
  Antepasados 748
HORACE GREGORY 749
  Poemas para mi hija 749
ROEL HOUWINK 750
  Entre los muros... 750
LANZA DEL VASTO 751
  Aquél que dice: Señor, Señor 751
  Purgatorio 753
JOHN LEHMANN 754
  Camposanto escondido 754
  Regreso al castillo 754
ALBERTO DE SERPA 755
  Interferencia 755
JOHN PUDNEY 756
  Rosas y ruinas 756
NOTO SAUROTO 756
  El corazón 756
  Las dos gotas 757
FUAND-JI 757
  Onta 757
PATRICE DE LA TOUR DU PIN 759
  Hijos de septiembre 759
CHEN-HUNG-CHE 761
  Plenilunio 761

HENRY TREECE 761
   Muerte de un piloto de caza *761*
MOHAMED BEN BRAHIM EL MARRAKCHI 762
   Los labios de miel *762*
   Las alas de la belleza *762*
DYLAN THOMAS 762
   En mi oficio o mi arte monótono... .... *762*
ALUN LEWIS 763
   El centinela *763*
PIERRE EMMANUEL 763
   Limbos *763*
MAGALI HELLO 764
   La voz del país *764*
PIERRE VALLETTE 764
   Agradecimiento *764*
EDMOND DUNE 765
   Despertar *765*
SIDNEY KEYES 766
   Poeta de guerra *766*
   Dos oficios de un centinela *766*

ÍNDICE DE POETAS POR PAÍSES 769

EL CRÍTICO Y EDITOR - JUAN BAUTISTA BERGUA 783

LA CRÍTICA LITERARIA - WWW.LACRITICALITERARIA.COM 785

PRESENTACIÓN

La presente obra poética titulada *"Las Mil Mejores Poesías de la Literatura Universal"* es uno de los libros de referencia de Ediciones Ibéricas.

Esta obra reconoce los límites inherentes a su propia intención; seleccionar los mejores poetas y las mejores poesías de la Literatura Universal. Es evidente que jamás podremos ponernos de acuerdo en ninguno de los dos temas, es decir, ni quiénes son los mejores poetas ni cuáles son las mejores poesías. Ahora bien esto ni impide que, con esta obra, ofrezcamos al lector algunos de los poetas y de los poemas que, sin duda, tienen una calidad literaria suficiente de reconocimiento universal. Con ello, fundamentalmente, pretendemos dos cosas; primero que el lector mantenga despierta su delicada emoción poética y, segundo, que tenga a la mano distintos poetas de diferentes épocas y diversas corrientes poéticas.

El libro se compone por partes:
1. Poetas anteriores al cristianismo.
2. Poetas del S. I al S. X.
3. Poetas del S. XI al S. XV.
4. Poetas del S. XVI al S. XVII.
5. Poetas del S. XVIII.
6. Poetas de la Primera Mitad del S. XIX.
7. Poetas de la Segunda Mitad del S. XIX.
8. Poetas de finales del S. XIX y principios del S. XX.

Haciendo referencia al contenido del título, el lector puede imaginarse que encontramos autores de todos los países del mundo. Entre los autores más representativos encontramos a Salomón, Homero, la poetisa Safo, Píndaro, Lucrecio, Horacio, Dante, F. Pretarca, N. Maquiavello, Shakespeare, John Milton, Goethe, W. Blake, F. Schiller, Hölderlin, Novalis, G. Leopardi, Víctor Hugo, Ch. Baudelaire, Emily Dickinson, F. Nietzsche, Mihail Eminescu, Rimbaud, Oscar Wilde, R. Tagore, Ada Negri, Paul Valery, Rilke, Fernando Pessoa, etc. Además de contar con estos poetas también debemos mencionar algunos de sus traductores como por ejemplo; Fray Luis de León, F. de Quevedo, Juan Valera, M. Menéndez y Pelayo, Gabriel Celaya, Dámaso Alonso, Pedro Salinas, Juan Ramón Jiménez, Leopoldo Panero, Giner de los Ríos, etc.

Los temas sobre los que escriben estos poetas son de lo más heterogéneos; escriben sobre el amor, sobre su patria, sobre la naturaleza, sobre sus familias, sobre la vida, sobre la muerte, sobre la juventud, sobre la amistad, etc., sería imposible mencionar todos y cada uno de estos temas tan inmortales como sus autores.

Admirando la belleza estética que nos han dejado nuestros antepasados esperamos que el lector disfrute de los sentimientos poéticos que esta obra despierta con estos inmortales versos.

Corral de Almaguer, febrero de 2011
Manuel Fdez. de la Cueva Villalba
Profesor de Filosofía

PRÓLOGO

> A mis amigos y compañeros de este trabajo, Miguel Ángel Solís Alonso y Pedro Pablo Pérez López.

Por primera vez en España una Editorial reúne en un mismo libro las mejores composiciones poéticas de la literatura universal. Unas se hallaban ya traducidas, y otras lo han sido expresamente ahora. Se reúnen aquí poetas de todos los países, de los cinco continentes, de todos los idiomas que han tenido una vida literaria a lo largo de los tiempos. Puede decirse que aquí se oyen las mejores voces poéticas del mundo en el transcurso de más de treinta siglos. En general, se ha dado una especial preferencia a la poesía lírica, sin que falten algunos trozos de carácter épico a fin de hacer lo más evidente posible la diversa unidad de la poesía. Incluso dejan oír aquí su monótono son los cantos ingenuos de pueblos que todavía dejan transcurrir su vida por las orillas de la civilización. La amplitud del intento no permite, como es natural, que la perfección se logre. Toda colección de este género es, siempre, imperfecta, como la vida misma; pero en esa imperfección radica el fundamento de su renovación futura. "La adusta perfección jamás se entrega—y el secreto ideal duerme a su sombra", dijo un lírico nuestro. Cada trozo seleccionado puede ser motivo de contradictorios pareceres: lo que para unos es inconcebible que se haya escogido, otros en cambio lo consideran un acierto. Y en este discriminar entre lo que es mejor y lo que es menos bueno, el lector contribuye a la obra del seleccionador, pues aplaude su labor en todo aquello que de la misma no rechaza. Y, de este modo, uno y otro legan a los espíritus del futuro aquellos poemas que merecen ser tenidos en cuenta.

No se hacen, pues, las colecciones poéticas de signo antológico para complacer a un determinado grupo de lectores cuyas preferencias se conocen o se suponen. La intención de quien la hace debe ser, por el contrario, la de suscitar un eco de respeto y amor para la poesía entre las personas de más diversa formación, pues de ese modo cada uno puede hallar en la antología algo que le suene a cosa propia. El seleccionador no debe olvidar que una obra de este género no es una obra personal, y debe, por consiguiente, sacrificar sus individuales preferencias en bien de la poesía y en interés de la cultura en general. Su misión, en este caso, es señalar a los demás aquellas producciones poéticas que, con arreglo a su juicio o a su gusto, considera que pueden merecer la estimación o la admiración de quien por primera vez las conozca. Su selección tiene el carácter de una consulta: busca la conformidad en unas cosas y el consejo de rectificación en otras. Pero como en esto no establece un dogma, tampoco lo acepta. No es juego limpio increpar a un antologista porque prefirió unos poemas a otros, porque incluyó en su obra estas composiciones y prescindió de aquéllas. Quien tal hace, debe saber que la réplica adecuada está implícita en su propio razonamiento: no hace falta otra cosa que volver sus argumentos del revés.

Si no es posible, pues, recoger en una antología lo que cada lector puede considerar excelente entre cuanto se ha producido en la literatura poética de un solo país, tampoco es fácil conseguir un total asentimiento cuando se trata de calibrar los autores escogidos, especialmente si se opera con poetas contemporáneos, expuestos aún a la terrible sentencia del tiempo. Pocas veces acepta la posteridad, de un modo absoluto, los valores literarios que estuvieron en boga en un determinado momento. En su popularidad, en su fama o en su gloria, influyeron elementos circunstanciales introducidos en su obra, que luego, al correr de los años, las nuevas circunstancias condenaron al olvido. Y sin embargo, aún corren por ahí, en nuestra literatura y en las extranjeras, algunas obras y autores cargados de una fama inmerecida, esperando temerosos la mano que les dé definitiva sepultura. El día en que un alto espíritu crítico—que aún no hemos tenido, o al menos no ha llenado este deber—se dedique a examinar a nueva luz obras y nombres del pasado introducidos clandestinamente entre las glorias verdaderas, es seguro que muchas cumbres se desmoronarán y dejarán ver, aun en la penumbra, espléndidos paisajes que estaban ignorados en la plenitud de su hermosura. Porque en poesía lírica no se puede juzgar la calidad de una obra atendiendo a su mayor o menor extensión, a la trascendencia o nimiedad del tema, a la perfección o imperfección de las formas o a la sonoridad o levedad del acento.

Si todas estas dificultades asedian a quien intenta la selección poética de un determinado país, supóngase el relieve que estas dificultades alcanzan cuando se trata de coleccionar poemas de muchos autores, de muchas lenguas, de diversas civilizaciones, sobre el proteico mar de los siglos. La primera impresión que recibe quien pone mano a esa tarea, es la de hallarse en medio de un inmenso osario, de tocar los esqueletos de multitud de poemas que en su tiempo y en su idioma tuvieron una maravillosa vida. El "revés del tapiz" cervantino no es aplicable en este caso, pues es insuficiente para dar una idea cabal de este tránsito de lo animado a su residuo. Y cuando el poema traducido conserva, en nuestro idioma, una vitalidad efectiva, eso se debe al poder de recreación de la mano poética que hizo el prodigio del trasplante. En este mismo libro podrá leerse un poema japonés, llegado al castellano a través de otra lengua, que tiene en nuestro idioma la gracia poética de la natividad. Y para que se vea cómo sólo un poeta puede recoger, a través del tiempo y del espacio, la onda mágica de otro poeta, lo confrontaremos simplemente con otra versión del mismo poeta hecha por un traductor de buena voluntad:

Con hostil corazón, los nuevos moradores
de la casa que un día fue mía me acogieron.
Pero de mí tal vez se acordaban las flores
porque me dan el mismo perfume que me dieron.

(Descansé en tosco albergue de montaña:
mas la memoria del día primaveral
en hondo ensueño mi visión mantuvo,
y flores aromáronme la noche.)

No se atribuya esta diferencia sólo al influjo del arte, pues las dos versiones están versificadas, aunque de distinto modo. Sin embargo, la primera perdería mucho si la pusiéramos en prosa, y acaso la segunda ganaría, o, al menos, no perdería. Pero éste es ya otro problema, independientemente del don poético que es deseable hallar en el traductor de poesía lírica; toca, precisamente, a la forma que el traductor dé a la obra que traduce. Es indudable que un poema puede ser traducido en prosa o en verso sin que se apague su hálito poético de origen, sin que se enturbie la belleza de su pensamiento, sin que se pierda la armonía de su forma. A propósito de esto conviene recordar unas palabras de Enrique Díez-Canedo, uno de los mejores críticos de poesía y uno de los mejores traductores de poesías extranjeras que ha tenido España en la primera mitad del siglo XX: "Más que una regular traducción en verso, vale una buena versión en prosa; pero más que una buena versión en prosa, vale una buena transcripción en verso. El verso, en la poesía, es esencial; una traducción en verso puede ser equivalente a su dechado..."

No cabe duda de que si la buena traducción está hecha en versos rimados, este recurso artístico contribuye a ganar para la poesía trasplantada mayor número de adeptos; tanto, que muchas gentes que leen libros de versos pasan indiferentes por los poemas escritos en versos blancos, porque, para ellas, si los versos no están rimados no son poesía. A esta clase de lectores conviene saber, para no persistir en su error, que en modo alguno se debe confundir la "poesía" con el "arte" del poema; la una se refiere a la emoción poética de una composición; el otro, a la forma en que la composición está escrita. Esta puede estar escrita en versos rimados, en versos blancos, en versos libres y en versos sueltos o versículos. Por ahí suelen confundir en uno mismo los versos blancos, los sueltos y los libres, Y como en la presente obra se encontrarán ejemplos de poesías traducidas en versos de esas distintas clases, conviene dar al lector sencillo que lo necesite, una idea clara de la diferencia que existe entre ellos.

Lo más tradicionalmente conocido en nuestra literatura son la estrofa rimada y el verso blanco, en cuyos orígenes no nos hemos de detener. El verso libre y el verso suelto, especialmente el primero, son conquistas del arte poético logradas en el siglo XIX. La estrofa rimada tiene diversos nombres, según el número de versos de que está compuesta, o por la distribución en ella de las rimas y también en razón al metro que se emplee. Son versos blancos los no sujetos a rima en una composición, pero que guardan generalmente uniformidad de metro o medida. Pueden hallarse en serie o agrupados en forma de estrofa.

El verso libre, por el contrario, se usa en composiciones rimadas, pero con la peculiaridad de que los versos pueden tener diferente medida. Este verso rompe la unidad métrica de un modo más ágil y amplio que la clásica silva. Muchos ejemplos pueden hallarse entre los poetas que en España llaman todavía "modernistas". Uno de estos ejemplos nos lo ofrece la famosa "Marcha triunfal", de Rubén Darío, donde junto a un verso de veintiuna sílabas se halla un verso de sólo tres:

...al que ama la insignia del suelo materno,
al que ha desafiado, ceñido el acero y el arma en la mano,
los soles del rojo verano,
las nieves y vientos del gélido invierno,
la noche, la escarcha
y el odio y la muerte, por ser por la patria inmortal,
¡saludan con voces de bronce las trompas guerreras que tocan la marcha triunfal!...

El verso suelto es una conjunción del verso blanco y del verso libre; como el primero, no está sujeto a rima; como el segundo, no está sujeto a metro fijo en relación con los demás de la misma composición. El poeta versifica con absoluta libertad, pero guarda, no obstante, una interior arquitectura rítmica. Muchos poetas de los últimos tiempos han renovado el cultivo de este modo de versificar, especialmente los denominados "surrealistas". El mayor riesgo de esta versificación está en sus coqueteos con la prosa, de la que es vecina. Pero es indudable que muchos poemas no podrían ser escritos—lo mismo que ocurre con otra clase de versos—más que en verso suelto, pues cada poema reclama, por naturaleza, su propia forma.

Y si el poema reclama su propia forma para no malograrse como poema o como poesía, ¿qué decir de los poetas que no atienden a su propia naturaleza creadora? Es muy frecuente ver a los poetas jóvenes seguir con ansias de identificación la misma orientación de sus poetas preferidos, olvidando que sus modelos llegaron a la fama, o a la gloria, precisamente por haber sido fieles a su íntimo ser lírico. Y el que en la juventud sigue una moda, una tendencia o una "estética" en boga y a la hora en que debe dar su obra personal no ha corregido su rumbo, puede considerarse irremisiblemente perdido, aunque la naturaleza le haya dotado de magníficos dones. La poesía es sólo una y a ella se puede ascender por diversos caminos, pero cada cual debe afanarse en encontrar el suyo. Estos distintos caminos pueden, incluso, cruzarse en algunos momentos, pueden correr parejos y semejantes, pero cada cual tiene su meta independiente, sea cual sea el punto de origen. No se olvide que todos procedemos de alguien, que todo procede de algo. Pero el poeta debe ir eliminando, a lo largo de su obra, los elementos exóticos que primitivamente colaboraron a la formación de su personalidad. Y teniendo un carácter tan personal la creación poética, andan descaminados quienes pretendan juzgar la obra de un poeta sólo atendiendo a su posible o evidente relación con la obra de sus predecesores o de sus contemporáneos. Para esta función sobran todos los casilleros, especialmente ese fácil recurso de "romanticismo" y "clasicismo", verdadero Scila y Caribdis de la crítica poética. Es preciso juzgar aisladamente y de frente la obra de un autor, para abarcar el misterio de su calidad poética. Para esto es necesario un crítico, un gran crítico de poesía, que nosotros no hemos tenido todavía, si bien no nos han faltado excelentes comentadores, e incluso algunos poetas han cultivado esporádicamente la crítica poética con indudable acierto en su parcial aventura. Pero esa no es función específica de los poetas, que pueden situarse a examinar la obra ajena desde el ángulo de sus propias creaciones o bien ignorar la naturaleza recóndita de la empresa acometida. Creo que fue Ortega y Gasset—ese hombre del que algún día nos preguntaremos con estupor si hemos tenido el magno honor de ser compatriotas y contemporáneos suyos—quien dijo en cierta ocasión que "el manzano no sabe de botánica". Y aunque, en mi entender, el crítico es fundamentalmente un poeta, pero de distinta especie, es a él a quien corresponde la misión cuasi divina de penetrar en la obra poética y separar en su interior el oro de la arcilla.

Porque es frecuente leer opiniones y pareceres sobre poesía, firmados por personas insolventes, que con su escrito no juzgan ni hacen otra cosa que inculcar al lector de buena fe su propia desorientación o desconocimiento. De éstos y aun de algunos personajes literarios, proviene, por ejemplo, el error de confundir la poesía con el arte. La poesía no es un arte, insistimos, aunque sí lo sea la composición poética en todo lo que tiene de carácter artístico, como la estrofa, el ritmo, la rima, el modo de desarrollar el tema, etc. Una composición puede ser espléndida desde el punto de vista artístico o literario, y, sin embargo, no contener ni un hálito de poesía. En cambio, es posible hallar escritos en prosa pletóricos de sustancia poética, como también puede correr una caudalosa vena de poesía por un poema desordenado en su exposición, amétrico y sin rima, es decir, en indigencia de "arte". Por otra parte, hay quienes, también erróneamente, consideran la importancia de una obra poética en razón directa de su asunto: si el tema es de por sí noble, trascendente, etc., la composición como tal composición poética es asimismo noble, trascendente, etc., aunque en ella no se perciba ni el más tenue latido de verdadera poesía. ¡En éste y en los otros sentidos somos aún víctimas de la rutina establecida por los viejos preceptistas, que no fueron ni críticos ni poetas!

También es corriente en quienes suelen hablar ligeramente de poesía, confundir el juicio con el gusto. Una poesía puede ser magnífica como tal, y nuestro juicio reconocerlo así, y sin embargo, no ser acepta para nuestro gusto. De igual modo, podemos sentir nuestro gusto satisfecho con un poema que nuestro juicio nos demuestra que no es bueno[1]. Muchos comentaristas ganarían bastante si tuvieran esto presente y se limitaran a señalar las preferencias de su gusto, sin dictaminar sobre lo bueno y lo malo de una obra, careciendo del instrumento que les haría aptos para este menester. Enjuiciar la poesía lírica no es tarea fácil, ni está al alcance de muchos. No basta ver el fruto en la rama, es preciso saber saborear su jugo.

La poesía lírica es inefable, no se puede definir, pero hay almas dotadas de misteriosos dones que la perciben donde se encuentra, de igual modo que el rabí Don Sem Tob percibía la esencia de la rosa en el agua que la contuvo:

> Cuando es seca la rosa,
> que ya su sazón sale,
> queda el agua olorosa
> rosada que más vale.

Sí, dejando a un lado otros elementos del poema y de su suerte, paramos la atención en los autores, veremos que hay poetas de juventud y poetas de madurez. Los primeros dan lo mejor de su obra en los años juveniles y sus producciones suelen caracterizarse por la brillantez metafórica, la riqueza de imágenes, la fastuosidad, el color, la musicalidad, el aliento cálido, artístico o poético, que sorprende y domina, despertando simpatías, entusiasmos y admiraciones cuantiosas. Pero una vez rendida su cosecha juvenil, en los años posteriores parecen vivir en un clima distinto del que dio vida a su poesía. Unos vuelven sobre sus pasos y se repiten, no en los temas, sino en los elementos formales o artísticos de su obra lograda; otros se evaden hacia modos y maneras poéticas que son extraños a su naturaleza y en los que se mueven con la inseguridad del cazador furtivo en terreno vedado o con la angustia del que busca en vano un tesoro perdido en un mundo que no le es propio. Algunos—en todo hay excepciones—se vuelven a "encontrar" en la cima de sus años, pero con una voz y una fisonomía que les convierte en poetas extraños al que fueron. Los poetas de madurez, en cambio, pasan inadvertidos en su juventud; su obra se va haciendo lentamente, con la

---

[1] Recuerdo el entusiasmo con que alguna vez nos decía Federico García Lorca: "¡Cómo me gusta la música mala!".

colaboración del tiempo, aunque lo temporal no entra a formar parte de su obra, y a base de experiencias sentimentales, humanas, profundas, reflexivas, y su voz suena grave, honda, cargada de acentos de congoja en que parece condensarse la tristeza del mundo a lo largo del lento galope de los siglos. En el monólogo íntimo de estos poetas hay algo puesto por el verbo de la Eternidad.

De ambas clases de poetas pueden hallarse poemas en este libro. Hablan aquí, con voz de ahora mismo, almas que cruzaron la tierra en el transcurso de más de tres mil años. Todavía está vivo su mensaje. Reunidos aquí, como en una especie de Juicio Final, todos nos hablan en lengua castellana: los chinos, los japoneses, los hebreos, los griegos, los romanos y, junto a ellos, los nombres que constelan el cielo poético de los idiomas del mundo moderno. Sus vivas voces suenan, claras y distintas, sobre las ruinas de los imperios, sobre los escombros de las civilizaciones, dando unidad a los siglos, dislocando las latitudes, avasallando todas las fronteras. Imposible hacer ahora un examen de todos y cada uno de los poetas reunidos, ni siquiera de los de una época o de los de un país. Ellos, que han borrado todos los límites, nos han impuesto los suyos y a su vez tienen que aceptar los nuestros, pues enjuiciarlos en conjunto o por separado no ha sido el propósito—ni el espacio lo consiente—de esta selección, aunque la ocasión es espléndida y tentadora. Nuestro intento ha sido poner al alcance de muchas manos la obra de muchos poetas que no a todos es fácil conocer en su idioma de origen. Que hablen, pues, los poetas, traídos de la mano a nuestra lengua castellana por la sabiduría, la sensibilidad y el don recreador de nuestros mejores traductores, para quienes se hace constar aquí la más profunda gratitud. Y que el lector se apresure a oírlos y se disponga a elegir entre tantos magníficos poetas, aquellos que sientan más cerca de su espíritu, más próximos a su corazón. No habrá un solo lector que no encuentre en estas páginas sentimientos, pensamientos, dolores, amores, ilusiones o desengaños que no sean idénticos a los suyos, aunque hayan sido expresados por sus autores en las lejanías del tiempo y del espacio. Y que cada uno, al encontrase hermanado en el presente con esos desinteresados seres que un día proyectaron su sombra sobre la tierra, les salude con los versos que Rubén Darío parece haber escrito para ser grabados en el frontispicio de la poesía española:

> ¡Torres de Dios! ¡Poetas!
> ¡Pararrayos celestes,
> que resistís las duras tempestades,
> como crestas escuetas,
> como picos agrestes,
> rompeolas de las eternidades!

LAS MIL MEJORES POESÍAS
DE LA LITERATURA UNIVERSAL

POETAS ANTERIORES AL CRISTIANISMO

VIASA

(ANTES DEL SIGLO XII ANTES DE CRISTO—INDIA)

El Mahabharata

Ursinar

Perseguida la tímida paloma
por un buitre, volaba, y en el seno
del monarca Ursinar halló refugio.
—¡Siempre fuiste, señor, entre los reyes
dechado de justicia, dijo el buitre:
¿Por qué en mi daño la justicia olvidas?
Mi prescrito alimento no me robes.
Me aflige el hambre: Tu deber no cumples
si mi comida en tu poder retienes.
—¡Oh, poderoso buitre! de ti huyendo
trémula vino la paloma, en busca
de que yo fuese amparo de su vida.
¿Cómo no entiendes que el poder más alto
es para mí salvar de su enemigo
a quien vino en mi seno a refugiarse
y puso en mi lealtad su confianza?
La vaca asesinar, madre del mundo,
y matar a un brahman y al refugiado
en angustia dejar y en abandono,
tres hechos son iguales en la culpa.
—El alimento todo lo sostiene;
tornándote la fiera crece y vive;
y si es duro y terrible que le tome,
sin él no puede sostener la vida.
Esta fuerza vital me abandonara,
hundiéndome en el reino de la muerte,
no bien yo repugnase mi alimento;
y, yo espirando, luego morirían
mi dulce esposa y mis hijuelos caros.
Ve, pues, cómo si amparas la paloma,
a inevitable muerte me condenas.

Lucha un deber con otro. Habiendo lucha,
no hay deber verdadero. Sólo cuando
no impiden un deber otros deberes,
el deber es real. Si se combaten,
siempre el deber mayor cumplir importa.
Rey, el deber mayor conoce y cumple.
—¡Sabio y hermoso tu discurso ha sido!
¡Bien del deber penetras la doctrina!
De las aves el rey eres acaso,
el ínclito Suparn, que nadie ignora.
Pero, ¿cómo ser lícito pretendes
al refugiado abandonar? Escoge
para ti de mis campos lo que gustes:
búfalos, toros, ciervos, jabalíes.
Di si algo más para comer te falta,
y haré que en el momento lo presenten.
—Yo de toros y búfalos no vivo;
ni jabalíes ni venados quiero.
El alimento que el Criador me ha dado
es la paloma. Dame la paloma.
La paloma nació con el eterno
destino de que el buitre la devore.
—¡Oh, pájaro soberbio! yo la tierra
te doy de los Sivires: cuanto anheles
te doy; mas la paloma no me pidas,
que a ponerse llegó bajo mi amparo.
—Ursinar, rey del mundo pues que amas
a la paloma tanto, da por ella
tu propia carne, en peso equivalente.
—¡Oh, buitre! Fácil es lo que propones.
Pondré mi propia carne en la balanza.
    El rey, sin vacilar, cortó un pedazo
de su carne; pesóla, y al pesarla,
halló que más pesaba la paloma.
Volvió a cortar más carne de su cuerpo,
y siempre la balanza se inclinaba
de la paloma al mayor peso. Entonces
con la sangrienta y destrozada carne,
se puso en la balanza Ursinar mismo.
—Indra soy, rey del cielo, dijo el buitre,
y la paloma es Aquí, Dios del fuego,
a probar tu virtud hemos bajado
hasta la tierra ¡oh Príncipe piadoso!

Al cortar tú la carne de tu cuerpo
has conquistado en el extenso mundo
eterna fama y clara nombradía;
y hablarán en tu encomio los mortales
mientras dure el asiento que en el cielo
te preparan los dioses. Así dijo
Indra, y al cielo se elevó glorioso.
También por su virtud Ursinar justo
el cielo conquistó, y en pos de Indra
subió luciente a la eternal morada.

(JUAN VALERA)

(ANÓNIMO)

(SIGLO XII ANTES DE CRISTO—CHINO)

Exaltación

    Brilla el alba sobre mi cabeza,
pálidas, blancas flores, flores de púrpura, azules y escarlatas.
Siento inquietud.
En las tiernas y verdes hierbas algo ha sonado.
He creído sentir el ruido de una pisada,
mas sólo fue el chirriar de un saltamontes.
Subí a la colina cuando salía la luna,
y lo vi venir por el camino del sur.
Y mi corazón ya no siente pesar.

(MARCELA DE JUAN)

DAVID

(SIGLO XII ANTES DE CRISTO—HEBREO)

Salmo I

Es bienaventurado
varón el que en concilio malicioso
no anduvo descuidado,
ni el paso perezoso detuvo
en el camino peligroso.

Y huye de la silla
de los que mofan la virtud, y al bueno,
y juntos en gavilla
arrojan el veneno,
que anda recogido en lengua y seno.

Mas en la ley divina
pone su voluntad, su pensamiento,
cuando el día se inclina,
y al claro movimiento,
y está en la escura noche en ella atento.

Será cual verde planta,
que a las corrientes aguas asentada
al cielo se levanta
con fruta sazonada,
de hermosas hojas siempre coronada.

Será en todo dichoso,
seguro de la suerte que se muda,
no así el malo animoso,
cual si el viento sacuda
la paja de la era muy menuda.

Por esto al dar la cuenta,
la causa de los males, como vana
caerá con grande afrenta,
allí la cortesana
santa nación huirá de la liviana.

       Porque Dios es camino
sabe bien de los justos, que es su historia;
del otro desatino
de la maldad memoria
no habrá, como de baxa y vil escoria.

(FRAY LUIS DE LEÓN)

Salmo VI

   No con furor sañoso
me confundas, Señor, estando airado,
ni con ceño espantoso
me castigues tasado
cuanto merece al justo mi pecado.

   Mas antes sin enojo
doliéndote de mí te muestra humano,
pues a tus pies me acojo;
sáname con tu mano,
que no tiene mi cuerpo hueso sano.

   Mi alma está confusa
entre esperanza y miedo vacilando.
¿Y dónde, Señor, se usa,
que quien se está finando
y os llama, le dexéis así? ¿hasta cuándo?

   Vuelve, Señor tu cara,
alienta aqueste espíritu afligido,
que tu clemencia rara
no atropella al caído,
ni quiere hacer justicia en el rendido.

   Que nadie en la agonía
se acordará de ti sin ti por cierto,
y con la losa fría
de tierra ya cubierto,
¿qué gloria puede darte un cuerpo muerto?

   Por esto en un gemido
las noches llevaré todas lavando

el pecho defendido,
que mancillé pecando,
mi cama con mis lágrimas bañando.

  La fuerza de mi llanto
de mis ojos la vista ha enflaquecido,
y de enemigo tanto
fui siempre combatido,
que estoy siempre arrugado y consumido.

  Afuera pecadores,
no tengáis parte en mí los que habéis sido
de la maldad autores,
porque el Señor ha oído
el llanto de mis voces, y gemido.

  Porque ya de mis quejas
la lamentable voz es recibida
dentro de sus orejas,
y tan bien acogida,
que luego fui librado en siendo oída.

  Túrbense avergonzados
todos mis enemigos grandemente,
las espaldas tornados
vuelvan confusamente,
huyendo a rienda suelta velozmente.

(FRAY LUIS DE LEÓN)

Salmo CXXIX

De profundis

  De lo hondo de mi pecho
te he llamado, Señor, con mil gemidos;
estoy en grande estrecho,
no cierres tus oídos
a mis llantos y tristes alaridos.

  Si mirares pecados
delante ti, Señor, la luz no es clara,

presentes y pasados,
la justicia más rara
no osará levantar a ti su cara.

Mas no eres riguroso,
a un lado está el perdón y a otro indulgencia,
tú en medio vas sabroso
a pronunciar sentencia,
vestido de justicia y de clemencia.

Y así los pecadores
teniendo en ti, su Dios, tal esperanza
te temen y dan loores,
que a tu justa balanza
saben que está vecina confianza.

Yo, Señor, en ti espero,
y esperando le digo al alma mía
que más esperar quiero,
y espero todavía,
que es tu ley responder al que confía.

No espera la mañana
la guarda de la noche desvelada,
ni así con tanta gana
desea la luz dorada,
cuanto mi alma ser de ti amparada.

En tal Señor espera
Israel, tú, que en sus altas moradas
la piedad es primera,
las lucientes entradas
tienen mil redenciones rodeadas.

De aquellas vendrá, alguna
a Israel libertad, ya yo la veo,
a tu buena fortuna
del mal que estabas
feo sanarás todavía tu deseo.

(FRAY LUIS DE LEÓN)

Salmo CIII

Alaba, o alma, a Dios: Señor: tu alteza
¿qué lengua hay que la cuente?
Vestido estás de gloria y de belleza
y luz resplandeciente.

Encima de los cielos desplegados
al agua diste asiento:
las nubes son tu carro,
tus alados caballos son el viento.

Son fuego abrasador tus mensajeros,
y trueno y torbellino:
las tierras sobre asientos duraderos
mantienes de contino.

Las mares las cubrían de primero
por cima los colladas,
mas visto de tu voz el trueno fiero
huyeron espantados.

Y luego los sabidos montes crecen,
humíllanse los valles;
si ya entre sí hinchados se embravecen,
no pasarán las calles;

Las calles que les diste y los linderos,
ni anegarán las tierras:
descubres minas de agua en los oteros
y corres entre las sierras.

El gamo, y las salvajes alimañas
allí la sed quebrantan,
las aves nadadoras allí bañas
y por las ramas cantan.

Con lluvia el monte riegas de tus cumbres,
y das hartura al llano;
ansí das heno al buey y mil legumbres
para el servicio humano.

Ansí se espiga el trigo, y la vid crece
para nuestra alegría:
la verde oliva ansí nos resplandece,
y el pan de valentía.

De allí se viste el bosque y la arboleda,
y el cedro soberano,
a donde anida el ave, a donde enreda
su cámara el milano.

Los riscos a los corzos dan guarida,
al conejo la peña;
por ti nos mira el sol, y su lucida
hermana nos enseña

Los tiempos. Tú nos das la noche escura,
en que salen las fieras,
el tigre, que ración con hambre dura
te pide y voces fieras.

Despiertas el aurora, y de consuno
se van a sus moradas:
da el hambre a su labor sin miedo alguno
las horas situadas.

¡Cuán nobles son tus hechos, y cuán llenos
de tu sabiduría!
Pues ¿quién dirá el gran mar, sus anchos senos
y cuántos peces cría?

¿Las naves que en él corren, la espantable
ballena que le azota?
Sustento esperan todos saludable
de ti, que el bien no agota.

Tomamos, si tú das, tu larga mano
nos deja satisfechos;
si huyes, desfallece el ser liviano,
quedamos polvo hechos.

Mas tornará tu soplo, y renovado
repararás el mundo,

será sin fin tu gloria, y tú alabado
de todos sin segundo.

Tú que los montes ardes si los tocas,
y al suelo das temblores,
cien vidas que tuviera y cien mil bocas
dedico a tus loores.

Mi voz te agradará, y a mí este oficio
será mi gran contento:
no se verá en la tierra maleficio
ni tirano sangriento.

Sepultará el olvido tu memoria;
tú, alma, a Dios da gloria.
(FRAY LUIS DE LEÓN)

Salmo LXXXVII

Señor de mi salud, mi solo muro,
juez de mi defensa, a ti voceo,
cuando está el aire claro, cuando escuro.

Entrada en tu presencia sin rodeo,
y halle en tus oídos libre entrada
la dolorida voz de mi deseo.

En males y en dolores anegada
el alma, y casi ya en la sepultura
está la vida breve y fatigada.

Con los que moran la región escura
y triste, con aquellos soy contado,
a quien faltó el amparo y la ventura.

Libre y cautivo, vivo y sepultado,
cual el que duerme ya en eterno olvido,
del todo de tu mano desechado.

Pusísteme en el pozo más sumido,
a donde a la redonda me contienen
abismos y tinieblas y gemido.

Asiento en mí tus sañas firme tienen,
y sobre mi cabeza sucediendo
de tu furor las olas van y vienen.

Su rostro mis amigos encubriendo,
porque, Señor, lo quieres, me declinan,
y por mejor decir, se van huyendo.

Antes me huyen, antes me abominan;
contalles mis fatigas yo quisiera,
a quien ¡ay! tus entrañas no se inclinan.

En cárcel me detienes ansí fiera,
que ni la pluma ni la voz se extiende
a publicar mi pena lastimera.

Cegado he con la lluvia, que desciende
espesa de mis ojos, y contino
el grito a ti y los brazos al alma tiende,

Y dice: ¿Si verán tu bien divino
los polvos? ¿o los huesos enterrados
tus loas si dirán con canto dino?

¿Tus hechos en la huesa celebrados?
¿Será de tus grandezas hecha historia
en la callada tumba, en los finados?

¿En las tinieblas lucirá tu gloria?
¿O por ventura habrá de tus loores
en la región de olvido gran memoria?

No ceso de enviarte mil clamores,
y aun antes que despiertes tú la aurora,
despierto a referirte mis dolores.

¿Por qué, Señor, tu pecho, do el bien mora,
desprecia ansí las voces de un caído,
y huyes de mirarme más cada hora?

Bien sabes de mi vida cuánto ha sido
el curso miserable y cuán cuitado
los golpes de tu saña he sostenido.

Encima de mis cuestas han pasado
las olas de tus iras, tus espantos
me tienen consumido y acabado.

Un mar me anega de miseria y llantos,
no en partes, sino juntos me rodean
un escuadrón terrible de quebrantos.

A los que mi salud y bien desean
a todos de mí triste los destierras,
y porque en nada a mí dolor provean
en sus secretos techos los encierras.

(FRAY LUIS DE LEÓN)

SALOMÓN

(SIGLOS XI y X ANTES DE C.)

Proverbios

Capítulo último

El sabio Salomón aquí pusiera,
lo que para su aviso, de recelo
su madre, y de amor llena, le dijera.

¡Ay, hijo mío! ¡ay, dulce manojuelo
de mis entrañas! ¡ay, mi deseado!,
por quien mi voz contino sube al cielo.

Ni yo al amor de hembra te vea dado,
ni en manos de mujer tu fortaleza,
ni en daño de los Reyes conjurado.

Ni con beodez afees tu grandeza,
que no es para los Reyes, no es el vino,
ni para los jueces la cerveza.

Porque en bebiendo olvidan el camino
del fuero, y ciegos tuercen el derecho
del oprimido pobre y del mezquino.

Al que con pena y ansia está deshecho,
aquel dad vino vos, la sidra sea
de aquel a quien dolor le sorbe el pecho.

Beba y olvídese, y no siempre sea
presente a su dolor, adormecido
húrtese aquel espacio a la pelea.

Abre tu boca dulce al que afligido
no habla, y tu tratar sea templado
con todos los que corren, al olvido.

Guarda justicia al pobre y al cuitado,
amparo halle en ti el menesteroso,
que ansí florecerá tu grande estado.

Mas ¡oh si fueses hijo tan dichoso,
que hubieses por mujer hembra dotada
de corazón honesto y virtuoso!

Ni la piedra oriental así es preciada,
ni la esmeralda que el Ophir envía,
ni la vena riquísima alejada.

En ella su marido se confía,
como en mercaduría gananciosa,
no cura de otro trato o granjería.

Ella busca su lino hacendosa,
busca algodón y lana y diligente
despierta allí la mano artificiosa.

Con gozo y con placer continuamente
alegra, y con descanso a su marido,
enojo no jamás, ni pena ardiente.

Es bien como navío bastecido
por rico mercader, que en sí acarrea
lo bueno, que en mil partes ha cogido.

Levántase y apenas alborea,
reparte la ración a sus criados,
su parte a cada uno y su tarea.

Del fruto de sus dedos e hilados
compró un heredamiento, que le plugo,
plantó fértil majuelo en los collados.

Nunca el trabajo honesto le desplugo,
hizo sus ojos firmes a la vela,
sus brazos rodeó con fuerza y jugo.

Esle sabroso el torno, la aspa y tela,
el adquirir, la industria, el ser casera,
de noche no se apaga su candela.

Trahe con mano diestra la tortera,
el uso entre los dedos volteando
le huye, y torna luego a la carrera.

Abre su pecho al pobre, que llorando
socorro le rogó, y con mano llena
al falto y al mendigo va abrigando.

Al cierzo abrasador que sopla y suena,
y esparce hielo y nieve, bien doblada
de ropa su familia está sin pena.

De redes que labró, tiene colgada
su cama y rica seda es su vestido,
y púrpura finísima preciada.

Por ella es acatado su marido
en plaza, en consistorio, en eminente
lugar por todos puesto y bendecido.

Hace también labores de excelente
obra para vender, vende al joyero
franjas tejidas bella y sutilmente.

¿Quién cantará su bien? Su verdadero
arreo es el valor, la virtud pura,
alegre llegará al día postrero.

Cuanto nace en sus labios es cordura,
de su lengua discreta cuanto mana
es todo piedad, amor, dulzura.

Discurre por su casa, no está vana,
ni ociosa, ni sin que ya se le deba,
se desayunará por la mañana.

El coro de sus hijos crece, y lleva
al cielo sus loores y el querido
padre con voz gozosa los aprueba.

Y dicen: Muchas otras han querido
mostrarse valerosas, mas con ella
compuestas, como si no hubieran sido.

Es aire la tez clara como estrella,
las hermosas figuras burlería,
la hembra que a Dios teme aquesa es bella.

Dadle que goce el fruto, la alegría
de sus ricos trabajos: los extraños,
los suyos en las plazas a porfía
celebren su loor eternos años.

(FRAY LUIS DE LEÓN)

HOMERO

(HACIA EL SIGLO X ANTES DE CRISTO—GRIEGO)

La Odisea

Canto IX—Ulises salva a sus compañeros
de la ferocidad del Cíclope

...A la tarde, del pasto volvió el Cíclope
con su hermoso rebaño, y encerrolo
todo en la vasta gruta, y por recelo
o inspiración de un dios, ninguno fuera
del aprisco dejó. Luego el peñasco
cogió a pulso y cerró; como solía
sentose y ordeñó con tal esmero
las ovejas y cabras baladoras,
y aplicó un tierno hijuelo a cada una.

Y cuando diestro terminó el trabajo,
arrebató de nuevo dos amigos,
y preparó su cena. Al monstruo entonces
con una taza de licor precioso
acérqueme y le hablé de esta manera:
"Ya que de carne humana te has hartado,
toma, Cíclope, y bebe dulce vino,
para que sepas qué licor guardaba
nuestra nave. Yo aquí, para ofrecerte
una copiosa libación, traíalo,
en la esperanza de que tú, piadoso,
a mi querida casa llevaríasme;
pero no tiene límites tu furia.

¡Inicuo! ¿Qué mortal en adelante
querrá acercarse a ti? Contra justicia,
¡oh Cíclope!, has obrado". Así le dije,
y él lo tomó y bebió, y tan bien le supo,
que me pidió otra vez que le sirviese.
—Dame de buena gana, dijo, y dime
en seguida tu nombre, porque quiero
un don hospitalario concedente
que mucho te holgará. La fértil tierra
ciertamente a los Cíclopes nos brinda
vino en las gruesas uvas, aumentadas
por las lluvias de Júpiter; pero éste
es mixtura de néctar y ambrosía.

Dijo, y yo nuevamente le di vino;
tres veces se lo di, y el insensato
tres veces lo bebió sin miramiento;
y cuando vi que el vino le subía
a la cabeza, con palabras blandas:

"Oh Cíclope, le dije, me preguntas
mi nombre, y a decirlo me apresuro
para que el don me des que has prometido;
yo me llamo Ninguno; así me llaman
mis padres y mis buenos compañeros."

Dije así, y él con ánimo sañudo:
—Ninguno, contestó, quiero comerte
a la postre de todos tus amigos;
los demás serán antes devorados;
este es el don que regalarte quiero.

Dijo, y cayó en el suelo boca arriba,
y la gorda cerviz doblando, al punto

al sueño domador de toda cosa
cedió el nefando monstruo. Le salía
de la enorme garganta entremezclado
con carne humana el líquido Marónico,
y eructaba vencido por el vino.
En la ardiente ceniza, hasta encenderla,
metí la enorme estaca, y temeroso
de que el valor a alguno le faltare,
exhorté a mis dolientes compañeros.
Luego que ya la estaca estaba a punto,
aunque verde, de arder, y relucía
con vivo resplandor, de la ceniza
ardiente retirela, y mis amigos
en mi redor de pie se colocaron.
Un gran valor nos inspiró algún numen;
cogieron ellos la aguzada estaca
y del ojo en el centro se la hincaron
al Cíclope, y yo, alzado, la movía
con furia alrededor por la otra punta.
Como cuando la viga de una nave
taladra un carpintero, otros debajo
tiran con un cordel a un lado y a otro
del barreno que gira sin pararse,
así, cogiendo la encendida estaca
la hacíamos girar dentro del ojo,
y hervía en torno la ampollosa sangre;
quemada la pupila, el vaho ardiente
abrasole los párpados y cejas,
y la raíz del ojo crepitaba.
Como cuando un herrero en agua fría
sumerge, rechinantes, para darles
el temple, que es la fuerza del acero,
una hacha o una azada; así la estaca
en el ojo del Cíclope crujía.
Lanzó un gemido horrendo y pavoroso;
la peña retumbó; de espanto llenos
escapamos nosotros. Él la estaca
del ojo se sacó, llena de sangre,
y loco de dolor la arrojó lejos...

(BARÁIBAR)

(ANÓNIMO)

(SIGLO VIII ANTES DE CRISTO—CHINO)

Si eres mi amigo...

No puedo ir hacia ti. Tengo miedo.
No pienso ir hacia ti. Ves, te digo.
Aun cuando la noche pase en vela pensando
y sepa que tampoco duermes tú,
aun así.
Aunque día tras día siga el camino de la soledad
y llegues al atardecer a una oscura morada.

Pero si de verdad eres mi amigo,
entonces, al final,
hay un camino por el que nunca anduve,
y ese camino no lo andarás tú solo.
Me hallarás una noche junto a ti:
la noche en que me digan que te has muerto.

(MARCELA DE JUAN)

ALCEO

(SIGLO VII ANTES DE CRISTO—GRIEGO)

A Harmodio y Aristogitón

Yo llevaré mi espada
de mirto coronada,
como Aristogitón y Harmodio hicieron,
cuando al fiero tirano
mataron, y en Atenas
la igualdad de la ley establecieron.
¡Oh Harmodio!, tú no has muerto;
tú estás, según se dice,
en la isla de los bienaventurados,
do están los esforzados
Aquiles el ligero,
y el gran Diómedes, hijo de Tideo.

Yo llevaré mi espada
de mirto coronada,
como Aristogitón y Harmodio hicieron,
cuando al tirano Hiparco
en las solemnes fiestas
de la sacra Minerva muerte dieron.
   Será entre los mortales
eterna vuestra gloria,
caro Aristogitón y Harmodio amado,
porque al tirano airado
matasteis, y en Atenas
la igualdad de la ley establecisteis.

(CASTILLO Y AYENSA)

Los dardos del amor

   ¡Maldito sea el amor! ¿Por qué me lanza
como a salvaje bruto agudas flechas?
¿Por qué a mi corazón vienen derechas?
¿De qué injurias en mí toman venganza?
¿No asombra que de un dios la llama ardiente
con ardor tan intenso me abrase y me consuma?
   ¿Qué gloria es la que alcanza
en su fácil triunfo el inclemente,
contra un pobre mortal así indefenso?

(A. LASSO DE LA VEGA)

ARQUILOCO DE PAROS

(SIGLO VII ANTES DE CRISTO—GRIEGO)

Sobre la fortaleza

   ¿Por qué te das tormento
con ásperos cuidados? Cobra, amigo,
cobra vigor y aliento;
y opón como te digo
a la desgracia y mal, pecho enemigo.
Entre las rudas lanzas

del contrario feroz, mantente osado,
sin miedo ni mudanzas
y ni el triunfo logrado
aplaudas en extremo alborozado,
ni si te ves vencido,
en casa reclinado, des al lloro
el ánimo afligido;
y alegre, con decoro
de los que dignos son, aumenta el coro.
Pero con los malvados
no te contristes nunca en demasía
y de los desgraciados
hombres, más cada día
conoce la infelice suerte impía.

(CANGA-ARGÜELLES)

SAFO

(SIGLO VII ANTES DE CRISTO—GRIEGA)

A su amado

Igual parece a los eternos dioses
quien logra verse junto a ti sentado:
¡feliz si goza tu palabra suave,
    suave tu risa!
A mí en el pecho el corazón se oprime
sólo en mirarte: ni la voz acierta
de mi garganta a prorrumpir; y rota
    calla la lengua.
Fuego sutil dentro mi cuerpo todo
presto discurre: los inciertos ojos
vagan sin rumbo: los oídos hacen
    ronco zumbido.
Cúbrome toda de sudor helado:
pálida quedo cual marchita yerba;
y ya sin fuerzas, sin aliento, inerte,
    muerta parezco.

(M. MENÉNDEZ Y PELAYO)

Himno a Venus

Diosa, de los amantes esperanza,
a quien la amante tierra incienso ofrece,
Divina Diosa,
tú que tiendes con arte la asechanza
donde el alma que adora al fin perece,
Venus piadosa.

¿Dejas que Safo tanto desespere?
Recuerda aquellos tiempos, ya pasados,
en que mi lira,
cuyas cuerdas tu soplo ahora no hiere,
tuvo conceptos mil enamorados,
que hoy nadie inspira.

De lo alto del Olimpo a mí bajabas,
murmurando en mi oído tierna endecha
en un aéreo barco,
sentada en el timón con que guiabas,
y hendías el espacio como flecha
desprendida del arco.

Entonces me buscabas, y tu boca
que embellecía siempre una sonrisa,
sonrisa dulce y tierna,
rasgaba del dolor la negra toca
que llevaba mi pena por divisa,
que yo creía eterna.

Entonces me decía:—"Safo amada,
tu alma no llore:
¿Hay algún orgulloso en la enramada
que no te adore?

¿Esperas que mi mano con fiereza,
cual de verdugo,
le haga inclinar al punto la cabeza
bajo tu yugo?

"Si hay algún corazón que te desdeñe,
por mal aconsejado,

pronto a tus, sin que en ello sueñe,
    le verás humillado."

Tiempo es ya de cumplir lo prometido,
y aunque no me devuelvas el pasado
    que así contrasta
con el dolor del corazón herido,
haz que vuelva a quererme mi adorado;
    eso me basta.

(JAIME MARTI-MIQUEL)

TIRTEO

(SIGLO VII ANTES DE CRISTO—GRIEGO)

Elegías

Canto III

No el de robustos pies, que la victoria
consiga en el luchar, nombrado sea,
ni de él se haga la menor memoria:
    así tenga la talla ciclópea,
y el muscular poder; así delante
del Aquilón corriendo se le vea;
    así más bello el juvenil semblante
nos muestre que Titón y su tesoro
al del avaro Midas se adelante.
    Si es tan dulce en su acento y tan sonoro
como Adrasto, y cual Pélope si alcanza
tanto regio poder, tanto decoro,
    si el más glorioso fuere, mi alabanza
ni entre los hombres llevará primero,
como le falte la marcial pujanza.
    La lleve el impertérrito guerrero
que se arroja valiente al enemigo,
ni en medio tiembla del estrago fiero.
    Esto es valor; en el valor te digo
que el alto premio está de los varones,
y el valor es del joven más amigo.

¡A tu cara ciudad qué lauro pone
a combatir impávido saliendo
en los primeros fuertes escuadrones!
　　Si en tu puesto clavado, conociendo
no haber infamia que a la fuga iguale,
grata ofrenda del alma estás haciendo,
　　si tu ardor entre todos sobresale,
si animas a morir al de tu lado,
tú eres el hombre que en batallas vale.
　　Parte, corre veloz al erizado
enemigo escuadrón, rómpelo, y sigue,
y atraviesa de dardos el nublado.
　　Caerás, caíste; ¡oh gloria! así consigue
la patria honor, el padre gran renombre
que el pesar de tu pérdida mitigue.
　　¿Y quién habrá que sin dolor te nombre?
¿Quién tu pecho verá, y el ancho escudo
pasado en partes mil, que no se asombre?
　　Lágrimas dan en su lamento agudo
joven y anciano; la ciudad entera
al grave duelo resistir no pudo.
　　Tu envanecida tumba se venera,
tus hijos y tus nietos, tu linaje,
ilustres son hasta la edad postrera.
　　Que no el tiempo voraz con impío ultraje
acabará tu nombre, aunque inclemente
contra tu cuerpo sin cesar trabaje.
　　No muere, no, la fama del valiente
que a mano de Mavorte en la pelea
víctima ha sido de su arrojo ardiente.
　　Mas del hado de muerte libre sea,
y en la lid arrebate la victoria,
y vivo y salvo y triunfador se vea:
　　Aquí ya empieza su eternal memoria;
hónralo el joven, hónralo el anciano,
pasa la vida en deliciosa gloria.
　　Y, ya la barba y el cabello cano,
pleito ninguno habrá, y acatamiento
verá en su pueblo al alto ciudadano.
　　Y todos, cuando llegue, de su asiento
se alzarán, y el anciano cariñoso
el puesto suyo cederá al momento.

Ora es el tiempo, joven valeroso,
ora es el tiempo que tu ardor se avive:
Quien a tan grande gloria aspire ansioso,
vista sus armas y la lid no esquive.

(A. CONDE)

ÍBICO

(SIGLO VI ANTES DE CRISTO—GRIEGO)

El amor tardío

De nuevo Amor bajo sus negras cejas
me mira de tal modo, que mi alma
destroza, y con sus dulces llamamientos,
por todos medios de atraerme trata
a las redes de Cipria tan temibles.
Tiemblo al verle cercano; horror me causa
cual el raudo corcel que en la carrera
el premio obtuvo, y tiembla y se amilana
cuando, inútil y viejo, le es forzoso
recibir los arreos y las galas,
y entrar en liza y en el raudo tiro
con el caballo ardiente que piafa,
la rienda suelta; cuando ya conoce
que al fin la fuerza y el vigor le faltan.

(A. LASSO DE LA VEGA)

SIMÓNIDES

(SIGLO VI ANTES DE CRISTO—GRIEGO)

Un amor de Praxiteles

(Habla el Amor)

Cuando el arte del sabio Praxiteles
me animaba, a su amor para Lucina
eran no más sus pensamientos fieles;

de su obra orgulloso,
a su deidad fue luego a presentarme.
No bien me vio la ingrata, al fin rindióse.
Oh mortales, mis dardos tan crueles,
los que obligan a amar no son tan sólo:
Puede tanto el pincel de Praxiteles.

(A. LASSO DE LA VEGA)

PÍNDARO

(522-442 ANTES DE CRISTO—GRIEGO)

A Timodemo de Atenas, vencedor en el Pancracio

Es rey de los Homéridas
armónicos cantores,
de Júpiter Olímpico
siempre con los loores,
sus dulces himnos épicos
devotos empezar.
El héroe de mi cántico,
así el primer trofeo
obtiene en los certámenes
sagrados del Nemeo
bosque, do reina Júpiter
cual numen tutelar.
  Si por la senda plácida
sin vacilar camina,
que hizo a su padre célebre,
y el Hado lo destina
a ser de Atenas bélica
decoro y esplendor,
que vencerá en los ístmicos
combates yo le auguro;
y aun en la arena Pítica
aguarda de seguro
de Timonóo al vástago,
la codiciada flor.
  Orión así a las Pléyades
siempre a seguir se inclina;
sabe formar intrépidos

guerreros Salamina:
de Ayax el brazo indómito
Héctor en Troya vio
¡Oh, Timodemo! Gózome
de ver crecer tu gloria
con nueva hazaña atlética:
narra la antigua historia,
que Arcadia hijos magnánimos
a Grecia siempre dio.
    Jamás un Timodémida
saltó a la arena ardiente,
sin que el laurel espléndido
ciñera su alba frente.
Cuatro al Parnaso altísimo
tus padres deben ya.
Al pie de aquellos ásperos
montes, en cuyas faldas
salió triunfante Pélope,
hasta hoy ocho guirnaldas
de los Corintios ínclitos
la decisión les da.
    En Nemea su mérito
ha conquistado siete.
¿Quién computar el número
de lauros acomete
que en los juegos de Egíoco
les diera su ciudad?
¡Cantad, hijos del Atiba,
hoy que al nativo puerto
de flores honoríficas
torna el joven cubierto:
Mil himnos eucarísticos
a Júpiter cantad!

(MONTES)

Olímpica

El agua es bien precioso,
y entre el rico tesoro
como el ardiente fuego en noche oscura,
así relumbra el oro:

mas, alma, si es sabroso
cantar de las contiendas la ventura,
ansí como en la altura
no hay rayo más luciente
que el sol que el rey del día
por todo el yermo cielo se demuestra;
ansí es más excelente
la olímpica porfía
de todas las que canta la voz nuestra,
materia abundante,
donde todo elegante
ingenio alza la voz, ora cantando
de Rea y de Saturno el engendrado,
y juntamente entrando
el techo de Hierón alto preciado.

   Hierón, el que mantiene
el sceptro merecido
del abundoso suelo Siciliano,
y dentro en sí cogido
lo bueno y la flor tiene
de cuanto valor cabe en pecho humano.
Y con maestra mano
discanta señalado
en la más dulce parte
del canto, la que infunde más contento,
y en el banquete amado
mayor dulzor reparte.
Mas toma ya el laúd, si el sentimiento
con dulces fantasías
te colma, y alegrías
la gracia de Phernico, el que en Alpheo
volando sin espuela en la carrera,
y venciendo el deseo
del amo, le cobró la voz primera.

   Del amo glorioso
en la caballería,
que en Siracusa tiene el principado,
y rayos de sí envía
su gloria en el famoso
lugar que fue por Pélope fundado;
por Pélope que amado

fue ya del gran Neptuno,
luego que a ver el cielo
la Clotho lo produjo relumbrando
en blanco marfil uno
de sus hombros al suelo
con la extrañez jamás vista admirando.
Hay milagrosos hechos
y en los humanos pechos
más que no la verdad desafeitada,
la fábula con lengua artificiosa
y dulce fabricada
para lanzar su engaño es poderosa.

   Merced de la poesía,
que es la fabricadora
de todo lo que es dulce a los oídos,
y así lo enmiela y dora,
que hace cada día
los casos no creíbles ser creídos;
mas los días nacidos
después ven el engaño:
mas lo que nos conviene
es fingir de los dioses lo que es digno,
siquiera es menos daño,
por donde a mí me viene
al ánimo cantar de ti, divino
Tantalides, diverso
de lo que suena el verso
de los antepasados; y es que habiendo
a los dioses tu padre convidado,
y en Sipilo comiendo,
Neptuno te robó de amor forzado.

   Domole amor el pecho,
y en carro reluciente
te puso donde mora su alto hermano:
a do en la edad siguiente
vino al Saturnio lecho
en vuelo el Ganimedes soberano:
mas como al ojo humano
huiste, y mil mortales
que luengo te buscaron,
a tu llorosa madre no truxeron

ni rastro ni señales:
por tanto no faltaron
vecinos envidiosos que dijeron,
que por cruel manera
en ferviente caldera
cortado miembro a miembro, y parte a parte
los dioses te cocieron y traído
a la mesa de este arte,
entre ellos te comieron repartido.

   Mas tengo por locura
hacer del vientre esclavo
a celestial alguno, y carnicero:
yo al fin mis manos lavo,
que de la desmesura
el daño y el desastre es compañero,
y más que de primero
el Tántalo fue amado
de los gobernadores
del cielo, si lo fue ya algún terreno:
bien que al amontonado
tesoro de favores
no le bastando el pecho de relleno,
rompió en un daño fiero,
que el Júpiter severo
le sujetó a la peña caediza,
y así el huir que siempre fantasea,
y el miedo que le atiza,
agénale de quanto se desea.

   Y de favor desnudo
padece otros tres males
demás deste mal crudo; porque osadamente
dio a sus iguales
la ambrosía que no pudo,
y el néctar do los dioses colocada
tienen su bienhadada
y no finible vida.
¡Mas cuánto es loco y ciego
quien fía de encubrir su hecho al cielo!
Después desta caída
también el hijo luego
tornaron al lloroso y mortal suelo;

y como le apuntaba
la barba ya, y estaba
el mozo en su vigor y florecía,
al rico y generoso casamiento
que entonces se ofrecía,
el ánimo aplicó y el pensamiento.

   Ardiendo, pues, desea
a la Hippodamía
del claro Pisatón ilustre planta,
y a do la mar batía
cuando la noche afea
el mundo, sólo busca al que quebranta
las hondas y levanta,
al cual que encontinente
junto de él aparece,
le dice: Si contigo aquel pasado
tiempo sabrosamente
algo puede y merece,
y si ya mi dulzor te vino en grado,
enflaquece la mano,
y lanza de Oeomano,
y dame la victoria en Elis puesto,
que a dilatar las bodas y concierto
el padre está dispuesto,
dado que son ya trece los que ha muerto.

   Lo grande y peligroso
no es para el cobarde,
el alto y firme pecho lo presume,
y pues temprano o tarde
es el morir forzoso,
¿quién es el que sin nombre, y vil consume,
y en honda noche sume
el tiempo de la vida,
de toda prez ageno?
Al fin yo estoy resuelto en esta empresa,
y tuya es la salida,
y dar suceso bueno.
Y dicho esto calló; mas no fue aviesa
de aquesta su reqüesta
la divinal respuesta:
porque dándole nueva valentía.

le puso en carro de oro los mejores
caballos que tenía
con alas no cansadas voladores.

   Y así alcanzó vitoria
del contentor valiente,
y fue suya la virgen, y casado
viviendo luengamente
de alto fecho y gloria
seis príncipes, seis hijos engendrados
dejaron; y pasados
los días yace agora
en tumba suntuosa
a par del agua Alphea, a par del ara
de las que el mundo adora,
la más noble y gloriosa,
y hace que su nombre y fama clara
por mil partes se estienda
la olímpica contienda,
que se celebre allí, do el pie ligero,
do hace las osadas fuerzas prueba,
y quien sale primero,
dulcísimo descanso y gozo lleva

   para toda la vida.
Tanto es precioso y caro
el premio que consigue, y siempre aviene
ser excelente y raro
el bien que de avenida,
y junto y en un día al hombre viene;
mas a mí me conviene
con alto y noble canto
por más aventajado
en el veloz caballo coronarte,
Hierón ilustre, y quanto
a todos en estado
vences, y el claros hechos, celebrarte
tanto con más hermosas
y más artificiosas
canciones yo presumo. Vive, y crece,
que Dios tiene a su cargo tu ventura,
y si no desfallece
aun yo te cantaré con más dulzura.

    Cantarte he victorioso
en voladora rueda,
y el Cronio, que hacia el sol contino mira,
para que tanto pueda
me infundirá copioso
don de palabras vivas, que en mí inspira
fortísima, y me tira
así hecha señora
la Musa poderosa;
que cada uno en uno se señala,
y todo al Rey adora:
no busques mayor cosa,
y el cielo que en lo alto de la escala
te puso, te sustente
allí continuamente,
y yo de tan ilustre compañía
me vea de contino rodeado,
y claro en poesía
por todo el griego suelo andar nombrado.

(FRAY LUIS DE LEÓN)

ANACREONTE

(SIGLO V ANTES DE CRISTO—GRIEGO)

A su lira

    Cantar de Atrides quiero,
cantar quiero de Cadmo con mi lira,
mas ella de amor fiero
suena el enojo e ira.
Las cuerdas mudo, y toda la renuevo,
y con estilo nuevo
quiero cantar de Alcides las victorias
y los trabajos dignos de altas glorias;
pero la lira mía
del arte haciendo lengua, solamente
canto de amor, y sólo amores siente.
Así, gloriosos rayos de la guerra,

deidades de la tierra,
perdonad a mi musa que no os cante
desde hoy en adelante,
que en ella sólo suena
la dulce voz que está de amores llena.

(F. DE QUEVEDO)

El retrato de la amada

(Oda XXVIII)

¡Oh, pintor excelente!
del arte dueño en la florida Rodas;
para que pintes a mi ninfa ausente
vengo a contarte sus bellezas todas:

sus fértiles cabellos
imiten los plumones de las aves,
y si la cera lo consiente, en ellos
de esencias pon los hálitos suaves;

bajo la oscura mancha
de la melena undívaga y dispersa,
en grácil línea, de su frente ensancha
el ara ebúrnea, luminosa y tersa;

porque la curva ceja
no se junte a su hermana ni se aparte
huyendo esquiva su gentil pareja,
con albo punto sus dominios parte;

la lumbre de sus ojos
luz de carbones encendidos sea;
imita los de Palas sin enojos
y el húmedo mirar de Citerea;

deshoja en leve taza
de leche campesina frescas rosas,
y mojado el pincel, su nariz traza
y de su faz las tintas ruborosas;

en su boca menuda
finja reclamos tu inspirado toque:
incite al beso con palabra muda,
y a desatar sus pétalos provoque;

de la garganta en torno
las Gracias juguetonas revolando,
escuden con sus alas el contorno
del móvil cuello repulido y blando.

De su carne divina
muéstrenos tu pincel blanco destello,
que el ojo tras la púrpura adivina
el ágil talle inmaculado y bello.

Amor mi labio sella...
escucha la esperanza que me enciende:
¡ya ven mis ojos la sin par doncella
que de tu claro lienzo se desprende!

(GUILLERMO VALENCIA)

A una taza de plata

Una taza me forja
de plata; pero en ella,
Vulcano, ni me pintes
armadas ni peleas,
porque yo, ¿qué he con Marte?
Sólo harás que ella sea,
ya que no la más ancha,
la más honda que puedas.
Ni tampoco me esculpas
las lucientes estrellas,
ni el carro de las osas,
ni el Orión, que hiela,
pues ¿qué a mí las pléyades,
o el Bootes me prestan?
Pero grábame vides
con racimos que pendan,
y a Baco juntamente
que los exprima en ella,

con Venus y Cupido,
sin arcos ni saetas.

(ESTEBAN MANUEL VILLEGAS)

Odas

XV

Ni por asomo me preocupa Giges, rey de los sardos; no deseo el oro, no envidio a los tiranos, y sólo quiero que se bañe mi barba en esencias y que se coronen de rosas mis cabellos.

Me preocupo del presente, pues ¿quién puede conocer el día de mañana? Por tanto, mientras te favorezca el destino, juega a los dados y bebe, antes de que algún mal inesperado te abrume y te diga: "¡Ya has bebido bastante!"

XVI

Tú cantas las guerras tebanas; otro, las guerras frigias; yo no canto más que mis derrotas.
No me vencieron jinetes, ni infantes, ni naves, sino un ejército que lanza flechas por los ojos.

XX

Dicen que la hija de Tántalo se tornó roca en las montañas de los frigios, y que la hija de Pandión convirtióse en golondrina y echó a volar.
¡Vuélvame yo espejo, a fin de que me mires!
¡Sea yo un agua pura, a fin de lavar tu cuerpo; una esencia para perfumarte; un cendal, para tu seno; un collar de perlas, para tu cuello; una sandalia, para que me huelles con tu pie!

XXV

Cuando bebo vino, se adormecen todas mis penas. ¿Para qué trabajar, inquietarme o gemir? Quiera o no, moriré. ¿A qué extraviarme en la vida? Bebamos vino, vino del hermoso Lieo. Cuando se bebe vino, se adormecen todas las penas.

XXVI

En cuanto Baco se apodera de mí, se adormecen todas mis penas.
¡Poseo las riquezas de Creso, y he aquí que canto a plena voz!
Acostado y con los cabellos ceñidos de hiedra, de todo corazón desprecio todo.
¡Corra otro a las armas, que yo corro a mi copa!
¡Niña, dámela, pues más vale estar ebrio que muerto!

XXXIV

No huyas de mí, ¡oh joven! por desdén a mis cabellos blancos; no desprecies mi amor porque tengas los colores de la rosa.
¡Mira cuán hermosos son los lirios blancos mezclados con las rosas!

XL

No vio Eros a una abeja escondida en las rosas, y le picó. Le picó en la mano, y él se echó a llorar. Y corriendo, volando hasta la blanca Citeres, dijo:
"¡Ay, muerto soy, muerto soy, madre mía! ¡Voy a morir! He aquí que me ha herido una pequeña serpiente alada, de esas que los labradores llaman abejas."
Y ella le dijo: "Si tanto daño te ha hecho una abeja, Eros, ¿cuánto no sufrirán aquellos a quienes tú hieres?"

PALADAS DE ALEJANDRÍA

(SIGLO IV ANTES DE CRISTO—GRIEGO)

La vida humana

Nuestra humana existencia es peligrosa
navegación que hacemos por el mundo;
asaltados por rudas tempestades,
es mayor nuestro mísero infortunio
que el del náufrago siempre. La Fortuna
tiene el timón de nuestra vida; es suyo,
y cruzamos el mar tanto hacia un lado
como hacia otro en el incierto rumbo.
La penosa y constante travesía
es feliz y halagüeña para unos;

para los otros desdichada y triste.
Pero todos después, todos por último
abordamos, no obstante, en sólo un puerto:
Del seno de la tierra en lo profundo.

(A. LASSO DE LA VEGA)

ASCLEPIADES

(SIGLO III ANTES DE CRISTO—GRIEGO)

Clímena

Amor, autor de mis penas,
cruda deidad, ¿qué te hice?
Desde que a Clímena he visto,
mi corazón se derrite
como la cera en el fuego,
porque abrasándome vive.
Morena dicen que es ella,
y aunque es negra también dicen
los que así para curarme
sus encantos, que son miles,
rebajan. Duros censores,
de tal opinión partícipe
seré por fuerza. ¿Más negro
no es el carbón?, y decidme,
¿no advertimos, sin embargo,
que cuando el fuego se irgue
en torno suyo, sorprende
con ese brillo sublime
que supera al de las flores
que de púrpura se tiñen?

(A. LASSO DE LA VEGA)

TEÓCRITO

(SIGLO III ANTES DE CRISTO—GRIEGO)

Idilio IV

BATO—Dime, buen Coridón, por vida tuya,
¿de quién son esas vacas? ¿De Filondas?
CORIDÓN—No, que el dueño es Egón, y de orden suya
las apaciento.
BATO—La verdad no escondas.
¿Secretamente a todas las ordeñas
de la alta noche en las tinieblas hondas?
CORIDÓN—A fe que no, si en preguntar te empeñas;
que me observa el patrón, y a cada una,
su ternerilla junta, por más señas.
BATO—¿Y a dónde ha conducido la fortuna
al anciano pastor, que no le veo
desde que se ocultó la última luna?
CORIDÓN—¿No lo sabes? Milon al sacro Alfeo
consigo lo llevó.
BATO—¡Cómo! De lucha
ni aun el aceite ha olido, según creo.
CORIDÓN—Pues dicen todos que su fuerza es mucha
y que a Alcides aún, cuando le cuadre
podrá desafiar.
BATO—Amigo, escucha:
a mí también llamábame mi madre
más robusto que Polux. Son consejas
que al vulgo no creeré por más que ladre.
CORIDÓN—Ha marchado llevando veinte ovejas
y un azadón.
BATO—Hará venir la rabia
Milon hasta a los lobos si los dejas.
CORIDÓN—Las becerrillas huérfanas que agravia
mugen abandonadas.
BATO—¡Infelices!
¿Por qué tan mal pastor ¡fortuna sabia!
les has querido dar?
CORIDÓN—Lo cierto dices:
ni pacer quieren ya las pobrecillas.
BATO—Una veo entre aquellos tamarices

que desnudas ostenta las costillas,
¿vive, cual la cigarra, de rocío?
CORIDÓN—Eso no, por la Tierra, a las orillas
la llevo del Esaro, y junto al río
le doy de blanda yerba un gran manojo,
y a veces salta en el Latimno umbrío.
BATO—Mira cuán flaco está aquel toro rojo:
¡Ojalá que no así le toque en suerte
cuando de Juno aplaque el fiero enojo
con inmoladas víctimas, al fuerte
cuanto perverso pueblo de Lampriado
que tanta sangre en las alturas vierte.
CORIDÓN—Pues a pacer las llevo con cuidado
al Malimno y al Fisco, y al risueño
Neeto de mil flores tapizado,
do la retama crece y el beleño
y el toronjil fragante nos recrea.
BATO—¡Ay: ay, mísero Egón! El loco empeño
de que un triste laurel ganar te vea
Ilimpia, te consume; y entretanto
tu grey camina a la región Letea,
la zampoña también que fue tu encanto
y que forjaste tú, devora aprisa
voraz polilla.
CORIDÓN—¡Por el nombre santo
de las Ninfas, que no! Que al irse a Pisa
me regaló su músico instrumento,
y sé pulsarlo, de cantor a guisa;
de Glauca repetir con grato acento
y de Pirro los versos; y a Crotona
sé celebrar con dulce sentimiento;
de Zacinto bellísima pregona
los loores mi voz, y de Lacinio
que el sol naciente con su luz corona,
en donde Egón, de atletas exterminio,
ochenta tortas devoró, y asiendo
por la pezuña a un toro, so el dominio
se puso de Amarilis. Con estruendo
aplaudían al verlo los mujeres
y él de la selva lo traía riendo.
BATO—¡Amarilis gentil! Tú sola mueres,
sin que de ti se olvide ni un instante
el corazón que aun en la tumba hieres,

más que mis cabras te adoré constante:
más que a mi grey te amé cuando moriste
¡ay, ay! triste destino el de tu amante.
CORIDÓN—No desmayes, ¡oh Bato! menos triste
tal vez mañana te será la suerte;
mientras hay vida la esperanza existe.
Llegar tan sólo debe con la muerte
el desaliento. Júpiter sereno
se muestra a veces y otras lluvia vierte.
BATO—Sí, la resignación me inunda el seno.
Ahuyenta a los becerros, que esa oliva
a destrozar empiezan—¡Eh! No es heno.
Lejos de aquí, Blanquizco.
CORIDÓN—¡Aa, arriba!
Al otero, Cimetas. ¿No oyes? ¡Vaya!
Me acerco, ¡vive Pan! bestia nociva,
y te castigo; en insolencia raya
tu osadía. ¿Otra vez? ¡Oh, si a la mano
tuviera mi bastón de sólida haya!...
¡Cuál te azotara!
BATO—Coridón, hermano:
que me mires por Júpiter te pido;
me ha puntado el talón, cardo inhumano.
Altísimas las zarzas han crecido
en derredor. ¡Mal haya la becerra!
que por correr tras ella el pie me he herido.
¿La has hallado?
CORIDÓN—Sí, sí, mi ojo no yerra;
la tengo entre las uñas; es la espina.
BATO—¡Pequeña y doma a un hombre!
CORIDÓN—Por la sierra
un prudente pastor jamás camina
sin sandalias, ¡oh Bato! Mil abrojos
hay en el monte y el zarzal germina.
BATO—Y dime, Coridón: ¿los negros ojos
de aquella ninfa tienen al vejete
apasionado aún?
CORIDÓN—Viejos antojos
no remedian los años. Acomete
la empresa de casarse todavía.
Del apartado establo entre el retrete
llorando por su bella vilo un día
con gestos y graciosos ademanes.

BATO—¡Ah, viejo verde! Competir podría
tu raza con los Sátiros y Panes.

(MONTES DE OCA)

BIÓN DE ESMIRNA

(SIGLO III ANTES DE CRISTO—GRIEGO)

Idilio

A la sombra de un haya frondosa
una tarde tranquilo dormía,
de repente hasta mí majestuosa
la gran reina de Pafos llegó.
Su alma diestra al Amor conducía,
que modesto y sin arco ni aljaba,
de la tierra la vista no alzaba,
y así Venus benigna me habló:
 "¡Cuál me place la grata dulzura
de tus himnos, y el célico fuego;
y esa voz tan suave y tan pura
con que sueles mis glorias cantar!
¡Oh zagal! A Cupido te entrego:
dale, amigo, armoniosas lecciones;
presto sepa tan dulces canciones
repetir tu divino escolar."
 Citerea partió, y al momento
mis sencillas canciones rurales
al compás de mi rudo instrumento
a enseñar a Cupido empecé.
¡Vano empeño! ¡Lecciones fatales!
¡Oh inocencia de mi ánima incauta!
Cuál Minerva inventara la flauta
y Mercurio el laúd, le narré.
 Yo canté cuál la cítara de oro
forjó diestro el dulcísimo Febo;
cómo Pan su instrumento sonoro,
en Arcadia, de cañas formó.
Distraído el alado mancebo
despreciaba mis castas historias;
y odas mil entonando amatorias

mis idilios jamás escuchó.
    De las ninfas del mar las locuras
seductor celebraba Cupido,
de su Madre las tramas impuras,
y de Baco el procaz frenesí.
Poco a poco dejé en el olvido
sepultadas mis églogas todas,
y de amor las impúdicas odas,
¡infelice! muy presto aprendí.

(MONTES DE OCA)

Canto fúnebre de Adonis

    A Adonis lloro: ha muerto el bello Adonis,
el Adonis sin par: en mi quebranto
de los Amores me acompaña el llanto.

    ¡Oh Venus desdichada!
No duermas ya entre púrpuras y sedas;
levántate enlutada,
el tierno pecho hiere,
y di a todos, en lágrimas bañada:
Mi Adonis bello entre dolores muere.

    A Adonis lloro: en mi fatal quebranto
de los Amores me acompaña el llanto.

    Yace el hermoso Adonis en los montes,
con su cuerpo nevado
por homicida diente atravesado,
y su débil aliento
de dolor llena a la Ciprina Diosa;
de la honda herida sangre le destila,
se oscurece su fúlgida pupila,
y de su labio opacase la rosa.

    A Adonis lloro: en mi fatal quebranto
de los Amores me acompaña el llanto.

    Atroz, atroz herida
su bello cuerpo afea,

pero es mayor la que cruel desgarra
el tierno corazón de Citerea.
En torno de él los galgos favoritos
doloridos aúllan;
en torno de él, con lastimeros gritos
las Oréades ninfas se lamentan.
Desesperada corre por los bosques
la Diosa de Citena,
el rostro sin color, el pie desnudo
y en desorden la rubia cabellera.
Su planta sin sandalia, el cardo agudo
punza cruel, y la divina sangre
tiñe la verde grama.
Por los valles frenética discurre,
y a Adonis bello a cada instante llama,
y con aguda voz su pena anuncia,
y del esposo Asirio
en su feroz delirio
el nombre en vano sin cesar pronuncia.
El moribundo joven, de la herida
ríos de sangre arroja;
y el albo vientre y cándido costado,
y aquel pecho nevado
cubra el vital humor, cual veste roja.

*¡Triste de Citerea! En su quebranto
de los Amores la acompaña el llanto.*

¡Ay! Ya murió: murió su amado esposo,
y huyó con él, del rostro peregrino
la celestial belleza.
Mientras vivió su Adonis rubicundo,
de aquel cuerpo divino
nada igualó la gracia y gentileza;
mas apenas el hado
con cruel muerte lo sacó del mundo,
de Venus la hermosura
se ofuscó para siempre ¡oh desventura!
Los montes elevados,
las añosas encinas,
¡ay de Adonis! tristísimas exclaman;
lágrimas mil derraman
por Adonis las fuentes cristalinas:

los caudalosos ríos
de Ciprina deploran los pesares,
y de penas las flores
en vivo rojo truecan sus colores.
La triste Diosa en tanto
vaga por las colinas,
o la campiña fértil abandona,
y flébiles cantares
al discurrir por la ciudad entona.

¡Triste de Venus, triste!
El rubicundo Adonis ya no existe.

Adonis ya no existe, Eco responde
desde el antro profundo en que se esconde.
¡Ay! ¿Quién de la afligida Citerea
no llorará los trágicos amores?
¿Quién habrá que contemple sus dolores
y a tantas penas insensible sea?
Apenas vio la mísera Ciprina
la herida profundísima de Adonis;
no bien miró la sangre purpurina
libre correr de su costado abierto,
cuando, los bellos brazos extendidos,
con lúgubres gemidos,
exclama: "Prenda mía,
detente, Adonis; desdichado, espera;
deja que contemplarte
al menos pueda por la vez postrera.
Despiértate ¡oh! despiértate un momento,
deja que llegue tu infeliz esposa
a recoger tu postrimer aliento...

"Mas ¡ay! que sin curarte de mis quejas
¡desdichado! te alejas.
Huyes, Adonis: huyes de Aqueronte
a la oscura región; a los dominios
del lúgubre monarca del infierno:
¡Huyes, Adonis! Yo a dolor eterno
y a amargo llanto condenada vivo:
yo para siempre a padecer me quedo,
y porque el hado condenome a Diosa,
seguirte al reino de Plutón no puedo.

¡Proserpina implacable!
Recibe tú mi idolatrado esposo:
pues más allá que el mío
se extiende tu infinito poderío,
ya que cuanto hay hermoso,
cuanto feliz o rico aquí se encuentra
al fin, cruel, a tus dominios entra.

"Moriste ¡dulce dueño!
y nuestro amor se disipó cual sueño.
Solo y viuda a Venus has dejado,
y ociosos permanecen los Amores
de mi triste mansión en el recinto.
También sobre tu cuerpo, destrozado
fue mi precioso cinto.
¡Ah! ¿Por qué a los peligros de la caza,
temerario mancebo, te expusiste?
¿Por qué siendo tan bello,
a luchar con las fieras te atreviste?"

Clamaba así Ciprina en su agonía,
y el llanto funeral de los Amores
a sus copiosas lágrimas se unía.

¡Triste de Venus triste!
El rubicundo Adonis ya no existe.

Citeres tantas lágrimas derrama
cuanta es la sangre que su Adonis vierte;
a entrambas al caer sobre la grama,
virtud oculta en flores las convierte;
la sangre engendra la purpúrea rosa,
y de Venus las lágrimas divinas
hacen brotar la anémona graciosa.

A Adonis lloro: a Adonis rubicundo
muerte cruel arrebató del mundo.
Desciende ¡oh Venus! de la selva umbría,
da tregua a tu agonía.
Ya está dispuesto el funerario lecho:
En él yace tendido
tu exánime marido,
y aunque muerto es hermoso todavía.

Bajo del frío pecho
no late ya su corazón ardiente.
¡Sin vida yace el desangrado joven
y parece que duerme blandamente!
Cúbrelo con las sábanas mullidas
en que dormir soliera
sobre cojines recamados de oro.
Ven; no temas ¡oh diosa de Citera!
No vuelvas a tu esposo las espaldas
aunque su vista de dolor te llene:
adórnalo con fúnebres guirnaldas
y deshojadas flores;
pero ¡ay! que todas al morir tu amado,
perdieron sus colores.
Sobre él esparce mirtos olorosos,
úngelo con mil bálsamos preciosos.
¿Qué importa que se pierdan
cuantos perfumes crían las Arabias,
si pereció tu bálsamo, tu Adonis,
tu sin igual delicia?
¡Míralo cuál reposa
entre vestes de púrpura fenicia!
Cortados los cabellos,
lloran en torno los amores bellos:
Este sus flechas rompe,
aquél el arco pisa,
otro destroza la emplumada aljaba;
quién el áureo calzado
desata a Adonis, quién el agua trae
en vasos de oro, y quién la herida lava;
mientras detrás del funerario lecho,
con sus delgadas alas, afanoso
a Adonis otro le abanica el pecho.
También de Venus los acerbos males
lamentan los Amores. Himeneo
ha extinguido su antorcha en los umbrales
y destrozado la nupcial corona.
Cánticos de placer ya no resuenan,
tristes ayes y lúgubres gemidos
los vientos sólo llenan.
¡Ay de Himeneo! por doquier se escucha;
pero más llanto arrancan las desgracias
del bello joven, que en infausta lucha

triste sucumbe, y en la selva expira.
Las seductoras Gracias
del hijo de Cinira
lloran el fin horrendo,
Murió el hermoso Adonis,
unas a otras diciendo,
y en lamentos prorrumpen
que los tuyos, Dione, aun más agudos.
Las Musas por Adonis
vierten amargo llanto,
y su nombre murmura,
y llamarlo procuran
con sus gemidos y amoroso canto:
Mas él no escucha el llamamiento tierno,
que aunque volver quisiera a su adorada,
la reina del Infierno
lo detiene en el Orco enamorada.
Es tiempo ya, Citeres,
que ceses de gemir; enjuga el lloro,
y de la tumba fría
aléjate, do yace tu tesoro.
Y antes que a tu retrete
tornes, a presidir ven este día
el que en tu honor se da lauto banquete.
Otra vez a su lecho funerario
venir podrás, a que de nuevo llores
el desdichado fin de tus amores
al recurrir el triste aniversario.

(MONTES DE OCA)

MOSCO DE SIRACUSA

(SIGLO III ANTES DE CRISTO—GRIEGO)

Amor arando

Depuesta la antorcha,
guardado el carcax,
la vara pujante
blandiendo procaz,
travieso Cupido
por el campo va.
Del hombro le cuelga
pesado costal,
y el fértil terreno
se apresta a labrar.
El yugo a los bueyes
impone el rapaz,
con diestra maniobra
el surco abre ya,
y el grano de Ceres
al ir a sembrar,
mirando a la excelsa
región celestial
a Júpiter mismo
dirígese audaz.
"¡Oh Jove —le dice—
ya puedes enviar
al campo que labro
calor y humedad,
si no, por mi Madre
te juro veraz
¡oh de Europa bella
cornudo animal!
que en forma de toro
de nuevo bajar
de Olimpo a la tierra
mis flechas te harán,
y uncido al arado
conmigo andarás!"

(MONTES DE OCA)

Canto fúnebre de Bión

Undosos ríos, plácidas colinas,
llorad la muerte de mi dulce amigo;
llorad, Dóricas fuentes cristalinas,
al amable Bión llorad conmigo.
Selvas espesas, árboles robustos,
doloridos gemid: gemid, arbustos;
y vuestros tristes cálices ¡oh flores!
exhalen, en señal de amargo duelo,
suavísimos olores.
Cándidas rosas, frescas amapolas,
en púrpura teñid vuestras corolas.
¡Jacinto! Los cruentos caracteres
que en tus hojas grabaste en negro día,
proclamen hoy que de amargura mueres;
y el ¡ay! que conmemora tu agonía
mil veces en tus pétalos escribe:
¡El preclaro poeta ya no vive!

*Unidas prorrumpid, en flébil coro,
trinacrias Musas, prorrumpid en lloro.*

Canoros ruiseñores,
que entre el follaje de la selva umbría
con lúgubre armonía
lloráis de Filomena los amores,
a las límpidas ondas de Aretusa
decid: Yace Bión cadáver yerto,
y la Dórica Musa
y el canto pastoril con él han muerto

*Unidas prorrumpid, en flébil coro,
trinacrias Musas, prorrumpid en lloro.*

¡Cisnes del Estrimón! En las riberas
de vuestro ameno río, enviad al viento
mil notas lastimeras,
y con el triste acento
con que Bión en tiempos más felices
cantó por vuestros labios melodiosos.
Junto a sus claras linfas

himnos funéreos entonad llorosos.
Y a las Eagrias y Bistonias ninfas
decid, lanzando lúgubre gemido:
¡Ay! El Dórico Orfeo ha perecido.

Unidas prorrumpid en flébil coro,
trinacrias Musas, prorrumpid en lloro.

Aquel pastor de inspiración divina
que las delicias fuera del ganado,
no canta ya, de solitaria encina
bajo la verde sombra recostado;
mas de Plutón en la morada oscura,
entona con tristura
un cántico infernal junto al Leteo.
Ya no resuenan plácidos, como antes,
los montes y collados;
con los mugientes toros van errantes
las vacas por los prados;
y gimen, y se quejan,
y el pasto olvidan y la yerba dejan.

Unidas prorrumpid, en flébil coro,
trinacrias Musas, prorrumpid en lloro.

Tu subitánea muerte
lamenta el mismo Apolo: el Fauno hirsuto
por ti ¡oh Bión! amargo lloro vierte,
y visten los Priapos negro luto.
Los Panes doloridos
tus armoniosos cánticos reclaman;
y en vez de frescas aguas, en las fuentes
de la floresta, lágrimas ardientes
las afligidas Náyades derraman.
Entre las breñas ásperas oculta,
silenciosa sepulta
Eco sus profundísimos pesares,
y sumergida se halla en hondo duelo,
que remedar no puede tus cantares.
Sus frutos esparcieron por el suelo
los árboles doquier en tu agonía;
las flores marchitábanse; y la leche
de las tristes ovejas no fluía.

La miel en los panales,
en la cera se heló; que fuera agravio
otro libar, ya secos los raudades
que destilaban de tu dulce labio.

*Unidas prorrumpid, en flébil coro,
trinacrias Musas, prorrumpid en lloro.*

De la playa del mar sobre la arena
el piadoso delfín no gime tanto;
ni tanto Filomena
entre las rocas lastimera trina:
Jamás la golondrina
sobre los montes moduló su canto
con voz tan lastimera; ni Alciona
de Celis por la muerte
cantilenas tan lúgubres entona;
ni en el cerúleo mar la voz suave
eleva tanto Cérilo doliente,
ni de Memnon, el ave,
en los remotos valles del Oriente.
Al hijo de la Aurora
sobre su tumba revolando llora;
cual hoy en su amargura,
con diferentes voces y cantares
¡dulce Bión! tu muerte prematura
lamentan en la tierra y en los mares.

*Unidas prorrumpid, en flébil coro,
trinacrias Musas, prorrumpid en lloro.*

Los ruiseñores todos
y golondrinas dóciles, que un día
tu hermoso canto deleitar solía
y a imitar enseñabas de mil modos
la voz humana y tu armonioso acento,
antes que de tus cánticos se olviden,
en la selva en dos grupos se dividen
para entonar el fúnebre lamento.
Triste desde una rama
el primer coro clama;
y de la rama opuesta
el otro coro lúgubre contesta;

y entrambos con unísono gemido
replican: "¡oh palomas! sin consuelo
unid vuestro clamor a nuestro duelo".

Unidas prorrumpid, en flébil coro,
trinacrias Musas, prorrumpid en lloro.

¡Oh nunca bien llorado
pastor enamorado!
¿Quién habrá ya que cante
con tu dulce zampoña en adelante?
A tu sonora caña
¿quién llevará sus labios? ¿Quién tamaña
osadía tendrá, cuando el aliento
de tu sabrosa perfumada boca
respira aún en músico instrumento;
cuando Eco todavía
dentro la caña, lastimera evoca
de tu apagada voz la melodía?
Tu incomparable flauta
a Pan mi mano vacilante lleva;
mas, por temor quizá de no igualarte
en el difícil arte,
a tocarla tal vez ni Pan se atreva
y de sus labios trémulo la aparte.

Unidas prorrumpid, en flébil coro,
trinacrias Musas, prorrumpid en lloro.

La hermosa Galatea
inconsolable gime;
¡ay! ¡Cuál en otro tiempo
la deleitaba tu cantar sublime!
En la orilla del mar, hora tras hora,
junto a ti reclinada muellemente,
la ninfa seductora
de tus labios estábase pendiente.
Tu cantar incesante
no era al de Polifemo semejante.
Los rústicos amores
del Cíclope procaz dábanle enojos;
a ti ¡oh Bión! calmando sus furores
miraba desde el mar con tiernos ojos.

El piélago ha olvidado;
en la desierta arena ahora se sienta,
y el huérfano ganado
que tuyo fue, tristísima apacienta.

Unidas prorrumpid, en flébil coro,
trinacrias Musas, prorrumpid en lloro.

¡Dulce poeta! De las Musas bellas
contigo han muerto los divinos dones.
De cándidas doncellas
huyeron los hechizos virginales;
ya no arderán los tiernos corazones
de jóvenes gallardos; a raudales
amargo lloro los Amores vierten
en derredor de tu funérea losa,
y la Ciprina Diosa
en esta hora fatal muy más te ama,
y más pregona su dolor profundo,
que sobre el mismo Adonis moribundo.
¡Oh río entre los ríos clamoroso!
Nuevo dolor te oprime, nueva pena
de tus desdichas la medida llena,
¡oh Meles caudaloso!
Muerte cruel te arrebató primero
a tu divino Homero,
vate fascinador, labio elocuente
de la diva Caliope; y la fama,
a tu hijo gloriosísimo proclama,
y al entrar en el piélago inclemente,
con la solemne voz de tus pesares,
la inmensidad llenaste de los mares.
Mas hoy otro hijo lloras
y nuevo luto a contristarte viene:
Entrambos fueron gratos a las almas
fuentes inspiradoras;
aquél bebió las aguas de Hipocrene;
éste apagó su sed en Aretusa:
aquél, la hermosa Helena y los Atridas,
sublime celebró, y el grande Aquiles;
éste ignoró las guerras fratricidas,
sólo entonó canciones pastoriles,
y al fragor de las armas siempre extraño

cantando apacentaba su rebaño;
y ya sus caras vacas ordeñaba,
ya flautas y zampoñas fabricaba;
del campo celebraba los placeres,
y los tiernos amores
cantaba de los cándidos pastores,
siempre a Cupido grato y a Citeres.

*Unidas prorrumpid, en flébil coro,
trinacrias Musas, prorrumpid en lloro.*

No hay ínclita ciudad que no te llore;
no hay ¡oh Bión! un pueblo ni una villa
que tu temprana muerte no deplore.
Que a Hesíodo muy más, Ascra te siente,
y la Beocia gente
por ti más que por Píndaro suspira.
Menos lloró la pérdida de Alceo
la amurallada Lesbos; y la lira
de su afamado vate
menos que tu zampoña extraña Ceo.
De Arquíloco en la muerte no se abate
tanto cual hoy, la montañosa Paros,
y a su Safo querida,
por lamentarte, Mitilene olvida.
Cuantos pastores, a las Musas caros,
saben cantar, su dulce poesía
consagran a tu lúgubre memoria.
Sicélides, de Samos honra y gloria,
entona tierno flébil elegía.
De la Cidonia en medio a los poetas,
sus sólitas concentos
trueca el alegre Licida en lamentos,
y del viejo Filetas
llora por ti la dolorida Musa
al margen del Halentes cristalino.
También en Siracusa
te lamenta Teócrito divino;
y yo, cuitado, en tanto,
te ofrezco un funeral, ausonio canto:
yo, no del todo extraño a la armonía
de los metros bucólicos, que diestro,
¡oh llorado maestro!,

a tus alumnos enseñaste un día.
De la Dórica Musa y de sus dones
gloriosos herederos nos hiciste;
tus ricas posesiones
a otros legaste en codiciada herencia;
a mí de tus cantares la cadencia.

Unidas prorrumpid, en flébil coro,
trinacrias Musas, prorrumpid en lloro.

¡Triste de mí! Cuando en el seco huerto
el apio verdeclaro se marchita;
cuando las malvas lánguidas perecen
y el encrespado hinojo cae muerto,
renacen al otro año y reflorecen.
Mas ¡ay! cuando una vez nos precipita
en la tumba la muerte inexorable,
a nosotros, los grandes, vigorosos,
sabios varones, sueño imperturbable
largo, infinito, eterno,
de la tierra en los senos tenebrosos
fuerza nos es dormir: y mientras yace
tu cadáver ¡Bión! en honda fosa,
mudo y sin notas, a las Parcas place
que cante sin cesar la rana odiosa...
¡Canta, rudo animal! Sin miedo canta
de que te turbe la palabra mía.
¿A quién celo darás? ¿A quién no hastía
el graznido sin fin de tu garganta?

Unidas prorrumpid, en flébil coro,
trinacrias Musas, prorrumpid en lloro.

Llega el veneno a tu canora boca,
y en el cáliz ¡Bión! bebes la muerte.
¿Cómo tu labio toca
y en dulcísima miel no se convierte?
¿Quién de tus bellos cantos
insensible a los mágicos encantos,
quién de tu grata pastoril zampoña
sordo a la voz divina,
mortífera ponzoña
con alevosa mano te propina?

Unidas prorrumpid, en flébil coro,
trinacrias Musas, prorrumpid en lloro.

A todos ¡oh dolor! sin esperanza
la merecida pena nos alcanza.
Yo, desdichado en el común quebranto
al duelo universal uno mi llanto
y tu muerte deploro. ¡Oh! si pudiera
cual Orfeo y Ulises elocuente,
y que ambos antes Hércules valiente,
al infierno bajar, yo descendiera
con alma fuerte y con veloces plantas
al reino de Plutón a ver si cantas
en el Orco también, y qué canciones.
A la real Doncella,
que triste impera en la región umbría
canta una siciliana melodía
y un himno pastoril; que también ella
la zampoña tañer alegre supo,
y el Dórico cantar la deleitaba
cuando la suerte plácida le cupo
de vivir, libre en el Trinacrio suelo,
del rojo Mongibelo
mirando siempre la encendida lava.
No sin la recompensa merecida
tu canto quedará. Si el Tracio Orfeo,
desde la negra margen del Leteo,
a Eurídice volver pudo a la vida,
con la dulce influencia
de su mágica lira armoniosa,
Hécate poderosa
del canto cederá a la omnipotencia,
y olvidando otra vez su injusta saña,
te volverá de nuevo a tu montaña,
¡lamentado Bión! Y si yo mismo
templar supiera el músico instrumento,
¡cómo entonara en el oscuro abismo,
ante Plutón armónico concento,
hasta traerte, a fuerza de canciones,
de nuestra dulce vida a las regiones!

(MONTES DE OCA)

MELEAGRO

(SIGLO I ANTES DE CRISTO—GRIEGO)

Súplica al amor

    Oh Amor infausto, mi pasión profunda
por Eliodora hasta me quita el sueño:
Dame el gozarlo por instantes breves;
no más desoigas de mi Musa el ruego.
Si no, lo juro por tu mismo arco
que sólo se dirige hacia mi pecho
y que ya en mí agotó todas sus flechas,
que he de dejar sobre mi tumba luego
esta triste inscripción: "En esta tumba
los despojos se guardan, pasajeros,
de un infeliz que con traidora saña
asesinado del Amor ha muerto."

(A. LASSO DE LA VEGA)

TITO LUCRECIO CARO

(99-55 ANTES DE CRISTO—LATINO)

Invocación

(De la naturaleza de las cosas)

    Madre de los romanos, alma Venus,
deleite de los hombres y los dioses,
que el navegable mar, la tierra fértil,
productora de los frutos, llenas
con tu nombre divino; tú que el orbe,
que los astros gigantes señoreas;
tú, por quien se conciben los vivientes
y a la luz pura de los cielos nacen;
tú el Aquilón sañudo, tú la bruma
del escarchado invierno al polo ahuyentas:
que apenas apareces, la morada
de Ceres brota flores, te sonríe

el extendido ponto y resplandece
con blanda llama el sosegado viento;
y cuando la rosada primavera
abre las puertas del fulgente día
y el amoroso Céfiro, rompiendo
la prisión del ocaso, halaga al mundo,
el coro volador de dulces aves
anuncia tu llegada al tierno pecho
herido con tu arpón; rebaños, fieras
por entre alegres hierbas van saltando,
pasan ligeros los veloces ríos
y el atractivo del placer siguiendo,
doquier las llamas obedientes vuelan;
tú el blando amor esparces, ya en los campos
que pinta el ledo abril, ya en las montañas,
ya en los senos del piélago rugiente.
De amor llenas la selva: amor resuenan
las frondosas mansiones de las aves;
y así del ser la llama fugitiva
por tu divino influjo se propaga.
Inspira tú mi acento: tú que el mundo
y la natura mandas. Nada amable,
nada alegre es sin ti: nada, del día
goza sin ti la refulgente lumbre.

(ALBERTO LISTA)

CAYO VALERIO CATULO

(87-56 ANTES DE CRISTO—LATINO)

Elegía a sí mismo

Tus desvaríos deja,
Catulo dolorido,
lo que perdido ves dado al olvido.
Luciéronte en un tiempo claros días,
cuando en alas de amor feliz volabas
al seno que te abría placentera
la infiel a quien amabas,
cual ninguna mujer amada fuera.

Cuando en las blandas dichas te embebías,
que el pudor denegaba muellemente,
que robaba al pudor tu amor ardiente,
luciéronte en un tiempo claros días.
Si es inconstante Lesbia, sé inconstante;
no sigas a quien huye, triste amante,
y opón a su dureza
de un pecho varonil la fortaleza.
Sí; ya es fuerte Catulo: adiós, ingrata:
ni te pediré amores,
ni temas que te canse en tus desvíos.
Días vendrán empero en que lo llores,
cuando dejes de oír los ruegos míos.
Piensa en la triste vida que te espera.
¿Por quién serás buscada? ¿Tu hermosura
quién sabrá ya apreciar? ¿Do está el amante
que digno encontrarás de tu ternura?
¿A quién dirás que Lesbia pertenece?
¿Quién gozará tu beso?
Y ¿en qué labio será tu labio impreso?
Mas Catulo obstinado se endurece.

(M A. CARO)

PUBLIO VIRGILIO MARÓN

(70-19 ANTES DE CRISTO—LATINO)

Las Geórgicas

Arboricultura

Del campo la labor, de las estrellas
el variar girar cantó mi lira;
ahora te canto a ti, Baco risueño,
y el árbol cantaré silvestre y bravo,
y el tardo fruto del creciente olivo.
Dios de la vid, asísteme en mi empresa;
todo está lleno de tus ricos dones;
por ti florece el campo revestido
de pámpano otoñal, y la vendimia
rebosa en las tinajas espumando.

Dios de la vid, descalza tus coturnos,
y tiñe, al par que yo, tus recias piernas,
en las oleadas del hirviente mosto.
  Ante todo diré que el árbol nace
por diversas maneras; hay algunos
que a la ventura, sin auxilio, crecen
y cubren con sus ramas tembladoras
las tortuosas orillas de los ríos,
como el mimbre flexible, la retama,
los álamos y el sauce coronado
de verdoso blancor; los otros nacen
de sembrada simiente, como el roble
de los bosques gigante, a Jove grato,
el copudo castaño, las encinas,
tenidas por oráculos en Grecia;
otros arrojan de sus mismas raíces
compacta selva de lucidos brotes,
como el cerezo y como el olmo umbroso
y el laurel del Parnaso, débil niño
que a la sombra materna ufano crece;
tales son los caminos que al principio
siguió naturaleza con el árbol;
de esta manera reverdece el tronco
que produce por sí las frutas varias,
las densas selvas y los sacros bosques.
Son otros dos caminos muy diversos
que nos muestran también antiguos usos:
del tronco maternal cortando al vivo,
plantan los unos el retoño en hoyas;
otros entierran con las mismas raíces
el craso tronco y las hendidas ramas
en cuatro partes con sus largas púas;
es preciso también para los bosques,
que el árbol forme un arco con los ramos,
sus puntas enterrando en lo más hondo
de la tierra; la savia circulante
da nueva vida al socavado brote;
otros carecen de raíz, y entonces
el podador, la punta de una rama
sola a la tierra sin temor confía,
y sucede también que el mismo tronco
seco y sin vida del cortado olivo,
¡prodigio de contar! prende en la tierra

con nuevas raíces, y a menudo vemos
trocar sus ramas el manzano injerto
en sabroso peral, y la ciruela
teñir de rojo al alcornoque duro.
Aprended, por lo tanto, labradores,
el cultivo adecuado a cada especie,
y domad con empuje la aspereza
del salvaje frutal. No dejes nunca
tierra sin trabajar, por tu desidia;
cubre de viñas el Ismaro monte,
y reviste de olivos el Taburno.

(EL DUQUE DE VILLAHERMOSA)

QUINTO HORACIO FLACCO

(66 ANTES DE C., 8 DESPUÉS DE CRISTO—LATINO)

Perenne monumento

Perenne monumento
más que los bronces sólido,
más alto que la fábrica
real de las Pirámides,
he levantado ya.
Ni abrasadoras lluvias
ni aquilones indómitos
le abatirán, ni el rápido
tiempo, que años sin número
tras sí dejando va.
No soy mortal yo todo:
a las futuras épocas
ha de pasar, salvándose
de olvido y triste féretro,
noble porción de mí.
Mientras el Capitolio
torne a subir con vírgenes
calladas el Pontífice,
renovarase el ínclito
renombre que adquirí;
porque grande, de humilde,
do pueblos Daunos rústicos

rigió en comarcas áridas,
y do las ondas de Anfido
raudas correr se ven;
   yo a itálicos acentos
trasladé el ritmo eólico.
Gózate, pues, Melpómene,
y con el lauro délfico
acude a orlar mi sien.

(M. A. CARO)

Beatus ille...

   Dichoso el que de pleitos alejado,
cual los del tiempo antiguo,
labra sus heredades, olvidado
al logrero enemigo,
ni el arma en los reales se despierta,
ni tiembla en la mar brava,
huye la plaza y la soberbia puerta
de la ambición esclava;
su gusto es, o poner la vid crecida
al álamo ajuntada,
o contemplar cual pace, desparcida
al valle su vacada;
ya poda el ramo inútil y ya ingiere
en su vez el extraño,
o castra sus colmenas, o si quiere
tresquila su rebaño,
pues cuando el padre Otoño muestra fuera
la su frente galana,
¡con cuánto gozo coge la alta pera
y uvas como grana,
y a ti, sacro Silvano, las presenta,
que guardas el egido!
Debajo un roble antiguo ya se asienta,
ya en el prado florido
El agua en las acequias corre, y cantan
los pájaros sin dueño;
las fuentes al murmullo que levantan
despiertan dulce sueño,
y ya que el año cubre campo y cerros

con nieve y con heladas,
o lanza el jabalí con muchos perros,
en las redes paradas,
o los golosos tordos, o con liga,
o con red engañosa,
o la extranjera grulla en lazo obliga,
que es caza deleitosa.
Con esto, ¿quién del pecho no desprende
cuanto en amor se pasa?
¿Pues qué, si la mujer honesta atiende
los hijos y la casa?
cual hace la sabina o calabresa,
de andar al sol tostada,
y ya que viene el amo, enciende apriesa
la leña no mojada,
y ataja entre los zarzos los ganados,
y los ordeña luego,
y pone mil manjares no comprados
y el vino como fuego.
Ni me serán los rombos más sabrosos,
ni las ostras ni el mero,
si algunos con levantes furiosos
nos da el invierno fiero;
ni el pavo caerá por mi garganta,
ni el francolín greciano,
más dulce que la oliva, que quebranta
la labradora mano.
La malva o la romaza enamorada
del vicioso pasado;
la oveja en el disanto degollada,
el cordero quitado
al lobo; y, mientras como, ver corriendo
cuál las ovejas vienen,
ver del arar los bueyes, que volviendo
apenas se sostienen;
ver de esclavillos el hogar cercado,
enjambre de riqueza.
Ansí dispuesto un cambio, ya al arado
loaba la pobreza.
Ayer puso a sus ditas todas cobro,
mas hoy ya torna al logro.

(F. LUIS DE LEÓN)

A Sextio

Ya comienza el estío riguroso
a temblar su furor con la venida
de Favonio suave y amoroso,
que nuevo ser da al campo y nueva vida;
y viendo al mercadante bullicioso
que a navegar el tiempo le convida,
con máquinas al mar sus naves echa,
y el ocio torpe y vil de sí desecha.

Ya no quiere el ganado en los cerrados
establos recogerse, ni el villano
huelga de estarse al fuego, ni en los prados
blanquea ya el rocío helado y cano;
ya Venus con sus ninfas, concertados
bailes ordena, mientras su Vulcano
con los cíclopes en la fragua ardiente,
está al trabajo atento y diligente.

Ya de verde arrayán y varias flores,
que al producir el campo alegre empieza,
podemos componer de mil colores
guirnaldas que nos ciñan la cabeza.
Ya conviene que al dios de los pastores
demos en sacrificio una cabeza
de nuestro hato, o sea corderillo,
o, si él quisiere más, un cabritillo.

¡Qué bien tienes, oh Sextio, ya entendido,
que la muerte amarilla va igualmente
a la choza del pobre desvalido,
y al alcázar real del rey potente!
La vida es tan incierta, y tan medido
su término, que debe el que es prudente
enfrenar el deseo y la esperanza
de cosas cuyo fin tarde se alcanza.

¿Qué sabes si hoy te llevará la muerte
al reino de Pintón? donde mal dado
jugarás si te cabe a ti la suerte
de ser rey del banquete convidado:
ni te consentirán entretenerte

con el hermoso Lícida, tu amado,
de cuyo fuego saltarán centellas,
que enciendan en amor muchas doncellas.

(F. LUIS DE LEÓN)

A los romanos

¿A dónde, a dónde os despeñáis, impíos?
¿Por qué asir otra vez las armas fieras?
¿Harta latina sangre, sangre a ríos,
no corrió ya por ondas y praderas?

¡Ah, y no corrió para incendiar los muros
de la envidia soberbia de Cartago,
ni para ver entre eslabones duros
al intacto Bretón contar su estrago,

sino para que Roma sucumbiera
cual quiso el Parto, a propios empellones!...
Nunca, a no ser con brutos de otra esfera,
hicieron tal ni lobos ni leones.

¿Qué os arrastra, decid? ¿Ciega locura?
¿Algo más fuerte? ¿Nuestra culpa grave?
—Callan: tiñe su faz lívida albura,
y estupefacta su razón, no sabe.

Así es, ya lo sé. Quiere el destino
que pague Roma la fraterna muerte.
La sangre que vertió golpe asesino
Dios sin cesar sobre nosotros vierte.

(RAFAEL POMBO)

A Leuconoe

No busques ¡oh, Leuconoe! con cuidado
curioso que saberlo no es posible,
el fin que a ti y a mí predestinado
tiene el supremo dios incomprensible,

ni quieras tantear el estrellado
cielo, y medir el número imposible,
cual babilonio; mas el pecho fuerte
opón discretamente a cualquier suerte.

Ora el señor del cielo poderoso
que vivas otros mil inviernos quiera,
ora en este postrero riguroso
se cierra de tu vida la carrera,
y en este mar Tirreno y espumoso
que agora brava tempestad y fiera
quebranta en una y otra roca dura,
juntas te dé la muerte y sepultura;

quita el cuidado que tu vida acorta
con un maduro seso y fuerte pecho,
no quieras abarcar en vida corta
de la esperanza larga largo trecho;
el tiempo huye: lo que más te importa
es no poner en duda tu provecho:
Coge la flor que hoy nace alegre, ufana;
¿quién sabe, si otra nacerá mañana?

TÍBULO

(54-19 ANTES DE CRISTO—LATINO)

Elegía III

Al campo va mi amor, y va a la aldea,
el hombre que morada un punto solo
hiciere en la ciudad, maldito sea.

La mesma Venus dexa el alto polo
y a los campos se va, y el dios Cupido
se torna labrador por esto sólo.

¡Ah! yo con qué placer, si permitido
me fuera ir donde estás, con el arado
rompiera el fértil campo endurecido.

Y en hábito de aldea disfrazado,
siguiera el paso de los bueyes lento,
de tus hermosos ojos sustentado.

Si me abrasara el sol, ningún tormento
sintiera ni dolor, aunque la esteva
las manos me llagara en partes ciento.

Que Apolo bien ansí en forma nueva
de las vacas de Admeto fue vaquero,
e hizo de su amor ilustre prueba.

Su música y belleza contra el fiero
amor no le valió, ni saludable
yerba de quantas él halló primero.

Toda su medicina al incurable
golpe quedó rendida, y traspasada
su alma fue con flecha penetrable.

Llevó y tornó del pasto la vacada,
la leche por su mano fue exprimida,
y con el blanco cuajo fue mezclada.

Y con delgados mimbres fue texida
la forma para el queso de su mano,
dejando libre al suero la salida.

¡Ay! quántas veces, quántas de su hermano,
que en pos de algún novillo le encontraba,
se avergonzó Diana, mas en vano.

El cabello que al oro despreciaba,
revuelto le traía y desgreñado,
que el duro amor así se lo mandaba.

¡O venturosa edad! ¡Siglo dorado
quando sin deshonor, ni inconveniente
aun a los mismos dioses era dado
servir al dulce amor abiertamente!

(FRAY LUIS DE LEÓN)

SEXTO AURELIO PROPERCIO

(52-16 ANTES DE CRISTO—LATINO)

A Cintia

Ya de tu infidelidad
óyelo, mujer ingrata,
más cada vez se dilata
el rumor por la ciudad.

¿Y es este el premio que tanto
me prometiste? Si el viento
se llevó tu juramento,
llévase también mi canto,

Yo entre tanta fementida
fácil alguna hallaré;
que no es poca dicha a fe
ser del mundo conocida.

Y tú con inútil llanto
sola te hallarás sin mí;
¡que te amé, que te serví
tan largos años y tanto!

Cólera inspira el dolor,
tiempo es éste de romper;
que si amainare, volver
pueda furtivo el amor.

Ni te habrás de libertar
si al punto no te libertas:
las olas vagas, inciertas
que se elevan en el mar,

las nubecillas errantes
al soplo del Aquilón,
menos veleidosas son
que en sus iras los amantes.

¡Rompe! Si tu soledad
lloras la noche primera,
ya te la harán llevadera
el tiempo y la libertad.

¡Oh Cintia! al pie del altar
te conjuro de Lucina,
que, insensata, tu ruina
no te empeñes en labrar.

No sólo el novillo embiste
conducido al matadero:
hasta el humilde cordero
en hiriéndole resiste.

Ni pienses que yo, perjura,
rompa tus puertas, te hiera,
te arranque la cabellera,
y rasgue tu vestidura.

Quédese eso para quien,
rústico amante y vulgar,
no haya podido adornar
con docta hiedra la sien.

Vengárame un verso sólo
Cintia entre bellezas mil
bella, y cuanto bella vil,
dura lo que aprueba Apolo.

¡Cintia! aunque afectes tener
en nonada el qué dirán,
esas palabras te harán
turbarte y palidecer.

(M. A. CARO)

PUBLIO OVIDIO NASÓN

(43 ANTES DE C., 18 DESPUÉS DE CRISTO—LATINO)

Tristes

(Libro I. Elegía primera)

¡Parte, pequeño libro: lo permito!
Irás a la ciudad, donde tu dueño
no puede ¡y bien le pesa! acompañarte;
parte, mas sin adornos, como debe
ir un proscrito; en la desgracia adopta
el traje que conviene a un desgraciado.
Ni te alegren las flores del jacinto
con su purpúreo jugo, que no es propio
este color al que de luto viste;
ni el bermellón tu rótulo colore,
ni resalte el escrito con el lustre

del oloroso cedro, ni den gala
blancos remates a tu negra frente.
 Realcen tan artísticos primores
al libro que es feliz; tú sólo puedes
ser mudo heraldo de mi gran miseria;
ni tus gemelas páginas se pulan
al roce de la frágil piedra pómez.
Preséntate con rostro que entristezca;
la cabellera hirsuta y desgreñada,
ni las oscuras manchas te sonrojen,
pues bien verá el lector que desteñidas
están las hojas por copioso llanto.
 Anda, mi libro; tus renglones cortos
saluden en mi nombre aquellos sitios
queridos para mí, y a cuyas lindes
sólo así puedo aproximar mi planta.
Si alguno en ese pueblo aún me recuerda
y desea saber en qué me ocupo,
dile que aliento, niégale que vivo,
y por dádiva tengo de los dioses
este poco de vida que aún conservo.
Así, con tu silencio, al que pregunte,
dejándole leer, darás respuesta.
 Advertido por ti seguramente
se acordará el lector de mi delito,
y como reo de notoria culpa
seré por todo el pueblo acriminado;
guárdate de salir a mi defensa,
aunque se ensañen en morder mi nombre:
la causa que no es buena por sí misma
no se ha de mejorar por defenderla.
 Encontrarás alguno que lamente
mi ausencia suspirando, y que no logre
terminar la lectura de estos versos
sin que el llanto humedezca sus mejillas;
que por temor a lenguas maldicientes
guarde dentro del alma sus deseos
de aliviar un dolor, calmando al César;
yo, sin saber quién sea, al cielo pido
que hagan feliz los dioses al que de ellos
implore compasión para el que sufre.
Sean cumplidos sus votos y yo logre,
del Príncipe la cólera aplacada,

morir tranquilo en mis paternos lares.
    Aunque cumplas, ¡oh libro! mis mandatos,
quizás la acerba crítica te culpe
juzgándote inferior a mi talento.
Es oficio del juez, al par que el caso,
examinar el tiempo, y no es dudoso
que este examen feliz ha de salivarte.
Para que el verso fluya dulcemente
ha de brotar del ánimo en la calma,
y hoy corren para mí tiempos revueltos
por súbitas desgracias anublados:
sosiego y soledad los versos piden,
y yo a merced del temporal sañudo,
con el viento y la mar estoy luchando.
No se aviene el temor con dulces himnos
ni los puede entonar aquel que siente
el filo de la espada en su garganta.
    Por eso asombro causarán mis versos
a quien cual justo juez quiera apreciarlos;
y quien quiera que sea el que leyere,
los habrá de mirar con indulgencia.
Poned en mi lugar a Homero mismo
de casos tan contrarios abrumado;
mal pudiera vencer con su alto ingenio
el cúmulo aún más grande de mis males.
    Parte, por fin, indiferente, ¡oh libro!
no te sonrojes del desdén soberbio
con que el lector tus páginas recorra;
la suerte no se muestra tan propicia
que puedas esperar grandes aplausos.
En los tiempos felices de mi vida
con deleite amoroso contemplaba
el título de un libro de mis versos
en sed ardiente de ilustrar mi nombre;
hoy, con no aborrecerlos solamente
harto hago ya, porque mi ingenio en ellos
de mi triste destierro fue la causa.
    Pero tú, a quien los hados no lo impiden,
ve en mi lugar, contemplarás a Roma.
¡Ojalá, oh libro, que ocupar tu puesto
me permitieran los propicios dioses!
No creas que has de entrar cual peregrino
en tan grande ciudad, y que su pueblo

tu nombre desconozca como extraño,
ni te haga falta título; cualquiera
conocerá en lo triste que eres mío.
   Entra de oculto; mis antiguos versos
podrán hacerte a mi pesar gran daño;
del público no logran la acogida
que en los tiempos antiguos; si hay alguno
que no quiera leerte por ser mío,
dile que su atención fije en el nombre,
que no enseño yo en ti de amar el arte:
si pena merecí por el delito
de haber hecho tal obra, la he pagado.

                (DUQUE DE VILLAHERMOSA)

POETAS DEL SIGLO I AL X

MARCO ANNEO LUCANO

(38-65 DESPUÉS DE CRISTO—LATINO)

La Farsalia

(Fragmento)

    Ya César a los Alpes se adelanta,
contrario a Italia; ya en su pecho
oculto es tempestad y golfo empresa tanta,
y el alma inunda en militar tumulto:
Tocando al Rubicón su altiva planta,
con ejército fiel vio en sitio inculto
y en sombras mudas, que la frente asoma
hórrida imagen la funesta Roma.

    Adornos viste lúgubres, sencillos,
cándida la melena y desgreñada,
que corona murallas y castillos;
luego exclama terrible y perturbada:
"¿A dónde, ¡oh vos, de la impiedad caudillos!
volvéis mi insignia, mi rigor, mi espada?
Pueblo romano, os reconozco en esta
ribera que pisáis, y no en la opuesta.

    "Al que armado me busca, el cristal puro
le excluye de estos márgenes estrechos,
pues nadie aquí adelanta el pie seguro
sin romper leyes ni ultrajar derechos:
ya cuanto más te acercas a mi muro,
atento César, a ensanchar tus hechos
me pierdes más y encuentras en mis brazos
lanzas por cetros, por coronas lazos."

    El estupendo asalto inopinado
turbó al guerrero, congeló su ardiente
sangre en heladas fibras, y erizado
surtió el cabello en la cesárea frente;
sin profanar el margen venerado,
en sus afectos vaciló abstinente,

hasta que ya, cual ciudadano o hijo,
a Roma vuelto y a sus dioses, dijo:

"¡Oh, tú, que en el altar Capitolino
eres Jove, presidio a los Romanos!
¡Oh vos, Penates, del que a Italia vino
donde a los Julios sucedí troyanos!
¡Oh nuestro numen, Rómulo Quirino!
¡Oh tú, que en los alcázares albanos
duplicas templo, oh venerable Vesta,
por quien la llama se eterniza honesta!

"¡Oh Roma, por deidad ya graduada!
Tu honor buscan pacíficas mis greyes;
soy tu lealtad y lo será mi espada;
a ilustrar vengo, no a ultrajar tus leyes.
Rindo a tus pies mi frente coronada
con las diademas de sujetos reyes;
el que agraviare enemistad conmigo,
este sólo es tu agravio, es tu enemigo."

Dijo, y ciñendo al corazón lo ardiente,
mal contenido en límites de humano,
rompió a un tiempo la guerra y la corriente,
por ilícitos rumbos soberano:
en desiertos así del Asia ausente
divertido león, si armada mano
contraria advierte, incierto se retira,
recogiendo feroz toda la ira.

Mas, cuando ya de estímulos herido,
con propio azote y erizadas greñas,
fuego exhalando en íntimo bramido,
encendió el aire, estremeció las peñas,
aunque a su frente asalte el prevenido
escuadrón mauro que alojó en las breñas,
y aunque mil astas le acometan juntas,
se precipita a devorar las puntas.

(JUAN DE JÁUREGUI)

MARCO VALERIO MARCIAL

(42-104 DESPUÉS DE CRISTO—LATINO)

Acerca de Cloe

Cloe la séptima vez
las exequias celebró;
siete maridos lloró;
no hay tan honrada viudez.
¿Pudo con más sencillez
toda la verdad decir?
Mandó en la piedra escribir
que ella les dio sepultura,
y dijo la verdad pura,
porque les hizo morir.

EMPERADOR WU TI

(DINASTÍA LIANG. SIGLO V—CHINO)

Hay quien esconde su amor

¿Quién dijo que fue por mi deseo
esta separación, este vivir sin ti?
Mi túnica está aún transida de tu aroma;
aún guardo entre mis manos la carta que enviaste.
Rodeando mi cuerpo
me ceñí el cinturón en doble vuelta,
y sueño que nos une a los dos en amoroso nudo.
¿Sabes que hay quien esconde su amor
como la delicada flor, demasiado preciosa para ser cortada?

(MARCELA DE JUAN)

ANTAR BEN SCEDAD

(SIGLO VI—ÁRABE)

Sensaciones de amor

Al aire en torno mío le embalsama
embriagante perfume de jazmín.
¿Es la flor olorosa lo que siento,
     o es acaso su aliento?
No lo pudiera el corazón decir.

De un gorjeo dulcísimo, lejano,
perciben mis oídos la inflexión.
¿Acaso en el Oasis trina un ave?
     El alma no lo sabe:
Pudiera ser el eco de su voz.

¿Qué contemplan mis ojos asombrados?
¿Ricas perlas de nítido matiz,
que aquí trajera un mercader de Oriente,
     o la mirada ardiente
adivina su boca al sonreír?

Miro un rayo de luz iluminando
con su fulgor el vasto espacio azul.
¿Es la luna que elévase en el cielo
     o acaso bajo el velo
van sus pupilas destellando luz?

En el Oasis próximo se mueve,
cuando apenas la puedo distinguir,
del tamarindo la crujiente rama,
     ¿o es que, acaso, me llama
su mano, con un frémito sutil?

¿Ha clavado en la arena algún guerrero
su poderosa lanza? No lo sé.
Que al corazón he dado rienda suelta,
     y al verla tan esbelta
adivino su forma de mujer.

¿Es un narciso oculto lo que miro
en el plantel de flores del jardín,
y su albura mis ojos maravilla?
¿O es su blanca mejilla,
más fresca que las flores del pensil?

¿Veis cómo la adoro?
¿Veis cómo deliro?
Siempre en torno de ella
gira el corazón.
Y mi pecho exhala
férvido suspiro,
latiendo incansable
con ansias de amor.

¡Habla! ¡Oh, dulce nombre
de la amada mía,
donde se concentran
raudales de luz,
germen fecundante
de mi poesía,
que encantas las horas
de mi juventud!

A los enemigos,
cándida doncella,
no temas, arteros,
mientras viva yo,
que en vano me oponen
injusta querella,
mientras lucha el brazo
con rudo valor.

(CARMELA EULATE SANJURJO)

EMPERADOR YANG TI

(DINASTÍA SUI. SIGLO VII—CHINO)

Flores y claro de luna sobre el río en primavera

Yerto e inmóvil en la tarde el río.
Los colores de la primavera brillan en plenitud.
De repente una ola arrebata a la luna,
y llega la marea con su carga de estrellas.

(MARCELA DE JUAN)

ABDERRAMAN I

(SIGLO VIII—ÁRABE)

Tú también eres ¡oh palma!...

Tú también eres ¡oh palma!
en este suelo extranjera.
Llora, pues; mas, siendo muda,
¿cómo has de llorar mis penas?
Tú no sientes, cual yo siento,
el martirio de la ausencia.
Si tú pudieras sentir,
amargo llanto vertieras.
A tus hermanas de Oriente
mandarías tristes quejas,
a las palmas que el Eufrates
con sus claras ondas riega.
Pero tú olvidas la patria,
a par que me la recuerdas;
la patria de donde Abbas
y el hado adverso me alejan.

(J. VALERA)

ABUL MAKSCHI

(SIGLO VIII—ÁRABE-ESPAÑOL)

Ciego

La madre de mis hijos abrumada
por el dolor está,
porque mis ojos con su diestra airada
ha fulminado Alá.
Ciego me ve seguir la esposa mía
esta mortal carrera,
hasta que al borde de la tumba fría
con el báculo hiera.
Y la infeliz, postrada por el suelo,
exclama: "¡Oh suerte, oh suerte,
no aumentarás tan espantoso duelo,
ni con la misma muerte!"
Y abre en mi corazón profunda llaga,
diciendo: "No hay pesar
como no ver la luz, que ya se apaga
en tu dulce mirar."

(J. VALERA)

GEMIL

(701-762—CHINO)

Como mi dulce amada...

Como mi dulce amada no hay ninguna;
a su lado ¿qué valen las más bellas?
El que ve fulgurar la blanca luna,
no repara en la luz de las estrellas.

(O. EULATE SANJURJO)

LI TAI PO

(701-726—CHINO)

La mujer del guerrero

La mujer del guerrero, en su telar,
    teje en silencio el brocado de seda.
Las cortinas, purpúreas de los rayos
    postreros del crepúsculo,
    dejan pasar los gritos de los cuervos.
Suspende su trabajo. Piensa con desaliento
    en el siempre esperado.
Gana en silencio el solitario lecho,
    y sus lágrimas caen como lluvia estival.

(MARCELA DE JUAN)

Poema de la fugacidad del tiempo

Aquí fue la morada antigua del rey de Wou;
libre crece la hierba hoy sobre sus ruinas.
Más lejos, el inmenso palacio de los T'sing,
    antaño tan suntuoso y tan temido,
todo eso fue y no es, todo llega a su término.
Los hechos y los hombres viajan hacia el morir,
como pasan las aguas del río Azul
    a perderse en el mar.

(MARCELA DE JUAN)

Solos el vino y yo

Una jarra de vino entre las flores.
No hay ningún camarada para beber conmigo,
pero invito a la luna,
y, contando a mi sombra, somos tres...
Mas la luna no bebe,
mi sombra se contenta con seguirme.
Tardará poco en separarme de ellas:
¡La primavera es tiempo de alegría!

(MARCELA DE JUAN)

Visita a un taoísta

Los aullidos lejanos se mezclan al murmullo del arroyo.
Cae la lluvia ligera y reaviva la rosa
    y las flores del melocotonero.
De cuando en cuando pasa rauda la tímida gacela.
Corre suave una fuente,
y el lejano tañer de la campana no turba su murmullo.
Acá y allá los dardos del bambú
    se clavan en el pecho de la niebla azulada.
En el costado norte del alcor,
    una cascada cuelga sus espumas.
A visitaros vine, pero no os encuentro.
¡Retorno melancólico, y apoyo a veces mi flaqueza
    en el torso robusto de los pinos.

(MARCELA DE JUAN)

El templo en la cumbre

Esta noche duermo en el templo situado en la cumbre del Monte Sagrado.
Desde aquí podría coger las estrellas con la mano.
No me atrevo a elevar la voz en este silencio
porque temo turbar a los moradores del cielo.

(MARCELA DE JUAN)

Polvo viejo

El que vive es un viajero en tránsito,
el que muere es un hombre que torna a su morada.
Un trayecto muy breve entre el cielo y la tierra.
¡Ahimé!, y ya no somos más que el viejo polvo de los diez mil siglos.
El conejo en la luna busca en vano el elixir de vida.
Fu Sang, el árbol de la inmortalidad, se ha desmoronado en un montón de leña.
El hombre muere; sus blancos huesos enmudecen
cuando los verdes pinos sienten el retorno de la primavera.
Miro hacia atrás y suspiro; miro hacia adelante y suspiro.
¿Hay algo sólido en la vaporosa gloria de la vida?

(MARCELA DE JUAN)

Momento

El sacerdote budista de Chu tiene una mandolina.
Baja, por el Oeste, del Monte de las Cejas
y toca en honor mío.
Los brillantes sonidos semejan el murmullo
de una selva de pinos pulsada por el viento.
Y mi corazón se purifica, lavado en el agua del río.
La armoniosa melodía concierta con el lejano tañer de la campana.
Lenta, insensiblemente, va cayendo el crepúsculo,
y los montes se esfuman en la suave neblina.

(MARCELA DE JUAN)

Canto de la desolación

¿Cuánto podrá durar para nosotros
    el disfrute del oro, la posesión del jade?
Cien años cuando más: este es el término
    de la esperanza máxima.
Vivir y morir luego; he aquí la sola
    seguridad del hombre.
Escuchad, allá lejos, bajo los rayos de la luna,
    al mono, acurrucado y solo
llorar sobre las tumbas.
Y ahora llenad mi copa: es el momento
    de vaciarla de un trago.

(MARCELA DE JUAN)

Añoranza del esposo ausente

Doradas nubes bañan la muralla.
Los negros cuervos graznan encima de sus nidos,
en los cuales desean reposar.
Entretanto, la esposa, sola y joven,
    suspira melancólica.
Sus manos abandonan el telar
    y dirige los ojos
a la cortina azul del cielo
    que la aísla del mundo
cual la bruma ligera vela el río.
Está sola. El esposo corre tierras remotas.
Sola: todas las noches en su alcoba,
la soledad le oprime el corazón,
y sus lágrimas caen como lluvia ligera
    fecundando la tierra.

(MARCELA DE JUAN)

Adiós a un amigo

Se vislumbran las montañas azuladas más allá de la muralla norte;
al este de la ciudad corre el agua límpida y cristalina.
Aquí nos separamos, amigo, para siempre.
Tú has de navegar diez mil millas en el barco,
como una planta acuática sin raíces.
¡Oh, las nubes viajeras y los pensamientos de los vagabundos!
¡Oh los crepúsculos! ¡Oh la nostalgia de los viejos amigos!
Nos separamos haciendo gestos con la mano,
mientras nuestros corceles se alejan paso a paso... paso a paso...

(MARCELA DE JUAN)

TU FU

(712-770—CHINO)

Paisaje de otoño

    Altas las nubes, vivo el viento, plañe el mono sus gritos:
En los plateados bordes del agua transparente,
        las avecillas rozan con su vuelo la arena.
Por doquier el murmullo de las hojas que caen.
Allá en frente las ondas del gran río,
        en su vaivén inacabable.
Ver solo el desolado paisaje del otoño,
        y sentirse extranjero allí donde uno vaya;
gastado por los años y las enfermedades,
        ascender solo a las altas cimas.
Los cuidados, las penas, blanquearon hace tiempo mi cabeza;
me abandonan las fuerzas, tengo que detenerme,
        ¡y ni una taza de generoso vino!

                                    (MARCELA DE JUAN)

WANG WEI

(DINASTÍA T'ANG. SIGLO VIII—CHINO)

Tú, que vienes de la tierra natal...

¡Oh, dime! Tú, que vienes de la tierra natal,
    sabes sin duda muchas cosas.
¡Oh, dime! El día que saliste, bajo la ventana vestida de seda,
¿florecían ya los ciruelos de invierno?

                                    (MARCELA DE JUAN)

WEI TCHEN KIN

(DINASTÍA T'ANG. SIGLO VIII—CHINO)

Adiós a mi hermano

Cambiantes son las aguas del gran río.
Inacababales los pensamientos del viajero lejano.
¿Lloran, al caer, las flores nostalgias de su rama?
Ni el más leve ruido cuando tocan el suelo.

(MARCELA DE JUAN)

TSE LANG

(DINASTÍA T'ANG. SIGLO VIII—CHINO)

Canción de Siang Yang

Añorando al que viaja por el sur,
abandono mi casa para vivir a orillas del gran dique.
Pasan mil, diez mil velas...
Mas ninguna se para ante mi puerta.

(MARCELA DE JUAN)

TSOEI HON

(DINASTÍA T'ANG. SIGLO VIII—CHINO)

Escrito en una puerta al sur de la ciudad

Hoy hace un año esta misma puerta
reflejaba, rosadas, las flores del ciruelo y sus mejillas.
No sé dónde su rostro estará hoy,
mas las flores sonríen aún a la primavera.

(MARCELA DE JUAN)

LI TCHANG YIN

(DINASTÍA T'ANG SIGLO VIII—CHINO)

Atardecer

Atardecer. Me gana el tedio,
encamino mi carro a la antigua llanura.
¡Qué bello el sol poniente!
¡Lástima que la noche le siga tan de cerca!

(MARCELA DE JUAN)

YUAN CHIEH

(DINASTÍA T'ANG. SIGLO VIII—CHINO)

El lago del Pez de Piedra

¡Cuánto te amé, lago del Pez de Piedra,
con tu islote parejo a un pez nadando!
En su lomo está el Hoyo de la Taza de Vino,
y en torno a él se agitan suavemente las ondulantes aguas. Desde la orilla envían los muchachos barquitas de madera;
cada barca transporta una taza de vino.
Los bebedores de la isla escancian las barcas de oloroso licor,
y desplegando velas, tornan a la ribera.
Destácanse en la orilla los negros picos de las rocas,
bajo los cuales pasa una helada corriente.
Reconfortados por el vino, sumergimos las manos
en las frígidas aguas. ¡Oh incomparable goce!
No ansío el oro ni las ricas piedras;
no anhelo los birretes de mandarín, ni los suntuosos carruajes.
Mas quisiera sentarme en la orilla rocosa de este lago
y contemplar sin fin su Pez de Piedra.

(MARCELA DE JUAN)

OKI-KASE

(SIGLO VIII—CHINO)

Entre sombras

El dulce olvido de la pena mía
voy buscando en el sueño,
mas resurge tu imagen en las sombras,
lo mismo que despierto.

La desesperación ha generado
este dolor interno,
y de nuevo me engaña la esperanza
en un dichoso sueño.

(CARMELA EULATE SANJURJO)

UANG-SING-YU

(SIGLO VIII—CHINO)

En secreto

He extinguido la lámpara,
porque brilla la luna,
y su luz ilumina el recinto en redor,
y en el fondo del alma,
misterioso murmura
un sutil pensamiento de inefable dolor.

Mi pupila, anegada
por el llanto, se nubla,
y un dolor agudísimo viene el alma a sentir,
al pensar que mi amada
no sabrá tal vez nunca
que, en su ausencia, por ella he llorado yo aquí.

(CARMELA EULATE SANJURJO)

IDZUMI SIKIBU

(SIGLO VIII—POETISA JAPONESA)

Último deseo

Cuando vaya a partir, y de la muerte
sienta la mano fuerte
asirme en mi agonía,
¡yo quiero verte!
Y llevarme en mi última mirada
tu forma bien grabada
en la pupila mía.

(CARMELA EULATE SANJURJO)

SUTO-KUIN

(SIGLO VIII—JAPONÉS)

El obstáculo

Cuando alguna enhiesta roca
se halla en medio de un torrente,
se detiene al encontrarla,
rumorosa,
la corriente;
la rodea en remolinos,
y su fuerza
le permite en un instante
sus dos aguas reunir.

Por un golpe de la suerte,
hemos sido separados;
volveremos a reunirnos
para siempre,
que el obstáculo
nuestra unión tan sólo aplaza,
cual la roca
no impidió que se reuniesen
las dos aguas al fluir.

(CARMELA EULATE SANJURJO)

MOTOKATA

(JAPONÉS)

A la distancia

 Veladas por la niebla y a la distancia,
hasta el cielo se yerguen las montañas,
invisibles;
mas de sus bellas flores el perfume,
día tras día,
acaricia las alas de la brisa.

(A. J. GUTIÉRREZ ALFARO)

MIKUNINO MACHI

(JAPONÉS)

Mensaje

 Quédate, ruiseñor,
un momento, te ruego, quédate
antes de desplegar tus pardas alas:
lleva entonces mi mensaje a la montaña gris
y dile
que estoy cansado del mundo.

(A. J. GUTIÉRREZ ALFARO)

PO CHU YI

(DINASTÍA T'ANG. SIGLO IX—CHINO)

Resignación

 No pienses en las cosas que fueron y pasaron;
pensar en lo que fue es añoranza inútil.
No pienses en lo que ha de suceder;
pensar en el futuro es impaciencia vana.

Es mejor que de día te sientes como un saco en la silla;
que de noche te tiendas como una piedra en el lecho.
Cuando viene el yantar, abre la boca;
cierra los ojos cuando viene el sueño.

(MARCELA DE JUAN)

Enfermo

¿Cuánto tiempo ha pasado desde que estoy enfermo?
Casi cien largos y pesados días.
Los servidores aprendieron a buscar las hierbas
    de mis medicamentos;
el perro ya no ladra cuando el médico viene.
Las vasijas de mi cueva han quedado empotradas en el suelo.
Las alfombrillas de los cantantes desmorónanse en polvo.
Cuando vista la tierra su luz nueva, ¿cómo he de soportar
ver desde la almohada la belleza de la primavera que nace?

(MARCELA DE JUAN)

FUKAYUBU

(ANTERIOR AL SIGLO X—JAPONÉS)

Nieve

Flores blancas que caen, que caen de lo alto,
antes que el amargo invierno haya pasado,
¿será tal vez que más allá del cielo
la Primavera haya por fin llegado?

(A. J. GUTIÉRREZ ALFRO)

OUSHIKAUCHI MITSUNE

(ANTERIOR AL SIGLO X—JAPONÉS)

Junto al sendero

El Otoño y el Verano se encontraron hoy.
Ahora recuerdo
que la hierba a la orilla del sendero
sintió de súbito el frescor del viento,
y suspiró.

(A. J. GUTIÉRREZ ALFARO)

La búsqueda

Vos que dejarais el agitado mundo
buscando entre las nubes solitarias
huir de la pena entre silencio y nieve,
¿qué harías, si allí no hallarais paz?

(A. J. GUTIÉRREZ ALFARO)

SONE YOSHITADA

(SIGLO X—JAPONÉS)

Tan pronto

Vi al amanecer el gris rocío,
sobre el jardín callado, y yo me dije:
"Florecerá el convólvulo en el día."
Mas, mientras aún dormía, murió la flor.

(A. J. GUTIÉRREZ ALFARO)

TSURAYUKI

(SIGLO X—JAPONÉS)

Nieblas y flores

Como, en las montañas, cuando las nubes
descienden a tierra, entre tenue niebla,
puédese ver la flor velada y blanca
de algún cerezo...
Así ¡sólo así! he visto a la que amo.

(A. J. GUTIÉRREZ ALFARO)

Dormí

Descansé en tosco albergue de montaña;
mas la memoria del día primaveral
en hondo ensueño mi visión mantuvo,
y flores aromáronme la noche.

(A. J. GUTIÉRREZ ALFARO)

Perdido

Para buscar mis hierbas en la sierra
tomé el sendero al monte un día de abril,
mas rientes los cerezos derramaron
tal nevada de flores en la tierra,
que me perdí.

(A. J. GUTIÉRREZ ALFARO)

Mensajeros

¿Cómo sabríamos lo que la Primavera
oculta en los tajos y huecos de los montes
si no trajesen los vientos el perfume
y en los arroyos pétalos flotasen?

(A. J. GUTIÉRREZ ALFARO)

Con hostil corazón...

Con hostil corazón los nuevos moradores
de la casa que un día fue mía me acogieron;
pero de mí tal vez se acordaban las flores,
porque me dan el mismo perfume que me dieron.

(E. DÍEZ-CANEDO)

ANÓNIMOS JAPONESES

Campos sin flores

¡Ah! Si el hechizo de la primavera
a las vidas por igual acariciase,
yo no sabría
la obsesión del dolor que ofrecen sus placeres,
pues no en todos los campos ¡ay! crecen las flores.

Amanecer

¡Oye! Cae de los techos la abundante lluvia.
Vase el invierno. Oh, amor cruel, te ruego.

SOSEI

(JAPONÉS)

Reminiscencia

Música apasionada del ruiseñor,
no es gozo el que me traes, sino una pena,
recuerdo de la nada, el rostro pálido
de un amor al que jamás hallé.

(A. J. GUTIÉRREZ ALFARO)

TOMONORI

(JAPONÉS)

¡Ay!

Idéntico el color, y la fragancia,
como en ardor de viejas primaveras...
Fría es la sangre que antes se encendía
en la rosada llama de los cerezos en flor, pues soy ya viejo.

(A. J. GUTIÉRREZ ALFARO)

Reflejo

Traté de embellecer al bello otoño
con flores reales y en la ribera
verde del lago planté un crisantemo...
¿Qué mano sembró el otro bajo el agua?

(A. J. GUTIÉRREZ ALFARO)

KINO TOSHISADA

(JAPONÉS)

Rocío

¡Volverás! ¿Por qué he de llorar
separación tan breve? Dices bien.
No lloraré. Mira. ¡No son! Son gotas de rocío...
¡No lágrimas! No lágrimas!
estas que brillan sobre mi manga.

(A. J. GUTIÉRREZ ALFARO)

YORUKA

(JAPONÉS)

Esperando

 Tanto tiempo enfermé que, por mi daño,
no sé la ruta de la Primavera;
mucho temo
que cayeron ya las flores de cerezo
que esperaron mis ojos todo el año.

(A. J. GUTIÉRREZ ALFARO)

YASUHIDE

(JAPONÉS)

Flores de espuma

 Fuego del otoño convierte en rojo y oro
el verde de las hojas antes que su tumba
las reciba; mas, siempre pura y fría,
la espuma blanca florece en la agitada ola.

(A. J. GUTIÉRREZ ALFARO)

FERDUSI
(Abul Casem Munsur o Mansur)

(SIGLO X—PERSA)

Introducción del poema de Rustán y Asfendiar

    El vino generoso
bebamos, que está el monte perfumado
con almizcle oloroso:
de rayadas tulipas el collado
y jacinto cubierto,
y de rosas bellísimas el huerto.

    El huerto do lamenta
el ruiseñor sonoro, y a la rosa
el blando sueño ahuyenta;
él se ríe en la noche tenebrosa
y ella se estrecha y ata
con el viento fugaz y lluvia grata.

    Percibo el dulce ambiente
que viene de la nube, y veo en tanto
al ruiseñor doliente.
¿Qué será? Sin embargo, para el llanto
en el huerto, y gorjea,
y sentado en la rosa se recrea.

    ¿Qué será lo que dice
el triste ruiseñor, y qué en la rosa
inquiere el infelice
aspirando su esencia deliciosa?
Espera la mañana
y la cantiga le oirás persiana.

    De Asfendiar malhadado
llora el duro catástrofe, diciendo:
"Me lo han arrebatado:
Ya la canción del ruiseñor entiendo,
que cantarse solía
por nuestros ascendientes algún día."

(EL CONDE DE NOROÑA)

ABN ABD AL-MALIK
(El Príncipe amnistiado)

(963-994—ÁRABE ESPAÑOL)

Despedida en un jardín

Me despedí de quien amo al caer la tarde.
¡Ojalá hubiera gustado la muerte antes que su ausencia!
Me parece que hasta el sol se queja del mismo amor que yo,
y que por su querer zurean tristes las palomas.
  Porque se va mi amada, languidece el crepúsculo:
diríase que sufre lo mismo que yo.
  La brisa habladora cuenta nuestros secretos:
por eso desmaya su amor y es delicioso su aroma.
  Al alba, el agua del jardín se mezcló
con su nombre, más penetrante que todo perfume.
  El azahar es su sonrisa; el céfiro, su aliento;
la rosa, perlada de rocío, su mejilla.
  Por eso amo los jardines: porque siempre
me traen al recuerdo la que adoro.

(EMILIO GARCÍA GÓMEZ)

ABU L'ALA AL-MAARRI

(973-1057—ÁRABE DE SIRIA)

¿No miráis?...

¿No miráis fulgurando, allí en la sombra
  la luz de las estrellas?
La sensibilidad, ¿es esa atmósfera
  sutil que las rodea?
¿Es la razón? ¿La vida? ¡Quién lo sabe!
  Tal vez la inteligencia.
¿Qué son esos vapores, que en la tarde,
  al caer, las rodean?
Como una luz se extingue en la mañana
  en vagarosa niebla.

(CARMELA EULATE SANJURJO)

¿Por qué te quejas?...

¿Por qué te quejas de la existencia,
    si aún eres joven?
¿Qué dirás luego cuando los años
    pasen veloces?
A los que sufren en vano, busco
    compensaciones,
sólo una cosa mitiga el paso
    de los dolores.
La juventud florida,
único encanto de una triste vida.

(CARMELA EULATE SANJURJO)

POETAS DEL SIGLO XI AL SIGLO XV

BEN ZAYDUN

(1003-1070—ÁRABE ESPAÑOL)

Fragmentos de la "Qasida en Nun"

Alejados uno de otro, mis costados están secos de pasión por ti, y en cambio no cesan mis lágrimas.

Al perderte, mis días han cambiado y se han tornado negros, cuando contigo hasta mis noches eran blancas...

Diríase que no hemos pasado juntos la noche, sin más tercero que nuestra propia unión, mientras nuestra buena estrella hacía bajar los ojos de nuestros censores:

Éramos dos secretos en el corazón de las tinieblas, hasta que la lengua de la aurora estaba a punto de denunciarnos.

(EMILIO GARCÍA GÓMEZ)

Desde Al-Zahra

Desde Al-Zahra te recuerdo con pasión. El horizonte está claro y la tierra nos muestra su faz serena.

La brisa desmaya con el crepúsculo: parece que se apiada de mí y languidece, llena de ternura.

Los arriates me sonríen con sus aguas de plata, que parecen collares desprendidos de las gargantas.

Así fueron los días deliciosos que ya pasaron, cuando, aprovechando el sueño del Destino, fuimos ladrones de placer:

Hoy sólo me distraigo con las flores, imán de los ojos, en las que la escarcha juega vivaz, inclinando sus tallos:

Son como pupilas que, al ver mi insomnio, lloran por mí, y por eso el irisado llanto resbala por su cáliz.

En los soleados rosales brillan los rojos capullos, aumentando la luminosidad de la mañana.

Aromáticas bocanadas se transmiten al pomo del nenúfar, dormilón cuyas pupilas entreabrió el alba.

Todo excita el recuerdo de mi pasión por ti, que nunca abandona mi pecho, por mucha que sea su estrechura.

Si la unión contigo, por la que suspiro, se lograse, ese día sería el más noble entre todos.

¡No conceda Dios la calma al corazón que desista de recordarte y que no vuele a tu lado con las alas trémulas del deseo!

Si el céfiro, cuando sopla, consintiera en llevarme, depositaría a tus pies un doncel extenuado por la pena.

¡Oh mi más precioso joyel, el más sublime, el preferido de mi alma, cuando los amantes compran joyeles!

Pedirnos uno al otro deudas de puro amor era, en otros tiempos, la pradera feliz donde corríamos como libres corceles.

Pero, ahora, yo soy el único que puede jactarse de leal. Tú me dejaste, y yo me he quedado, triste, amándote.

(EMILIO GARCÍA GÓMEZ)

Si tú quieres...

Si tú quieres, nunca, nunca
acabará nuestro amor:
misterioso, inmaculado,
vivirá en mi corazón.
Para conquistar el tuyo,
sangre y vida diera yo,
siendo corto el sacrificio
comparado al galardón.
Este yugo de mi alma
nadie nunca lo llevó;
mas tú le pusiste en ella;
no temas su rebelión.
¡Despréciame!, he de sufrirlo;
¡ríñeme!, tienes razón;
¡huye! te sigo; ¡habla!, escucho;
¡ordena!, tu esclavo soy.

(J. VALERA)

BEN AMMAR

(M. EN 1086—ÁRABE ESPAÑOL)

La amada

Era una gacelita que mira con narcisos, alarga azucenas y sonríe con margaritas.

Sus arracadas me hacen señas y sus ajorcas tienden la oreja para escuchar la melodía de su cinturón.

(EMILIO GARCÍA GÓMEZ)

AL-MOTAMID DE SEVILLA

(1041-1095—ÁRABE ESPAÑOL)

Me canta la cadena...

En vez de las gallardas cantadoras,
me canta la cadena
rudo cantar, que el alma a todas horas
de dolor enajena.
La cadena me ciñe cual serpiente;
cual serpiente mi acero
entre los enemigos fieramente
resplandeció primero.
Hoy la cadena sin piedad maltrata
mis miembros y los hiere,
y acusa el corazón la suerte ingrata
y morir sólo quiere.
A Dios en balde mi clamor elevo
porque Dios no me escucha;
cáliz de acíbar y ponzoña bebo
en incesante lucha.
Los que sabéis quién soy y quién yo era
lamentad mi caída:
Se marchitó cual flor de primavera
la gloria de mi vida;
música alegre, espléndidos salones
trocó el hado inseguro
en resonar de férreos eslabones
y en calabozo oscuro.

(J. VALERA)

T'ONG CHOW

(DINASTÍA SONG. SIGLO XI—CHINO)

Sueño fugaz

¡Oh, novedad del mundo cuando las golondrinas vuelvan!
Habrán caído ya las flores del peral. La pura superficie del estanque proyectará unas manchas de verdor.
Y una pareja de malvises cantará en el follaje.
Los días crecerán. Volarán por doquier las florecillas de los sauces.
Las compañeras de las hijas de mi vecino reirán con expresivas risas cuando estén deshojando las moreras en la huerta y llegue yo a su encuentro...
¡Qué extraño error! Ayer me recreé soñando con la primavera, y esta mañana oí realmente las risas de dos mujeres jugando con las hierbas.

(MARCELA DE JUAN)

WANG NGAN CHE

(DINASTÍA SONG. SIGLO XI—CHINO)

Reposo estival en el pabellón

El esplendor de las montañas bordea por entero el esplendor del agua.
El perfume de los lotos y de las castañas acuáticas se extiende a diez mil "lis" y sube hasta la balaustrada en que me apoyo.
Acariciado por el viento suave, bajo la clara luna, ¿cómo inquietarse por las cosas humanas?
Me entrego enteramente al aroma que viene del sur en alas de la fresca brisa.

(MARCELA DE JUAN)

CHOW SU CHENG

(DINASTÍA SONG. FINALES DEL SIGLO XI.
—POETISA CHINA)

Vieja melancolía

Guarecida del céfiro primaveral por los zigzags del biombo de plata, sola yo, apretada a mi pecho mi túnica, tan fría, mientras me iba ganando el primer sueño...
De pronto, el grito de un pájaro me despertó sobresaltada, y mi sueño se fue.
Y la melancolía me oprime y contrae las cimas de mis cejas. La sombra de las flores, cada vez más espesa, se acumula en la calada gasa de la ventana.
Ascienden y se esfuman las volutas de humo, y el perfume de mis cojines y del biombo.
La purísima lengua de los ruiseñores ha disipado mi primaveral sueño.
Y me ha devuelto toda mi tristeza mientras yo contemplaba la tenue luz crepuscular.

(MARCELA DE JUAN)

Noche lluviosa de otoño

El viento, como un volar de flechas, traspasa las cortinas. Cae la lluvia fría oblicuamente y suena como el gong de los serenos.
Yerto el pecho, me tiendo en los cojines, mas no puedo dormir. Me pesan como hierro las entrañas. Mis lágrimas resbalan incesantes.
El "siu-siu" de los bambúes bajo la ventana es angustioso como el mismo otoño.
El tejado gotea sobre las flores, ¡oh interminable noche!
Sola en la oscuridad, desamparada en este frío creciente, abrumada me siento de infinita tristeza.
Y el corazón, a punto de romperse en pedazos.
En mi cuerpo, delgado cual una caña de bambú,
mis entrañas son cuerdas que se retuercen y se anudan.
¡Cómo alejar de mí tales angustias!
La ventana se queja. Oigo en la noche caer la lluvia sobre los bambúes.
¡Y en cada una de sus hojas hay diez mil celemines de tristeza!

(MARCELA DE JUAN)

LI TS'ING CHAO

(DINASTÍA SONG. FINALES DEL SIGLO XI A
PRINCIPIOS DEL XII—POETISA CHINA)

Lluvia de flores del melocotonero

(Ensueño amoroso)

Se extinguía el perfume de los rojos nenúfares. El aire leve del otoño penetraba a través de las perlas de jade de la cortina.
¿Quién me enviaba estos mensajes de amor, desde las nubes, en el bajel de las orquídeas, al resplandor de las antorchas?

Es la estación en que retornan los cisnes silvestres,
la luna llena el pabellón del Oeste.
Las flores—es su sino—revolotean y se esparcen.
El agua sigue su destino corriendo a concentrarse en un mismo lugar.

Los seres de la misma especie convergen en un mismo sueño. Pero nosotros ¡ay! estamos separados, y heme aquí solitaria, sabia ya con exceso en la tristeza.
Nada será bastante a fundir y anular este amor. Por un momento, se detuvo en mis ojos; mas ahora gravita ya en mi corazón.

(MARCELA DE JUAN)

Anochecer de otoño a la orilla del lago

Al lago llegó el viento. Las dilatadas ondas se extienden infinitas.
Ya el otoño envejece, y son raros los juncos en el río. El rielar de las aguas y el colorido de los montes conmueven siempre al hombre.
Imposible cansarse de alabar sus bellezas siempre nuevas. Ya los lotos lograron la plenitud madura de su forma, y su vejez las flores de nenúfar.
El rocío refrescó las blancas floraciones acuáticas y las hierbas de la ribera baja.
Adormecidas en la arena, las garzas y las gaviotas no se dignan siquiera volver la cabeza, y parecen reprochar a los hombres que volvieran tan pronto.

(MARCELA DE JUAN)

BEN AL-LABBANA

(M. 1113—ÁRABE ESPAÑOL)

Los lunares

Levantó sus ojos hacia las estrellas, y las estrellas, admiradas de tanta hermosura, perdieron pie,

y se le fueron cayendo en la mejilla, donde con envidia las he visto ennegrecerse.

(EMILIO GARCÍA GÓMEZ)

BEN SARA

(M. EN 1123—ÁRABE-ESPAÑOL)

El naranjo

¿Son ascuas que muestran sobre las ramas sus vivos colores, o mejillas que se asoman entre las verdes cortinas de los palanquines?

¿Son ramas que se balancean, o talles delicados por cuyo amor estoy sufriendo lo que sufro?

Veo que el naranjo nos muestra sus frutos, que parecen lágrimas coloreadas de rojo por los tormentos del amor.

Están congelados; pero, si se los fundiera, sería vino. Unas manos mágicas moldearon la tierra para formarlos.

Son como pelotas de cornalina en ramas de topacio, y en las manos del céfiro hay mazos para golpearlos.

Unas veces los besamos y otras los olemos, y así son, alternativamente, mejillas de doncellas o pomos de perfume.

(EMILIO GARCÍA GÓMEZ)

BEN AL-ZAQQAQ

(M. HACIA 1135—ÁRABE-ESPAÑOL)

Las rosas

Las rosas se han esparcido en el río, y los vientos, al pasar, las han escalonado con su soplo,

como si el río fuese la coraza de un héroe, desgarrada por la lanza, y en la que corre la sangre de las heridas.

(EMILIO GARCÍA GÓMEZ)

BEN JAFACHA

(1058-1138—ÁRABE ESPAÑOL)

Escena de amor

Sus miradas eran de gacela; su cuello, como el del ciervo blanco; sus labios rojos, como el vino; sus dientes, como las burbujas.

La embriaguez la hacía languidecer en su túnica bordada de oro, que la ceñía como las estrellas brillantes se entrelazan en torno de la luna.

La mano del amor nos vistió en la noche con una túnica de abrazos que rasgó la mano de la aurora.

(EMILIO GARCÍA GÓMEZ)

OMAR KHAYYAM

(1071-1123—PERSA)

El botijo

El botijo que ves, antaño era
un hombre como yo, que amor sentía;
su vida se secó, que es pasajera
la llama del vivir. ¡Trágica vía
la que recorre el ser que a arcilla torna!

Todo lo vil de su vivir antiguo
perdura en el botijo con su forma:
El vientre de glotón, el cuello exiguo.

Del alma que se fue, sólo ha quedado
el asa con su curva graciosa;
es imagen del cuerpo que, apretado,
ceñía el talle esbelto de la esposa.

(PEDRO GUIRAO)

La suerte...

La suerte que la Vida nos concede
es llanto y es dolor.
Dichoso aquel que, apenas nace, muere
semejando a la flor;
y dichoso mil veces todavía
quien, con suerte mejor,
se libra de nacer, que así no sufre
el odio ni el amor.

(PEDRO GUIRAO)

Imagina, si tú quieres...

Imagina, si tú quieres,
que los bienes de la Tierra
tuyos son.
Pues nada, en rigor, existe;
las cosas nacen y mueren
en perpetua confusión.

Hazte cargo que en la Vida
un asiento tú has tomado
poco ha.
Y que dentro breves días,
en la silla que tenías
otro ser se sentará.

(PEDRO GUIRO)

MOASI

(SIGLOS XI y XII—EMIR DE PERSIA)

A mi esclava

Con tus dulces ojos negros,
    me robaste
    el alma entera;
con tus ojos me embriagaste,
como un filtro encantador.
No me mires nuevamente,
    que he perdido
    ya el sentido,
y no sabe dónde alienta
mi turbado corazón.

¿Cómo ocurren estas cosas?
    ¿Fue beleño,
    o es la vida,
que al pasar miro en un sueño,
de otro mundo en el umbral?
De la noche a la mañana
    mi pupila
    miel destila;
y en la muerte me anonado,
y no quiero despertar.

Este amor es cual hoguera,
    que devora
    mis entrañas,
y cruel, dominadora,
me consume el corazón.
Yo no existo entre tus manos;
    como palma
    ten mi alma:
De mi vida que ya es tuya,
toma ¡oh reina! posesión.

Haz de mí lo que tú quieras;
    no te arguyo
    de tus leyes;

pues Moasi es todo tuyo,
todo tuyo es el Emir.
Ya de Oriente yo no admiro
    los luceros,
    que, hechiceros,
son tus ojos radiantes
el Oriente para mí.

        (CARMELA EULATE SANJURJO)

JUDA-BEN-SAMUEL-LEVI

(1080-1040—JUDÍO-ESPAÑOL)

Himno de la creación: Dios

    ¿A quién, Señor, compararé tu alteza,
tu nombre y tu grandeza,
si no hay poder que a tu poder iguale?
¿Qué imagen buscaré, si toda forma
lleva estampado, por divina norma,
tu sello soberano?
¿Qué carro ascenderá donde tú moras,
sublime más que el alto pensamiento?
¿Qué palabra tu nombre ha contenido?
¿Vives de algún mortal en el acento?
¿Qué corazón entre sus alas pudo
aprisionar tu venerable esencia?
¿Quién hasta ti levantará los ojos?
¿Quién te dio su consejo, quién su ciencia?
Inmenso testimonio
de tu unidad pregona el ancho mundo:
no hay otro antes que tú. Claro reflejo
de tu saber do quiera se discierne,
y en misterio profundo
las letras de tu nombre centellean.
Antes que las montañas dominasen,
antes que erguidas en sus bases de oro
las columnas del cielo se elevasen,
tú en la sede divina te gozabas,
do no hay profundidad,
do no hay altura.

Llenas el universo y no te llena:
contienes toda cosa,
y a ti ninguna contenerte puede.
Quiere la mente ansiosa
el arcano indagar, y rota cede;
cuando la voz en tu alabanza muevo,
al concepto la lengua se resiste;
y hasta el pensar del sabio y del prudente
y la meditación más diligente
enmudece ante ti. Si el himno se alza,
tan sólo el *Venerando* te apellida;
pero tu *Ser* te ensalza
sobre toda alabanza y toda vida.
¡Oh, sumo en fortaleza!
¿Cómo es tu nombre ignoto,
si en todo cielo y toda tierra brilla?
¡Es profundo... profundo...
y a su profundidad ninguno llega,
lejos está... muy lejos...
y toda vista ante tu luz se ciega!
Mas, no tu ser, tus obras indagamos;
tu fe, cual ascua viva,
que en medio de los santos arde y quema;
por tu ley sacrosanta te adoramos:
por tu justicia, de tu ley emblema;
por tu presencia, al penitente grata,
terrífica al perverso;
porque te ven sin luz y sin antorchas
las almas no manchadas;
y tus palabras oyen, extasiadas,
cuando yace dormido
el corporal sentido;
y repiten en coro resonante:
"*Tres veces santo, vencedor y eterno*
Señor de los ejércitos triunfante".

(M. MENÉNDEZ Y PELAYO)

SU CHE

(DINASTÍA SONG. SIGLO XII—CHINO)

La muerte del hijo

    Nunca se agotarán mis lágrimas.
¡Qué lejano aún el tiempo
    en que pueda olvidar este día cruel!
Nadie tiene la fuerza de escuchar
    los sollozos atroces de la madre.
¡Quién nos diera el morir todos contigo!

Las prendas que llevaste
    siguen aún guardadas en el arca.
Y aún conserva tu cuna
    la leche que sobre ella derramaste.
Sólo un deseo nos deja esta desolación:
    olvidar toda vida,
y tenderse todo el día, inmóvil, insensible.

    Yo no era joven ya cuando pedí que me explicaran
lo que me había anunciado un tenebroso sueño.
Los remedios inútiles formaban ya montañas,
pero más crecía el mal.
¡Mejor fuera tener una piadosa daga
y abrirme de una vez estas viejas entrañas
que desgarra el dolor!...
Pero ya reconozco mi extravío;

    por fin vuelvo a mí mismo.
¿O es más bien, ¡ay de mí!,
que, agotada la fuerza de sufrir,
se ha llevado consigo mi dolor?

                         (MARCELA DE JUAN)

SOU TONG PO

(DINASTÍA SONG. SIGLO XII—CHINO)

El funcionario errante

¡Qué lejana mi tierra,
    allí donde las aguas tienen su manantial!
Errante funcionario, me han mandado hasta aquí,
    donde el río se suicida arrojándose al mar.
Yo había oído decir
    que diez pies más arriba de la orilla,
la fuente de Chong-lin,
    en un alto de rocas desiguales,
    brotaba permanente junto al sendero sur.

Fui siguiendo la espuma de las olas.
Luego, ya en el más alto pabellón,
    mis ojos abarcaron el ancho panorama.
A ambos lados del río,
    se alzan innumerables los montes verde-azul.

Mi tristeza, ya al borde de su tregua,
    temió el atardecer,
    y fui a virar el remo hacia el retorno.
Los monjes del convento, en su amargo abandono,
    contemplaban el sol que se ponía.

Bajo el viento ligero,
    el agua dibujaba finísimos encajes
    en miriadas de arpentas.
Y en el vacío inmenso,
    los rayos del crepúsculo expirante
    encendían reflejos escarlata
    como colas de peces.
Sobre el río nacía
    el alma de la luna,
mas apagóse luego
    y el cielo se vistió de un negro intenso.

Mientras ardía el corazón del río,
    como en un resplandor de miriadas de antorchas.

Y unas luces fugaces alumbraron el cielo
    asustando a los pájaros dormidos...

Turbado el corazón, fui en busca del reposo,
    mas mi alma conturbada continuaba en la duda:
Si aquello no venía de los hombres,
    ni de lo trascendente, ¿qué era entonces?
¿Acaso un espectáculo
    con que el alma del río pretendiera asustarme?

Pues si el río y sus islas son así,
    no he de tornar a este monasterio.
Mil gracias al espíritu del río,
    mas, ¡qué hacer, ay de mí!
Ni las aguas retornan a su fuente,
ni el funcionario errante a su tierra natal.
(MARCELA DE JUAN)

HWANG TING TSIEN

(DINASTÍA SONG. SIGLO XII—CHINO)

Loa de los pinos

Estos pinos que ascienden desde el fondo del valle
    han resistido al viento, a la lluvia, a la escarcha.
Y hasta en las altas cimas, los centenarios pinos
    guardan la juventud, de su color lozano.
No así los otros árboles ni las hierbas hermanas
    que el viento hizo nacer con pareja dulzura,
que juntos prosperaron y juntos se rindieron
    a la dura presencia de la nieve y la helada.
¡Oh, esas odiosas naves de cien pies
    que surcan el río Ts'ing!
Hacha y sierra derriban por su culpa
    lo que resistir supo al hielo de cien años.
En tanto que los árboles, en miles de florestas,
    están desnudos de hojas
    y amarillean incluso las raíces de las hierbas,
los pinos, con sus barbas perennes verde-azul,
    envían vencedores hasta el sol y la luna
    el mensaje sonoro de su voz de dragón.
(MARCELA DE JUAN)

LOU YOU

(DINASTÍA SONG. SIGLO XII—CHINO)

Paseo nocturno

    Va subiendo la luna.
Ya domina en el cielo junto a la Osa Mayor.
Vuelven los paseantes del barrio del Oeste.
Un vientecillo henchido de humedad
    cala mis vestiduras.
Y el rocío de las hierbas atraviesa
    mis sandalias de paja.
Cantos de pescadores en la lejana orilla,
Fuegos fatuos que danzan
    sobre las tumbas en ruinas.
Una glacial tristeza pesa sobre mi alma.
La soledad me transe y me acribilla
    de mil frases poéticas...
Vuelvo en mí. Ya la noche
    recorrió la mitad de su camino.
Aparto la cortina de la puerta
    y permanezco extático.
Mi hijito está leyendo.
Y con su risa ahuyenta en un instante
    la tristeza del véspero
    tardío de mi vida.

                            (MARCELA DE JUAN)

ABENZOAR

(ÁRABE ESPAÑOL)

Epitafio

    Párate, y considera
esta mansión postrera,
donde todos vendrán a reposar.
Mi rostro cubre el polvo que he pisado;
a muchos de la muerte he libertado,
pero yo no me pude libertar.

                                 (J. VALERA)

AL-HOMAIDI

(ÁRABE ESPAÑOL)

Vivir de mi patria ausente...

Vivir de mi patria ausente
es mi costumbre hace tiempo;
otros gustan del reposo,
yo gusto del movimiento.
Innumerables amigos
en todas las tierras tengo:
he desplegado mi tienda
en mil ciudades y pueblos.
Desde el Oriente al Ocaso
recorrer el mundo quiero:
No ha de faltar un sepulcro
en que descanse mi cuerpo.

(J. VALERA)

IBN-CHAFADSCHE

(ÁRABE ESPAÑOL)

Con los amigos bebo...

Por la tarde a menudo
con los amigos bebo,
y al cabo, sobre el césped,
me tumbo como muerto.
Bajo un árbol frondoso,
cuyas ramas el viento
apacible columpia,
y donde arrullos tiernos
las palomas exhalan,
gratamente me duermo.
Suele correr a veces
un airecillo fresco,
suele llegar la noche
y retumbar el trueno,
mas, como no me llamen,
yo nunca me despierto.

(J. VALERA)

IBN-AL-ABBAR

(ÁRABE ESPAÑOL)

La cita nocturna

    Recatándose medrosa
de la gente que la espía,
con andar tácito y ágil
llegó mi prenda querida.
Su hermosura por adorno,
en vez de joyas, lucía.
Al ofrecerte yo un vaso
y darle la bienvenida,
el vino en su fresca boca
se puso rojo de envidia.
Con el beber y el reír
cayó en mi poder rendida.
Por almohada amorosa
le presenté mi mejilla,
y ella me dijo: "En tus brazos
dormir anhelo tranquila".
Durante su dulce sueño
a robar mil besos iba;
mas ¿quién sacia el apetito
robando su propia finca?
Mientras esta bella luna
sobre mi seno yacía,
se oscureció la otra luna,
que los cielos ilumina.
Pasmada dijo la noche:
"¿Quién su resplandor me quita?"
¡Ignoraba que en mis brazos
la luna estaba dormida!

(J. VALERA)

ABU SAHET AL HEDHILY

(ÁRABE)

A la muerte de su dama

Si después de la muerte, todavía
se encuentran nuestras voces dolorosas,
y bajo las heladas duras losas
abrasa al pecho el fuego que solía,

prosiga el eco de la angustia mía;
y las verdes colinas, que envidiosas
dividen nuestras tumbas silenciosas,
le aumenten y remitan a porfía;

Para que sea al punto conducido
a Leyla en alas del piadoso viento,
hiriendo con amor su tierno oído.

Así tendré al morir este contento,
que aunque me halle ya a polvo reducido
se goce Leyla con mi triste acento.

(EL CONDE DE NOROÑA)

SADI

(SIGLOS XII y XIII—PERSA)

La greda olorosa

Al entrar al baño un día
me puso un hombre en la mano
una greda, que tenía
un aroma soberano.

Tomela y díjele: " ¿Estás
de almizcle o ámbar formada?
Que me encantas por demás
con tu esencia delicada."

—"Tosco terrón antes era,
repuso; mas tuve yo
la rosa por compañera
y este grato olor me dió.

"Así cual parezco ser,
tan sólo un barro sería
muy despreciable, a no haber
tenido tal compañía."

(EL CONDE DE NOROÑA)

Fábula

Era el joven Scha Abbás
de su pueblo tan amante,
que quería serlo más,
figurándose quizás
que aún no lo era bastante.

Persiguiendo tales fines
con un afán bien prolijo,
halló un día en sus jardines
al mayor de sus brahamines,
y de este modo le dijo:

—"Dos ministros han regido
el país desde que el rey
soy en él; tú has conocido
a los dos, y ambos han sido
patronos de opuesta ley.

"Si cada cual la maneja
según quiere o le conviene,
por costumbre nueva o vieja,
¿cómo es que mi pueblo tiene
siempre motivo de queja?"

Díjole el brahamín:— "Si tal,
ambos para el pueblo igual,
diéronle infierno y edén,
según que el bien se haga mal,
o que el mal se haga muy bien.

En el mundo mentiroso.
cual vos, señor, podréis verlo,
hay para el hombre juicioso
un medio de ser dichoso,
y hay ciento para no serlo."

(JAIME MARTI-MIQUEL)

DJELAL EDDIN RUMI

(1207-1273—PERSA)

Invocación

Calla mi labio carnal.
Habla en mi interior la calma,
voz sonora, de mi alma,
que es el Alma de otra Alma
eterna y universal.
¿Dónde Tu rostro reposas,
Alma que a mi alma das vida?
Nacen sin cesar las cosas
mil y mil veces, ansiosas
de ver Tu faz escondida.

(PEDRO GUIRAO)

El Shamsi Tabriz

6

Vi una vez al invierno tejiendo un manto para la Muerte, y luego el verano encontró a la Naturaleza vestida de luto y abandonada.

Oí el golpeteo del telar del Tiempo, que tejía un velo espeso para el Sol, y vi a un asqueroso gusano enhebrado en la plateada aguja de la Vida.

De esa manera presencié la verdad de las cosas y me estremecí.

22

La rosa huye del otoño.

Pero tú, Corazón, eres una rosa intrépida. ¿Qué te mueve a presumir desafiando los vientos otoñales?

Como mágica lluvia, caíste desde el Cielo al tejado de este mundo terrenal.

Desde entonces, andas errante por este mundo, buscando un agujero de escape.

Escóndete y calla, que, si no, los hombres te descubrirán.

Así, en acecho, podrás esperar la llegada del Amado.

(PEDRO GUIRAO)

ABUL-BEKA

(SIGLO XIII—ÁRABE-ESPAÑOL)

Elegía

Cuanto sube hasta la cima,
desciende pronto abatido
al profundo.
¡Ay de aquel que en algo estima
el bien caduco y mentido
de este mundo!
En todo terreno ser
sólo permanece y dura
el mudar.
Lo que hoy es dicha y placer
será mañana amargura
y pesar.
Es la vida transitoria
un caminar sin reposo
al olvido;
plazo breve a toda gloria
tiene el tiempo presuroso
concedido.
Hasta la fuerte coraza,
que a los aceros se opone
poderosa,
al cabo se despedaza,
o con la herrumbre se pone
ruginosa.
¿Con sus cortes tan lucidas
del Yemen los claros reyes
dónde están?

¿En dónde los Sasanidas,
que dieron tan sabias leyes
      al Irán?
¿Los tesoros hacinados
por Karún el orgulloso
      dónde han ido?
¿De Ad y Temud afamados
el imperio poderoso
      do se ha hundido?
El hado, que no se inclina
ni ceja, cual polvo vano
      los barrió,
y en espantosa ruina
al pueblo y al soberano
      sepultó.
Y los imperios pasaron,
cual una imagen ligera
      en el sueño;
de Cosroes se allanaron
los alcázares, do era
      de Asia dueño.
Desdeñado y sin corona
cayó el soberbio Darío
      muerto en tierra.
¿A quién la muerte perdona?
¿Del tiempo el andar impío
      qué no aterra?
De Salomón encumbrado
¿al fin no acabó el poder
      estupendo?
Siempre del seno y del hado
bien y mal, pena y placer
      van naciendo.
Mucho infortunio y afán
hay en que caben consuelo
      y esperanza;
mas no el golpe que el Islam
hoy recibe en este suelo
      los alcanza.
España tan conmovida
al golpe rudo se siente
      y al fragor,
que estremece su caída

al Arabia y al Oriente
   con temblor.
El decoro y la grandeza
de mi patria y su fe pura,
   se eclipsaron;
sus vergeles son maleza,
y su pompa y hermosura
   desnudaron.
Montes de escombro y desiertos,
no ciudades populosas
   ya se ven;
¿Qué es de Valencia y sus huertos?
¿Y Murcia y Játiva hermosas?
   ¿Y Jaén?
¿Qué es de Córdoba en el día,
donde las ciencias hallaban
   noble asiento,
do las artes a porfía
por su gloria se afanaban
   y ornamento?
¿Y Sevilla? ¿Y la ribera
que el Betis fecundo baña
   tan florida?
Cada ciudad de éstas era
columna en que estaba España
   sostenida.
Sus columnas por el suelo,
¿cómo España podrá ahora
   firme estar?
Con amante desconsuelo
el Islam por ella llora
   sin cesar.
Y llora al ver sus vergeles,
y al ver sus vegas lozanas
   ya marchitas,
Y que afean los infieles
con cruces y con campanas
   las mezquitas.
En los mismos almimbares
suele del baño brotar
   tierno llanto.
Los domésticos altares
suspiran para mostrar

su quebranto.
Nadie viva con descuido,
su infelicidad creyendo
muy distante,
pues mientras yace dormido
está el destino tremendo
vigilante.
Es dulce patria querida
la región apellidar
do nacemos;
pero, Sevilla perdida,
¿cuál es la patria, el hogar
que tenemos?
Este infortunio a ser viene
cifra de tanta aflicción
y horror tanto;
ni fin ni término tiene
el duelo del corazón,
el quebranto.
Y vosotros, caballeros,
que en los bridones voláis
tan valientes,
y cual águilas, ligeros,
y entre las armas brilláis
refulgentes;
que ya lanza poderosa
agitáis en vuestra mano,
ya, en la oscura
densa nube polvorosa,
cual rayo, al alfanje indiano
que fulgura;
vosotros que allende el mar
vivís en dulce reposo,
con riquezas
que no podéis disipar,
y señorío glorioso
y grandezas;
decidme: los males fieros
que sobre España han caído,
¿no os conmueven?
¿Será que los mensajeros
la noticia a vuestro oído
nunca lleven?

Nos abruman de cadenas;
hartan con sangre su sed
    los cristianos.
¡Doleos de nuestras penas!
Nuestra cuita socorred
    como hermanos!
El mismo Dios adoráis,
de la misma estirpe y planta
    procedéis;
¿por qué, pues, no despertáis?
¿Por qué a vengar la ley santa
    no os movéis?...

(JUAN VALERA)

GUIDO CAVALCANTI

(1260-1300—ITALIANO)

Balada

Los ojos de la bella labradora
turban de modo tal la mente mía,
que en ella solamente se emplearía.

En cuanto ella me mira, me acobardo;
siente mi corazón como un temblor,
y nace de sus ojos, porque ardo,
un delicioso espíritu de Amor;
y tiene para mí tanto valor,
que cuando él llega mi alma se desvía,
pues gozar su presencia no podría.

Siento luego surgir más de un suspiro
cuando de ella la mente me razona,
y penas por el aire llover miro
que matan de dolor a mi persona.
Toda virtud entonces me abandona
hasta perder consciencia de mi ser,
y de la muerte creome en poder.

Tan quebrantado me hallo, que merced
no me atrevo siquiera a reclamar;
y encuentro a Amor que dice: ella se ve
tan gentil que no puede imaginar
que haya alguien que se atreva a la mirar,
y no exclame, vencida su porfía,
"si la mirase al punto moriría".

Balada, cuando estés por dicha enfrente
de mi dulce aldeana, le hablarás
de mis congojas dolorosamente.
Dila: "El que a vos me manda está en desgracia,
mas dice que esperar no osa la gracia
de hallar piedad, de tanta cortesía,
que a su Amada hacer pueda compañía".

(F. MARISTANY)

DANTE ALIGHIERI

(1265-1321—ITALIANO)

A aquellos que saluda...

A aquellos que saluda, les parece
mi amada tan gentil y recogida,
que quedan con la lengua enmudecida,
y absorta su mirada permanece.

De todos alabanzas mil merece
al irse, siempre de humildad vestida,
y del cielo a la tierra ser venida
sólo un milagro por mostrar, parece.

Muéstrase tan graciosa a quien la mira,
que cede al corazón una dulzura
que no puede entender quien no la prueba;

y en sus ojos parece que se mueva
un espíritu suave de ternura
que va diciendo al ánima: suspira.

(F. MARISTANY)

Los ojos de mi amada...

Los ojos de mi amada hablan de amor
y ennoblecen a todo lo que mira;
todo el que pasa vuélvese y la admira,
y su saludo da un dulce temblor.

Se humilla la mirada y la color,
y al ver su pequeñez uno suspira;
ante ella huye el desdén y huye la ira;
ayudadme, doncellas, en su honor.

Nace, oyéndola hablar, del corazón
una humilde dulzura deliciosa,
y es feliz quien la logra contemplar.

No se puede decir ni imaginar
cuán dulce es sonriendo su expresión.
¡Tal es su gentileza milagrosa!

(F. MARISTANY)

Vi una banda de ninfas

Vi una banda de ninfas, hechicera,
a principios del próximo pasado,
y una de ellas venía la primera
conduciendo al Amor del diestro lado.

De sus ojos salía una lumbrera,
a modo de un espíritu inflamado,
y tanto la miré y de tal manera,
que en su rostro vi un ángel figurado.

Al que era digno, dábale salud;
con sus ojos, no exentos de firmeza,
llenaba corazones de virtud.

Debió bajar del cielo esa belleza,
y hoy nos viene a salvar su juventud.
Feliz, pues, quien con ella se tropieza.

(F. MARISTANY)

Soneto en la muerte de Beatriz

¡Eh!... peregrino, que por esta vía
atraviesas con planta indiferente,
¿vienes tal vez de tan remota gente
que el duelo ignoras de la patria mía?

¿Cómo no lloras ¡ay! cuando sombría
cruzas por medio su ciudad doliente,
como quien nada sabe, nada siente
del grave luto que oscurece el día?

Si te detienes a escuchar el caso,
yo sé de cierto que llorando, amigo,
no pudieras de aquí mover el paso;

perdió Italia a Beatriz; y cuanto digo
a otros hombres, hablando de la bella,
tiene virtud de hacer llorar por ella.

(CAROLINA CORONADO)

FRANCESCO PETRARCA

(1304-1374—ITALIANO)

Bendito sea el año...

Bendito sea el año, el punto, el día,
la estación, el lugar, el mes, la hora
y el país, en el cual su encantadora
mirada encadenose al alma mía.

Bendita la dulcísima porfía
de entregarme a ese amor que en mi alma mora,
y el arco y las saetas, de que ahora
las llagas siento abiertas todavía.

Benditas las palabras con que canto
el nombre de mi amada; y mi tormento,
mis ansias, mis suspiros y mi llanto.

Y benditos mis versos y mi arte
pues la ensalzan, y, en fin, mi pensamiento,
puesto que ella tan sólo lo comparte.

(F. MARISTANY)

¡Ay mirada suave!...

¡Ay mirada suave! ¡Ay faz de nardo!
¡Ay porte gentilísimo y austero!
¡Ay dulce hablar, que al necio y altanero
tornaba humilde y al vulgar gallardo!

¡Ay sonrisa, de donde surgió el dardo
del cual la muerte como alivio espero!
¡Ay alma que rindiera al mundo entero
si su llegar no hubiese sido tardo!

¿Por qué no arder en vos, pues que me amasteis?
Vuestro fui, y al estar tan apartado
desventura harto grande es la que siento.

De esperanza y deseo me llenasteis;
me dejasteis dichoso y reanimado...
Mas ya ha volado todo en pos del viento.

(F. MARISTANY)

Si ella ve cual me hiere...

Si ella ve cual me hiere y se sonríe;
si con dulces astucias me divierte;
si el amor sobre mí la hace tan fuerte
que logra que mi mal busque y ansíe,

no es extraño ¡ay de mí! que desconfíe,
pues por mi culpa o por malvada suerte,
sus ojos dan merced envuelta en muerte,
y cuanto más me mata, más se engríe.

Si tiemblo y llevo el corazón helado,
veo entonces cambiada su hermosura,
que tristes pruebas el amor me ha dado.

Constancia femenina, ¡ay, qué insegura!
Bien sé, bien sé que un amoroso estado
en pecho de mujer poco perdura.

(F. MARISTANY)

Puesto que vos y yo...

Puesto que vos y yo ya hemos probado,
cómo nuestro esperar falaz se hace,
hacia aquel Sumo Bien que tanto os place
alzad el corazón extraviado.

Esa vida terrena es como un prado,
do la serpiente entre las flores yace,
que si al pronto su aspecto nos complace,
luego cansa al espíritu engañado.

Así, pues, si queréis tener la mente
tranquila, no sigáis nunca a los más;
seguid siempre a la excelsa escasa gente.

Bien me podréis decir: "Hermano, vas
mostrándome el sendero de una fuente,
por el cual te perdiste y aún lo estás".

(F. MARISTANY)

Siempre amé y amo aún...

Siempre amé y amo aún; y desde ahora
amar espero más de día en día
aquel dulce lugar donde me guía
el triste amor que en mi alma se atesora;

y en amar estoy el tiempo y hora
en que olvidé cuanto cuidado había
terrenal, y amaré más todavía
a aquella cuya imagen me enamora.

¿Mas quién pudiera haber jamás creído
que el tiempo en amarguras me volviera
memorias a quien yo tanto he querido?

¡Oh amor, cómo has postrado mi alma fiera!
A no estar de esperanzas mantenido,
do anhelo más vivir, muerto cayera.

(JOSÉ ZORRILLA)

¿Dónde cogió el Amor?...

¿Dónde cogió el Amor, o de qué vena,
el oro fino de su trenza hermosa?
¿En qué espinas halló la tierna rosa
del rostro, o en qué prados, la azucena?

¡Dónde las blancas perlas con que enfrena
la voz suave, honesta y amorosa?
¿Dónde la frente bella y espaciosa,
más que el primer albor pura y serena?

¿De cuál esfera en la celeste cumbre
eligió el dulce canto, que destila
al pecho ansioso regalada calma?

Y ¿de qué sol tomó la ardiente lumbre
de aquellos ojos, que la paz tranquila
para siempre arrojaron de mi alma?

(ALBERTO LISTA)

En la muerte de Laura

El lazo, donde, amante, hora tras hora,
veintiún años conté, dichoso preso,
rompió la muerte... Y vivo después de eso...
¡No, no mata la pena abrumadora!

El amor, que mis pasos avizora
quiso a nueva emboscada darme acceso,
nuevo fuego quemó, y en nudo avieso
me quiso atar; mas me libré en buen hora.

Sin mi triste experiencia, mi sosiego
perdiera y se quemara el leño inerte,
seco ya y maltratado en otras lides.

Ha roto el lazo y esparcido el fuego,
segunda vez librándome, la muerte,
contra la cual no hay fuerza ni hay ardides.

(NARCISO ALONSO CORTÉS)

HAFIZ
(Mohammed Shems-Eddin)

(SIGLO XIV—PERSA)

Gacela

Lloro y lamento sin cesar tu ausencia;
mas ¿de qué sirve mi anhelar continuo,
si a tus oídos Céfiro rehusa
    llevar mis ayes?

La noche, el día en la aflicción consumo;
algún alivio conseguir debiera; mas,
de ti lejos, ¿cómo estar tranquila
    el alma puede?

Tan sólo puedo suspirar en vano;
que es mi tormento tan cruel, que ansiara
que mi enemigo más atroz se viera
    cual yo me veo.

Desde que el eco de mi voz no escuchas,
está en la pena el corazón sumido,
y a los mis ojos ardorosas fuentes
    de sangre envía.

Cuando suspiros por tu ausencia lanza
mi pobre pecho, gotas mil de sangre
a cada golpe de mis ojos brotan
    rápidamente.

En tu partida meditando siempre,
Hafiz ausente, trastornado yace.
¿Cuándo tu risa delicioso aliento
  dará a tu esclavo?

(EL CONDE DE NOROÑA)

Gacela primeva

Vierte el vino, muchacho, y vamos, ea;
dame la taza, porque dentro siente
el pecho al fiero amor, de quien idea
  formé tan inocente.

El olor de una gota, que el más leve
viento desprende del cabello undoso,
¡ay cuánta sangre arranca, y cuánta bebe
  el corazón ansioso!

Mancha el tapete con purpúreo vino
si al sabio director así le agrada;
que el viajero sabe del camino
  el tiempo y la posada.

Mas ¿cómo podrá estar mi alma tranquila
entre el joven gentil y la muchacha,
si muy en breve me dirá la esquila:
  "Toma el fardo, despacha."

Por mar hinchado voy, pronto a sumirme
en negra noche, cuando ya debiera,
cansado de naufragios, divertirme
  sereno en la ribera.

Ciego en mi error prosigo sin cordura;
en las calles me mofa el pueblo y grita,
y en las mesas descubro la locura
  que mi interior agita.

Si el corazón, Hafiz, la paz te pide,
y tú con ansia conseguirla quieres,

únete a lo que adoras, y despide
los mundanos placeres.

(EL CONDE DE NOROÑA)

Pecados de amor

Vivo tan sólo porque el pecho mío,
siente el amor que tu belleza inspira;
son mis ojos espejo en que se mira,
cual la luna en un lago, tu beldad;
ante todos, mi frente se levanta
con altivez serena e imperiosa:
Sólo ante ti, dulce mujer hermosa,
se inclina mi cabeza sin dudar.
Otros buscan soñado Paraíso,
que embalsama el aroma de las flores;
yo busco solamente tus amores:
la dicha está en mi propio corazón;
si pequé, no hay desdoro en mi conducta;
a mi falta, redime tu pureza;
en las culpas de amor no halla vileza
el mundo, y les otorga su perdón.

(C. EULATE SANJURJO)

No tardes en llenar el hondo vaso...

No tardes en llenar el hondo vaso,
quiero embriagarme pronto a ver si olvido
el peligroso amor en que me abraso,
el dardo agudo que mi pecho ha herido.

Los encantos de negra cabellera
de una mujer, el virginal perfume
que arranca de ellos brisa placentera,
mi sangre enciende, mi salud consume.

Vierte pronto el licor sobre el precioso
tapiz ¡oh esclava! si tu dueño quiere,
que no atienda al cuidado religioso
quien hoy de amor desesperado muere.

¡Mas loco estoy! En medio de las danzas
de alegre juventud, viejo me veo:
La Parca va a cortar mis esperanzas,
a pesar de que es joven mi deseo.

Roto el timón y mi bajel sin quilla,
puede tragarme el mar alborotado,
y me acecha el peligro aun en la orilla,
habiendo tantas veces naufragado.

Quiero seguir la crápula amorosa
sin ver que soy ludibrio de la gente;
mi quietud es locura, y no reposa
mi corazón turbado por la mente.

¡Oh, alma mía!, si ser dichosa quieres
y alcanzar tu feliz, tranquilo estado,
da al olvido esos frívolos placeres
y obtendrás lo que sólo amarte es dado.

(JAIME MARTI-MIQUEL)

ACIMI

(PERSA)

La rosa

Aquel día en que la rosa
reina de todas las flores
del vergel,
apareció esplendorosa,
bordó el alba con colores
su dosel.

Con la humildad del vasallo
y los fuegos anhelantes
del amar, vinieron junto a su tallo
mil ruiseñores amantes
a trinar.

Mas las ráfagas de otoño,
de las galas estivales
dieron fin,
y no quedó ni un retoño
de aquel rey de los rosales
del jardín.

Su dueño me mostró un día
el sitio en que sonrojada
aquella flor,
al sol naciente se abría,
como virgen desposada
al nuevo amor.

Al contemplar sus despojos
cual emblemas de este mundo
terrenal,
sentí asomarse a mis ojos
de las penas el profundo
manantial.

Era noche todavía;
el triste fin recordando
de la flor,
al nacer el nuevo día
caí sin fuerzas, llorando
de dolor.

(JAIME MARTI-MIQUEL)

AHMED BEN YAHIA

(SIGLO XIV—MARRUECOS)

Buenos días

Le dije "Buenos días" cuando iba a anochecer y él me preguntó:
—"¿Qué quiere decir eso?", creyendo que yo bromeaba.
Le respondí: "El resplandor de tu cara me ha deslumbrado hasta tal punto que he tomado la noche por la mañana."

IBN ZAMRAK

(1333-1393—ÁRABE-ESPAÑOL)

Una candela encendida

Aumentó mi pasión y aguijoneó mi anhelo
una candela embozada en mantos de sombra.
Entre la oscuridad me hacía señas, como un dedo blanco
teñido de rojo en la punta, y perteneciente a una mano
escondida. Si no soplaba la brisa, brillaba su llama como un
hierro de lanza;
si la brisa lo torcía, se achataba como una pulsera de luz.
Me distrajo una noche en que me desazonaba el deseo,
porque lucía unas veces, y otras se apagaba.
Si yo decía: "No luce", me sacaba la lengua;
si yo decía "No se apaga", retiraba su luz.
Así, hasta que el alba salió del golfo de negrura,
y el céfiro del jardín nos destapó su pomo de aroma.
¡Dios te guarde, candela, porque pareces mi alma,
que también se consume en las ansias del amor!

(EMILIO GARCÍA GÓMEZ)

FRANÇOIS VILLON

(1431-1484—FRANCÉS)

Balada que hizo Villon a súplicas de su madre para implorar a la Virgen

Celestial y terrestre soberana,
emperadora del Edén caído,
haced que esta humildísima cristiana
se halle con lo que habéis vos elegido,
a pesar de no haber nada valido.
Vuestros bienes, mi dueña y mi señora,
mayores son que soy yo pecadora,
que sin ellos el alma ha de fallir,
ni habrá el cielo, pues no soy jugladora.
En esta fe vivir quiero y morir.

Decid a vuestro hijo que soy suya;
pedidle que me absuelva del pecado,
cual hizo con la bella Egipcia, cuya
grave falta la hubo perdonado,
o con Teófilo el docto, que hubo dado
al diablo palabra muy sumisa.
Libradme de que tal pueda ocurrir,
y pueda dignamente recibir
el Sacramento que alzan en la Misa.
En esta fe vivir quiero y morir.

Soy sólo una mujer triste y anciana,
y nada sé de letras y letrados;
de la Iglesia soy vieja parroquiana,
paraíso en que hay ángeles pintados,
e infierno donde están los condenados.
Este me espanta, aquél dame alegría.
Haz que haya el goce, alta Señora mía,
a quien todos debemos recurrir,
sin pereza, con grande fe y porfía.
En esta fe vivir quiero y morir.

Envío

Vos llevasteis, Santísima deidad,
a Jesús que no tiene fin ni edad;
tomando Dios nuestra debilidad
dejó el cielo y bajó a nos asistir;
su juventud nos dio su voluntad;
tal es, pues, del Señor la alta bondad.
En esta fe vivir quiero y morir.

(F. MARISTANY)

OTA DOKWAN

(1433-1486—JAPONÉS)

De mi ventana

¡Es una choza mi morada, sí!
Mas, cerca se halla el mar; la abrigan pinos,
y cuando miro hacia la lejanía
brilla la nieve sobre el alto pico
del noble Fuji.

(A. J. GUTIÉRREZ ALFARO)

KUSUNOKI MASATSURA

(SIGLO XV—JAPONÉS)

No vuelve la saeta

Nunca más, creo, pisarán mis pies
estas escaleras del templo.
No vuelve la saeta
una vez fue lanzada.
Tal vez no me falte
recuerdo en el mundo
cuando me haya muerto.

(A. J. GUTIÉRREZ ALFARO)

ANGELO POLIZIANO

(1454-1494—ITALIANO)

Balada

No he de excusarme por seguir a Amor,
que esto hace siempre el corazón en flor.

A quien el fuego que me abrasa siente,
no le tengo que dar satisfacción,
pues su pecho es tan noble y tan clemente,
que sé que ha de tenerme compasión :
con quien no ha sucumbido a esa pasión,
no hay por qué, pues no tiene corazón.

No he de excusarme por seguir a Amor,
que esto hace siempre el corazón en flor.

Amor y honestidad y gentileza
para el que mide bien son una cosa;
mal empleo tendrá toda belleza
puesta en mujer altiva y desdeñosa.
¿Quién puede censurarme en ser piadosa
cuanto puede un honesto corazón?

No he de excusarme por seguir a Amor,
que esto hace siempre el corazón en flor.

Censúreme tan sólo duramente
aquel al que el Amor no logra herirle;
yo a Amor ruego que aquel que Amor no siente,
no le haga nunca digno de sentirle,
mas que a todo el que gócese en servirle
se le llene de fuego el corazón.

No he de excusarme por seguir a Amor,
que eso hace siempre el corazón en flor.

Sin rebozo repréndame quien quiera:
si no es dulce y gentil poco me apura,
mi amor constante y fiel, que nada altera,
de palabras de envidia poco cura,
y ha de seguir mostrando su ternura
mientras viva, mi noble corazón.

No he de excusarme por seguir a Amor,
que eso hace siempre el corazón en flor.

(F. MARISTANY)

NICCOLO MACHIAVELLI

(1469-1527—ITALIANO)

La Ocasión

—¿Eres mortal cual las demás mujeres?
¿Quién con tal gracia te dejó adornada?
¿Por qué esas alas en los pies? ¿Quién eres?
Responde:—La Ocasión, disimulada:
La causa de no estarme nunca queda
está en que tengo un pie sobre una rueda;
no hay un vuelo que iguale a mi correr;
las alas ligerísimas moviendo
a todos me complazco en sorprender;
con mis cabellos que hacia el rostro tiendo
cubro mi pecho cuidadosamente
y así me disimulo de la gente.
De la testa no pueden ni un cabello
robarme, y es inútil pretendello
si he pasado o me vuelvo de repente.
—¿Y esta amiga quién es, puedo sabello?
—La Penitencia es; mas ten sabido
que si tú no me coges, te ha cogido.
Y así, mientras el tiempo has malgastado
en pensamientos fútiles y vanos,
no has comprendido, ¡ay!, no has reparado
cómo yo me escapaba de tus manos.

(F. MARISTANY)

POETAS DE LOS SIGLOS XVI y XVII

GIL VICENTE

(1470-1539— PORTUGUÉS)

La barca del Señor

    Remando voy, remadores,
barca de grande alegría;
el patrón que la guiaba
hijo de Dios se decía;
los remeros eran ángeles
que remaban a porfía;
estandarte de esperanza
¡oh, cuán bien me parecía!
El mástil de fortaleza
como cristal relucía;
la vela con fe cosida
todo el mundo esclarecía,
y en la ribera serena
ningún viento se sentía.

                              (F. MARISTANY)

LUDOVICO ARIOSTO

(1474-1533—ITALIANO)

¡Oh seguro, escondido y dulce puerto!

    ¡Oh seguro, escondido y dulce puerto
do lucen, nunca vistas, dos estrellas,
las más claras del cielo y las más bellas
que al fin de mi camino he descubierto!

    Perdono al viento y mar el rumbo incierto
que la fortuna deparó a mis huellas;
erradas las creí, mas hoy por ellas
santos efluvios en mi pecho advierto.

    ¡Oh caro albergue! ¡Oh mansioncita cara!
Hallé en tu seno de acendrados bienes
a cada nuevo sol noche más clara.

Alienta, corazón, y no te apenes,
pues la suerte dichosa te depara
que puedas olvidar viejos desdenes.

(J. L. ESTELRICH)

¡Cuán bella sois, señora!

¡Cuán bella sois, señora! Lo sois tanto,
que yo no vi jamás cosa más bella;
miro la frente y pienso que una estrella
mi senda alumbra con un brillo santo.

Miro la boca, y quedo en el encanto
de la dulce sonrisa que destella;
miro el áureo cabello, y veo aquella
red que amor me tendió con tierno canto.

Y de terso alabastro el seno y cuello,
los brazos y las manos, finalmente,
cuanto de vos se mira o bien se cree.

Es admirable ¡oh sí.!... y a pesar de ello
permitid que os lo diga osadamente:
mucho más admirable es aún mi fe.

(F. MARISTANY)

FRANCISCO DE SA DE MIRANDA

(1485-1558—PORTUGUÉS)

A este viejo cantar

Saudade minha,
 cuando vos vería?

¿Ya en la tierra así
todo, en tal mudanza?
¿Qué hace, pues, aquí
mi pobre esperanza?
¿Qué hace mi membranza?

Mi pobre porfía
¿para qué porfía?

¿Cómo hallar consuelo,
tan desengañado?
¿Qué hacer del anhelo
de este mi cuidado
que me ha acompañado
cuando anochecía,
cuando amanecía?

Saudade y sospechas
a tuerto y derecho;
ni aun seréis deshechas
con ser yo deshecho.
Ya frío mi pecho,
mi lengua ya fría,
clamar se me oiría.

(F. MARISTANY)

FOUZOLI

(1493-1556—TURCO)

Cuatro poemas

1

La antorcha de tus mejillas arde bajo la sombra de tu oscura cabellera: ¡tengo piedad del sol!
Estas criaturas amadas y tan deliciosas consuelan mi corazón con sus mejillas húmedas y sonrosadas.
Mira, mi corazón es un jardín de rosas por donde corren ardientes arroyos.

2

Vivo contento con la pena de amor: ¡cesa de aconsejarme, amigo! Tengo en mi mismo el contraveneno,
el veneno no puede nada contra mí.
Soy feliz cuando sueño con tus cejas heridoras como

flechas: cada una de ellas me es grata como una flor
de rosal. Ofrezco joyas, que mis ojos vierten como
sacrificio a las perlas que brotan de tus labios.
¡Que cada partícula de mi corazón destrozado y repartido
llegue a ser presa de los perros que pululan alrededor de tu casa!

3

Hay en mi corazón, oh sabio, un mal de amor oculto: no
reveles al mundo mi sufrimiento secreto.
Tengo un mal que ha resistido a mil remedios: ¡oh médico,
déjame con mi mal, no me lo cures!
Si, tomándome el pulso, diagnosticas mi sufrimiento,
guarda mi secreto, no lo confíes a los que no saben lo
que es sufrir.
¡Mira mi cuerpo escuálido el día en que estoy separado
de mi amada y comprende que el día del fin del mundo
no es una fantasía!
¡Cuántos esfuerzos inútiles has hecho para curarme antes
de resignarte a admitir que no existe remedio para
el mal de amor!
¡Cesa de malgastar tu esfuerzo, renuncia a toda esperanza de curar a
Fouzoli: semejante enfermo desdeña la salud!

5

Ella ha hecho que me canse de la vida, no se cansa de atormentarme.
A todos sus demás enamorados los cuida mi bien amada agravando
deliciosamente su mal. Pero a mí no me trata más que con indiferencia.
¿Acaso no me cree enfermo? En la noche de la separación, mi alma arde,
mis ojos lloran sangre, mis lamentos despiertan al mundo: ¿no va a
despertar de su negro sueño mi suerte?
Ante tus mejillas rosas mis lágrimas se hacen rojas; oh amada mía, ¡es la
estación de las rosas, la estación en que las aguas se acrecen y se
confunden y se enturbian! Yo no te buscaba: eres tú la que me has
quitado el sentido, me has vuelto loco. ¿Alguien lo toma a mal? ¡Que te
vea solamente, y se avergonzará de su injusticia!

MOULEY ZIDAN

(SIGLO XVI—MARROQUÍ)

Una bella tumba

He pasado cerca de una bella tumba, en medio de un cementerio, sobre la cual las flores habían formado un tapiz. Pregunté de quién era aquella sepultura.
Me contestaron: "Ruega por él con respeto,
es la tumba de un enamorado".

ANNIBAL CARO

(1507-1566—ITALIANO)

Madrigal

Huyendo a Amor, por una más callada
o más segura vía,
pasaba, descuidado peregrino,
cuando una niña, bella como un hada,
me fue a encontrar en medio del camino;
con la más exquisita cortesía,
diciendo: " ¿A dónde vas
por esta calle sola y empinada?
Ven que aquélla es mejor; vuélvete atrás".
Y hacia una senda llana y despejada
fueme guiando cariñosa y bella.
Todo a considerarla fiel me indujo;
seguila, pues, mas ella
al más espeso bosque me condujo.
Luego, partiose. En cuanto no la vi
grité lleno de espanto y de dolor :
" ¿Quién me condujo ahí?"
Y una voz escuché que dijo: " Amor".

(F. MARISTANY)

DIOGO BERNÁRDEZ

(1520-1605—PORTUGUÉS)

Horas breves...

Horas breves de mi contentamiento,
jamás me pareció cuando os vivía,
que aquel bien trocaríase algún día
en tan cumplidos días de tormento.

Aquellas torres que formé en el viento
las llevó el viento que las sostenía;
del mal que me ocurrió la culpa es mía,
pues hice en cosas vanas fundamento.

Amor, con blandas muestras aparece;
todo lo hace posible y lo asegura,
mas luego, a lo mejor, desaparece.

¡Oh ceguera tamaña, oh desventura!
¡Por un pequeño bien que desfallece
aventurar un bien que tanto dura!

(F. MARISTANY)

PIERRE DE RONSARD

(1524-1585—FRANCÉS)

A Casandra

Niña, ven a ver si la rosa
que abrió a la luz esplendorosa
del alba el purpúreo vestido,
conserva, en la tarde que fina,
la vestidura purpurina
de tono al tuyo parecido.

Mira cómo en espacio breve
hizo caer el viento aleve
¡ah, cuitada! su lozanía.

¡Oh, madrastra naturaleza,
que a flor de tan gentil belleza
dejas vivir un solo día!

Sigue, pues, niña, mi consejo:
mientras el florido cortejo
de tus años fragante dura,
tu fresca juventud cosecha;
que, así como esta flor, deshecha
dejará el tiempo tu hermosura.

A Elena

Cuando al correr los años, ya vieja y achacosa,
os sentéis junto al fuego a devanar e hilar,
diréis maravillada mis versos al cantar:
Ronsard me celebraba cuando era tan hermosa.

Ya no tendréis a nadie para escuchar tal cosa,
junto a vuestra labor, a medio dormitar,
que al ruido de mi nombre se sienta despertar,
y vuestro nombre alabe con dicha fervorosa.

Yo estaré bajo tierra. Fantasma descarnado,
a la sombra de un mirto me hallaré reposado,
y vos en vuestro hogar, anciana y encogida,

lloraréis de mi amor vuestro altivo desdén.
No aguardéis a mañana para gozar del bien;
recoged desde hoy las rosas de la vida.

(F. MARISTANY)

Soneto a María

Como sobre la rama se ve en mayo la rosa,
en su alba juventud, en su primera flor,
poner celoso al cielo con su gentil color,
cuando con llanto el alba riega al día, amorosa.

Tiene su hoja la gracia, y en ella se reposa
el amor, perfumando los árboles de olor;

mas mustiada o por lluvias o de excesivo ardor,
hoja por hoja muere con calma dolorosa.

Pues así es tu primera y joven novedad,
cuando el cielo y la tierra honraban tu beldad,
la Parca te dio muerte, ceniza ya reposas.

Como oferta recibe mis lágrimas mejores,
esta ánfora de leche y este cesto de flores,
a fin que vivo o muerto tu cuerpo sea rosas.

(F. MARISTANY)

JOACHIM DU BELLAY

(1525-1560—FRANCÉS)

Feliz quien como Ulises...

Feliz quien como Ulises da al mundo una salida,
o bien quien por la tierra va en busca del vellón,
y luego vuelve, y lleno de amor y de razón
vive entre sus parientes el resto de su vida.

¡Ay! Cuándo podré ver de mi mansión querida
la alegre chimenea, y en qué dulce ocasión
veré de mi cercado la mísera extensión,
inmenso territorio donde la paz anida.

Prefiero de mis padres el caserón anciano
que el frontispicio audaz del palacio romano,
más que el nevado mármol la hosca pizarra fina,

más mi Loire francés que el Tíbero latino,
más mi abrupta Lyré que el monte palatino,
más que el aire del mar la dulzura angevina.

(F. MARISTANY)

LUIS DE CAMÕES

(1525-1580—PORTUGUÉS)

Está el pájaro...

Está el pájaro dulce y peregrino
con el pico las penas ordenando,
el verso sin medida, alegre y blando,
libertando en la cúpula de un pino.

El cruel cazador, ya del camino
se va, callado y manso, desviando,
y a poco, la saeta enderezando
le hunde en el lago estigio y cristalino.

De este arte el corazón, que libre andaba
—aun cuando estaba ya predestinado—
cuando menos temía, quedó herido.

¡Ay, el ciego flechero me esperaba,
para hallarme tranquilo y descuidado,
en vuestros ojos claros escondido!

(F. MARISTANY)

Endechas

Pasa el bien volando,
y el mal con los años
acude mostrando
todos los engaños.

De amor la alegría
poco tiempo dura,
triste de quien fía
mucho en la ventura.

Bien sin fundamento
cierta ha la mudanza,
junto al sentimiento
vive la añoranza.

Quien vive contento
vive receloso;
no haber mal violento
se hace peligroso.

Quien males sintió
sépalos temer,
y por lo que vio
sepa qué ha de ver.

Alegre vivía,
triste vivo ahora;
de noche o de día
siempre mi alma llora.

Quisiera mostrar
el mal que no venzo;
no le da lugar
quien le dio comienzo.

En tristes cuidados
transcurre mi vida;
¡cuidados cansados!
¡vida aborrecida!

Nunca pude creer
lo que ahora creo:
encontrar placer
porque mal me veo.

Sé de los engaños
de mi pensamiento;
bien de tantos años
fuese en un momento.

¿Qué visteis, mis ojos?
Ya que os atrevisteis,
llorad los enojos
del bien que perdisteis

La luz del sol, pura,
sólo a vos se os niegue;

sea, noche oscura
y el alba no os llegue.

Ah, ventura mía,
¡cómo me trataste!
¡Sólo un bien tenía
y aún me lo rotaste!

Triste fantasía,
¡cuánta cosa guarda!
¡Quién pudiera el día
ver que tanto tarda!

En la vida ciega
nada permanece;
aún el bien no llega,
ya desaparece.

Cualquier esperanza
huye como el viento;
todo hace mudanza,
salvo mi tormento.

Amor ciego y triste,
quien lo ha, padece;
mal quien le resiste,
mal quien le obedece.

En mi mal esquivo
sé cómo Amor trata:
Mas pues con él, vivo,
ningún amor mata.

(F. MARISTANY)

Constancia

Siete años ya Jacob servido había
al padre de Raquel, guapa doncella,
mas no sirve a Labán, la sirve a ella,
ya que a ella por gaje pretendía.

Los días, esperando un solo día,
pasaba, contentándose con ella,
mas el padre, burlándole la bella,
en lugar de Raquel le entregó a Lía.

Viendo el triste pastor que con engaños
así desvanecían su quimera,
con tan duros empeños perseguida,

poniéndose a servir otros diez años
dice: ¡Más serviría si no fuera
para tan largo amor tan corta vida!

(GUILLERMO VALENCIA)

ANTONIO FERREIRA

(1528-1569—PORTUGUÉS)

Soneto a la muerte de su esposa

Aquel radiante sol que me mostraba
el camino del cielo llano y cierto,
que de mi corazón triste e inexperto
toda sombra mortal siempre ahuyentaba,

Dejó ya la prisión en que se hallaba,
y ciego y solo estoy... Con paso incierto,
voy como un peregrino en el desierto
al que falta la luz que le guiaba.

Con el alma triste y el juicio oscuro,
sus benditas pisadas voy buscando
por los montes y valles florecientes.

En todas partes verlas me figuro;
ella toma mi mano y va guiando,
y mis ojos la siguen hechos fuentes.

(F. MARISTANY)

PEDRO DE ANDRADE CAMINHA

(1529-1589—PORTUGUÉS)

Endechas

Corre el viento, loco.
Corren día y hora,
lo que vi hace poco
no lo veo ahora.

Del alba a la tarde
presto pasó el día;
el sol ya no arde
y ahora mismo ardía.

El contentamiento
con que me engañé
fuese con el viento...
¿Cuándo lo obtendré?

Ni hay un mal que canse
ni hay un bien que dure,
nada que descanse,
nada que asegure.

Leves fundamentos
leves han mudanzas,
siguen a los vientos
vanas esperanzas.

Nuestra dicha leve
pronto está perdida;
tras de un bien tan breve
fine nuestra vida.

(F. MARISTANY)

TORCUATO TASSO

(1544-1595—ITALIANO)

Donde ningún palacio...

Donde ningún palacio o torre empece
la alegre vista del nocturno cielo,
se muestra Laura sin ficción ni velo
como estrella que nada empalidece.

Y cuando al fin la noche desparece,
y el aura nos otorga su consuelo,
y se esparce en el aire un dulce hielo,
y al cantar de las aves amanece,

la idea brilla en más serena frente,
y Amor despierta, y la campiña inspira
la ansia de una canción más acordada.

Que si ella, del arroyo o de la fuente
se contempla en las ondas, nunca mira
tan hermosa su imagen reflejada.

(F. MARISTANY)

EDMUND SPENSER

(1552-1599—INGLÉS)

La gacela amansada

Tal como el cazador, tras cansada carrera,
viendo ya que el venado se le escapa,
siéntase a reposar en un lugar umbrío,
con perros jadeantes que quedaron sin presa:
tras largo perseguir con vano empeño,
cuando, con gran fatiga, ya renuncié a la caza,
la gacela gentil volvió al mismo sendero
para apagar su sed, muy cerca, en el arroyo.
Y, mirándome allí con ojos más tranquilos,

no buscaba la huida, y se quedó, sin miedo,
hasta que fui a apresarla, a medias temblorosa,
y de grado dejó que la atara muy firme.
Singular parecía ver presa tan salvaje
dulcemente ganada, engañada a sabiendas.

(MARIANO MANENT)

FRANÇOIS DE MALHERBE

(1555-1628—FRANCÉS)

Consolación

(A M. du Perrier)

¿Tu dolor, du Perrier, ha, pues, de ser eterno?
Y el triste argumentar
a que te lleva siempre tu gran amor paterno
¿jamás ha de cesar?

La pena por tu hija, que en polvo convertida
no puedes rescatar,
¿es algún laberinto que tu razón perdida
no puede abandonar?

Bien de qué atractivos su infancia estaba llena,
mas nunca quise, al precio
de injuriarte e injuriarla, disminuir tu pena
cantando su desprecio.

Mas estaba en el mundo, y en él todas las cosas
gozan de suerte vana;
fue rosa y ha vivido lo que viven las rosas:
tan sólo una mañana.

La muerte da pesares a nada parecidos.
¡Bien podemos rogar!
La muerte es muy cruel; se tapa los oídos
y nos deja gritar.

El pobre en la cabaña que el bálago recubre,
está bajo sus leyes,
y la guardia que vela los pórticos del Louvre
no defiende a sus reyes.

Contra ella murmurar perdiendo la paciencia,
es feo y es ocioso;
querer lo que Dios quiere, esa es la sola ciencia,
que nos logra el reposo

(F. MARISTANY)

Señor, si mis pecados...

Señor, si mis pecados irritan tu furor,
contrito y afligido espero en tu clemencia;
si no basta mi pena, me abone tu indulgencia;
discúlpeme tu gracia lo que hubo en mi de error.

Mis espíritus locos se agitan de terror,
y al no hallar salvación más que en la penitencia,
mi pecho arrepentido, cobrando consciencia,
hace odiarme hasta el punto que siento de mi horror.

Por mi presente gimo y añoro mi pasado;
temo para el mañana mi pérfido pecado;
leo en mis rebeldías mi estado de desgracia,

Señor, que en las injurias te muestras tan clemente,
como de padre a hijo perdona dulcemente;
de haber faltado menos menor fuera tu gracia.

(F. MARISTANY)

SAMUEL DANIEL

(1562-1619—INGLÉS)

Belleza, tiempo, amor

Cuando los hombres vean pasar tu flor,
tu gloria, y tú, con ceño triste, sentada y solitaria,
el último mensaje del espejo recibas

con la entera verdad, diciendo: "Nada queda",
heridas que me hiciste sentirás renovadas;
si huyó de ti la llama, en mí el ardor perdura:
crecerá en mí la flor cuando tú ya declines.
En mí contemplará el mundo este milagro:
que el fuego puede arder, ya el leño consumido.
Entonces, lo que ha sido mi fe verás, acaso,
y acaso los desdenes de antaño te entristezcan.
Tal vez te dolerá tu burla de mis lágrimas
cuando ponga el invierno nieve en tu pelo oscuro.

(MARIANO MANENT)

WILLIAM SHAKESPEARE

(1564-1616—INGLÉS)

Cuando el dulce silencio...

Cuando el dulce silencio al pensamiento
me trae los recuerdos del ayer,
y al ver lo que he perdido me atormento,
y en mi antiguo dolor vuelvo a caer,

mis ojos, que ya el llanto han olvidado,
baño por los amigos que amé un día,
y lloro nuevamente lo llorado
cuando me los quitó la muerte impía.

Y entonces, al gemir lo ya gemido,
de dolor en dolor, dejo saldada
la triste cuenta del dolor sufrido,

cual si no la dejara antes pagada.
Pero al pensar en ti, prenda querida,
todo lo hallo y mi pena se me olvida.

(F. MARISTANY)

Cuando al fin la hora temida...

¡Qué importa! Cuando al fin la hora temida
deje en suspenso el curso de mi historia,
entre esas líneas quedará mi vida
unida estrechamente a tu memoria.

Al volver a leerlas sentirás
que fueron casi todas para ti;
el polvo irá hacia el polvo, mas tendrás
mi espíritu, lo que algo vale en mí.

Perderás lo que pronto se mancilla
la presa del gusano, cuando muera,
la carne miserable de cuchilla,

indigna de un recuerdo tan siquiera.
Lo que hay en ella sólo algo merece,
y eso es tuyo, y contigo permanece.

(F. MARISTANY)

¿Te puedo comparar?...

¿Te puedo comparar con el estío?
Tú eres más atractiva y más suave;
el huracán desflora a su albedrío
y el paso del verano es el del ave.

La pupila del cielo es harto cálida;
la faz de oro a menudo palidece;
la más pura belleza queda pálida,
pues todo en la Natura descaece.

Mas tú no puedes nunca marchitarte;
tu belleza jamás se velará,
y la muerte en sus sombras ocultarte,

cuando acabe la senda, no podrá.
Mientras la humanidad no esté extinguida,
tu estío vivirá y te dará vida.

(F. MARISTANY)

La unión fiel de dos almas...

No admito que se pueda destruir
la unión fiel de dos almas. No es amor
el amor que no logra subsistir
o se amengua al herirle el desamor.

El amor verdadero es tan constante,
que no hay nada que pueda reducillo;
es la estrella de toda barca errante,
cuya altura se mide, no su brillo.

No es juguete del Tiempo, aunque los labios
y mejillas dobléguense a su suerte;
no le alteran del Tiempo los agravios,

pues su reino no acaba con la muerte.
Y si eso es falso y fuera en mí probado,
ni yo he escrito jamás ni nadie ha amado.

(F. MARISTANY)

Llora sólo por mí...

Llora sólo por mí, cuando haya muerto,
mientras oigas los cánticos lejanos
que anuncien con su fúnebre concierto
que dejo el mundo vil por los gusanos.

Si lees estas líneas, no recuerdes
qué mano las trazó, pues te amo tanto,
que prefiero que de ello no te acuerdes,
a pesar que he de hacerte verter llanto.

Así, pues, si las quieres releer
cuando esté con el fango confundido,
no pienses en su autor; deja caer

con mi vida tu amor en el olvido.
No sea que de ti el mundo se ría,
cuando en él yo no esté, por culpa mía.

(F. MARISTANY)

¡Con qué tristeza!...

¡Con qué tristeza sigo mi camino!
Aun el mismo reposo me dirá,
cuando haya al fin llegado a mi destino:
"A una distancia tal tu bien está".

Lento, el corcel, lleva, harto de mi queja,
mi peso y el de la honda pena mía,
que su instinto le dice: "Pues la deja,
no ha prisa el caballero que me guía".

Ni con el aguijón que, nervioso,
clávole a veces, mi caballo vuela;
sólo escucho un relincho tan penoso,

que a mí me punza más que a aquél la espuela;
pues su gemido adviérteme insistente:
Tu dicha está detrás, tu pena enfrente.

(F. MARISTANY)

En mi ves la estación...

En mí ves la estación en que colgar
se ven sólo unas hojas amarillas
de las ramas—que el frío hace temblar—
do cantaron gentiles avecillas.

En mí ves el ocaso que convierte
el día, al degradar, en noche oscura,
cual otro Yo distinto de la Muerte
que envuelve toda cosa en su negrura.

En mí ves el ardor de un fuego tal,
cual vio la juventud que ya es ceniza;
como el lecho de muerte sobre el cual

quien prestárale vida ahora agoniza.
Bien lo ves, pues temiendo que me muera,
me vas amando ya de otra manera.

(F. MARISTANY)

JOHN DONNE

(1573-1631—INGLÉS)

El saludo

Por mi fe, muchas veces me pregunto
qué hacíamos tú y yo antes de querernos.
¿Como niños aún no destetados
seguíamos chupando domésticos placeres?
¿Roncábamos tal vez en la caverna
de los Siete Durmientes? Así era.
Aquel u otro placer sólo fue sueño,
y si vi alguna vez una belleza
que deseé y obtuve, no era nada
sino un sueño de ti.

Y ahora ¡buenos días!
al doble despertar de nuestras almas,
que de miedo no aciertan a mirarse.
Pues el amor gobierna
todo el amor oculto de las cosas,
y hace de un todas partes, poco espacio.
Bien está que marcharan a buscar nuevos mundos
nautas descubridores, y que muestren los mapas
un mundo y otro mundo a quien los mira;
poseamos nosotros nuestro mundo
el que tiene, el que es cada uno de nosotros

En tus ojos mi rostro,
en los míos el tuyo se retrata,
y los rostros reflejan
dos corazones simples y leales.
¿En dónde encontraríamos mejores hemisferios,
sin crudo Norte o declinante Oeste?
Sólo mueren las mezclas desiguales:
si nuestros dos amores son uno, o tan idénticos
que ni el tuyo ni el mío cede al otro,
ninguno de los dos puede morir.

(B. G. ESCANDÓN y M. MOLHO)

FRANCISCO RODRIGUES LOBO

(1580-1625—PORTUGUÉS)

Soneto

¡Hermoso Tajo! ¡Ay Dios, cuán diferente
te veo y te vi, me ves ahora y me viste!
Turbio te veo a ti, tú me ves triste,
claro te he visto a ti, tú a mí riente.

A ti te fue trocando la corriente,
a la cual tu amplio curso no resiste,
trocóme a mí el destino, en que consiste
mi vivir ya feliz, ya tristemente.

Pues que somos del mal participantes,
seámoslo del bien. ¡Cuánto quisiera
que fuesemos en todo semejantes!

Para ti volverá la primavera
y tornarás a ser el que eras antes.
¡Yo no sé si seré quien antes era!

(F. MARISTANY)

WILLIAM DRUMMOND

(1585-1649.-INGLÉS)

A su laúd, con ocasión de habérsele muerto su dama

Vuelve a ser, mi laúd, lo que eras antes,
cuando en umbrosa cueva ibas creciendo con tu verde madre,
cuando no te agitaban sino vientos desnudos de armonía,
y sobre ti pájaros trenzaban sus gorjeos.

Pues ya la amada voz que a tu son se acordaba,
y en tus dulces acentos se vertía,
arrebatada de la tierra suena en altas esferas,
¿puedes ser algo más que proveedor de penas?

Al desmayado oído no dan dulces notas ya tus notas,
sino quejidos huérfanos; arranca
cada pausa un suspiro, cada acorde una lágrima.

Vuelve, pues, al silencio antiguo de tus bosques.
O si acaso una mano se dignara pulsarte,
como tórtola viuda, su pérdida lamenta.

(B. G. ESCANDÓN y M. MOLHO)

JOHANN MATTHAUS MAYFARTH

(1590-1642—ALEMÁN)

Jerusalén, ciudad sagrada...

Jerusalén, ciudad sagrada,
¡cómo quisiera en ti encontrarme!
Mi corazón te anhela tanto,
que ha comenzado a abandonarme...
Por sobre prados y montañas
vaga mi espíritu errabundo
siempre más alto, y se sumerge,
se precipita en otro mundo.

¡Oh ansiado día esplendoroso!,
¡oh dulce hora suspirada!,
cuando, radiante de alegría,
ponga por fin mi alma cansada
entre las manos del Dios justo,
como una prenda meritoria;
cuando afanoso desembarque
allá en las playas de la gloria.

En un instante habré de alzarme
al infinito azul espacio...
Para dejar los elementos
no fui, Señor, nunca reacio...
Tal cual de Elías en la bella
carroza, el coro angelical
me alza, y en andas lleva mi alma
por la campiña celestial.

¿Qué noble pueblo a mí dirígese?
¿Qué multitud solemne e inmensa?
Son de aquel valle los electos...
¡Oh la preciosa recompensa
con que me honra Jesucristo!
¡Oh la corona que me envía!...
Ya ¿en dónde queda aquel remoto
triste país en que gemía?...

Mi esplendente paraíso
mi alma sedienta al fin alcanza,
llena mi pecho la alegría,
llena mi boca la loanza;
el aleluya radiante
se hace de pronto santidad;
el dulce y suave y puro *hosanna*
se hace de pronto eternidad.

Con mil tañidos delicados
e innumerables blandos coros
que con sus sones y sus ecos
llenan los ámbitos sonoros;
con cien mil mágicos acentos,
a Dios sus místicas canciones,
desde los siglos de los siglos,
alzan las célicas legiones.

(F. MARISTANY)

GEORGE HERBERT

(1593-1632—INGLÉS)

Virtud

Dulces nupcias del cielo con la tierra,
 ¡oh puro día añil!
Llorará tu crepúsculo el rocío,
 pues tendrás que morir.

¡Oh rosa, fulgurante que deslumbras
 con tu vivo matiz!
Tu raíz yace siempre en tu sepulcro,
 donde habrás de morir.

¡Oh tú de rosas y horas dulces llena,
    primavera gentil!
Mis cadencias demuestran que agonizas;
    pronto habrás de morir.

Tan sólo el alma dulce y virtuosa
    madera es en sazón,
pues si el mundo quedara hecho cenizas
    viviría mejor.

(F. MARISTANY)

JAMES SHIRLEY

(1596-1666—INGLÉS)

Canción de Áyax y Ulises

La gloria de la sangre, la más gloriosa fama,
son sombras solamente, no cosas substanciales;
no hay escudo que pueda guardarnos de la suerte;
la muerte en todo pone sus manos sepulcrales;
    nada perdona;
    cetro y corona
tendrán, hechos ya polvo, la misma condición
que la pobre guadaña y el mísero azadón.

Pueden regar el campo con sangre los guerreros,
plantar frescos laureles do acaban de matar,
mas sus nervios cansados tendrán que derrumbarse,
y al fin unos a otros tendranse que inclinar.
    Todo es en vano;
    tarde o temprano
tendrán que abandonar su pobre cuerpo inerte,
cuando, cautivos pálidos, se entreguen a la muerte.

Las gloriosas guirnaldas marchítanse en sus frentes;
sus heroicas hazañas no exaltan ya su gloria;
mira sobre el altar purpúreo de la Parca
cómo queda sangrando la víctima-victoria;
    cual se derrumba
    sobre la tumba.

Tan sólo las bondades que el justo en su alma encierra,
son flores perfumadas que brotan en la tierra.

(F. MARISTANY)

MARTIN OPITZ

(1597-1639—ALEMÁN)

Hartazgo de sabiduría

Casi contemplo con espanto,
caro Platón, que, sin cesar,
entre tus libros he vivido.
Tiempo es ya afuera de mirar
y pasear por la espesura
donde hay fontanas entre flores,
donde hay riberas en que tienden
su red los pobres pescadores.

¡Para aumentar nuestra inquietud
sírvenos sólo toda ciencia! Corre
entretanto el riachuelo
de nuestra rápida existencia,
y sin apenas percatarnos
nos encontramos junto al mar;
y todo en nada, en un momento,
caro Platón, viene a parar.

Hola, muchacho; ve y pregunta
en dónde está el vino mejor
y el jarro lléname al momento.
Toda inquietud, todo dolor
—puesto que el hombre solamente
líbrase de ello cuando olvida—,
quiero enterrar dentro del zumo
con que la uva me convida.

Ve a buscar luego unos melones
y azúcar cómprame también.
Cuida de hacer que nada falte.
Que economice aquel a quien
tanto preocupa su tesoro,

que ni aun atrévese a saciar
su hambre. Yo en tanto hacerlo pueda
la vida quiérome alegrar.

Di a mis hermanos que a la música
y al vino bueno el gusto inclino;
por eso quiero solamente
buenas canciones y buen vino.
Y aunque no deje grande herencia,
del vino no he de prescindir.
Quiero alegrarme en compañía,
pues, solo, presto he de morir.

(F. MARISTANY)

CH'EN TZE LUNG

(SIGLO XVII—CHINO)

El carrito

Traquetea el carrito a través de la niebla del crepúsculo,
entre el hombre que empuja y la mujer que tira.
Dejaron la ciudad y ahora van sin rumbo,
"Verdes, verdes y tiernas, las hojas de los olmos mitigarán
mi hambre, si encontráramos un lugar sosegado para gustarlas en reposo."
Amarillas praderas planchadas por el viento;
en lontananza se columbran los muros de una casa.
"Seguramente allí nos darán de comer".
Llaman, mas nadie abre la puerta; miran al interior, mas la cocina está vacía.
Detiénense indecisos en mitad del camino, y cae la lluvia de sus lágrimas.

(MARCELA DE JUAN)

SUNG CHI

(SIGLO XVII—CHINO)

La muerte de una oropéndola

A los primeros rayos del sol primaveral,
gozosa, la oropéndola de amarillo plumaje,
salta de rama en rama, y su grito monótono
espanta a sus vecinas las urracas.

El sol esplendoroso pone mil resplandores
en sus doradas plumas,
y aviva el escarlata de su afilado pico.

El pérfido enemigo acecha entre el follaje
espiando su carrera rauda y grácil.
Pósase la oropéndola en una rama
que oscila apenas a su leve peso.
Lanza un agudo grito, mas, ¡ay! es el postrero:
Su canto ha descubierto su morada
y el joven cazador lanza la flecha.
Herida en pleno pecho, cae de rama en rama
y se rinde expirando sobre el césped.
Entreabiertos los ojos, mueve en vano su pico
de escarlata. Ha muerto para siempre su cantar.

(MARCELA DE JUAN)

PIERRE CORNEILLE

(1606-1684—FRANCÉS)

Epitafio de Isabel Ranquet

No llores, viajero, sobre esta sepultura,
este fúnebre lecho es un lecho precioso
donde de un cuerpo puro hay la ceniza pura,
y en cuyo pecho aún vive un fuego fervoroso.

Mucho antes de rendir tributo a la natura,
su alma, habiendo rasgado sus más espesos velos,
había el Criador unido la criatura,
y andaba por la tierra que estaba ya en los cielos.

Los pobres, mejor que ella, gozaron su esplendor;
la humildad y las penas la daban alegría;
y su último suspiro, suspiro fue de amor.

Viajero: que su ejemplo en ti un fuego despierte,
y, lejos de llorarla porque ha cegado al día,
piensa que no se muere muriendo de esa suerte.

(F. MARISTANY)

EDMUND WALLER

(1606-1687—INGLÉS)

Vejez

Se encalma el mar cuando los vientos ceden;
y así nos aquietamos cuando cesan
las pasiones; que entonces conocemos
cuán vano era jactarnos de cosas huidizas,
que es seguro perder. Nubes de afectos
nos llegan de los ojos de los jóvenes
a cubrir el vacío que la edad nos descubre.

Arruinada y caída, deja paso
la cabaña sombría de nuestra alma,
por las grietas del tiempo a una luz nueva.
La decadencia misma hace más fuerte al hombre,
más sabio, al acercarse a su morada eterna.
Y mientras deja el viejo, entrambos mundos
abarca juntamente, en el umbral el nuevo.

(B. G. ESCANDÓN y M. MOLHO)

Canción

Ve, Rosa encantadora;
dile que el tiempo pierde, y me ha perdido;
dile que ya no ignora
si a compararte a ella me he atrevido;
¡cuán hermosa me ha siempre parecido!

Que es joven todavía;
que no quede en su gracia aprisionada;
que cuando fuiste mía,
surgiste de una isla inhabitada;
que tendrás que morir sin ser loada.

Que pues poco valor
tienen las bellas que a la luz no aspiran,
le cedes este honor;
dile que sufra en calma si la miran;
que no se turbe tanto si la admiran.

Y es ya bastante. Así
la rara suerte de una prenda rara
podrá saber por ti;
sabrá cuán corta potestad depara
la belleza, sin algo que la ampara.

(F. MARISTANY)

PAUL GERHARDT

(1607-1676—ALEMÁN)

Reposan ya los ganados...

Reposan ya los ganados,
los pastores y los prados,
duerme el mundo seductor;
mas vosotros, mis sentidos,
habéis de dejar cumplidos
los designios del Señor.

¿Dónde ¡oh sol! te has ocultado?
Ya la noche te ha ahuyentado
y en sombra está mi mansión;
mas surge otro sol más bello:
Mi Jesús como un destello
se ha entrado en mi corazón.

Las horas del día han muerto;
los astros de oro han cubierto
la inmensa amplitud azul;
también yo, cuando él lo quiera,
podré alzarme a esa quimera,
podré rasgar ese tul.

Mi cuerpo ansía el descanso
de ese bendito remanso,
laso de vida mortal;
de sus galas desprovisto
podré aspirar a que Cristo
me vista el manto ideal.

Mi pobre cuerpo humillado
goza en pensar que ha llegado
ya a su fin todo dolor;
¡oh corazón errabundo,
vas a dejar este mundo
por otro mundo mejor!

Lasos miembros, despedíos
del espíritu y dormíos,
pues que anheláis descansar;
ya llega el tiempo dichoso
que el tan ansiado reposo
te ha de, por fin, otorgar.

Mi mirada vacilante
se extinguirá en un instante.
¿Ya dónde irá el alma fiel?
Acógela en tu regazo,
finado el ansioso plazo,
dulce Señor de Israel.

Las blancas alas despliega
y en su ternura me anega,
que hacia Ti mis ansias van;
haz que un ángel interceda
por mí y defenderme pueda
si me reclama Satán.

Que nunca, caros hermanos
los sinsabores humanos
os ofrezcan su rigor;
Dios os dé un sueño canoro
y os ponga las armas de oro
de vuestro lecho en redor.

(F. MARISTANY)

JOHN MILTON

(1608-1674—INGLÉS)

Sobre su ceguera

Cuando pienso en mi vista aniquilada,
que he de andar siempre en sombras por el mundo
y que un talento vivido y fecundo
se halla en mí inútil, aunque prosternada

mi alma al Hacedor, gimo al hallarme
de hinojos ante Él: "¡Mírame a ciegas!
¿Cumplo con Ti y conmigo y luz me niegas?"
Mas la Paciencia acude a contestarme:

"De Dios el Santo Amor, jamás requiere
ni el trabajo del hombre ni sus dones;
a aquel que más le acata, a aquel prefiere.

Sus órdenes se cumplen soportando
con paciencia las grandes aflicciones;
se le sirve sufriendo y esperando."

(F. MARISTANY)

JOACHIM NEANDER

(1610-1680—ALEMÁN)

Loa a Dios...

Loa a Dios, Loa al Rey poderoso del cielo;
que este anhelo, alma mía, sea tu único anhelo.
De lo alto llegad
salterios y arpas, despertad;
dadnos de vuestra música el consuelo.

Loa a Dios, loa al Rey que gobiérnalo todo;
que con mano certera te ha alejado del lodo;
que te deja flotar
en donde anhelas siempre estar
sin que saber alcances de qué modo.

Loa a Aquel que con arte y bondad te ha creado,
que te ha bien conducido, que salud te ha brindado.
En tu amargo dolor,
¡oh cuántas veces el Señor
sus alas sobre tu alma ha desplegado!

Loa a quien estás cierto de que te ha bendecido;
loa a quien una lluvia te ha de amor ofrecido;
considera el poder
del Dios al que debes el ser,
del que a tu encuentro con amor ha ido.

Loa a Dios con ardor, y a su nombre también,
con el germen de Abraham loa al Máximo Bien,
y no olvides jamás
que Él es tu Luz y que hacia Él vas,
y alabándole acaba con Amén.

(F. MARISTANY)

RICHARD CRASHAW

(1613-1649—INGLÉS)

Epitafio de dos esposos que murieron y fueron enterrados juntos

Para éstos que la muerte de nuevo desposó
fue tálamo segundo este sepulcro;
pues si pudo la mano del Destino
divorciar alma y cuerpo, ya no pudo
separar la mujer de su marido,
que alentaban los dos con una vida sola.
Tente, lector, no llores; silencio, los amantes
descansan; abrazadas yacen las dulces tórtolas
en el último lazo que el amor anudara.
Deja que duerman, deja que reposen,
hasta que pase la terrible noche,
hasta que alumbre la inmortal mañana,
que, entonces, descorridas las cortinas,
a la luz, que aquel día
no habrá de anochecer, despertará.

(B. G. ESCANDÓN y M. MOLHO)

RICHARD LOVELACE

(1618-1658—INGLÉS)

Graciana bailando

(Fragmento)

Golpeaba el enlosado venturoso,
hecho con tal estrella firmamento,
que ya no envidiará al soberbio techo.
Mas, nuevo Atlante, el más luciente cielo
arrastra tras de sí, saltando en alto
y llevando consigo a sus deidades.
Con cada paso un pensamiento amante
hollaba, encadenado con tal arte,
con fuerza tan gentil, tan dulce imperio
a sus gallardos pies las esperanzas
ambiciosas de amor, que, suspirando,
vimos el suelo, al terminar el baile
de rotos corazones alfombrado.

(B. G. ESCANDÓN y M. MOLHO)

ANDREW MARVELL

(1621-1678—INGLÉS)

Un jardín

(Escrito después de las guerras civiles)

Mirad cómo las flores, a modo de desfile,
se despliegan luciendo sus banderas
y cada regimiento crece en orden:
las tulipas, las rosas, los claveles.
Mas, cuando la pantalla vigilante
de las estrellas pasa en torno al Polo,
las hojas, en el tallo recogidas,
enseñas se dirían, plegadas sobre el asta.
Entonces, en la dulce cabaña de las flores

se esconden las abejas centinelas
y otras se dan al sueño; mas si las despertaseis,
sin pedir santo y seña, os atravesarían.
Oh tú, Isla querida y venturosa,
que vergel de la tierra has sido siempre;
tú, Paraíso de los cuatro mares,
que plantó el Cielo para darnos gozo,
pero guardó, para excluir al mundo,
con la líquida espada, puesto que no flamígera:
¡triste manzana fue la que probamos
y nos hizo mortales, y a ti yerma!
¡Desventurada! ¿Nunca ha de instaurarse
aquí, de nuevo, esa milicia dulce
de cuando sólo torres había en los jardines
y toda guarnición era de flores;
cuando sólo las rosas podían llevar armas
y ceñían al hombre las guirnaldas de rosas?

(MARIANO MANENT)

HENRY VAUGHAN

(1621-1695—INGLÉS)

La retirada

¡Venturosos los días primerizos
en que brillaba, angélica, mi infancia!
Antes de comprender estos lugares
que para mi segunda carrera se me dieron,
o de enseñar al alma fantasías
en vez de pensamientos blancos y celestiales;
cuando mi ruta apenas me alejaba
escasas millas de mi Amor primero
y, al volver la cabeza—tan cerca todavía—,
entreveía un poco su faz resplandeciente;
cuando en alguna nube o flor dorada
pasaba horas enteras mi alma, en sus arrobos,
y en esas glorias pálidas veía
algo de eternidad, mas como en sombras;
antes de que enseñase yo a mi lengua
a herirme la conciencia con sones de pecado,

o poseyese el arte sombrío que confiere
una culpa diversa a los sentidos:
entonces, a través de mi veste de carne,
sentía los retoños de perdurable vida.

¡Con qué anhelo deseo desandar el camino
y hollar de nuevo aquella antigua ruta!
¡Oh, si otra vez llegase a la llanura
donde antaño dejé mi cortejo de gloria
y donde, iluminado, ve el espíritu
esa umbría Ciudad de las palmeras!
Mas, ¡ay!, estuvo aquí demasiado mi alma:
ebria, insegura, va por el camino.
Si a algunos les complace ir adelante,
hacia atrás yo mis pasos llevaría,
y quisiera, al caer mi polvo en el sepulcro,
volver al mismo estado de cuando vine al mundo.

(MARIANO MANENT)

PETTER DASS

(1647-1708—NORUEGO)

Evocación

Durante seis años yo he estado débil
y jamás he tenido un día tranquilo.
¡Líbrame ahora, Dios misericordioso,
de mi séptimo año de cautividad!

El séptimo día es el del sábado,
mis días me enseñan bien, ¡oh Jesús!
por todas las penas que he sufrido,
que es preciso que busque la dicha a tu lado.

Yo, tu discípulo, bien quisiera
dejar la escuela en que me has puesto;
has sido un maestro severo,
pero ¡Dios sea bendito por cada uno de sus golpes!

Mis hijos y mi hija,
mis hermanos, mis hermanas,
y las gentes de mi familia
han visto cuántos suspiros he lanzado
y cuán abundantes lágrimas en este mundo he vertido.

Y si de ello quieres pruebas,
y si quieres testigos, pregunta a cada tabla de mi lecho
de lo que ella ha sido testigo.

Pregunta a las vigas de la casa,
a las puertas, a los muros, al techo y a las cortinas,
pregunta a la mesa y a los bancos;
ellos te contarán lo que es de mí.

(J. DE COUSSAUGE y R. BALSA DE LA VEGA)

POETAS DEL SIGLO XVIII

ALEXANDER POPE

(1688-1744—INGLÉS)

Oda a la soledad

Feliz quien goza en ocuparse en calma
de unas fanegas del solar paterno;
feliz quien puede respirar, gozoso,
    su aire nativo.

Cuyo hato bríndale espumosa leche,
pan sus trigales, sus ovejas lana,
sombra en verano sus frondosos árboles,
    fuego en invierno.

Feliz aquel que, indiferente, observa
cómo las horas se deslizan mansas,
sano de cuerpo y con tranquilo espíritu,
    día por día.

Quien duerme, plácido, y el estudio alterna
con el reposo, y ameniza el tiempo,
y une a su pura sencillez dulcísimos
    meditaciones.

Dejad que viva en dulce paz oculto;
dejad que muera sin lamentos múltiples,
que me hurte al mundo y ni una losa diga
    dónde reposo.

(F. MARISTANY)

YUAN TSEN T'SAI

(SIGLO XVIII—CHINO)

La captura de un tigre

En pleno día, el tigre se pasea por los bosques,
    suscitando el espanto de los pájaros.
Tiene el aire feroz; tres tigrecillos, hijos suyos, le siguen.
Sopla con fuerza el viento sobre el árido llano,
y el tigre, no saciado, se interna en la montaña.
Un cervatillo cae desgarrado en sus fauces,
mientras el ciervo viejo huye sin atreverse ni a gritar.
Sonriente, el cazador coge la flecha entre sus dedos,
    ya colocada en el alambre,
y apunta al tigre a la cabeza, cuidando de no herirle en los riñones.
Los tigrecillos jóvenes son también apresados vivos.
Y conducidos al parque de fieras imperial,
los meten en la jaula de los tigres.
Cuando, por la mañana, se abre un instante la puerta de su cárcel,
el rugido del tigre petrifica de espanto a todo el mundo, mas el
tigre suplica la gracia de la vida,
humillando ante el hombre su cabeza.
¿Dónde, pues, aquel porte majestuoso de ayer?

(MARCELA DE JUAN)

THOMAS GRAY

(1716-1771—INGLÉS)

De una gata favorita ahogada en una pecera

    Fue al lado de un jarrón, en donde el arte
más alegre de China, matizara
el azur de las flores que se abrían.
La más modesta gata entre las gatas,
la silente Selima, estaba absorta
mirando cuál las aguas se movían.

    Su cola consciente indicó júbilo,
su lindo rostro, su nevada barba,

de sus patas el suave terciopelo,
sus bonitos ojazos de esmeralda,
su vestido de concha, sus orejas
de azabache, agitáronse de anhelo.

No bien lleva los ojos a ese lago,
las formas de dos ángeles fulguran:
Son los genios del mágico tesoro.
Sus corazas de escama, color púrpura,
en medio de su fuego resplendente
lanzan chispazos húmedos, de oro.

La infortunada ninfa ve con pasmo
en la agua unos bigotes, y una garra
después, que, poco a poco, se aproxima,
mas no logra el tesoro que la afana.
¿Qué femenino corazón de oro
desprecia? ¿Qué felino el pez no estima?

¡La porfiada!... Sigue atentamente
su presa... ahora se inclina; mas no mide
con qué abismo feroz su plan tropieza.
—Cruelmente el destino se sonríe—.
Los pies del borde un poco se deslizan,
y en el abismo se hunde de cabeza.

Ocho veces emerge de ese lago
y a los dioses acuáticos suplica
la libren de tan bárbaro castigo.
Ni una Nereida, ni un Delfín la auxilian.
Ni Tom, ni Zapirón ayuda préstanle;
fue favorita y no halla ni un amigo.

Bellas desengañadas, precaveos.
Sabed que un paso en falso no se enmienda,
que no es lícito cuanto maravilla,
cuanto atrae, demanda, llama o tienta
vuestros ojos y vuestros corazones,
ni es, bellas, oro todo lo que brilla.

(F. MARISTANY)

FRIEDRICH GOTTLIEB KLOPSTOCK

(1724-1803—ALEMÁN)

El lazo de rosas

Cuando la hallé en la primavera
lazos de rosas fuile atando;
no lo sintió, pues dormitaba.

La contemplé y prendió mi vida
con su mirada de la suya;
yo lo sentí, mas no lo supe.

Algo la dije sin hablarla...
Fuila incensando con las rosas,
y despertó entonces del sueño...

Me contempló y con su mirada
prendió su vida de la mía,
y en derredor se hizo el Elíseo.

(F. MARISTANY)

OLIVER GOLDSMITH

(1728-1774—INGLÉS)

Canción

El infeliz que sabe que está su muerte próxima,
no pierde, no, la confianza,
y siempre que el dolor su corazón destruye
se reanuda su esperanza.

La esperanza reanima y alumbra nuestra senda
como bujía vacilante,
pues cuanto más oscura va siendo nuestra noche
su luz se muestra más brillante.

(F. MARISTANY)

GOTTFRIED AUGUST BÜRGER

(1747-1794—ALEMÁN)

Demasiado tarde...

Duerme en la blanda yerba, Lena...
Bríndale un sauce grata sombra...
Sueña..—¡quién sabe lo que sueña!—
pero parece ¡tan gozosa!...

Su respirar tórnase breve...
Surge un suspiro de su seno...
Tal como cuerdas, suavemente
pulsadas, víbranle los nervios...

Boga su novio por el río...
Va en su gentil barca de pesca...
La ve, se acerca con sigilo
y un dulce beso la despierta...

Medio entornados los dos cielos
ella susurra :—"¡Oh amor mío!,
¿por qué a tu novia unos momentos
más presto, dime, no has venido?"...

(F. MARISTANY)

VICTOR ALFIERI

(1749-1803—ITALIANO)

Su vida

Esperar, recordar, temer, quejarse,
siempre anhelar, no contentarse nunca,
suspirar tras el bien que se nos trunca,
ni en la verdad, que es nuestra, solazarse.

Ya en menos o ya en más considerarse,
y al conocerse maldecir la suerte;
luego, al verse ya cerca de la muerte,
de la vida perdida lamentarse.

Tal es el hombre, al menos tal yo soy,
aunque bienes y honores no deseo,
y aunque Gloria y Amor buscando voy.

La una me hace vivir de mí alejado,
del otro me persigue el buen deseo,
mas sólo el furor de ambos he probado.

(F. MARISTANY)

JOHANN WOLFGANG VON GOETHE

(1749-1832.—ALEMÁN)

El pescador

Bullen las aguas espumosas;
un pescador contempla en calma
la caña débil... El reposo
lleva en el pecho y en el alma.

Y en tanto espera, en tanto escucha,
vase tomando la mar plena,
y de las aguas agitadas
surge de pronto una sirena.

Dícele, cántale, susúrrale :
"¿Por qué reclamas a mi gente
con tus astucias y tu ingenio
hacia el mortal ardor hirviente?

¿No hallan alivio el sol dorado
y el alba luna bajo el mar?
Sus rostros, ¿no hácense más bellos
viniendo el agua a respirar?

Di, ¿no te atrae el cielo azul
en la humedad ¡tan transparente!?
Di, ¿su semblante no te atrae
hacia el rocío permanente?"

Bullen las aguas espumosas;
los pies le besan con dulzor...
El corazón se le dilata
cual con los ojos de su amor...

Dícele, cántale, susúrrale...
Ya está vencido, bien vencido...
Le arrastra un poco, le sumerge...
Nunca más de él nadie ha sabido.

(F. MARISTANY)

El rey de las Elfes

¿Quién cruza a deshoras la noche y el viento?
Cabalga el buen padre llevando a su niño;
sus brazos robustos le dan firme asiento;
su pecho le abriga con dulce cariño.

—¿Por qué escondes, hijo, tu faz con espanto?
—¿Al rey de las Elfes no ves, padre mío;
al rey de las Elfes, con cetro y con manto?
—Es faja de niebla que flota en el río.

—¡Ven, ven, criatura gentil y hechicera!
De juegos variados te brindo un tesoro;
esmaltan las flores mi rica pradera
y tiene mi madre listones de oro.

—¡Ay padre, mi padre! ¿No escuchas cuán quedo
el rey de las Elfes hablarme se atreve?
—Sosiega, hijo mío, disipa tu miedo.
Son hojas marchitas que el viento remueve.

—Ven, hijo, a mis bellas, queridas regiones;
mis hijas, las Elfes, por verte ya avanzan;
mis hijas, que guían nocturnas visiones,
te halagan y ríen, te besan y danzan.

—¡Ay padre, mi padre! ¿No ves cuál se mecen
sus Elfes nocturnas en este paraje?
—Lo veo, hijo mío; mas Elfes parecen
los viejos alisos de blanco follaje.

—Te quiero; me encanta tu hermosa figura.
¡De grado o por fuerza lograrte decido!
—¡Ay padre, mi padre! ¡Cogerme procura!...
Del rey de las Elfes la mano he sentido.

Horror siente el padre, y al bruto castiga;
sujeta al muchacho con rígidos lazos,
y llega a su albergue con honda fatiga,
y sólo un cadáver llevaba en sus brazos.

(J. L. ESTELRICH)

Mignón

¿Conoces el país donde los limoneros
florecen y hay naranjas de oro entre el follaje?
Un viento suave emana de un cielo muy azul;
los mirtos duermen y álzanse los lauros arrogantes;
di, ¿lo conoces bien? Allí, allí,
contigo, amado mío, anhelo ir.

¿Conoces el palacio de espléndidas columnas?
Las cámaras relucen y las paredes brillan;
las estatuas de mármol contémplanme al pasar...
—¡Oh, cuéntanos tus penas, me dicen, pobre niña!—
Di, ¿lo conoces bien? Allí, allí,
contigo, amado mío, anhelo ir.

¿Conoces la quebrada y sus gigantes nubes?
Entre la niebla busca su senda la alimaña;
los antiguos endriagos habitan en las cuevas;
los montes se despeñan y en ellos las cascadas...
Di, ¿lo conoces bien?
Allí, allí, nuestro amor va.
Dejadnos, padre, ir.

(F. MARISTANY)

A la luna

Con tu argento los bosques y los valles
ensueñas nuevamente...
Esta vez, esta vez has libertado
a mi alma totalmente...

Tú tiendes, blanca luna, la mirada
mitigante y remota,
con la benignidad de un fiel amigo,
sobre mi suerte ignota.

De viejos ecos tristes o gozosos
mi corazón se llena,
y en su honda soledad va caminando
entre el Goce y la Pena.

¡Oh río!, sigue, sigue deslizándote...
¿La ilusión?... Voló ya...
¿Dónde están el anhelo, el alborozo,
y aun la fidelidad?

Y empero un día fue del todo mío
lo que más estimamos;
lo que a través de penas y amarguras
olvidar no logramos...

Sigue, sigue ofreciendo a aqueste valle
tu misterioso encanto;
va murmurando dulces melodías
por mi oscuro canto.

Irruye en el invierno rumoroso
y osado a la pradera,
y de bellos capullos la recubre
en la áurea primavera.

Feliz de aquel que separarse sabe
de la turba, y de aquel
que un amigo en el alma oculto lleva,
y habla siempre con él,

de cosas a que el hombre sueña apenas
otorgar atención,
y de noche recorre el laberinto
de su almo corazón.

(F. MARISTANY)

Mira esa rama...

Mira esa rama, amada mía,
mira esa rama vacilante;
ven que te muestre aquesas frutas
de verde cáscara punzante.

Prenden ha tiempo silenciosas,
desconocidas entre sí...
Balanceándose, esta rama
las va meciendo siempre así...

En su interior, ya bien madura,
la carne quiere abandonar
su claustro, ver la luz
ansía y ansía el aire respirar.

Rompe la cáscara y dichosa
logra por fin liberta ser;
tal mis canciones en tu falda
van a caer.

(F. MARISTANY)

Proximidad de la amada

Pienso en ti cuando brilla el sol fecundo
sobre el inmenso mar;
cuando la dulce luna en las fontanas
su luz va a reflejar;

te veo al elevarse el blanco polvo
de la remota senda;
cuando de noche agita el caminante
la angosta pasarela;

oigo tu acento cuando rumorosas
las olas se levantan;
voy a escucharte en los sombríos bosques
en cuanto todo calla.

Siempre a tu lado... Aun cuando te halles lejos
me encuentro junto a ti...

Se hunde el sol y a surgir van las estrellas...
—¿Por qué no estás aquí?...

(F. MARISTANY)

WILLIAM BLAKE

(1757-1827—INGLÉS)

Eternidad

Quien a sí encadenare una
alegría malogrará la vida alada.
Pero quien la alegría besare en su aleteo
vive en el alba de la eternidad.

La rosa enferma

Estás enferma ¡oh rosa!
El gusano invisible,
que vuela, por la noche,
en el aullar del viento,

tu lecho descubrió
de alegría escarlata,
y su amor sombrío y secreto
consume tu vida.

(MARIANO MANENT)

ROBERT BURNS

(1759-1796—INGLÉS)

¡Oh márgenes del Doon!

¡Oh márgenes del Doon! ¿Cómo lográis
mostrar, al florecer, tanta belleza?
¿Cómo cantar lográis, ¡oh pajarillos!,
mientras yo estoy sumido en la tristeza?

Mi corazón destrozas, pajarillo
que modulas tu canto en la enramada;

me recuerdas mis días venturosos,
cuando aún creía fiel a mi adorada.

   Mi corazón destrozas, pajarillo
que trinas con tu dulce compañera;
mi corazón destrozas, que, aunque canto,
no sé la nueva suerte que me espera.

   ¡Cuántas veces he errado en esta orilla
mirando cual la hiedra se enroscaba;
y escuchando el gorjeo de los pájaros
mi corazón dichoso gorjeaba!

   Ligero el corazón, cogí una rosa
del rosal espinoso de mi amada;
y el desengaño deshojó la rosa,
mas la espina quedóseme clavada.

(F. MARISTANY)

Dulce Afton

   Corre tranquilo, dulce Afton, entre el verdor de tus bosques,
corre tranquilo, y canciones te cantaré en alabanzas:
dormida está mi María junto a tu claro murmullo.
Corre tranquilo, dulce Afton, y, así, no turbes su sueño.

   Oh tú, paloma silvestre, que por los valles arrullas,
mirlos de silbos ardientes en el refugio espinoso,
tú, frailecico crestado, de verde pluma, no chilles,
y no turbéis, os lo ruego, a mi dormida hermosura.

   ¡Cuán altas son, Afton dulce, esas colinas en torno,
donde se marcan los lechos de arroyos claros que ondulan!
Me alcanza allí el mediodía, vagando siempre y mirando,
tras mi rebaño, la dulce choza que esconde a María.

   ¡Qué placenteros tus márgenes y el valle verde en lo hondo,
donde florecen, silvestres, en los hayales las prímulas!
Más de una vez, cuando llora la tarde blanda en el prado,
allí a los dos nos da sombra el abedul oloroso.

Ese cristal de las aguas, Afton, ¡qué lindo discurre!
¡cómo, cercano a la choza de mi María, serpea!
¡Y cómo juegan tus aguas, su pie de nieve lavando,
cuando, al coger flores dulces, contra tus ondas camina!

Corre tranquilo, dulce Afton, entre el verdor de tus bosques,
corre tranquilo, ¡oh mi río suave, al que ofrezco canciones!
Dormida está mi María junto a tu claro murmullo:
corre tranquilo, dulce Afton, y, así, no turbes su sueño.

(M. MANENT)

¡Molinero blanco!

¡Molinero blanco,
del blanco jubón!
Un chelín ganaba,
gastaba un doblón.
El jubón es blanco,
blanca su color,
y blanco era el beso
con que me besó.

(M. MANENT)

FRIEDRICH VON SCHILLER

(1759-1805—ALEMÁN)

El guante

Delante de su parque de leones,
aguardando las fuertes emociones
de la lucha, sentado estaba el rey;
a su lado se hallaba la nobleza,
y alrededor, luciendo su belleza,
las damas de su grey.

Entonces hizo seña con la mano,
y por ancho portón,
con paso reposado y soberano,
apareció en el círculo un león,

Miró con estupor
en derredor,
bostezando y aullando con fiereza,
sacudió la cabeza,
los miembros varias veces estiró
y en el suelo gruñendo se quedó.

   A poco el rey de nuevo señaló.

   Volvió a abrirse el portón
y entró corriendo y comenzó a saltar
un tigre, y al notar
la presencia, y no dulce, del león,
con bramido increíble,
con la cola trazando
un círculo terrible,
y la lengua torciendo y estirando,
al león rodeó
siniestramente aullando
y también en el suelo se tendió.

   A poco el rey de nuevo señaló.

   Por fin aparecieron
dos bellos leopardos, los que ansiosos
de entrar a pelear, se dirigieron
hacia el tigre rabiosos.
Este les mira con furor de reto;
mas el león, bramando,
se levanta, un instante queda quieto;
luego va por el círculo rodando
y arremete tan fuerte,
que caen ambos con dolor de muerte.

   Entonces desde arriba, al ruedo salta
un guante de la mano de una dama,
justamente entre el tigre y el león,
y a Delorges volviéndose, en voz alta
la señorita Kunigunda exclama
con un tono sarcástico y burlón:
"¿Vuestro amor, caballero, es tan sincero,
como vos me decís a cada instante?
Si es así, ¿me queréis coger el guante?"

Y con veloz carrera, el caballero
baja al círculo horrendo
con paso bien seguro y presuroso,
y del medio monstruoso
toma el guante en la mano, sonriendo.
Y con horror y espanto, y con sorpresa,
todos ven regresar al caballero,
tranquilo y altanero
con su presa.

Suena en todas las bocas la alabanza,
y con mirada dúlcida y profunda,
prometiéndole un mundo en esperanza,
percibe a la preciosa Kunigunda.
Y entonces, con desdén sordo e infinito,
y tirándola el guante en plena cara,
"Gracias—la dice—, no lo necesito".
Y de ella para siempre se separa.

(F. MARISTANY)

La campana

Afianzado en el suelo fuertemente
ya el molde está de recocida greda;
hoy fabricada la campana queda,
obreros, acudid a la labor.
Sudor que brote ardiente
inunde nuestra frente;
que si el cielo nos presta su favor,
la obra será renombre del autor.

A la grave tarea que emprendemos
razonamiento sólido conviene:
gustoso y fácil el trabajo corre
cuando sesuda plática se tiene.
Los efectos aquí consideremos
de un leve impulso a la materia dado:
de racional el título se borre
al que nunca en sus obras ha pensado.
Joya es la reflexión ilustre y rica,
y dióse al hombre la razón a cuenta,

de que su pecho con ahínco sienta
cuanto su mano crea y vivifica.

   Para que el horno actividad recobre,
trozos echad en él de seco pino,
y oprimida la llama, su camino
búsquese por la cóncava canal.
Luego que hierva el cobre,
con él se junte y obre
estaño que desate el material
en rápida corriente de metal.

   Esa honda taza que la humana diestra
forma en el hoyo manejando el fuego,
en alta torre suspendida luego
pregón será de la memoria nuestra.
Vencedora del tiempo más remoto
y hablando a raza y raza sucesiva,
plañirá con el triste compasiva,
pía rogando con el fiel devoto.
El bien y el mal que en variedad fecundo
lance sobre el mortal destino sabio,
herido el bronce del redondo labio
lo anunciará con majestad al mundo.

   Blancas ampollas elevarse he visto;
en buen hora: la masa se derrite.
La sal de la ceniza precipite
ahora la completa solución.
Fuerza es dejar el mixto
de espuma desprovisto:
purificada así la fundición,
claro el vaso ha de dar y lleno el son.

   Él con el toque de festivo estruendo
solemniza del niño la venida,
que a ciegas entra en la vital carrera,
quieto en la cuna plácido durmiendo.
En el seno del tiempo confundida
su suerte venidera,
mísera o placentera,
yace para el infante;
pero el amor y maternal cuidado

colman de dicha su dorada aurora,
en tanto, como flecha voladora,
van huyendo los años adelante.
Ya esquivo y arrogante
el imberbe doncel huye del lado
de la niña gentil cuando él nacida,
y al borrascoso golfo de la vida
lanzándose impaciente,
con el báculo se arma del viajero,
vaga de tierra en tierra diferente,
y al techo paternal vuelve extranjero.
En juventud allí resplandeciente,
y a un ángel igualándose de bella,
luego a sus ojos brilla
la cándida doncella,
púrpura rebosando su mejilla.
Insólito deseo
el pecho entonces del mancebo asalta:
ya entre la soledad busca el paseo,
ya de los ojos llanto se le salta,
ya fugitivo del coloquio rudo
de antiguos compañeros, que le enoja,
desde lejos le sigue con vergüenza
el paso a la beldad: sólo un saludo
mil placeres le inspira;
y de sus galas el vergel despoja
para adornar la recogida trenza
del caro bien por cuyo amor suspira.
En aquel anhelar tierno, incesante,
con aquella esperanza dulce y pura,
ve los cielos abiertos el amante,
y anégase en abismos de ventura.
¡Ay! ¿Por qué han de pasar tan de ligero
los bellos días del amor primero?

    Esos cañones negrear miramos:
pértiga larga hasta la masa cale;
que si de vidrio revestida sale,
no habrá para fundir dificultad.
      Sus, compañeros, vamos,
        y pruebas obtengamos
de que hicieron pacífica hermandad
los metales de opuesta calidad.

Sí, que del justo enlace
de rigidez al par y de ternura,
de fuerza y de blandura,
la armonía cabal se engendra y nace.
Mire quien votos perdurables hace
si con su corazón cuadra el que elige;
que la grata ilusión momentos dura,
y el pesar del error eterno aflige.
Asienta bien sobre el cabello hermoso
de la virgen modesta
la corona nupcial que la engalana,
cuando con golpe y son estrepitoso
convoca la campana
de alegre boda a la brillante fiesta:
mas día tan feliz y placentero
del abril de la vida es el postrero;
que al devolver los cónyuges al ara
velo y venda sutiles,
con ellos de su frente se separa
la ilusión de los goces juveniles.
Rinde al cariño la pasión tributo;
marchítase la flor, madura el fruto;
desde allí entra el varón en lid constante:
verásele afanado y anhelante
pretender, conseguir; veréis que osado
con cien y cien obstáculos embiste
para que su tesón el bien conquiste:
entonces de abundancia rodeado
se encontrará, que por doquier le llega:
su troj rebosa de preciosos dones;
crecen sus posesiones,
y la morada que heredó se agranda,
en cuyo íntimo círculo despliega
su celo cuidadosa
la vigilante madre, casta esposa.
Ella en el reino aquel prudente manda;
reprime al hijo y a la hija instruye:
nunca para su mano laboriosa,
cuyo ordenado tino
en rico aumento del caudal refluye,
de esa mano que le hace remolino
al torno girador, zumbar sonoro,

brota el hilo y el huso se devana:
ella el arca olorosa llena de oro,
ella los paños de encogida lana,
ella la tela de nevado lino
custodia en el armario, que luciente
mantiene la limpieza;
ella une el esplendor a la riqueza,
y al ocio junto a sí jamás consiente.
    El padre en esto, sonriendo ufano,
desde alto mirador sobre la casa,
que deja registrar tendido llano,
de sus bienes el número repasa.
El árbol corpulento
ve de crecidas ramas agobiado;
su granero contempla apuntalado,
y en densas olas al batir del viento
moviendo las espigas el sembrado.
Y atrévese a exclamar con vanagloria:
"Tan firme como el mismo fundamento
que sostiene la mole de la tierra,
fuerte contra el poder de la desgracia
me hace el tesoro que mi techo encierra."
¡Oh esperanza ilusoria!
¿Cuál poder eficacia
contra el destino tiene?
No hay lazo que sus vuelos encadene,
y antes de prevenir con el amago,
se nos presenta el mal con el estrago.

    Bien se parte la escoria recogida:
ya a principiar la fundición se puede;
mas antes que la masa libre ruede,
récese una plegaria con fervor.
Dad al metal salida.
¡Dios un estrago impida!
Río humeante, negro de color,
se abisma en el canal abrasador.

    Es el fuego potencia bienhechora
mientras la guía el hombre y bien la emplea,
que a fuerza de divina auxiliadora
deudor entonces es de cuanto crea;
pero plaga se vuelve destructora

cuando una vez de sus cadenas franca,
por la senda que elige libre arranca,
y avanza con fiereza,
salvaje de cruel naturaleza.
¡Ay, si sacude el freno, y ya no hallando
quien resista sus ímpetus violentos,
en apiñada población derrama
incendio asolador inmensa llama!
Guardan los elementos
rencor a los humanos monumentos.
La misma nube cuyo riego blando
los perdidos verdores
devuelve a la pradera que fecunda,
rayos también arroja furibunda.
¿Escucháis en la torre los clamores
lentos y graves que temor provocan?
No hay duda: a fuego tocan.
Sangriento el horizonte resplandece,
y ese rojo fulgor no es que amanece.
Tumultuoso ruido
la calle arriba cunde,
y de humo coronada
se alza con estallido,
y de una casa en otra se difunde,
como el viento veloz, la llamarada,
que en el aire encendiendo
sofocador bochorno,
tuesta la faz cual bocanada de horno.
Las largas vigas crujen,
los postes van cayendo,
saltan postigos, quiébranse cristales,
llora el niño, la madre anda aturdida,
y entre las ruinas azorados mugen
mansas reses, perdidos animales.
Todo es buscar, probar, hallar huída,
y a todos presta luz en su carrera
la noche convertida
en día claro por la ardiente hoguera.
Corre a porfía en tanto larga hilera
de mano en mano el cubo, y recio chorro
en empinada comba
lanza agitando el émbolo, la bomba.
Mas viene el huracán embravecido:

el incendio recibe su socorro
con bárbaro bramido,
y ya más humano
cae sobre el depósito indefenso
donde en gavilla aun se guarda el grano,
donde se hacina resecado pienso;
y cebado en aristas y maderas,
gigante se encarama a las esferas,
como en altivo alarde
de querer mientras arde
no dejar en el globo en que hace riza
sino montes de escombros y ceniza.
El hombre en esto, ya sin esperanza,
se rinde al golpe que a parar no alcanza,
y atónito cruzándose de brazos,
ve sus obras yacer hechas pedazos.

    Desiertos y abrasados paredones
quedan allí, desolador vacío,
juguete ya del aquilón bravío.
Sin puertas y san marcos los balcones,
bocas de cuevas son de aspecto extraño,
y el horror en su hueco señorea,
mientras allá en la altura se recrea
tropel de nubes en mirar el daño.

    Vuelve el hombre los ojos
por la postrera vez a los despojos
del esplendor pasado,
y el bastón coge luego de viandante
sonriendo tranquilo y resignado.
Consuelo dulce su valor inflama.
El fuego devorante
le privó de su próspera fortuna;
mas cuenta, y ve que de las vidas que ama
no le faltó ninguna.

    El líquido en la tierra se ha sumido;
el molde se llenó dichosamente:
¡ojalá a nuestra vista se presente
obra que premie el arte y el afán!
¿Si el bronce se ha perdido?
¿Si el molde ha perecido?

Nuestras fatigas esperanzas dan;
mas ¡ay! ¡si destruidas estarán!

 Al seno tenebroso
de la próvida tierra confiamos
la labor cuyo logro deseamos.
Así con fe sencilla
confía el campesino laborioso
al surco la semilla,
y humilde espera en la bondad celeste
que germen copiosísimo le preste.
Semilla más preciosa todavía
entre luto y lamentos se le fía
a la madre común de lo viviente;
pero también el sembrador espera
que del sepulcro salga floreciente
a vida más feliz y duradera.

   Son pausado,
   funeral,
   se ha escuchado
   en la torre parroquial.
   Y nos dice el son severo
   que un mortal
   hace el viaje lastimero
   que es el último y final.

 ¡Ay, que es la esposa de memoria grata!
¡Ay, que es la tierna madre, a quien celosa
el rey de los sepulcros arrebata
del lado del esposo,
del cerco de los hijos amoroso,
frutos lozanos de su casto seno,
que miraba crecer en su regazo,
su amante corazón de gozo lleno!
Roto ya queda el delicioso lazo
que las dichas domésticas unía.
La esposa habita la región sombría;
falta al hogar su diligente brazo
siempre al trabajo presto,
su cuidado, su aliño;
falta la madre, y huérfano su puesto,
lo usurpará una extraña sin cariño.

En tanto que se cuaja en sus prisiones
el vertido mortal, no se trabaje,
y libre como el ave en el ramaje,
satisfaga su gusto cada cual.
Si al toque de oraciones,
libre de obligaciones,
ve los astros lucir el oficial,
sigue el maestro con tarea igual.

Cruza con ágil pie la selva espesa
gozoso ya el peón, bien cual ausente
que al patrio techo próximo se siente.
Abandona el ganado la dehesa,
y en son discorde juntan
el cordero su tímido balido,
y el áspero mugido
la lucia vaca de espaciosa frente;
caminando al establo que barruntan.
A duras penas llega
atestado de mies a la alquería
bamboleando el carro; y en los haces
una corona empínase y despliega
colores diferentes y vivaces,
fausta señal de que empezó la siega.
El pueblo agricultor con alegría
se agolpa al baile y al placer se entrega.
La ciudad mientras tanto se sosiega,
según desembaraza
el gentío las calles y la plaza,
formando en amigable compañía
las familias el corro de costumbre,
ya en torno de la luz, ya de la lumbre.
Cierra la puerta de la villa el guarda,
y ella cruje al partir del recio muro.
La tierra se encapota en negro manto;
pero el hombre de bien duerme seguro.
No la sombra nocturna le acobarda
como al vil criminal, ni con espanto
pesadilla horrorosa le desvela;
no; de reposo regalado y puro
disfruta la virtud: un centinela,
la previsora LEY, su sueño vela.

¡Preciosa emanación del Ser Divino,
salud de los mortales, orden santo!
Mi labio te bendiga.
La estirpe humana que a la tierra vino
en completa igualdad, por ti se liga
con vínculo feliz, que sin quebranto
guarda a todos su bien. Tú sólo fuiste
quien allá en la niñez de las edades
los cimientos echó de las ciudades;
tú al salvaje le hiciste
dejar la vida montaraz y triste;
tú en la grosera prístina cabaña
penetraste a verter el dulce encanto
que a las costumbres dulces acompaña;
tú creaste ese ardor de precio tanto,
ese AMOR DE LA PATRIA sacrosanto.

Por ti mil brazos en alegre alianza
reconcentran su fuerza y ardimiento,
y a un punto dirigida su pujanza,
cobra la industria raudo movimiento.
Maestro y oficial en confianza
de que les da la libertad su escudo,
redoblan el ardor de sus afanes;
y cada cual contento
con el lugar que conquistarse pudo,
fieros desprecian con desdén sañudo
la mofa de los ricos haraganes.
Es la fuente del bien del ciudadano.
Es su honor el trabajo y su ornamento.
¡Gloria a la majestad del soberano!
¡Gloria al útil sudor del artesano!

Paz y quietud benigna,
unión consoladora,
sed de estos muros siempre
benéfica custodia.
Nunca amanezca el día
en que enemigas hordas
perturben el reposo
de que este valle goza.
Nunca ese cielo puro
que plácido colora

la tarde con matices
de leve tinta roja,
refleje con la hoguera
terrible y espantosa
de un pueblo que devasta
la guerra matadora.

   Esa fábrica endeble y pasajera
fuerza es, pues ya sirvió, que se destroce;
y ojos y corazón nos alboroce
obra que salga limpia de lunar.
Recio el martillo hiera:
salte la chapa entera.
La campana veréis resucitar,
cayendo su cubierta circular.

   Sabe con segura mano,
sabe en momento oportuno
romper el maestro el molde
cuya estructura dispuso;
mas ¡ay, si el líquido ardiente
quebranta indómito el yugo,
y en vivo raudal de llama
discurre al antojo suyo!
Con el bramido del trueno,
con ciego y bárbaro impulso,
estalla, y la angosta cárcel
quiebra en pedazos menudos;
y cual si fuese una boca
de los abismos profundos,
estragos tan sólo deja
en el lugar donde estuvo.
Que fuerza a quien no dirige
la inteligencia su rumbo,
no en creaciones, en ruinas
emplea su empuje rudo,
cual pueblo que se subleva,
en cuyo feroz tumulto
desgracias hay para todos
y bienes para ninguno.

   Horrible es en las ciudades
donde, hacinado y oculto,

sedicioso combustible
largamente se mantuvo,
verlo de repente arder,
y alzarse un pueblo iracundo,
rompiendo en propia defensa
hierros de dominio injusto.
Entonces la rebelión,
dando feroces aúllos,
del tiro de la campana
se suspende por los puños,
y el pacífico instrumento,
órgano grave del cuito,
da profanando la seña
del atropello y disturbio.
La LIBERTAD, la IGUALDAD
se proclama en grito agudo;
y el tranquilo ciudadano
cierra el taller y el estudio,
y échase encima las armas,
zozobroso y mal seguro.
Los pórticos y las calles
se llenan de inmenso vulgo,
libres vagando por ellas
los asesinos en grupos.
Revístense las mujeres
de la fiereza del bruto,
y al terror de la matanza
unen la befa, el insulto,
y con dientes de pantera
despedazan sin escrúpulo
el corazón palpitante
del contrario aun no difunto.
Desaparece el respeto;
nada es ya sacro ni augusto:
el bueno cede el lugar
al malvado inverecundo;
y los vicios y los males,
entronizándose juntos,
envanecidos pasean
la carroza de su triunfo.
Peligroso es inquietar
el sueño al león sañudo;
terrible es el corvo diente

del tigre ágil y robusto;
mas no hay peligro más grande
ni de terror más profundo,
que el frenesí de los hombres
poblador de los sepulcros.
¡Mal haya quien en las manos
al ciego la luz le puso!
A él no le alumbra, y con ella
se puede abrasar el mundo.

¡Ah!, nos oyó la celestial grandeza.
Ved salir de la rústica envoltura,
como dorada estrella que fulgura,
terso y luciente el vaso atronador.
Del borde a la cabeza
relumbra con viveza,
y el escudo estampado con primor
deja contento al hábil escultor.

Acudid en tropel, compañeros,
y según la costumbre cristiana,
bauticemos aquí la campana
que CONCORDIA por nombre tendrá.
Para amarnos al mundo vinimos,
y es la unión la ventura del hombre:
con su voz la campana y su nombre
de esa unión pregonera será.

Que ese es el futuro empleo,
ese es el fin para el cual
el artífice, su amor,
la ha querido fabricar.
Levantada sobre el valle
de la vida terrenal,
Tirad, alzad, subid. Ya se ha movido:
ya, suspendida está.
¡Resuene, oh patria, su primer tañido
con la gozosa nueva de la PAZ!

(JUAN EUGENIO HARTZENBUSCH)

Los dioses

Jamás los dioses solos aparecen.
Apenas llega el placentero Baco
llega el Amor también, niño risueño,
y el magnífico Febo al punto surge;
llegan uno por uno, y los jardines
del mundo van poblándose de dioses.

¿Qué puede hacer un hijo de la tierra
para honraros ¡oh dioses! dignamente?
Vuestra vida inmortal dadme vosotros;
llevadme a vuestro Olimpo—pues que el goce
sólo vive en las salas del gran Júpiter—
y ofrecedme en un vaso vuestro néctar.

Dad el vaso al poeta; humedecedle
los ojos con rocío de los cielos,
para que al Styx odiado, que pretende
ser uno de nosotros, no perciba.

Perlee y cante la celeste fuente,
y halle el pecho reposo, y las pupilas
se bañen en suaves claridades.

(F. MARISTANY)

ANDRÉ CHÉNIER

(1762-1794—FRANCÉS)

La joven cautiva

"Las espigas nacientes crecen a su albedrío;
sin temor a la prensa, la cepa, en el estío,
    bebe el presente de la aurora:
Yo, que tengo también belleza y juventud,
aunque mi hora presente lo sea de inquietud,
    dejar no quiero aquesa hora.

Que un estoico sin lágrimas corra a abrazar la muerte;
yo espero y lloro aún, y al viento crudo y fuerte
    mi afán de vida se acrecienta.
Si hay horas de tristeza, las hay de gran dulzura:
¡Ay, qué miel no ha dejado su fondo de amargura!
    ¡Qué mar no tiene su tormenta!

    La fecunda ilusión me lleva de la mano;
los muros prisioneros en mí pesan en vano;
    tengo las alas de esperanza;
libre ya de las redes del cazador odioso,
al cielo, más azul, más vivo, más dichoso,
    el ruiseñor canta y se lanza.

    ¿Soy yo quien va a morir? Tranquila me adormezco,
tranquila abro los ojos y mil ensueños mezco,
    todo me borra mi tormento;
mi bienvenida al día me ríe en la mirada,
y en los rostros marchitos mi aspecto de alborada
    presto florece en su contento.

    Comienza ahora el viaje feliz de mi destino;
de los olmos que prestan su sombra a mi camino,
    tan sólo algunos he pasado;
en el regio banquete que acaba de empezar,
sólo un pequeño sorbo del vino del azar
    mis frescos labios han probado.

    Estoy en mayo aún, y ansío ver la mies;
como el sol en invierno, del uno al otro mes
    desea el año terminar,
sobre mi tallo erguida, ya gala del jardín,
del día he visto el alba y espero ver el fin:
    Quiero la noche ver llegar.

    ¡Oh muerte! aguarda, aguarda; no vengas hacia mí:
ve a consolar los pechos que el miedo, el frenesí,
    la pena trágica devora.
Para mí Pales tiene vergeles y esplendores;
las musas armonías y besos los amores;
    no quiero, no, morir ahora."

Así triste y cautiva, mi lira cadenciosa
despertaba en oyendo la queja victoriosa
    que la cautiva suspiraba;
y sacudiendo el haz de mis penosos días,
sujetaba a los versos las dulces melodías
    que de sus labios escuchaba.

    Esos cantos, testigos de mi prisión, acaso
hagan que algún ocioso, al ver su triste caso,
    quiera saber quién fue esa bella;
la gracia decoraba su frente esclarecida...
Como ella temerán al ver finir su vida
    los que la pasen junto a ella.

(F. MARISTANY)

Un muchacho

    Yo era un muchacho débil y ella muy alta y bella;
ella me sonreía llamándome con ella;
yo, de pie en sus rodillas, con mi mano, sereno,
recorría su cara, su cabello, su seno,
y a menudo su mano, suave y complaciente,
fingía castigar mi inocencia imprudente.
Es ante sus amantes, confusos por demás,
que la belleza altiva me acariciaba más.
¡Cuántas veces... (¡mas, ay, qué sabe uno a esa edad!)
con sus corales rojos besome la beldad!
Y al verme tan triunfante, decían los pastores:
"¡Oh muchacho feliz! ¡Oh, inútiles amores!"

(F. MARISTANY)

La joven tarentina

    ¡Llorad, dulces alciones, sacras aves
que tendéis sobre el mar alas suaves,
dejad oír vuestros lamentos graves!

    Murió Mirto, la joven tarentina;
un barco la llevaba a Camarina;
allí el amor, las flautas, las canciones,
debían conducirla hasta su amante;

allí, bajo pulidos artesones,
la cámara, con Eros vigilante;
allí, rico presente de su amado,
para colmar su juvenil deseo,
entre un cofre de cedro perfumado,
el vaporoso traje de himeneo;
el velo allí, la antorcha, la guirnalda
y la nupcial sortija de esmeralda;
el precioso collar para su cuello
y el nardo untuoso que ungirá el cabello.
Pero sola en la proa, contemplando
la argentada ilusión de las estelas,
suelta la negra cabellera al blando
soplo primaveral que infla las velas,
ábrego impetuoso, entre las frondas
de la herbosa ribera, brama, y ella,
fijos los ojos en remota estrella,
grita y cae en el fondo de las ondas.

¡Llorad, dulces alciones, sacras aves,
que tendéis sobre el mar alas suaves,
dejad oír vuestros lamentos graves!

Cayó en el mar la joven tarentina,
envuelta entre la azul onda marina.
Tetys, bañada en llanto, corre, clama,
y el cuerpo virginal en las arenas
de la playa depone, luego llama
a las Ninfas del bosque, a las Sirenas,
y en torno de la amante moribunda,
mientras ardiente lloro las inunda,
cortan sus florecientes cabelleras
y repiten con voces lastimeras:
"¡Joven desventurada, a los umbrales
de tu amante no fuiste conducida;
no envaneció tu juvenil deseo,
entre antorchas y músicas nupciales,
el vaporoso traje de himeneo,
ni tu frente, suavísima, ceñida,
como las puras sienes de las diosas,
viste de rojos mirtos y de rosas,
ni el oro circundó tu frágil cuello,
ni perfumó el ungüento tu cabello!"

¡Llorad, dulces alciones, sacras aves,
que tendéis sobre el mar alas suaves,
dejad oír vuestros lamentos graves!

(CORNELIO HISPANO)

MANUEL MARIA BARBOSA DU BOCAGE

(1765-1805—PORTUGUÉS)

Sentimientos de contrición

Mi ser se consumió en la lucha insana
del tropel de pasiones que me instaba.
¡Ah ciego, ah torpe, ah mísero! Soñaba
en mí casi inmortal la esencia humana.

¡Con qué atractivos la esperanza ufana
la falaz existencia me adornaba!
Mas ya sucumbe mi natura esclava,
y me muestra tristísimo mañana.

Placeres, mis amigos, ¡mis tiranos!
¡Cuál sumidos os deja en desengaños
esa alma que, sedienta, en mí no cupo!

Cuando cruce en el pecho al fin las manos
gane un instante los perdidos años:
¡Sepa morir el que vivir no supo!

(F. MARISTANY)

A Camões

    Camões, grande Camões, ¡cuán semejante
encuentro mi hado al tuyo! Igual trabajo
nos costó a ti y a mí, al perder el Tajo,
afrontar al sacrílego gigante.

    Como tú, junto al Ganges susurrante,
de cruel penuria en el horror me veo;
como tú, por ser vano mi deseo,
también gimiendo estoy, aciago amante.

    Cual tú, ludibrio de la suerte dura,
mi fin domando al cielo, en la certeza
de que mi paz está en la sepultura.

    Imagen tuya soy... Mas ¡oh tristeza!...
Si la suerte me dio tu desventura,
no así tus dones la Naturaleza.

(F. MARISTANY)

POETAS DE LA PRIMERA MITAD DEL SIGLO XIX

JUAN VILARÁS

(1770-1823—GRIEGO)

La primavera

La encantadora primavera,
coronada de rosas,
lanza una mirada de amor sobre la tierra,
y la tierra se reviste de césped,
sus bosques sombrean,
las nieves se funden,
las florecitas se abren,
y colorean las colinas
cubiertas de matinal rocío.
En el rosal espinoso
canta dulcemente el ruiseñor,
y la golondrina llegada del extranjero
se incorpora a su nido.
En los prados reverdecidos
los rebaños nuevamente
balan y brincan;
y el pastorcillo alegre
con su caramillo
llena el aire con el eco de sus cantos.
Todas las criaturas se alegran
y festejan la primavera.
Sólo está triste Tyrsis
en la universal alegría.
¡Oh, hermosa Dafne, aparece,
embellece la primavera con tu presencia;
y entonces Tyrsis será
el más feliz de todos!

(JOAQUÍN DEL VAL)

FRIEDRICH HÖLDERLIN

(1770-1843—ALEMÁN)

Bello sol...

¡Oh, ponte, bello sol! ¡Se percataban
de ti tan poco! No te conocían...
¡Cuán suave y silenciosa y mansamente
vas negando tu fuego a los mortales!

Al ponerte y alzarte, ya mis ojos
saben hoy apreciar todo tu encanto,
que en el santo silencio aprendí a honrarte...
Diotima me ha curado de tormentos.

¡Cuánto gocé al oírte, mensajera
del cielo azul, Diotima! ¡Con qué anhelo
por ti en el áurea tarde esta pupila
contemplé largo tiempo! Susurraron

más alegres las fuentes, inclináronse
con amor hacia mí todas las flores,
y el sol entre las nubes argentinas
se hundió, sonriendo y bendiciendo al Éter...

(F. MARISTANY)

Hyperión

Vagáis por las alturas, por la luz,
oh, Genios venturosos, y es el suelo
que holláis de una diáfana blandura.
Hálitos fulgurantes de los dioses
levemente os agitan, cual los dedos
de cantora gentil mariposean
por las sagradas cuerdas de la lira.

No sujetos al hado, cual dormido
niño, respiran los celestes genios;
castamente escondidos en las yemas
de los tiernos ramajes, reflorece
eternamente en ellos el espíritu,

y con sus ojos beatamente absortos
la eterna y muda claridad contemplan.

Pero a nosotros decretado ha sido
que en ningún sitio hallásemos reposo;
y caen y del suelo desparecen
a ciegas los humanos miserables,
como el agua al caer de peña en peña,
sorbidos por el antro de lo ignoto.

(F. MARISTANY)

Al éter

De los dioses y hombres ninguno con tanta dulzura
Padre Eter, cual tú me crió; antes ya que la madre
me tomara en sus brazos y el seno amoroso me diera,
tiernamente mi ser cobijaste, y tú, néctar divino,
el aliento sagrado infundiste en mi párvulo pecho.
No del solo sustento terreno los seres se nutren;
con tu néctar a todo viviente sustentas, oh Padre;
fluir veo y manar de tu ubérrimo seno, sin tregua,
a raudales el aire, por todas las venas del mundo.
Es por esto que te aman los seres, y luchan y aspiran,
sin cesar, hacia el alto, hacia ti, en un ascenso exultante.
¿No te busca, oh deidad celestial, con sus ojos, la planta?
¿No te tiende sus tímidos brazos el ínfimo arbusto?
Por hallarte, la presa semilla la cáscara rompe;
por saciar sus anhelos de vida y bañarse en tu aliento,
se sacude la selva la nieve cual manto molesto.
También suben del fondo los peces y brincan ansiosos
por encima del lúcido espejo del mar, cual queriendo
en tu reino vivir; y en la tierra, en los brutos más nobles
se sublima en un vuelo el andar cada vez que les punza
el amor que te guardan secreto y del suelo les alza.
Menosprecia el vil suelo el corcel, y su cuello enarcando,
cual acero flexible, parece que el polvo no huella.
Con el césped jugar el pie leve del ciervo parece;
como el céfiro salta a través del arroyo espumoso,
y deslízase, apenas visible, a través la espesura.
Pero son predilectas del Éter las aves dichosas
y solázanse alegres del Padre en la eterna morada.

Para todas espacio hay capaz. En la bóveda inmensa,
señalado el camino no tiene ninguna y se agitan
en el vasto recinto, libérrimas, grandes y chicas.
Al pasar por encima me llaman; y el alma gravita
hacia arriba también, hacia ellas; la patria parece
dulce señas hacerme en lo alto; las cumbres alpinas
escalar yo quisiera y clamar con voz férvida al águila
que en su garra del suelo me alzase hasta el Éter sublime,
y en los brazos de Zeus, cual un día al dichoso mancebo,
me dejase dormido. ¡Ah, qué necios de un lado a otro lado
nuestro afán aquí abajo arrastramos! Cual triste sarmiento
desgajado del tronco que al cielo enroscado lo alzaba,
por el suelo así espárcese el hombre y errante camina
por las zonas inmensas del globo, Padre Éter, en vano;
porque a todos tortura el placer de habitar tus vergeles.
No tememos lanzarnos al mar por saciar nuestro anhelo
en sus libres llanuras; las olas en danza infinita
en la quilla retozan; y el alma del hombre exultante
la potencia admirable del dios de los mares bendice.
Mas no está satisfecho. Que el vasto océano le atrae
hacia allí do se agita la ola más leve... Dichoso
quien pudiera enseñar al bajel siempre errante la ruta
hacia aquellas riberas de ensueño. Mas mientras suspiro
por aquel horizonte lejano que envuelve la bruma,
do la orilla quimérica besa a la onda azulina,
de las copas en flor del vergel, rumoroso, tú vienes,
Padre Éter, y aquietas en mí el corazón agitado,
y otra vez puro gozo me da con sus flores la tierra.

(M. DE MONTOLIÚ)

El hombre

De surgir acababan, madre Tierra,
   de las aguas las cumbres de las jóvenes
      montañas, y de selvas siempre verdes
      pobladas, sonreían luminosas

   en la desierta inmensidad salvaje
      del océano las primeras islas,
         y en su emoción primera suspendido
         tendía el sol divino la mirada

　　　　por la gentil, risueña muchedumbre
　　　　　de las plantas, de ti recién, nacidas,
　　　　　　fruto postrero del amor fecundo
　　　　　　　que con su eterna juventud tuviste,

　　　　cuando ya en la más bella de las islas,
　　　　　en cuyos bosques reposaba el aire
　　　　　　con una quietud mágica, tendido
　　　　　　　bajo el verdor de racimadas vides,

　　　　se veía dormir, tras una trémula
　　　　　noche de sacra expectación, nacido
　　　　　　con el primer albor del día nuevo,
　　　　　　　a tu más bello hijo, oh madre Tierra.

　　　　Y el niño acaba por abrir los ojos
　　　　　y al padre Sol sonríe, y ya despierto,
　　　　　　tras de palpar alrededor las bayas
　　　　　　　que crecen junto a él, el zumo sorbe

　　　　del dulce fruto de la vid sagrada,
　　　　　y crece por instantes y se yergue,
　　　　　　alto y magnífico y los nobles brutos
　　　　　　　témenle y huyen, porque ven distinto

　　　　de ellos al hombre; no es igual al Padre,
　　　　　ni es a ti igual tampoco, que en él solo,
　　　　　　en alianza insoluble se han unido
　　　　　　　el inmortal espíritu del Padre.

　　　　con tu placer y tu dolor ¡oh Tierra!
　　　　　A la Natura que lo abarca todo,
　　　　　　la madre de los dioses, él quisiera
　　　　　　　igualar, y por esto su ardimiento

　　　　lejos de ti sin tregua le espolea;
　　　　　y son en vano todos tus presentes,
　　　　　　y tus dulces cadenas se sacude,
　　　　　　　que algo más alto busca el indomable.

Las fragantes praderas de sus costas
  debe el hombre dejar para lanzarse
    a la vasta aridez del mar desierto,
      aun cuando brillen los dorados frutos,

cual un cielo estrellado en la arboleda.
  Grutas para él se cava en las montañas,
    y escruta los veneros de la tierra
      lejos de los serenos esplendores

del alto azul, donde su Padre mora,
  infiel también al Sol, que a todo esclavo
    tiene desprecio y el afán desdeña.
      Más libres que él respiran en los bosques

los pájaros, no obstante que palpite
  más soberano el corazón del hombre;
    él, que el oscuro corazón columbra,
      cara a cara ha de ver también la muerte,

y en la creación él solo ha de temerla.
  Contra todos los seres que respiran
    armas esgrime el hombre en un perpetuo
      sobresalto, y en luchas sanguinarias

consúmese, y la flor tan delicada
  de la paz prestamente se marchita.
    ¿De todos los hermanos en la vida
      no es él el más feliz? Y, sin embargo,

con más encono y más profundamente
  hinca el destino, que lo iguala todo,
    sus garras implacables en el pecho,
      preñado de ambiciones, del más fuerte.

(M. DE MONTOLIÚ)

Al silencio

En el valle de selvas circuido,
mientras mis ojos invadía el sueño
debajo los rosales, tú me diste
a beber en tu cáliz, oh Silencio,
tu sublime embriaguez y toda ungida
quedó mi faz de tu amoroso aliento.
¡Mira! De tu devoto en la mejilla
en encendidas llamas arde el fuego
del entusiasmo, en cánticos desborda
mi corazón; las alas en mí siento
palpitar impacientes, que ya anhelan
remontar con las águilas el vuelo.

Si con ánimo osado descendiera
al hondo Averno, do ningún mortal
jamás ha conseguido vislumbrarte;
si hasta el remoto Orión con vuelo audaz
me levantara, allá te encontraría
reinando en la infinita soledad.
En ti se precipitan las edades
cual desaguan los ríos en la mar.
Moras recóndito en el seno arcano
de las eternidades y tu hogar
oculto guarda a la mirada humana
del caos la mayor profundidad.

Tú reinas en el árido desierto
donde el hambre cruel el paso espía
del peregrino, en la campiña envuelta
en negra tempestad, donde sombría
el estallido aguarda la montaña
de coraza titánica ceñida.
En las noches de estío embalsamadas,
en la suave brisa matutina,
en los bosques, oh diosa del Silencio,
alienta tu saludo; por encima
de las negras y horrendas cavidades
que abren los sepulcros, tu caricia
flota divina y pura por los aires,
y a tus fieles devotos fortifica.

Tú el sosiego despliegas en el alma
heroica del guerrero, cuando empieza
a entrar en el combate; un inflamado
entusiasmo difundes por las peñas
donde en la soledad de media noche,
apartado del mundo, el sabio piensa.
Destilas dulce sueño en la desnuda
celda del penitente que su pena
deja en olvido; confidente, vaga
tu sonrisa en las frondas que sombrean
la cristalina fuente donde un día
besó su primer beso la doncella.

De beatitud mi espíritu embriagado,
de lágrimas te ofrendo un dulce don.
Siento por el meollo de mis huesos
un estremecimiento arrobador.
Altares te dedican las criaturas;
¡ten piedad! Tuyo es mi corazón.
Allá en el valle, oh diosa del Silencio,
otra vez guste yo tu bendición,
a la sombra tendido, hasta que vea
que a tus brazos me llamas, y tu voz
me llame a ti para anudar contigo
una serena, inquebrantable unión.

Jamás allí se acerca un importuno
a escuchar en el templo del sosiego;
frescor y sombras reinan bajo el vasto
sudario de los bosques; alma y cuerpo
las cadenas sacuden; el bramido
de la borrasca truécase en un beso
primaveral, y el paso retardando
cual río susurrante, corre el tiempo,
que ya no nublan nunca los enjambres
de penas y cuidados; cual un sueño
deslízanse en quietud eternidades,
y el doncel duerme en brazos del Silencio.

(M. DE MONTOLIÚ)

WILLIAM WORDSWORTH

(1770-1850—INGLÉS)

La segadora solitaria

¡Mírala! ¡Pobre campesina
del solitario monte agreste!
Oye cual canta para ella:
—Párate o pasa gentilmente—.
Canta una copla melancólica
mientras en gavillas ata el trigo.
¡Oh, cómo el hondo y triste valle
llena el dulzor de su gemido!

No ofreció nunca un ruiseñor
notas más dulces al viajero
bajo la sombra de una choza
sobre la arena del desierto.
Nunca se oyó tal voz, ni aun
cuando el gentil cuclillo canta
sobre el silencio de los mares
allá en las Híbridas lejanas.

¿Quién saber puede lo que gime?
Tal vez el ritmo triste mana
de muy lejanas tradiciones
o de antiquísimas batallas:
o acaso fluya su cantar
de íntimas penas que la aguardan,
de unos pasados sufrimientos
que ahora de nuevo la amenazan.

Lo que cantó la moza a solas
cual infinita melodía,
sobre la hoz curvado el cuerpo,
o entrelazando las gavillas,
lo oí tranquilo y silencioso;
mas al volver a esas montañas,
mucho después de haberla oído,
vibró esa música en mi alma.

(F. MARISTANY)

El mundo está en nosotros...

El mundo con exceso está en nosotros:
pronto o tarde las fuerzas agotamos;
poco que sea nuestro aquí encontramos,
y el corazón lo damos a los otros.

Este mar, que a la luna da su seno,
los vientos, que aullarán dentro unas horas,
y ahora duermen cual flores soñadoras,
todo, todo a nuestra alma le es ajeno.

Nada nos mueve. Ansiara ahora tener
las creencias antiguas de un pagano
y desde esa llanura poder ver

—sintiendo menos solo el corazón—,
cual Proteo el surgir del Océano,
u oír sonar el cuerno de Tritón.

(F. MARISTANY)

Sí, ha sido el eco...

Sí, ha sido el eco en la montaña,
¡cuán solitario su sonido!
Esta profunda voz del monte
responde al canto del cuchillo.

Oye su son el vagabundo,
sin distinguir de dónde llega,
y no adivina que a aquel grito
envía el monte la respuesta.

¿No oyes la Vida cuando habla?
¡Pobres criaturas son los hombres!
De amor, disputas, desvaríos
oyen aquí distintas voces...

Pero en el fondo de las almas
hay una voz que leve suena;
eco que viene de ultratumba
a despertar la inteligencia.

Se escuchan lejos sus acentos,
sin vibración en nuestro oído;
mas oye, atiende, reflexiona:
¿Vienen de Dios o son Dios mismo?

(C. EULATE SANJURJO)

A una alondra

Ven, oh alondra; escalemos esta nube
    con tu canto que sube
a las alturas, llévame a los cielos:
Tú les rindes, cantando, tu homenaje:
    condúceme al paraje
que entreví en mis fantásticos anhelos.

En la duda vagué y en las tinieblas
    por regiones de nieblas:
hoy tengo el corazón triste y cansado,
y en medio del dolor que me atolondra,
    volaría ¡oh, alondra!,
si cual a ti el Señor me hubiese alado.

En torno tuyo alienta la alegría;
    vibra la melodía
de la nota que ensálzase a la altura:
¡Levántame!; mi paso vacilante
    eleva en este instante,
y llévame al festín de la Hermosura.

Cuando se envuelve en su cendal de grana,
    ríes con la mañana,
y llevas plumas a tu casto nido.
Ebria estás de placer. Mas sé indulgente
    y otorga a mi insistente
súplica, la merced que ahora te pido.

¡Oh, ave venturosa!, eres pequeña,
    mas fuerte cual la peña
que el claro río con sus aguas baña;
a Dios ambas rendís la pleitesía;

te bendigo, este día,
y bendigo a la vez a la montaña.

¡Ay! mi existencia triste y azarosa,
 en tierra pantanosa
he de seguir, andando mi camino:
Mientras mi faz inúndase de llanto,
 alégrame tu canto
y de otras aves el sonoro trino.

Vosotras alcanzáis en raudos vuelos
 el azul de los cielos,
mientras yo tengo el alma sometida:
mas en su fondo guardo la esperanza,
 que un día de bonanza
descifrará el enigma de la vida.

(C. EULATE SANJURJO)

¿Por qué estás silenciosa?

¿Por qué estás silenciosa? ¿Es una planta
tu amor, tan deleznable y pequeñita,
que el aire de la ausencia la marchita?
Oye gemir la voz en mi garganta:

Yo te he servido como a regia Infanta.
Mendigo soy que amores solicita...
¡Oh limosna de amor! piensa y medita
que sin tu amor mi vida se quebranta.

¡Háblame! No hay tormento cual la duda:
Si mi amoroso pecho te ha perdido
¿su desolada imagen no te mueve?

¡No permanezcas a mis ruegos muda!
que estoy más desolado que, en su nido,
el ave a la que cubre blanca nieve.

(C. EULATE SANJURJO)

NOVALIS

(Friedrich von Hardenberg)

(1772-1801—ALEMÁN)

Lejos, al Este...

Lejos, al Este, el tiempo aclárase...
El tiempo gris ahora azulea...
En la irisada fuente pura
bebiendo, el alma se recrea.
¡Oh inmensa gracia! ¡Oh esplendor!
¡Oh noble dádiva de amor!

Desciende el párvulo divino
por fin al mundo, de los cielos;
su dulce cántico en la tierra
se alza en purísimos anhelos;
ya en una llama están reunidas
todas las chispas esparcidas.

Por todas partes ahora brota
sangre más noble y encendida;
Dios, para darnos paz eterna,
se hunde en el mar de nuestra vida.
¡Ya está en la tierra! A manos llenas
dar quiero alivio a nuestras penas.

Deja que lleve sus pupilas
a lo más hondo de tu alma,
porque te sientes invadido
de su inefable e inmensa calma.
Tu corazón y tus sentidos
se sentirán adormecidos.

Toma audazmente, sus dos manos,
y su faz guarda en tu memoria;
tal cual la flor al sol, inclina
tu pensamiento, tú, a su gloria;
tu corazón da simplemente,
cual mujer fiel, a Él solamente.

Ya es ahora tuyo el Ser divino
que te infundió tanto recelo;
han despertado en todas partes
preciosos gérmenes de cielo.
Del jardín claro del Señor
cuida ahora bien capullo y flor.

(F. MARISTANY)

Voy hacia unos prados...

Voy hacia unos prados
do las penas son
de puros encantos
el dulce aguijón.

¡Sólo un breve plazo
para libre ser!
¡Para entre los brazos
del Amor caer!

¡Oh perpetua vida,
cómo ardes en mí!...
¡Me hallo en mi colina
tan lejos de ti!...

Desde aquesa loma
mengua tu esplendor...
Una dulce sombra
bríndanos claror...

Bebe mi alma presto,
dulce amado, y haz
que halle un dulce sueño
y una inmensa paz.

Siento de la muerte
la ola de frescor:
ya mi sangre es Éter,
ya es mi sangre amor.

Por el día venzo
—venzo al ideal—,

mas de noche muero
de ansia espiritual.

(F. MARISTANY)

Fiel siempre

Aun cuando todos muéstrense infieles,
fiel siempre te seré;
mientras la gratitud viva en la tierra,
yo no te olvidaré.

Con amargura lloro muchas veces
tu muerte cada día,
y, ¡ay! muchos de los tuyos te olvidaron
viviente todavía.

Movido por tu amor sin fin al hombre,
hiciste siempre el bien,
y, sin embargo, ya te han olvidado...
¿Quién te recuerda, quién?

Tu amor fiel, a cada uno de los tuyos
le sigue sosteniendo;
nadie se muestra fiel a tu memoria,
mas tú lo sigues siendo.

Empero el amor fiel vence por fin;
por fin llega a apreciarse;
se llora amargamente y en tu seno
la testa va a humillarse.

Yo te he sentido y quiero que ya nunca
los dos nos separemos.
¡Oh! deja que los dos íntimamente
las almas enlacemos.

Mis hermanos un día mirarán
también a tu Mansión,
y, como yo, pondranse de rodillas
frente a Tu corazón.

(F. MARISTANY)

SAMUEL TAYLOR COLERIDGE

(1772-1834—INGLÉS)

Juventud y vejez

¿Los versos? Una brisa suave, entre los pólenes
que libó la Esperanza como una abeja un día.
¡Cuánto gozaba entonces! Llegó la Vida un mayo
junto con la Esperanza, Natura y Poesía,
     cuando era joven todavía.

¡Cuando era joven! ¡Ay, qué *cuándo* tan doliente!
¿Por qué esa diferencia del Antes al Presente?
La casa en que respiro y es obra de otras manos:
el cuerpo que ahora sufre dolores inhumanos,
por los cerros fulgentes y arenas fulgurantes,
¡con qué facilidad podía correr antes!
Tal como esos esquifes—entonces ignorados—
que en lagos desiguales y en ríos prolongados
jamás piden ayude de velas y de remos;
y, sin temor al viento, pasar firmes los vemos;
no inquietaba a mi cuerpo que el viento fuera infiel,
cuando la Juventud, conmigo, estaba en él.

Las flores nos deleitan, y Amor es cual las flores;
como árbol amoroso nos cubre la Amistad;
¡oh goces que cayeron como abundantes lluvias!
¡Oh goces de Amistad, Amor y Libertad,
     cuando aún estaba en mocedad!

Cuando aún estaba... ¡Ay, Dios! ¡Qué *aún* tan doloroso!
La verde Juventud no encuentra aquí reposo
¡oh dulce juventud—con la que tantos años
viví en estrecha unión! ¿Por qué ahora ser extraños?
Yo creo eso tan sólo orgullo incontenido;
no, no puede ser cierto que te hayas despedido;
no, no ha sonado aún tu "ángelus" vesperal;
es que siempre has vivido en pleno carnaval,
y ahora, en esta ocasión, también te has disfrazado
para hacerme creer que ya te has alejado.

Bien contemplo esos rizos con hebras plateadas,
y este alterado porte de líneas cambiadas;
pero la primavera ríe en tus labios rojos,
y enjúganse tus lágrimas al fuego de tus ojos.
La vida es confianza, y así, quiero pensar
que aún la primavera cobíjase en mi hogar.
Las gotas de rocío son gemas de la aurora,
pero son del Ocaso las lágrimas furtivas,
y ¡ay! cuando somos viejos la vida es un rebato
que hace nuestras angustias más claras y más vivas.
Que hace nuestro dolor más vivo y evidente
con sus *adiós* que duran indefinidamente,
cual pariente remoto que en casa está alojado,
y no puede, por eso, de pronto ser echado,
y, aunque en el fondo, ansiamos al fin verle partir,
nos reímos con él, sin ganas de reír.

(F. MARISTANY)

Balada lírica

¿Qué dicen, preguntas, los pájaros, niña?
Pardillos y tordos, paloma y gorrión,
volando se juntan en plácido coro;
"Yo amo", "yo amo", le dicen al sol.
Asoma el invierno, los pájaros callan,
el cierzo rugiente se agita doquier.
¿Qué dicen entonces los pájaros, niña?
Su canto es murmullo; qué dicen, no sé.
Mas llega el buen tiempo, capullos y hojas;
la alondra festiva se embriaga de luz.
"Yo amo y me aman", repite cantando,
y el campo está verde y el cielo es azul.

(M. SÁNCHEZ PESQUERA)

ATANASIO JRISTOPULOS

(1772-1847—GRIEGO)

El amor y el tiempo

En una montaña, el Amor y yo,
y mi amada,
y el viejo dios del Tiempo;
los cuatro subíamos a pie.
Mi amada se cansaba
de escalar la pendiente,
y el Amor nos pasaba
subiendo a prisa con el Tiempo.
"¡Para!—grité—Amor,
no corras tan ligero,
mi querida, mi bella compañera
está ya fatigada."
Entonces vi desplegar sus alas
al Amor y al Tiempo.
¡Se echaron a volar, a volar!
"Amigos—les dije—¿a dónde voláis?
¿Por qué tanta prisa?"
Entonces el Amor, volviéndose hacia mí,
contestó:—Yo tengo la costumbre
de volar con el Tiempo.

(JOAQUÍN DEL VAL)

ROBERT SOUTHEY

(1774-1843—INGLÉS)

Estancias

La vida entre mis muertos he pasado.
 Contemplo en derredor,
donde pongo mis ojos, angustiado,
 su rostro protector.
Con ellos hablo un día y otro día,
y ellos son mi más dulce compañía.

Con ellos hallo un grato bienestar
que alivia mi aflicción,
y, si en cuanto les debo, a meditar
me pongo, mi emoción
mis ojos baña de honda gratitud,
y empieza a abandonarme la inquietud.

Pienso siempre en mis muertos, y convivo
con ellos hace años;
les alabo o censuro o bien revivo
su fe y sus desengaños;
y busco, y hallo al fin en sus lecciones,
con juicio humilde, sanas instrucciones.

En mis muertos espero. Sin tardar
con ellos me iré a unir,
y con ellos tendré que atravesar
el vago porvenir.
Mas dejo un nombre aquí, y así confío
que no habré de perderme en el vacío.

(F. MARISTANY)

WALTER SAVAGE LANDOR

(1775-1864—INGLÉS)

El lamento

¡No le amaba!... Mas hoy que ya se ha ido,
¡cuán y cuán sola me hallo en esta vida!
¡No le quise escuchar!... Si aun hoy viviera.,
¡con qué fervor le oiría!

¡No le podía amar!... Y suspiraba
rebuscando entre todas mis ideas
el modo de vejarle. Hoy le daría
mi amor si aun hoy viviera.

Vivió sólo por mí, y al ver frustrada
su ilusión, escondió desesperado
su faz entre las sombras de la muerte,
y hoy me consumo en vano

por quien murió por mí. Su ardiente
aliento mi pobre pecho solitario quema,
y en llanto el corazón desfallecido,
    de noche se despierta.

¡Oh lágrimas que hubieseis ablandado
su bello corazón!... Amargas lágrimas
lloró él por mí también; y al morir dijo
  " "¡Que nunca las comparta!"

Ya en reposo el aliento, el pecho helado,
    yace junto a la iglesia...
Donde los niños a leer aprenden
veréis un nombre amado y una fecha...

Quien quiera que seáis: ¡Rogad por él!
    ...Rogad por mí también.

(F. MARISTANY)

UGO FOSCOLO

(1778-1827—ITALIANO)

Desolación

No soy quien fui. Murió de mí gran parte.
Lo que ahora vive es languidez y llanto;
seco está el mirto, y hube de entregarte,
¡oh laurel!, la esperanza de mi canto.

Desde que la licencia impía y Marte
me vistieron su túnica ilusoria,
mi mente es sombra, horror mi pecho, y arte
la escoria humana, arte en mí hecha, y gloria.

Si en el morir el pensamiento fijo,
a mi altiva razón la puerta cierro
con fe en la fama y con amor de hijo.

Esclavo mío soy, y de tal suerte,
que viendo claro el bien, al mal me aferro,
y sé invocar, mas no darme la muerte.

(F. MARISTANY)

Durante el día...

Durante el día, desde tiempo, incierto
doliente estoy. Cuando la noche bruna
reclama las estrellas y la luna,
y de sombras el aire está cubierto,

donde el llano es selvático y desierto,
voy caminando errante, y una a una
toco las llagas que la infiel fortuna
y amor y el mundo han en mi pecho abierto.

Y arrimado ya al tronco de algún pino,
ya escuchando el ruido de las ondas,
con mi esperanza encárome y deliro.
Pero la ira mortal y mi destino,
olvidando por ti, por ti suspiro.
Luz mía, ¿quién de mí hace que te escondas?

(F. MARISTANY)

CLEMENS BRENTANO

(1778-1842—ALEMÁN)

Canción de la hiladora

Cuando cantaba para él,
el ruiseñor también cantaba;
¡su melodía era tan dulce
cuando él conmigo la escuchaba!...

Canto—que el llanto he olvidado—
y a solas tejo tristemente
el hilo blanco y fino y puro,
mientras la luna lo consiente.

¡Cuando los dos juntos estábamos
también cantaba el ruiseñor!...
Ahora su canto me recuerda
que ya no estás, mi dulce amor...

Me alzo a ti, dulce y mansamente,
siempre que alúmbrame la luna...
Mi corazón ingenuo y puro
suplica a Dios que allá nos una...

Desde aquel día en que partiste,
constantemente el ruiseñor
canta, y sus ecos me renueven
nuestra pasión, nuestro dolor...

Pídole a Dios que allá nos una...
¡Tejo tan sola, vida mía!...
Brilla la luna melancólica...
Canto y llorar sólo querría...

(F. MARISTANY)

Lore Lay

En Bacharach del Rin vivía
una hechicera tan galana
y tan graciosa que eran muchos
los que sufrían por su causa.

Causaba grandes amarguras
a cuantos hombres encontraba,
y de su amor no era posible
que ningún hombre se salvara.

Quiso el obispo que la joven
se arrepintiese de sus faltas,
mas, sin embargo, era tan bella
que sólo pudo perdonarla.

Y así le dijo conmovido:
"¡Oh, Lore Lay, desventurada!
¿Quién ha podido convencerte
de que te dieras a la magia?"

"Obispo, déjame que muera,
que de la vida estoy cansada
porque se pierden los que miran
mi corazón en la mirada.

Que son dos llamas mis pupilas,
mis brazos son varitas mágicas.
¡Oh, lánzame sobre la hoguera,
para apagarme entre las llamas!"

"Oh, yo no puedo condenarte;
antes confiésame mis faltas,
porque en las llamas de tus ojos
mi corazón también se abrasa.

Tus dos varitas no quisiera,
oh, Lore Lay, que se quemaran,
antes quisiera que mi pecho
en mil pedazos se quebrara."

"¡Oh, de mis brazos desdichado,
obispo, no hagas burla tanta!
Implora al Dios de las alturas
que de mi angustia tenga lástima.

Vivir no puedo por más tiempo
que a nadie quiero ya ni a nada;
concédeme sólo la muerte;
por ello vine hasta tus plantas.

Mi amor sus goces me ha mentido
y se apartó de mis miradas,
y se ha partido de estas tierras
para marchar a otras extrañas.

Los ojos dulces y encendidos,
y la color ardiente y blanca
y la voz suave y apacible,
ha sido así toda mi magia.

Por ellas me he perdido y tanto
me duele ahora toda el alma
que cuando miro mi belleza,
hay una pena que me mata.

Concédeme, pues, el derecho
de bien morir, como cristiana,
que todo el mundo se aniquile
si a él no han de verlo mis miradas."

Dijo el obispo a tres hidalgos:
"¡Pronto, a un convento acompañadla!
¡Ve, Lore Lay! Y a Dios confía
el alma desasosegada.

Porque has de ser monja, vistiendo
hábito negro y tocas blancas,
mientras el viaje hasta lo eterno
aquí en la tierra te preparas."

Hacia el convento los tres nobles
hidalgos rápidos cabalgan,
y Lore Lay tiene entre ellos
ensombrecida la mirada.

"¡Oh, hidalgos, nobles caballeros,
dejadme ver desde esa alta
peña, tan sólo por vez última,
del hombre amado la morada.

Y ver el Rin por vez postrera
hasta lo hondo de sus aguas;
seré después en el convento
una celeste esposa pálida."

A sus corceles los hidalgos
cambian la ruta que llevaban;
tintineando las espuelas
hacia la roca se adelantan.

Era escarpada aquella peña
y sus paredes muy empinadas,
pero ella trepa por la roca
y la alta cima de ella alcanza.

Y dijo entonces: "Mirad cómo
cruza las aguas una barca
y el bogador que en ella boga
será el amado de mi alma.

¡Oh, cuánto gozo hay en mi pecho;
viene el amado por la amada!"
Y se inclinó tanto en el río
que fue a caer sobre las aguas.

Y no pudieron los hidalgos
bajar de una roca tan alta;
y allí murieron sin un cura,
sin una tumba ni una lágrima.

¿Quién fue el cantor de esta leyenda?
Alguien que por el Rin bogaba,
donde murieron los tres nobles
siempre tres ecos resonaban:
      Lore Lay,
      Lore Lay,
      Lore Lay,
tres caballeros, tres palabras.

(JAIME BOFILL y FERNANDO GUTIÉRREZ)

ADALBERT VON CHAMISSO

(1781-1838—ALEMÁN, NACIDO FRANCÉS)

El castillo de Boncourt

Vuelve mi alma a soñar como de niño
y agito mi cabeza blanquecina;
¡cómo me perseguís, caras imágenes,
que hace mucho creía ya extinguidas!

Por entre los umbrosos pinos surge
el solemne y magnífico castillo;
conozco bien las torres, los tejados,
el gran portón, el puente elevadizo.

Del escudo de armas me contemplan
como a un amigo viejo los leones;
saludo a los antiguos conocidos,
y asciendo presuroso al patio enorme.

Allí está aún la esfinge de la fuente,
la higuera aquella sigue verdeciendo;
detrás de estas ventanas hoy cerradas
soñé—¡hace tanto ya!—mi primer sueño.

Penetro en la capilla y busco en ella
la tumba en que descansan mis abuelos:
Hela allí, y adosado a la columna
el escudo de armas entreveo.

Apenas distinguir pueden mis ojos
de la inscripción las letras casi informes,
bien que la luz sobre ellos resplandece
al través de los vidrios de colores...

De este modo ¡oh castillo de mis padres!,
te guardo en la memoria todavía,
pues desapareciste de la tierra
y el arado la tuya fertiliza.

Sé fértil, cara tierra; te bendigo
lleno de santo amor y de ternura,
y bendígala aun más el que el arado
por encima de ti feliz conduzca.

Bendita seas, sí. Mas yo alzareme
con la lira dulcísima en la mano,
y, errante siempre por remotas tierras,
de país en país iré cantando.

(F. MARISTANY)

MARCELINE DESBORDES-VALMORE

(1785-1859—FRANCESA)

La corona deshojada

Iré a llevar mi pobre corona deshojada
de mi padre al jardín, do renace la flor,
y mi alma largo tiempo orará arrodillada,
que él sabe remediar y aun vencer el dolor.

Iré, iré a decirle, al menos con mi llanto,
"¡Mira cuánto he sufrido!" El me escudriñará;
y a mi aspecto distinto y triste y sin encanto
sólo por ser su hija me reconocerá.

El me dirá: "¿Eres tú, pobre hija desolada?
¿Ya se acabó tu dicha? ¿Ya en tu alma no se encuentra?
¡Pobre alma! Yo soy Dios. Ven, ven; no estés turbada.
He aquí mi corazón: esta es tu casa. Entra."

¡Oh, clemencia! ¡Oh, dulzura! ¡Fuente de amor sincero!
Cuánto llevo llorando!... Pero al fin me has oído;
sé que te obtengo ya, puesto que ya te espero
y que estás en poder de lo que yo he perdido.

Tú no pisas la flor sólo porque no es bella.
Ese crimen de abajo, Arriba es perdonado.
Tu hija te fue infiel, mas no maldigas de ella.
Ella nada ha vendido, ella todo lo ha dado.

(F. MARISTANY)

ALESSANDRO MANZONI

(1785-1873—ITALIANO)

El 5 de Mayo

Murió. Tal como inmóviles,
al dar su alma anhelante,
quedáronse sus míseros
despojos al instante,
de igual manera atónita
la tierra está, al pensar
        en los momentos últimos
del gran predestinado,
pues cree que en la historia
ya nunca ser creado
sobre su polvo, húmedo
de sangre, osará andar.

Calló al verle en el solio
mi musa, reverente;
cuando, caído, alzárase
más tarde nuevamente,
al clamoreo público
no unió su voz leal.
        Virgen de vil ludibrio
como de ruin loanza,
surge ahora sólo al súbito
caer de su pujanza,
y en su urna vierte un cántico,
quién sabe si inmortal.

De Italia a las Pirámides,
del Rhin al pueblo íbero,
su rayo del relámpago
fue en pos, siempre certero,
trono del Scila al Tánais,
del uno al otro mar.
        ¿Mas fue esto gloria? Díganlo
los que vendrán. La frente
postremos al Dios único,

que una señal patente
de su creador espíritu
sobre él quiso estampar.

 El proceloso y trémulo
gozar de una esperanza,
la ansia de fama, indómita,
que al mismo trono alcanza,
qué recompensas bríndale
que nadie osó esperar,
   él los sintió, y la gloria,
mayor templada en hierro,
la fuga y la victoria
y el lujo y el destierro.
Dos veces se hunde el héroe;
dos más sube al altar.

 Logra imponerse y, dóciles,
contra uno el otro armado,
dos siglos ante él póstranse
como esperando el hado;
manda el silencio y siéntase
entre ambos cual Señor.
   Y en una playa extínguese
su vida vagabunda,
objeto de honda envidia,
de compasión profunda,
de un insaciable odio
y un indomable amor.

 Como en la frente náufraga
la ola se ciñe y pesa,
la horrible ola que el mísero
de cruel pánico presa,
buscando en vano márgenes
procura remontar.
   Tal sobre su alma el cúmulo
cayó de sus membranzas;
contar mil veces quísonos
sus múltiples andanzas,
mas los eternos folios
no osara ni aun tocar.

A veces, al crepúsculo,
paseaba insatisfecho
bajos los ojos vívidos,
los brazos sobre el pecho,
sujeto a los tiránicos
recuerdos del ayer.
  Veía tiendas móviles,
y tierras devastadas,
y armas, bajo el sol fúlgidas,
y ecuestres oleadas;
¡oh las premiosas órdenes
y el presto obedecer!

  Quizá a esas horas trágicas
sintió hondo desconsuelo.
Desesperó. Una próvida
mano llegó del cielo,
y a un aire más diáfano
piadosa lo ensalzó.
  Llevóle por las sendas
del bien y la esperanza;
por las praderas vírgenes
donde la paz se alcanza,
donde es sombra y silencio
la gloria que pasó.

  ¡Bella inmortal! Benéfica
fe al triunfo acostumbrada,
nota esto y aun alégrate:
grandeza más loada
al deshonor del Gólgota
jamás se doblegó.
  Dejad sus restos frígidos
dormir en santa calma.
El Dios que humilla o álzanos,
que agóbianos o acalma,
sobre el desierto féretro
su sombra ya posó.

(F. MARISTANY)

JUSTINUS KERNER

(1786-1862—ALEMÁN)

Canción del caminante

De nuevo bebamos
el néctar de fuego...
Adiós, mis amores,
llegó ya el momento...
Adiós, montes, valle,
vivienda feliz;
remotas llamadas
me exigen partir.

El sol en el zenit
inmóvil no queda:
camina y camina
por mares y tierras.
La ola acaricia
la playa y no más;
los rayos visitan
la aldea y se van.

Detrás de las nubes
los pájaros vuelan,
y en tierras lejanas
la patria gorjean...
Tal sigue el muchacho
su noble ideal,
y ensalza a su madre
do quiso el azar.

Allí aves amigas,
también emigrantes,
con trinos risueños
salúdanle afables,
y encuentra perfumes
que le hacen soñar...
El céfiro patria
llevolos allá.

Las aves su casa
paterna conocen.
Hacer quiso un ramo
de amor... sembró flores.
Y amor hoy le sigue,
le sigue con fe;
el país más remoto
patria es para él.

(F. MARISTANY)

LUDWIG UHLAND

(1787-1862—ALEMÁN)

El castillo sobre el mar

—¿Viste el magnífico castillo
que está elevado junto al mar?
Albas, rosadas y áureas nubes
por cima de él suelen volar.

Le gustaría reflejarse
sobre el espejo diamantino;
le gustaría alzarse ingrávido
sobre el incendio vespertino.

—Vi ese castillo, ciertamente;
Vi ese castillo sobre el mar;
Vi encima de él flotar la luna
y a unos celajes planear.

—El son del viento y de las olas,
¿no remozaban la floresta?
Di, ¿no escuchaste en sus salones
sones de música y de fiesta?

—Todos los vientos y las olas
mudos y absortos reposaban.
Tan sólo quejas y gemidos
desde un salón a mí llegaban.

—¿No viste nunca allí a dos reyes
alegremente discurrir?
¿Las rojas capas agitarse?
¿Las diademas refulgir?

¿No iban los dos acompañados
de su bellísimo tesoro,
de una doncella adolescente
de blanca tez y trenzas de oro?

—Vi a los monarcas sin coronas
ni vestiduras carmesí;
viles con trajes enlutados,
y a la doncella no la vi.

(F. MARISTANY)

Las tres doncellas

En lo alto de un castillo, tres doncellas
la vista vuelven hacia el hondo valle;
su padre en un corcel se acerca a ellas;
ciñe la cota su robusto talle.
—¡Padre y señor, muy bien venido seas!
¿Qué traes a tus hijas?
Fuimos juiciosas como tú deseas.
—Hoy, hija mía de la saya gualda,
ausente en ti pensé. Ya sé cuán grato
te es el poder lucir tu rica falda;
tus gustos son las galas y el ornato:
del cuello arrebaté de un caballero
esta cadena de oro,
y en pago de ello dile muerte, fiero.
Tomó la joya la doliente niña,
y el blanco cuello se ciñó con ella;
fuese al lugar donde ocurrió la riña,
y al muerto halló por la sangrienta huella
—Aquí insepulto estás como un malvado,
y eres un caballero,
y en vida te llamé mi dueño amado.
Entre sus brazos le llevó piadosa
hasta la iglesia del lugar vecino;

y le enterró en la tumba do reposa
su noble estirpe, de funesto sino.
Al cuello se estrechó con nudo fuerte
los rojos eslabones,
fiel a su dulce amor hasta en la muerte.

De lo alto de un castillo, dos doncellas
la vista vuelven hacia el hondo valle;
su padre en un corcel se acerca a ellas;
ciñe la cota su robusto talle.
—¡Padre y señor, muy bien venido seas!
¿Qué traes a tus hijas?
Fuimos juiciosas como tú deseas.
—Hoy, hija mía de la verde saya,
en ti pensé. La caza es tu alegría,
y tu mayor placer tener a raya
la rauda fiera allá en la selva umbría.
Arrebaté de manos de un montero
este venablo agudo,
y de él en pago dile muerte, fiero.
De manos de su padre la doncella
tomó el venablo con su diestra fuerte;
al monte se partió da niña bella,
gritando por doquier: ¡Dolor y muerte!
Y de los tilos en la parda sombra,
entre sus perros fieles,
halló a su amante sobre roja alfombra.
—Al verde tilo acudo y a la cita,
como te prometí, mi amado dueño,
clavada en el venablo, cual marchita
silvestre flor, cayó en eterno sueño.
Juntos yacieron, y la brisa arroja
sobre los dos amantes
su blando aroma y la caída hoja.

De lo alto de un castillo, una doncella
vuelve los ojos hacia el hondo valle;
su padre en un corcel se acerca a ella;
ciñe la cota su robusto talle.
—¡Padre y señor, muy bien venido seas!
¿Qué traes a tu hija?
Juiciosa he sido como tú deseas.
Hoy, hija mía de la blanca saya,

en ti pensé. Tu gusto son las flores,
y más te agrada su corola gaya
que de costosas joyas los fulgores.
Quitéle a un atrevido jardinero
esta flor candorosa,
y en pago de ello dile muerte, fiero.
　—¿Cuál fue su desacato, padre mío,
que te movió severo a darle muerte?
Cuidar las flores en el huerto umbrío
era su afán. ¡Cuán triste es ya su suerte!
—Quiso negarme, con palabra osada,
la flor de más valía,
que destinaba al pecho de su amada.

　Tomó la flor la niña candorosa
y ornó con ella su virgíneo seno;
bajó al jardín do un tiempo, tan dichosa,
pasado había tanto rato ameno.
En el jardín se alzaba una colina,
sembrada de azucenas;
sentada en ella el rostro al suelo inclina.
—¡Dichosa yo, si al par de mis hermanas
pudiera darme desastrosa muerte!

　Pero las hojas de la flor, galanas,
herir no saben de tan fiera suerte.
Con yerta faz mirando la flor bella,
vio cual se marchitaba,
y, cuando se agotó, murió con ella.

(JAIME CLARK)

Primaveral

　El manso cefirillo está despierto;
día y noche se escucha su concierto;
crea de aquí y de allá.
¡Oh armonía! ¡Oh esencia penetrante!...
No temas, corazón, que en adelante
ya todo cambiará.

　Se hará el mundo más bello hora por hora;
sabe Dios qué traerá la nueva aurora,
sabe Dios qué traerá;

ríe el valle más hondo y más distante...
Olvida, corazón, que en adelante
ya todo cambiará.

(F. MARISTANY)

LORD BYRON

(1788-1824—INGLÉS)

Despréndete en bella floración...

¡Oh!, despréndete en bella floración.
La grave tumba no podrá oprimirte,
y en tu agostado césped brotarán
los pétalos primeros que abril viste.
Y el ciprés en la sombra se balancea triste.

Y a veces, en el bello arroyo azul,
la Pena su cabeza apoyará,
y el Pensamiento vivirá de ensueños
en larga pausa, rápida en pasar.
¡Pobre! ¡Cual si a los muertos pudiéranles turbar!

¡Vete, iluso! Las lágrimas son vanas
y la Muerte no atiende ni oye ruegos.
¿Podrán ellos hacer que no suframos?
¿O acaso hará que llore un triste menos?
Y tú, que me aconsejas olvidar,
estás mustio, y tus ojos están de llanto llenos.

(F. MARISTANY)

Canción del Corsario

En su fondo mi alma tiene un tierno secreto
solitario y perdido, que yace reposado;
mas a veces, mi pecho al tuyo respondiendo,
como antes vibra y tiembla de amor, desesperado.

Ardiendo en lenta llama, eterna pero oculta,
hay en su centro a modo de fúnebre velón,
pero su luz parece no haber brillado nunca:
ni alumbra ni combate mi negra situación.

¡No me olvides!... Si un día pasaras por mi tumba,
tu pensamiento un punto reclina en mí, perdido...
La pena que mi pecho no arrostrara, la única,
es pensar que en el tuyo pudiera hallar olvido.

Escucha, locas, tímidas, mis últimas palabras
—la virtud a los muertos no niega ese favor—;
dame... cuanto pedí. Dedícame una lágrima,
¡la sola recompensa en pago a tanto amor!...

(F. MARISTANY)

La peregrinación de Childe Harold

Final del Canto IV

CLXXXIV

¡Océano, te amaba! Y la alegría
de mis juegos de niño la he cifrado
en ser, como la espuma, conducido
siempre delante, sobre tu regazo.
Jugaba con tus olas, ¡oh delicia!
y si temía al mar alborotado,
mi temor era grato, pues sentía
que era cual tu criatura, confiado
igual cerca que lejos en tus andas,
tu melena crispada entre mis manos...

CLXXXV

En el eco mi tema se ha extinguido.
Cumplida mi tarea, ha terminado
el canto y llega la hora de romper
el ensalmo del sueño prolongado.
Hay que apagar la antorcha que encendía
mi lámpara en la noche. Y lo ordenado
queda, aunque pudiera ser más valioso.
No soy aquel que fui. Se han esfumado
mis visiones, y el resplandor del alma
se oscurece en el vértigo alocado.

CLXXXVI

¡Adiós! Una palabra pronunciada,
un rumor largo tiempo demorado...
Y, sin embargo, adiós... El peregrino
pisa la escena y da por terminado
su camino. Si un pensamiento suyo
quedara en vuestro espíritu clavado,
no en vano lleva sobre sí la concha.
¡Adiós una vez más! Dolor y llanto
serán su recompensa. Para el mundo,
la virtud de su esfuerzo apasionado.

(MARÍA ALFARO)

JOSEPH FREIHERR VON EICHENDORFF

(1788-1857—ALEMÁN)

El anillo roto

En un rincón fresco y suave
gira la rueda del molino;
mi amor que allí viviera un día,
mi dulce amada, ya ha partido.

Me prometió fidelidad
y en prueba dióme un pobre anillo,
mas quedó rota su promesa
y en dos pedazos saltó el símbolo...

Lejos, muy lejos, por el mundo,
cual trovador viajar querría,
y caminar de pueblo en pueblo
cantando nuevas melodías.

Volar quisiera a la batalla
como jinete, y acostarme
junto a los fuegos en los campos,
bajo la bóveda insondable...

Mas cuando escucho aquesa rueda
girar, no sé lo que deseo...
Más grato fuérame morirme...
Permanecer por siempre quedo.

(F. MARISTANY)

FRIEDRICH RÜCKERT

(1788-1866—ALEMÁN)

Desde la verde edad...

Desde la verde edad, desde la verde edad
continuamente escucho una canción;
cuando lejos queda ya, cuando lejos queda ya
lo que un día llenó mi corazón.

Lo que la golondrina, lo que la golondrina
trinó se torna a oír en primavera,
y aun ahora mismo trina, y aun ahora mismo trina
en mi aldea, tal vez, de igual manera.

"Cuando me despedí, cuando me despedí
dejé todas las arcas bien colmadas,
mas ¡ay! cuando volví, mas ¡ay! cuando volví
me hallé que habían sido vaciadas."

¡Oh tú, boca infantil!, ¡oh tú, boca infantil!
llena de alegre y sabia intuición,
sabes la habla gentil, sabes la habla gentil
de las aves mejor que Salomón.

Campos de mi lugar, campos de mi lugar,
dejadme una vez más a vuestro suelo,
bien que en sueños, volar, bien que en sueños, volar
en busca de reposo y de consuelo.

Cuando me despedí, cuando me despedí
la tierra rebosar me parecía,
mas ¡ay! cuando volví, mas ¡ay! cuando volví
¡parecióme que estaba tan vacía!...

Llena, al morir el frío, llena, al morir el frío,
la golondrina el nido del alero,
y el corazón vacío, y el corazón vacío
nada puede impedir que quede huero.

Ninguna golondrina, ninguna golondrina
te devuelve la causa de tu llanto,
y empero trina y trina, y empero trina y trina,
y es siempre de año en año igual su canto.

"Cuando me despedí, cuando me despedí
dejé todas las arcas bien colmadas,
mas ¡ay! cuando volví, mas ¡ay! cuando volví
me hallé que habían sido vaciadas."

(F. MARISTANY)

JORGE ASAKI

(1788-1869—RUMANO)

Eufrosina

(Visión de su hija muerta)

La noche es dulce y serena.
Por nube alguna velado,
el cielo esplende de estrellas.
Los vientos están en calma.

Rozan las brisas ligeras
las aguas estremeciéndolas;
los rumores del pinar
turban el dulce reposo.

Alguien, de la sombra espesa,
sale y se acerca. ¿Quién es?
Anda con paso ligero.
Las flores, frescas y bellas,

la saludan inclinándose.
La envuelve un velo de ensueño.

Una cofia de jazmines
le perfuma los cabellos.

"¡Virgen abierta y segada
en una mañana hermosa,
déjame ver tu figura
adorada, unos instantes!"

Pero ella no oye el grito de la desesperanza,
y me abandona en medio de los mármoles negros.

Ella pide una oración,
como un ángel protector
nimbado de resplandores.
En los aires suspendida,
ella sigue su camino
hacia alguna esfera en paz;
y oigo: "¡Padre mío, adiós!
Ya no volveré jamás".

ALPHONSE DE LAMARTINE

(1790-1869—FRANCÉS)

El lago

Así, siempre empujados hacia otras nuevas playas,
llevados para siempre hacia la tumba impía,
¿en el mar de los años, al fin, no lograremos
    el ancla echar un día?

¡Oh lago! El año apenas su curso ha terminado,
y junto a aquesas ondas, que un día ella admiró,
solitario a sentarme hoy vengo en esa piedra
    donde ella se sentó.

Asimismo gemías bajo esas rocas bravas
y atacabas furioso sus flancos destrozados;
así el viento vertía la espuma de sus olas
    sobre sus pies amados.

Una noche ¿te acuerdas? bogábamos unidos;
tan sólo se escuchaban las notas cadenciosas

del ruido de los remos golpeando acompasados
tus olas armoniosas.

De pronto, unos extraños acentos de ultratumba
despertaron el eco dormido en la ribera;
calláronse las olas y el adorado acento
dijo de esta manera:

"Suspende ya tu vuelo, ¡oh tiempo! Horas propicias,
suspended vuestros pasos;
dejadnos que gustemos las rápidas delicias
de esos bellos ocasos.

Bastantes infelices aquí abajo os imploran:
corred vertiginosos
y tomadle las penas que, lentas, les devoran;
dejad a los dichosos.

¡Ay! Yo le digo al tiempo, que es breve nuestra hora,
no escucha mi reproche;
yo le digo a la noche: sé lenta, mas la aurora
va a disipar la noche.

Amemos, pues, y antes de que la hora se nos vaya,
de gozarla veamos;
ni el hombre tiene puerto ni el tiempo tiene playa:
deslízase y pasamos."

¿Podrá ser que esos ratos sublimes de embriaguez,
donde el amor nos brinda la copa de la dicha,
se aparten de nosotros con tanta rapidez
cual los de la desdicha?

¿No podremos siquiera dejar su huella escrita?
¿Perdidos por completo? ¿No volverán jamás?
El tiempo que los trae, que luego nos los quita,
no nos los dará más.

Vacío, negro abismo, pasado, eternidad,
¿qué uso hacéis de los días que rápidos tragáis?
Decid, ¿devolveréisnos la gran felicidad
que nos arrebatáis?

¡Oh lago, grutas, rocas calladas, selva oscura,
que subís siempre jóvenes las gradas de la historia,
guardad de aquesa noche, guardad, bella Natura,
    siquiera la memoria!

Que esté ya en tu reposo, ya bien en tus tormentas,
¡oh, lago! o en los montes de flores salpicados
o en los negros abetos y rocas cenicientas
    hacia tu agua inclinados;

que esté en el dulce céfiro, que tiemble de delicia,
o en la orilla que agranda los tímidos rumores,
o en el astro de frente de plata, que acaricia
    tus muelles resplandores;

o que el viento que gime, la caña que suspira,
los ligeros perfumes de tu aire embalsamado,
que todo cuanto se oye, se ve o bien se respira,
    todo, diga: "¡Han amado!"

(F. MARISTANY)

El Crucifijo

Tú, a quien he retirado de su expirante boca
con su último suspiro y su postrer adiós,
santificado símbolo, don de una mano muerta,
    imagen de mi Dios;

Oh, cuántas, cuántas lágrimas contigo he derramado,
desde que de su seno de mártir, tan querido,
a mis manos pasaste caliente todavía
    de su último gemido.

Las antorchas vertían postreros resplandores,
y el cura murmuraba su tétrico lamento,
como al niño que duerme murmúrale la madre
    un canto soñoliento.

Veíanse en la frente las huellas de su anhelo
y en sus facciones dulces, de augusta claridad,
el dolor fugitivo había impreso gracia,
    la muerte, majestad.

El viento que mecía su testa desgreñada
me mostraba su rostro velándolo después,
tal cual se ve flotar en blanco mausoleo
    la sombra del ciprés.

Del lecho mortuorio pendía un brazo rígido;
puesto el otro en el pecho, sagrario de su amor,
parecía buscar para poner sus labios
    la cruz del Salvador.

Su boca se entreabría para besar de nuevo,
mas volose su alma en ese beso amante,
cual ligero perfume que la ardorosa llama
    devora en un instante.

Todo estaba en reposo sobre su boca helada;
en su tranquilo seno sus ósculos dormían,
y a medias recubriendo sus ojos extinguidos,
    los párpados caían.

Yo de pie, estremecido por un dolor secreto,
no osaba aproximarme al resto idolatrado,
cual si la majestad callada de la muerte
    lo hubiera consagrado.

No osaba. Pero, entonces me dijo el sacerdote,
de los dedos helados tomando el crucifijo:
"Ahí tienes el recuerdo y ahí tienes la esperanza,
    son tuyos, caro hijo."

Sí, tú me quedarás, herencia funeraria;
siete veces después el árbol que he plantado
sobre su tumba anónima, he visto florecer:
    no me has abandonado.

Puesto junto a mi pecho, donde ¡ay! todo se borra,
del olvido cruel le han siempre defendido,
gota a gota mis ojos sus huellas han impreso
    sobre el marfil querido.

¡Oh postrer confidente del alma evaporada!
Queda en mi corazón y háblame de ella, y di

lo que ella te decía cuando su voz extinta
   sólo llegaba a ti.

A la hora en la que el alma, callada y recogida,
tras de ese espeso velo de fe se va a esconder,
y se va replegando, lejana a los sentidos,
   sorda al adiós postrer;

que entre la triste vida y la insegura muerte,
cual fruto por su peso caído de la rama,
nuestra alma está suspensa y tiembla a cada instante
   sobre el sepulcro que ama;

que la armonía fúnebre de cantos y sollozos
no despierta al espíritu, sumido en su fulgor;
en los labios del justo que ha entrado en la agonía,
   ¡postrer consolador!

Para quitarle el miedo de ese paraje umbrío,
para alzar hacia Dios sus ojos infelices,
consolador divino, cual cruz todos besamos,
   responde, ¿qué le dices?

Tú supiste morir. Tus lágrimas sagradas
en esa noche horrible de preces y agonía,
del olivo bendito bañaron las raíces
   hasta llegar el día.

Desde la cruz, de donde sondaste el gran misterio,
viste el materno llanto y el luto de Natura,
dejaste tus afectos más puros, y tu cuerpo
   bajó a la sepultura.

En nombre de esa muerte, que obtenga mi flaqueza
dar mi último suspiro sobre tu frente triste;
cuando llegue esa hora recuerda tu agonía,
   tú, que morir supiste.

Iré buscando el sitio do su expirante boca
fue a exhalar a tus pies su irrevocable adiós,
y su alma guiará la mía hacia el precioso
   seno del mismo Dios.

¡Ah! Pueda, pueda entonces sobre mi lecho fúnebre
una negra figura sombría y resignada,
recoger a su vez de sus marchitos labios
    esa herencia sagrada.

Sostén sus pasos últimos, encanta su agonía;
y ¡oh reliquia preciosa de amor y de esperanza!,
de aquellos que se marchan a aquellos que se quedan
    sé siempre la alianza.

Hasta que de los muertos rompiendo la ancha bóveda
siete veces les llame un silbo celestial,
y que despierte a aquellos que duermen a la sombra
    de la cruz eternal.

(F. MARISTANY)

El valle

Cansada, enferma, desabrida el alma
sin amor ni esperanza, no el gemido
flébil levanta a importunar la suerte.
¡Oh campos de mi infancia! Sólo os pido
un asilo postrero, donde en calma
pueda aguardar la muerte.
Senda estrecha me lleva al seno oscuro
del escondido valle.
A entrambos lados rocas escarpadas
ciñen la estrecha calle;
bosque antiguo corona el pardo muro,
y en mi frente de fuego,
con su sombra, las ramas enlazadas
vierten grato sosiego.
Contornan susurrando
el valle, bajo frescas enramadas,
dos arroyos de tímida corriente,
que el raudal pobre y el murmurio blando
unen, y expiran cerca de la fuente.
Así resbala humilde en la pendiente
de angosto cauce mi ignorada vida;
pero jamás, como el raudal sonoro,
reflejó mi existencia combatida
de una aurora sin nubes el sol de oro.

El fresco ambiente, la mullida alfombra,
la que del sol protege tu camino
estremecida sombra,
a tu margen florida
llevan mi planta, arroyo cristalino.
Cual niño que se duerme al dulce encanto
de monótono canto,
en el nido mi espíritu se encierra
de antigua selva, que bastó a mi anhelo,
y sólo, en el regazo de la tierra,
oigo al agua correr y miro al cielo.

¡Ay! sobrado he sentido;
sobrado amé en el mundo:
¡Llenad mi cáliz, aguas del Leteo!
Riscos de mi niñez, valle profundo;
sed para mí los campos del olvido;
la dicha dadme, que última deseo.
Mi espíritu en silencio, y en reposo
está mi corazón. El clamoreo
del vano mundo, al arribar a él muere,
como el son misterioso
que apagó la distancia y al oído
apenas débil hiere.
Como al través de vaporosa niebla,
sobre el oscuro fondo del pasado
la vida miro, que en su abismo puebla,
desvanecerse; y en la noche fría
brilla sólo el amor, iluminado
de eterno sol, cual persistente sombra
y al despertado espíritu aun asombra.

Reposa, ¡oh alma mía!
en este asilo, de feliz bonanza,
cual detiene el cansado caminante
trémulo de esperanza,
al pie del patrio muro el flojo paso,
y respira un instante
embebecido el soplo del ocaso.

Como ese fatigado peregrino,
el blanco polvo de mis pies sacudo.
Pasar dos veces el fatal camino
jamás el hombre pudo.
Al fin de la jornada
el sosiego feliz respirar quiero

que de la eterna paz, por mí anhelada,
es dulce mensajero.
    Breves son nuestros días y nublados,
como días de otoño. Velozmente
declinan, cual la sombra en la pendiente
de los altos collados.
Por la amistad burlados,
sin dicha cierta ni piedad segura,
recorremos la senda tenebrosa
que va a la sepultura.
Mas la Naturaleza brilla hermosa;
ella siempre nos ama,
y a su regazo maternal nos llama.
A su calor fecundo
resurgirá mi vida renaciente;
si cambió todo para mí en el mundo,
aún brilla el mismo sol sobre mi frente.
Aun de luces y sombras me rodea.
De los fugaces bienes que he perdido
apartaré la tentadora idea.
Callado escucharé y estremecido
la voz que oyó Pitágoras, incierto
eco tal vez del celestial concierto.
A la luz, en los cielos, a la sombra
yo seguiré en la tierra; al espantoso
huracán, cuando estalle
la tempestad, cuyo fragor asombra;
y cuando todo calle,
con los rayos del astro del reposo
penetraré en el bosque misterioso
y en el oculto valle.
    Dios, para concebir su omnipotencia,
nos dio la inteligencia.
Muestra el mundo la mano creadora.
En su silencio, a quien escucha atento,
habla siempre una voz reveladora:
¿Quién en el corazón no oyó su acento?

                                        (T. LLORENTE)

Recuerdo

Huyen en vano un día y otro día;
pasan ¡ay! sin dejar rastro ni huella;
¡Nada te borrará del alma mía,
última del amor imagen bella!

Como cayendo van de su guirnalda
hojas secas al álamo frondoso,
así veo caer sobre mi espalda
los años en su curso presuroso.

El tiempo encaneció mi altiva frente,
y la sangre congélase en mi pecho,
como el agua del rápido torrente
que el frío invierno encadenó en su lecho

Pero tu imagen cariñosa y tierna
que el recuerdo tenaz más embellece,
la juventud del alma goza eterna
y en mi fiel corazón nunca envejece.

No; de mis ojos jamás tú partiste:
cuando cesé de verte en este suelo,
y al cielo la mirada elevé triste,
brillar te vi de súbito en el cielo.

Allí estabas, de encanto circundada,
cual te vi en la suprema postrer hora,
cuando de Dios a la feliz morada
el vuelo remontaste con la aurora.

Te siguió hasta los cielos tu hermosura;
¡tu pureza y candor dignos son de ellos!
Tus ojos, que cubría nube oscura,
de la luz inmortal lanzan destellos.

La brisa aún mece con aliento blando
los rizos con que el ébano avergüenzas,
que a impulso de su soplo van jugando
en tu seno a caer en largas trenzas.

Y mitiga la sombra de ese velo
de tu rostro la luz resplandeciente,
como la blanca aurora que en el cielo
vela entre nubes su fulgor naciente.

Del sol los encendidos resplandores
vienen al mundo y huyen con el día,
pero no tienen fin nuestros amores,
y brillas siempre tú en el alma mía.

Sólo te escucho a ti; sólo a ti veo.
En el bosque, en las nubes yo te admiro;
te refleja en las aguas mi deseo;
me hace escuchar el aura tu suspiro.

Si el mundo en sueño lánguido reposa,
el viento que suspira en la espesura,
me trae tu voz, que gime cariñosa,
y palabras dulcísimas murmura.

Si de la esfera en el espacio inmenso
arden en noche clara las estrellas,
en aquellas estrellas verte pienso
que contemplo más fúlgidas y bellas.

Si el fresco ambiente respiré del prado
y me embriaga el perfume de las flores,
creo aspirar tu aliento embalsamado
en sus más aromáticos olores.

Mi llanto enjugas con tus manos bellas
cuando me postro humilde y solitario,
para elevar al cielo mis querellas,
ante el altar augusto del santuario.

Y en torno mío, cuando duermo, giras;
cual sombra sobre el céfiro resbalas;
y sueños melancólicos me inspiras,
y me cubres la frente con tus alas.

Si de mi sueño en la apacible calma
de mi vida cortar quieres el hilo,

iré, mitad celeste de mi alma,
en tu regazo a despertar tranquilo.

　　Cual dos suspiros que al nacer se unieron,
como dos rayos del temprano día,
así nuestras dos almas se fundieron,
¡y me lamento y lloro todavía!

(T. LLORENTE)

Invocación

　　Tú, que en este desierto árido y triste,
como huésped venido de los cielos
ante mí apareciste,
dando un rayo de amor a mis anhelos,
rompe el enigma de tu ser profundo;
tu nombre di, tu patria y tu destino:
¿fue tu cuna este mundo?
¿Eres, no más, un hálito divino?
　　De amor sedienta y de la eterna lumbre,
¿mañana el vuelo emprenderás acaso?
De este valle de luto y pesadumbre,
¿has de seguir las sendas paso a paso?
Sea cual fuere tu ignorada suerte,
sea cual fuere el que divino encierra
tu suprema hermosura, ser oculto,
permite, hija del cielo o de la tierra,
que te dé, hasta la muerte,
inmenso amor o reverente culto.
　　Si con nosotros la escabrosa vía
sigues en estos lóbregos lugares,
deja que tu esplendor mire mi guía
y humilde bese el polvo que pisares.
Mas si remontas de improviso el vuelo
después de haberme amado breve instante,
de quien te llorará siempre constante,
acuérdate en el cielo.

(T. LLORENTE)

El ocaso

El silencio volvió con el ocaso.
Desde estas rocas que me dan asiento,
las nocturnas tinieblas, paso a paso,
sigo en el despejado firmamento.

La estrella Venus aparece hermosa,
del cielo de la tarde eterno huésped,
y su luz apacible y misteriosa
a mis plantas argenta el verde césped.

Del roble añoso, que dosel me ha dado,
en las ramas un soplo gime y zumba;
parece que con vuelo acongojado
vague una sombra en torno de una tumba.

El fulgor de la luna, de repente
baja del cielo en ráfagas tranquilas,
y se desliza en mi nublada frente
inundando amoroso mis pupilas.

De la llama del sol reflejo suave,
¿qué quieres tú de mí, pálido rayo?
¿Me traes la luz que con la sombra acabe
del alma, hundida en mísero desmayo?

¿Vienes a revelarme las que diera
al mundo el Creador leyes ocultas,
los enigmas arcanos de esa esfera
donde al nacer el día te sepultas?

¿Secreta inteligencia tus destellos
sobre el que sufre y el que llora, lanza?
¿De noche vienes a brillar sobre ellos,
como un rayo feliz de la esperanza?

¿Revelarán el porvenir acaso
al corazón cansado que te implora?
¿De un día eterno, sin final ni ocaso,
serás tal vez la bonancible aurora?

Tu luz inflama en anhelar inmenso
mi espíritu, robándole la calma;
en los que ya no existen triste pienso:
¡oh dulce resplandor! ¿eres su alma?

Sus manes venturosos quizá bajen
y tenues crucen el follaje oscuro;
viendo pasar su vaporosa imagen
que estoy más cerca de ellos me figuro.

¡Oh, si vosotros sois, seres queridos,
volved, volved sin quejas ni reproches,
y a mis vagos ensueños doloridos
unid vuestra visión todas las noches.

Al alma enferma en turbio desvarío,
traedle dulce amor, paz y sosiego,
como fresco y benéfico rocío
después de un día de bochorno y fuego.

Traedle... pero fúnebres vapores
suben formando vaporosas nieblas,
se eclipsan los celestes resplandores,
y queda todo oculto en las tinieblas.

(T. LLORENTE)

La ventana de la casa paterna

Sobre el albergue en que a la luz nacimos
sus brazos una vid tendió lozana;
los pájaros del cielo sus racimos
venían a picar a la ventana.

Nuestra madre, extendiendo ansiosas manos,
las ramas acercaba; nos ponía
en el labio infantil los dulces granos,
y a las aves después los devolvía.

Faltó la madre; el coro de las aves
voló; la vid, en el inculto huerto,
muere; y vencido por mis penas graves,
yo gimo y lloro en el hogar desierto.

Amarillenta vid, que lisonjeras
me traes memorias de la infancia pura,
amarillenta vid, antes que mueras,
sombra te pedirá mi sepultura.

PERCY BYSSHE SHELLEY

(1792-1822—INGLÉS)

Adonais

I

Murió Adonais y por su muerte lloro.
Llorad por Adonais, aunque las lágrimas
no deshagan la escarcha que le cubre.
Y tú, su hora fatal, la que, entre todas,
fuiste elegida para nuestro daño,
despierta a tus oscuras compañeras,
muéstrales tu tristeza y di: conmigo
murió Adonais, y en tanto que el futuro
a olvidar el pasado no se atreva,
perdurarán su fama y su destino
como una luz y un eco eternamente.

II

Oh poderosa madre, ¿dónde estabas
cuando él murió, cuando cayó tu hijo
bajo las flechas que lo oscuro cruzan?
¿En dónde estabas tú, perdida Urania,
cuando él murió?... Con sus velados ojos
permanecía en escuchar los ecos
allá en su edén... De nuevo vida daba
alguien, con suave y amoroso aliento,
a todas las marchitas melodías,
con las que, como flores que se mofan
del sepulto cadáver, adornaba
el futuro volumen de la muerte.

III

Llora por Adonais puesto que ha muerto,
oh madre melancólica, despierta,
despierta y vela y llora todavía.
Apaga cerca de su ardiente lecho
tus encendidas lágrimas y deja
que tu clamante corazón, lo mismo
que el suyo, guarde un impasible sueño.
Él cayó ya en el hueco adonde todo
cuanto era hermoso y noble descendiera.
No sueñes, ay, que el amoroso abismo
te lo devuelva al aire de la vida.
Su muda voz la devoró la muerte,
que ahora se ríe al vernos sin consuelo.

IV

Tú, la más musical lamentadora,
llora otra vez, laméntate de nuevo.
Llora otra vez, Urania. Ya no existe
quien la armonía eterna pulsar supo.
Anciano, ciego y solo, cuando el patrio
orgullo el populacho, el sacerdote
y el tirano pisaron entre mofas,
en sus odiosos ritos de sangrienta
lujuria, él penetró sin ningún miedo,
en el profundo seno de la muerte.
Pero su claro espíritu, sobre el mundo,
hijo tercero de la luz, aún reina.

V

Tú, la más musical lamentadora,
llora otra vez. No todos se atrevieron
a remontarse a tan brillante estancia.
Y más dichosos son los que conocen
una felicidad cuya alta llama
atraviesa la noche de los tiempos
en que los soles mueren. Más sublimes,
otros, heridos por la rencorosa
envidia de los dioses o del hombre

cayeron derribados, se extinguieron
en su resplandeciente primavera.
Pero alguien hay que vive todavía
y va cruzando el áspero sendero
que, a través de fatigas y odios, lleva
a la mansión serena de la fama.

VI

Tu más amado y tierno niño ha muerto,
el que en tu viudedad amamantaste.
Como pálida flor fue cultivado
por una triste virgen protectora
cuyo sincero y amoroso llanto
bañó esa flor haciendo de rocío.
Tú, la más musical lamentadora,
llora otra vez. Tu última esperanza,
tu más amada y última esperanza,
cual lirio, cuyos pétalos se helaron
en la promesa de su fruto, ha muerto.
Tronchado, duerme, y la tormenta pasa.

VII

Llegó a la alta ciudad en que la muerte,
soberbia, reina en medio de un cortejo
de declinante y pálida belleza.
Y dando su más puro aliento en cambio
una eterna mansión le fue otorgada.
Aléjate veloz. Mientras cobije
el cielo azul de Italia su reposo,
y el rocío refresque todavía
su sueño, no, no quieras despertarlo.
Seguro es ya que en su profunda calma,
de su tersa quietud, fue al fin saciado,
dando al olvido todo su infortunio.

VIII

No volverá jamás a despertarse.
En la nocturna cámara se agolpan
sombras veloces de la blanca muerte.
Y la invisible Corrupción espera

en el dintel, donde el camino acaba
y su sombría estancia da principio.
La Destrucción eterna está al acecho,
mas el pavor y la piedad calmaron
su lívido rencor, y no se atreve
a devorar a su inocente presa,
hasta que el curso oscuro de los años
con su mortal cortina cubra el sueño.

IX

Llorad por Adonais, sueños veloces,
pasiones que lleváis en vuestras alas
bandadas de fugaces pensamientos
que huyeron en la rápida corriente
que su alma juvenil alimentaba,
dando muestras de amor como una música.
No vagan más por su encendida frente
y perecen allí donde brotaron.
Plañen su triste suerte, dando vueltas
en torno al frío corazón, en donde
ya no recobrarán su poderío
jamás, ni, luego de tan dulce pena,
encontrarán de nuevo una morada.

X

Alguien posó una mano temblorosa
sobre su yerta frente, y con sus alas
de luz de luna le enviaba aire
clamando: "No, no ha muerto nuestra pena,
nuestra esperanza y nuestro amor no han muerto.
Mirad, sobre los párpados sedosos
de su pupila desmayada brilla,
como el rocío en una flor que duerme,
la desprendida lágrima de un sueño".
¡Perdido Arcángel de un Edén que yace
arruinado! Bien sabía ella
que no era sólo suyo, y sin desdoro
se esfumó ya, lo mismo que la nube
que derrama su lluvia desde el cielo.

XI

Otra, desde una urna luminosa
de rocío estelar bañó sus miembros
y embalsamó su cuerpo delicado.
Otra cortó sus abundantes bucles
y le hizo una guirnalda de anademas
engastada con perlas de su llanto.
Otra, obstinada en su aflicción profunda,
arco y aladas flechas hizo añicos,
queriendo detener el mayor daño
con el daño menor, y el fuego agudo
amortiguado contra el rostro frío.

XII

Y descendió otra luz sobre su boca,
aquella leve boca acostumbrada
a sorber un aliento y tomar fuerza
para adentrarse en el profundo seno
espiritual, para alcanzar la hondura
del palpitante corazón, llegando
con música y radiantes esplendores.
La húmeda muerte sobre el yerto labio
apagó sus caricias, meteoro
de agonizante brillo que atraviesa
la fría noche y la guirnalda empaña
de vaporosa niebla y luz de luna,
revelando un instante solamente
la palidez del cuerpo, y continuando
hasta perderse en el final eclipse.

XXIII

Se alzó como una noche del otoño
que nace por oriente y acompaña,
alocada y feroz, al día de oro
que con eternas alas, de igual forma
que un espectro, abandona el catafalco,
dejando su cadáver en la tierra.
A Urania el miedo y el dolor raptaron,
hirieron, despertaron de este modo.

Así la rodearon tristemente
de un ámbito de niebla tormentosa.
Y así la arrebataron en su marcha,
llevándola derecha por su senda
al triste sitio en que Adonais yacía.

XXIV

    De su secreto Edén salió corriendo,
atravesando campos y ciudades
de áspera piedra, hierro y corazones
humanos que a su aérea pisada
nunca cediendo, harían lo invisible
palma por dondequiera caminase.
Agudas lenguas, pensamientos que eran
aún más agudos que ellas, desgarraban
la delicada forma irrechazable
cuya sagrada sangre, parecida
a adolescentes lágrimas de mayo,
pavimentaba con eternas flores
el ingrato camino recorrido.

XXV

    En la cámara fúnebre, un momento,
enrojeció la muerte, aniquilada
por su vergüenza ante poder tan vivo.
Y visitó el aliento aquellos labios
de nuevo. Y una tenue luz de vida
iluminó otra vez aquellos miembros
que poco tiempo atrás fueron su gozo.
"Ay, no me dejes sola en mi locura,
desconsolada, como el mudo rayo
deja a la negra noche sin estrellas.
No me dejes así", clamaba Urania.
Y su congoja despertó a la Muerte.
Se levantó la Muerte sonriendo.
¡Pero eran vanas todas sus caricias!

XXXV

¿Qué voz tan dulce muda está ante el muerto?
¿Qué rostro es el que cubre el negro manto?
¿Quién es la triste forma que se inclina,
burlando la gran losa funeraria,
sobre el inmaculado catafalco?
¿El corazón palpita sin gemido?
Ay, si es aquel que, tan gentil y noble,
honra y amor, alivio y esperanza
ha dado al que ha emprendido la partida,
no turbéis más con tan horrendo llanto
este silencio con que, sin quejarse,
el corazón acepta el sacrificio.

XXXVI

Oh, sí, nuestro Adonais bebió el veneno.
Ay, ¿qué sordo homicida viperino
osó colmar con tan fatal brebaje
la prematura copa de la vida?
¡Ni el gusano infeliz saberlo quiere!
Bebió el veneno. Lo sintió. Y con todo,
logró aun raptar la mágica armonía
que conjuró en el acto todo el odio,
toda la envidia y las injurias todas.
Y las que aullaban solas en un pecho
mudas quedaron ante el dulce canto
de quien la sabia mano yace hoy fría
y la lira de plata destemplada.

XXXVIII

No, no lloremos. Nuestro gozo ha huido
adonde no le alcanzan los rapaces
buitres que a la carroña clamorean.
O está despierto o duerme en compañía
de los continuos muertos. Ya no puedes
subir a donde tiene su reposo.
¡El polvo al polvo irá! Su pura alma
—ajena a la mudanza de las horas—
ondeará otra vez sobre la ardiente
fuente de cuyas aguas procedía.

Resplandeciente parte de lo Eterno
perpetuamente idéntica a sí misma,
mientras sofoquen su helados restos
el avariento hogar de la deshonra.

XXXIX

Paz, paz. No, no está muerto. No, no duerme.
Despertó ya del sueño de la vida,
en tanto que nosotros, extraviados
por sombrías visiones, mantenemos
una contienda inútil con fantasmas,
y, en trance de locura, golpeamos
con el terco puñal de nuestro espíritu
invulnerables nadas. Derribados,
como lo está el cadáver en su osario,
el miedo y el dolor nos estremecen
y nos van consumiendo día a día.
Y el ciego enjambre de las esperanzas
nos hormiguea dentro de la carne.

XL

¡Vuela sobre las sombras de la noche!
La envidia, la calumnia, la tristeza,
el odio y esta angustia que los hombres
confunden torpemente con el gozo,
no lograrán de nuevo torturarle.
Está ya preservado del contagio
vano del mundo. Una cabeza cana,
un corazón helado inútilmente
ya no tendrá que deplorar ahora.
No tendrá que llenar, cuando se extingue
el alma, con cenizas apagadas
la urna por la que nadie se lamenta.

XLI

Sí, vive, está despierto. Quien ha muerto
no es él sino la muerte. No gimamos
por Adonais. Y tú, joven aurora,
recobra el esplendor de tu rocío.
De ti no ha huido el alma por quien lloras.

Cesad también de suspirar vosotros,
bosques, cavernas, fuentes, mustias flores,
cesad. Y tú, huracán que, como niebla
de la mañana, desplegaste un velo
sobre la tierra abandonada, ahora
déjala en desnudez, como los astros
que, más allá de su desesperanza,
sonríen jubilosos en el cielo.

XLII

Se confundió con la Naturaleza.
Y en la armonía universal se escucha
—desde el trueno que gime hasta el gorjeo
del melodioso pájaro nocturno—
la voz de nuestro amigo. Su presencia
reconocer se deja en todas partes,
en las tinieblas y en la luz, la vemos
alentando en la piedra y en la hierba
y dondequiera ese Poder se extiende
que, con los dones de su propia vida,
en su incansable amor gobierna el mundo,
y lo sustenta en medio del abismo,
y desde las alturas lo ilumina.

XLIII

Es una parte ya de la Hermosura
que en otro tiempo él mismo acrecentara.
Ya le otorgaron su porción. Y en tanto,
la creadora fuerza del espíritu
cruza sobre el opaco y denso mundo,
encadenando a nueva descendencia
a toda extinta forma, torturando
—en la medida que sufrirlo pueden—
a toda reacia escoria que a su soplo
se opone, y encendiendo, en su belleza
y en su potencia, la celeste llama
en las plantas, las bestias y los hombres.

XLIV

El resplandor del cielo de la Vida
podrá eclipsarse a veces, pero nunca
se extinguirá: será como los astros
que a su preclara altura se remontan,
y una tiniebla débil es la muerte,
que a oscurecer su claridad no alcanza.
Cuando el sublime pensamiento eleva
a un joven corazón desde su hondura
y el amor a la vida dentro crecen,
para cumplir su terrenal destino,
el muerto entonces vive allí, circula,
como las alas de la luz se extienden
sobre el oscuro y tormentoso aire.

XLVII

Oh desdichado amante, ¿estás llorando
por Adonais? Conócete a ti mismo,
conócele a él de veras. Con tu alma
trémula abraza a la oscilante tierra.
Lanza el certero dardo luminoso
de tu espíritu a través de los espacios
cósmicos, y, en tu inmensa fuerza, ciñe
la redondez de la desierta esfera.
Recógete después en solo un punto
de nuestro día y nuestra noche. Guarda
tu leve corazón y no zozobre
en el abismo, cuando una esperanza
otra esperanza iluminó en el pecho.

L

Bajo el peso del tiempo se derrumban
los grises muros, como el lento fuego
va consumiendo el hierro enrojecido.
Una aguda pirámide se yergue
—llama de amor en mármol convertida—
con su elevada aguja, como enseña
sobre los restos del que proyectara
este refugio para su memoria.
Y él reposa tendido bajo tierra

donde otros juveniles compañeros
eligieron también su camposanto
bajo los dulces cielos sonrientes.
Y ahora, mientras rendímosle agasajo,
qué solos nos sentimos, aunque apenas
si hace un instante se extinguió su aliento.

LI

Parémonos aquí: estas sepulturas,
demasiado recientes, ay, impiden
que demos al olvido la tristeza
que a cada uno confió su peso.
Y ahora que están tus losas colocadas
sobre cimientos de memorias tristes,
no las profanes tú, pues es bien cierto
que, al regresar a tu morada, llena
la tuya encontrarás de amargo llanto.
Del viento huracanado de este mundo
busca amparo en la sombra de la tumba.
¿Por qué tememos de Adonais la suerte?

LII

Indestructible es la unidad del mundo.
Sólo apariencia son cambio y olvido.
La luz del cielo brilla eternamente.
Las sombras de la tierra se disipan.
La abigarrada bóveda de vidrio
de la existencia mancha la radiante
blancura de lo eterno, hasta que un día
la muerte la hace añicos. Muere, muere,
con todo lo que anhelas. Marcha pronto
adonde todo ha huido. El deslumbrante
y azul cielo de Roma, las estatuas,
la música, las flores, las ruinas
y las palabras... ¡todo es bien endeble!
Sólo en la Gloria encontrarán la fuerza
de darnos su mensaje verdadero.

LIII

    Dime, corazón mío, ¿por qué ahora
vacilas y, temblando, retrocedes?
Tus esperanzas han partido: todo
lo abandonaron en su presta huida.
Parte tras ellas tú. Ya se extinguieron
—luces que van en el girar del año—
muchas mujeres y hombres. Cuanto amas
aun, se atrae la destrucción que, en cambio,
se niega a hacer también de ti su presa.
Sonríe el blando cielo, el leve viento
susurra, dulce. Es Adonais que llama.
Marcha veloz allá. No más la vida
mantenga separado lo que puede
unir la muerte en permanente abrazo.

LIV

    Esa luz que ilumina el Universo
con su sonrisa, esa Belleza siempre
inagotable que circula en todas
las criaturas, esa santa fuerza
que bienhechora, anima eternamente
el desmayado curso de la vida,
ese Poder amante que traspasa,
con su luciente o turbio ardor, la tela
de la existencia, urdida ciegamente
por hombres, animales, vientos, tierra
y mar—espejos todos del gran fuego
que en su total anhelo los enciende—
ahora destella sobre mí y consume
de la mortalidad la última niebla.

LV

    El poderoso aliento que he invocado
en este canto, sobre mí desciende.
La barca de mi espíritu, cuyas velas
la tempestad no conocieron nunca,
es arrojada ahora a gran distancia
de toda orilla, inmensamente lejos
de las estremecidas muchedumbres.

Se resquebrajan la maciza tierra
y los redondos cielos. Soy raptado
a una temible lejanía oscura...
Mientras el alma de Adonais que arde,
como un astro, a través del postrer velo
del firmamento, brilla y me ilumina
desde la altura donde está el Eterno.

(VICENTE GAOS)

Oda al Viento del Oeste

¡Oh, Viento del Oeste, altivo y fiero!
por quien las muertas hojas—cual fantasmas
que huyeran con pavor de un hechicero—

negruzcas y rojizas y amarillas,
vuelan en asquerosas multitudes.
Tú, que a su lecho llevas las semillas

aladas, que reposan en espera
—lo mismo que en su tumba los cadáveres—
de que tu hermana la áurea primavera

toque el clarín, y engendren las entrañas
de la tierra rebaños de capullos
perfumados, en valles y montañas,

¡oh poderoso espíritu de lucha!,
¡oh destructor y amparador! ¡Escucha!:

Tú que desprendes de los blancos velos
—como las hojas secas de los árboles
enlazados del mar y de los cielos—

los rayos y la lluvia, y desparramas
en la azulada aérea superficie
—como erizada cabellera en llamas

de algún Maenad terrible—desde el lúgubre
borde del mismo cenit a las puertas
de la nueva borrasca, el canto fúnebre

del año en estertor—del cual la noche
que fine es la alta cúpula de un vasto
sepulcro levantado con derroche

de vapores, de cuya inmensa lucha
fuego y granizo estallarán—¡escucha!:

Tú que del sueño estivo despertaste
al mar Mediterráneo, que dormía
mecido en las corrientes que formaste

de la isla de Baie en la bahía,
do vio en sueños mil mágicos castillos
brillar llenos de musgo, al claro día,

con aspecto tan dulce y tan romántico,
que al pintarlo temblaran los pinceles;
tú por quien los poderes del Atlántico

se abren en un arcano indescriptible,
mientras, lejos, los bosques y las flores
se asustan al oír tu voz terrible,

y locos de terror, con un lamento
se despojan; escucha, escucha, ¡oh Viento!:

Si, hoja muerta, tu aliento me arrastrara,
si, alba nube, llevárasme en tu vuelo,
si, ola sujeta a ti, participara

de tu valiente impulso, aun cuando fuera
menos ágil que tú; si por mi dicha
fuera como en la infancia, si pudiera

contigo recorrer el firmamento,
y, como entonces, al querer vencerte,
corriera cual visión, jamás violento

contigo fuera en la hora del vencido.
Como onda u hoja o nube, ¡oh Viento!, ensálzame
que las zarzas del mundo me han herido.

Las horas han vencido lentamente
a alguien cual tú fugaz, libre y valiente.

Tu lira sea cual la selva umbría,
y, si caen mis hojas cual las suyas,
su poderosa y mágica armonía

de ambos recabará un canto otoñal
dulce aun en la tristeza. Que tu espíritu
sea el mío, ¡oh Espíritu Vital!

Mis pensamientos lleva al Universo
—¡También fecundan las marchitas hojas¡—
y, por la dulce magia de este verso,

dispersa—cual la lumbre inextinguida,
centellas y cenizas—mis palabras,
y sean a la tierra adormecida

Profético clarín, que, ¡oh Viento!, espera
tras del invierno el áurea Primavera.

(F. MARISTANY)

La nube

Llevo frescos chubascos a las sedientas flores
    desde los mares y los ríos;
llevo sombras suaves a las ardientes hojas
    que el mediodía ha adormecido.
El rocío sacude mis alas y despiertan
    uno por uno a los capullos
que se mecen unidos al seno de la madre,
    cuando ella danza al sol de Junio.
Muevo el mayal gigante del áspero granizo
    y el llano, rápido, blanqueo,
y luego, nuevamente transfórmalo con lluvia,
    y río al paso de los truenos.

Pongo nieve en los montes más altos y en las verdes
    hayas que gimen asustadas,
y en las noches que duermo en brazos de los vientos,
    ella es mi nítida almohada.

Sublime, en los balcones de mi morada célica,
    rayos enciende mi piloto,
y en las hondas cavernas el trueno encadenado
    brama y revuélvese furioso.
Sobre el mar y la tierra, con emoción suavísima,
    este piloto va guiándome,
instado por los genios remotos que circulan
    en lo más hondo de los mares.
Sobre los arroyuelos, barrancos y colinas,
    sobre los lagos y llanuras,
debajo de los montes o ríos, un espíritu
    de amor me alienta y me circunda.

    La aparición sangrienta del sol con su plumaje
    verde y sus ojos meteóricos,
salta sobre mi nave cuando el lucero espléndido
    de la mañana queda agónico,
como sobre la cresta del más esbelto cerro
    que un terremoto violentara,
un águila un instante posárase tranquila
    al áureo brillo de sus alas.
Y cuando su crepúsculo sumerge entre las ondas
    su afán de amor y de reposo,
y el manto de escarlata de lo alto de los cielos
    va descendiendo poco a, poco,
con las alas plegadas descanso en mi albo nido,
    como paloma, en dulce arrobo.

    La niña de ojos vivos que vierte fuego blanco
    y a quien los hombres llaman luna,
sobredora la lana sedosa de mi suelo
    que a media noche el viento turba.
Y dondequiera el peso de sus ocultas plantas
    que oyen los ángeles tan sólo,
rompe la tenue trama del techo de mi tienda,
    los astros muéstranse, curiosos.
Y yo sonrío al verles girar y huir más tarde
    como un enjambre de topacios,
cuando abro la hendidura que el viento hizo en mi tienda,
    hasta que ríos, mares, lagos,
cual fajas desprendidas de cielo van cruzándome
    y empavesándose de astros.

Ato al trono del sol un cinturón de llamas
   y al de la luna uno de perlas.

Los volcanes no bullen y duermen los luceros
   cuando alza el viento su bandera.
Con la forma de un puente del uno al otro polo,
   sobre una mar impetuosa,
coloco un techo inmenso, que tiene por columnas
   las cordilleras sinuosas.
El gran arco triunfal por donde me paseo
   con nieves, fuegos y huracanes,
cuando el poder del aire sujeto está a mi trono
   tiene colores a millares,
y el vivo fuego esférico sus tonos forma, en tanto
   ríe la tierra insinuante.

   Soy la hija de la tierra, soy la hija de las aguas.
      Soy el retoño de los cielos;
atravieso los poros del mar y sus riberas;
      puedo cambiar, morir no puedo.
Pues después de las lluvias, en cuanto inmaculado
   el pabellón del cielo brilla,
y los vientos y el sol con sus convexos rayos
   la aérea cúpula edifican,
ríome silenciosa del cenotafio mío,
   y de la lluvia desde el seno,
como niño del vientre o espectro de la tumba,
   surjo y deshágolo de nuevo.

(F. MARISTANY)

Estancias escritas en la melancolía

   El cielo es transparente, el sol es cálido;
canta el mar con monótona porfía;
islas azules, níveos montes, llevan
la gloria del purpúreo mediodía.
El vaho de la tierra a los capullos
circunda con gentil sutilidad;
como voces diversas de un encanto,
el viento, el mar, la voz de la ciudad
son dulces cual la triste y augusta soledad.

Contemplo el fondo del no hallado abismo
sembrado de algas verdes y coral,
las olas extendidas en la playa
cual luz disuelta en lluvia sideral;
contemplo a solas la esplendente arena;
el reflejo del mar a mediodía
flota a mi alrededor, y un triste canto
me ofrece una suavísima armonía.
¿Habrá quien goce ahora la misma emoción mía?

No tengo ni esperanza ni sosiego,
ni en torno ni en mi propio corazón,
ni aquel supremo bien tan anhelado
que al Sabio le otorgó la reflexión.
No tengo amor, ni gloria, ni poder;
mi dicha considérola perdida.
¡Y hay quien goza de todos esos bienes
y encuentra placentera nuestra vida!...
¡Mi copa fue escanciada con muy otra medida!

Hoy mi desesperanza me es suave
como el agua y el viento. Me tendiera
como un niño cansado, y por la vida
que he pasado y la vida que me espera
llorara... hasta un momento en que la muerte
como un sueño ¡por fin! me invadiría.
Y querría sentir cómo mi frente
se va enfriando y escuchar querría
del mar, en mi estertor, la fiel monotonía.

Mi ausencia acaso deje sentimiento.
Cuando ese dulce día haya pasado,
quizá a mi corazón envejecido
insultará un gemido inopinado.
Soy de aquellos a quienes no ama el mundo,
mas les llora después. ¡La triste historia!...
No así ese hermoso día... Cuando el sol
llegue al ocaso de su limpia gloria,
quedará, aunque gozado, cual goce en la memoria.

(F. MARISTANY)

SOR REGENTSU

(1794-1875—JAPONESA)

Sin hogar

Por tu bondad cuando me despediste
y cerraste tu puerta airadamente,
he de dormir donde el cerezo esparce,
bajo la luna velada por la niebla,
suave fragancia. ¡Noche de mayo!

Soledad

Tanto viví en la cumbre
y tanto oí del viento los suspiros
entre adusto cimbreo de los pinares,
que ahora el corazón paréceme vacío,
como el Silencio mismo.

(A. J GUTIÈRREZ ALFARO)

WILLIAM CULLEN BRYANT

(1794-1878—NORTEAMERICANO)

Thanatopsis

Quien, con amor de la Naturaleza,
a sus formas visibles quiere unirse, le habla
ella un vario lenguaje: tiene, para sus horas
alegres una voz de júbilo, y sonrisas,
y elocuente belleza, y se desliza
entre sus más sombríos pensamientos, con dulce,
saludable ternura, y ya, sin que lo advierta,
con sigilo arrebata su pesar. Si, pensando
en la hora postrera y amarga, está tu espíritu
como por una plaga abrumado, y la triste
imagen de la dura agonía, el sudario,
el crespón y la sombra sin aire y el angosto
lugar, te estremecieren, y aliento te faltare,
sal, bajo el libre cielo, y escucha la enseñanza
de la Naturaleza, pues en torno
—en la tierra y las aguas y las simas azules—

resuena su voz leve. Pasarán breves días,
y el sol, que lo ve todo, ya dejará de verte.
Pero donde tendrás reposo eterno, solo
no te recogerás, y anhelar no podrías
lecho más fastuoso. Yacerás con aquellos
patriarcas del mundo en su niñez; con reyes
que el mundo dominaron; con buenos, sabios, formas
de hermosura; con canos augures de otros tiempos,
y todos en un vasto sepulcro. Las colinas
que ciñen riscos, viejas como el sol, y los valles
que se tienen en medio, con quietud pensativa;
los bosques venerables; los ríos que discurren
con majestad y aquellos arroyuelos dolientes
que tornan verde el prado; y, derramado en torno,
el yermo melancólico y gris del viejo océano:
todo ello es adorno fastuoso
de la gran tumba humana...
Así descansarás. ¿Qué importa, si partieses
sin advertirlo nadie y ni un amigo
recordase tu marcha? Cuantos viven
compartirán tu sino. Los alegres
se reirán al irte, y el ansia grave, lenta
discurrirá, y ya todos, como antes, su dulce
quimera han de seguir; mas todos su alegría
dejarán y su puesto, y llegando a tu lecho,
vendrán a compartirlo contigo. En tanto pasa
el séquito del tiempo, los hijos de los hombres,
el mozo en sus abriles verdes, los que se fueron
con la fuerza madura, y matrona y doncella
y niño dulce y hombre con sienes de ceniza,
uno a uno, a tu vera un día han de llegarse,
y a la vera de quienes les seguirán un día.
Vive, pues, de tal modo, que cuando te llamaren
para unirte a la innúmera caravana, que busca
el misterioso reino donde todos su cámara
tendrán en las calladas mansiones de la muerte,
no vayas, como esclavo de cantera, a la noche,
maltrecho, a su mazmorra; sino firme, aliviado
por una fe constante, acércate a la tumba
como el que las cortinas de su lecho ha corrido
en torno suyo, y yace, y espera dulces sueños.

(M. MANENT)

JOHN KEATS

(1795-1821—INGLÉS)

Endymion

Libro I

Una cosa bella es un goce eterno,
su hermosura acrece y nunca desaparecerá en la nada,
sino que guardará para nosotros
un retiro de paz, y un sueño de inefables visiones,
y salud y un respirar tranquilo.
Por eso, cada mañana nos hacemos una cuerda de flores
para seguir atados a la tierra, no importa el desaliento
y esa falta inhumana de seres que tengan nobles almas,
de los días sombríos, de las oscuras, espantosas sendas
hechas para nuestro extravío; si, a pesar de todo,
alguna forma de belleza aparta
esas tinieblas que envuelven nuestro espíritu.
Y eso es el sol, la luna,
los viejos árboles o los tiernos arbustos
ofreciendo su generosa umbría a los mansos rebaños;
y los narcisos con su verdor jugoso, y los claros arroyos
que van creándose tachados de frescura contra el ardiente
estío, o el matorral del bosque con su lluvia exquisita
de silvestres rosales;
y es también el grandioso destino que imaginamos
para los grandes muertos,
y todas esas páginas que leímos o que hemos escuchado:
una fuente infinita de bebida inmortal
que mana hasta nosotros de la orilla del cielo.

(CLEMENCIA MIRÓ)

Oda a un ruiseñor

I

Mi corazón me duele, y un sopor de honda pena me
invade como si hubiera bebido cicuta
o tomado de un trago un opio denso hace sólo un minuto,
hundiéndome en las agua del Leteo.

No es por envidia de tu feliz suerte
sino por el exceso de esa dicha
que tú, leve y alado Dríade de los árboles,
en algún escondite melodioso,
de fresco hayedo y sombras infinitas,
henchidamente cantas los veranos.

II

¡Oh, por un sorbo de vendimia, que ha ido refrescándose
en la profunda cueva
y que guarda el sabor a verdes campos,
a Flora, a danza y canción provenzal y a soleado júbilo!
¡Oh, por un vaso lleno de ese caliente sur
colmado de la auténtica y bermeja Hipocrene,
de inquieta espuma hasta sus finos bordes
que van tiñéndose de un morado denso;
si pudiera beberlo para olvidar el mundo
y contigo adentrarme en la apretada fronda!

III

Desaparecer, disolverme, ya no pensar en lo que tú,
entre las hojas,
jamás has conocido,
el cansancio, la fiebre, el hastío,
aquí donde los hombres se escuchan sus lamentos;
donde el temblor sacude grises, ralos cabellos,
donde la juventud se agosta, se hace espectral y muere;
donde pensar es ya sólo un tormento,
tener ojos sombríos,
y donde la Belleza no puede conservar su luz irresistible
ni el amor serle fiel más allá de la mañana.

IV

Lejos, lejos, he de volar contigo,
no arrastrado por Baco y sus leopardos,
sino por la Poesía de alas invisibles,
aunque nada comprenda este pobre cerebro.
¡Ya contigo! en la maternal noche,
y quizá esté la luna en su trono como una hermosa reina,
con su ronda de hadas diamantinas;

donde yo estoy no hay luz,
nada más la que trae el aire desde el cielo
resbalando por el verdor oscuro y musgosos senderos.

V

No puedo ver qué flores hay a mis pies,
ni el suavísimo incienso que baja de las ramas,
pero en la perfumada tiniebla adivino la más fina delicia
con que se acusa la estación del año:
la hierba, el soto, el frutal silvestre,
el blanco espino, la rosa pastoril del agavanzo,
las frágiles violetas cubiertas por las hojas,
y como el primogénito de Mayo,
el celeste capullo guardando su vino de rocío
donde van las abejas las tardes de verano.

VI

En esta oscuridad, escucho; más de una vez
he estado ansioso de la muerte apacible,
llamándola con diferentes nombres y persuasivos versos
para que mi suspiro apresara en el aire.
Y ahora más que nunca es propicio el deseo,
en esta medianoche, sin ningún sufrimiento,
mientras que tú vas derramando el alma
en un éxtasis único,
y seguirás cantando hasta que ya no te oiga,
tu alto réquiem vendrá al césped de mi sueño.

VII

Tú no has nacido para morir, ¡oh, pájaro inmortal!
no has tenido una generación que te pisoteara;
la voz que escucho esta noche precisa
ya fue oída por reyes y pastores hace siglos.
Quizás es el mismo canto que abrió una senda
hasta el desalentado corazón de Ruth, cuando nostálgica,
prorrumpió en llanto en el trigal ajeno;
el mismo que a menudo encantó esas ventanas mágicas
abiertas a la espuma de mares peligrosos,
en ideales tierras olvidadas.

VIII

¡Olvidar! Ya esta palabra es como una campana.
cuyo tañido me trajera de ti hacia mí mismo.
¡Adiós! La fantasía no ha podido engañarme
como acostumbra, desencantado elfo.
¡Adiós; adiós! Tu lastimera antífona se aleja
hacia el prado cercano sobre el tranquilo río,
sube hasta la colina y va perdiéndose
por el valle desnudo.
¿Fue una visión o un sueño de vigilia?
Ya no se oye el cántico. ¿Estoy despierto o es que estoy dormido?

(CLEMENCIA MIRÓ)

Hyperión

Libro III

De esta manera, alternando el clamor y paz tristísima, atónitos quedaron los Titanes.
¡Oh, déjalos tú, Musa! Déjalos a su pesar sumidos
pues eres débil para expresar tan violento tumulto.
Un dolor solitario es más digno a tus labios,
cantando la aflicción abandonada;
déjalos, pues, ¡oh Musa! que pronto has de encontrar
más de una altísima divinidad caída
vagando en busca de otras riberas trágicas.
Entretanto, pulsa piadosamente el arpa délfica
que de la flauta dórica te vendrán
los aires más suaves respirando en tu ayuda;
¡ven, porque todo ha de ser para el padre del verso!
Da su matiz exacto a la escala carmínea,
encendiendo la rosa que calienta con su perfume el aire,
y deja que los cirros de la tarde y la aurora
sobre rubias colinas, voluptuosamente, se vayan deshilando.
Convierte el vino rojo, frío como las ondas del pozo más profundo, como un fuego en la copa, y a las pálidas conchas, sobre la fina arena o en hondas cavidades,
ve dando su espiral más sonrosado del laberinto cóncavo;
y también haz que el rostro de la joven se avive
como si hubiera sido sorprendida por un beso amoroso.

Principal isla de esmeraldinas Cícladas,
regocíjate ¡oh, Delos!, con tus grises olivos,
tus chopos, tus prados sembrados de palmas, tus hayedos,
por donde sopla el céfiro su más agudo cántico,
donde los troncos del espeso avellano dan su color más denso:
¡Apolo es otra vez el tema de purísimo oro!
Dónde estaba cuando el gigante del sol
apareció glorioso entre sus afligidos compañeros?
A un tiempo abandono a su hermosa madre
y a su hermana gemela, dormidas en su retiro umbroso,
y al despuntar el alba hallose errante hasta llegar
junto a los sauces de un cristalino arroyo,
sobre el mullido lecho de los lirios del valle.
El ruiseñor había enmudecido y unas estrellas
se apagaban lentamente en el cielo, mientras el tordo comenzaba su calmosa cantiga.
En la isla no se encontraba abrigo ni retirada cueva
deshabitada del rumor de las olas, aunque a veces llegara
como un eco lejano al rincón más oculto.
Prestó atento el oído y lloró luego, y sus brillantes lágrimas
resbalaron por el arco de oro que empuñaba.
Así permanecía, con ojos entornados en su llanto,
cuando desde el cobijo de unas cercanas ramas,
con paso digno apareció una imponente diosa,
fijando en él su mirada enigmática;
anheloso quiso descifrar el misterio
mientras iba diciendo con melodioso acento estas palabras:
"¿Cómo has venido por ese mar sin huellas?
¿o es que tu antiguo porte, tu forma en amplia túnica,
vagó por estos valles, invisible hasta ahora?
Sin duda, he oído ese ropaje rozar las secas hojas,
cuando me hallaba solo en el frescor del bosque;
tu paso habré seguido al escuchar el crujido del pliegue de tu manto
sobre la soledad de finísima hierba, y habré visto
cómo las flores se erguían al deslizarte tú como un susurro..."

(CLEMENCIA MIRÓ)

Soneto escrito en una página en blanco de las poesías de Shakespeare, frente a "La queja del mundo"

Quisiera tu fijeza, ¡oh Estrella!, poseer
y cual tú no encontrarme en mi esplendor aislado
y siempre con los ojos abiertos poder ver
—cual paciente que sufre o monje desvelado—,

Las aguas agitadas en su sacerdotal
ablución de las costas y playas de la tierra,
o bien la dulcemente caída virginal
mortaja en los eriales desiertos de la sierra.

Y eternamente fijo y eternamente estable,
reclinarme en el seno de seda de mi amor,
y ser siempre mecido por su vaivén amable

en un insomnio eterno, feliz y evocador.
Y escuchando su aliento poder allí vivir,
y escuchando su aliento poder allí morir.

Cuando a veces me inquieta...

Cuando a veces me inquieta poder dejar de ser
antes que en mi cerebro mi pluma haya espigado,
antes que en unos libros acierte a recoger,
como en ricos graneros, el fruto sazonado.

Cuando veo en la noche los astros relumbrar
—vasto y oscuro símbolo de impenetrable arcano—,
cuando pienso que nunca podré tal vez trazar
su imagen con la magia de un arte soberano.

Y cuando siento a veces, mi bella de una hora,
que no veré ya más tan dulce maravilla,
se me nubla de pronto la magia encantadora

del impulsivo amor. Y a solas, y a la orilla
del ancho mundo, ansío sumir mi alma en la nada,
hasta que amor y gloria me den la hora soñada.

(F. MARISTANY)

La belle dame sans merci

—¡Ah! ¿Qué te apena, pobre ser,
que estás tan solo y abstraído?
Todos los juncos languidecen;
todos los pájaros se han ido.

¡Ah! ¿Qué te apena, pobre ser,
que estás tan fosco y angustiado?
Ya están henchidos los graneros;
ya la cosecha ha terminado.

Yo veo un lirio en tu semblante,
y fiebre, y penas rociadas,
y en tus mejillas unas rosas,
y aquesas rosas marchitadas.

—Me hallé a una dama en la pradera,
me hallé a una niña—¡cuán hermosa!—
de largos rizos, de pies breves
y de mirada desdeñosa.

La hice montar en mi corcel
—ya no vi más en todo el día—;
se inclinó un poco y me cantó
la más suave melodía.

Hice a su frente una guirnalda;
los brazos púsela floridos;
me contempló cual si me amara,
y al aire dio dulces gemidos.

Bríndome lazos seductores,
fresco maná y agreste miel,
y en lengua extraña y firme, dijo:
"Mi amor por ti es inmenso y fiel".

Llevome a su antro la hechicera,
y allí miróme y suspiró,
y allí sus ojos desdeñosos
cerré y a besos se durmió.

Y allí, ensoñados sobre el musgo,
y allí, entre sueños, ¡oh dolor!,
soñé el por siempre postrer sueño
sobre el otero engañador.

Y oí a guerreros, reyes, príncipes,
tristes y pálidos gritar:
" ¡Ah! *La belle dame sans merci*
ya te ha logrado esclavizar."

Sus labios yertos, al crepúsculo
vi absorto y mudo de dolor,
y desperté, y aquí me encuentro
sobre el otero engañador.

Y es la razón de que aquí more
tan solitario y abstraído,
aunque los juncos languidezcan
y hayan los pájaros partido.

(F. MARISTANY)

BÓLU-HJÁLMAR
(Su verdadero nombre, Hjálmar Jónsson)

(1796-1875—ISLANDÉS)

En muchos lugares...

En muchos lugares encontré testimonios de estos
(aunque a menudo me acostumbrara a ello):
que Dios posee más de una piedra preciosa
que brilla entre los deshechos humanos.

Sobre mí...

Sobre mí se oscurece la última tarde,
miro el camino que tengo delante.
Me deslumbra la fría tumba,
pero en el escudo de mi esperanza
grabo las rimas que serán oídas en el más allá.

(PONZANELLI)

ALFRED DE VIGNY

(1797-1863—FRANCÉS)

El cuerno de caza

I

Me gusta el son del cuerno, de noche, entre los bosques,
sea que cante el llanto del ciervo sorprendido,
o el adiós de los hombres que acoge el eco débil,
y que el viento del Norte traduce en un gemido.

Cuántas veces, a solas, en la sombría noche,
he sonreído oyéndole, y ¡ay! cuántas he llorado,
pues creía escuchar los cánticos proféticos
que anunciaban la muerte del Paladín tronchado.

¡Oh montaña de azul! ¡País de mis amores!
Rocas de la Franzona, circo de Marboreo,
cascadas que os formáis de nieves resbaladas,
arroyos y torrentes del alto Pirineo.

Fríos montes floridos, de dos épocas trono,
cuya frente es de hielo y el pie de césped blando,
allá es donde a la tarde tenéis que ir a escuchar
cómo el aire del cuerno se aleja suspirando.

A veces un viajero, si está en silencio el aire,
hace vibrar la noche con su eco misterioso,
y al compás de su canto se escucha en los contornos
del cordero que bala el cascabel dichoso.

Un bello ciervo atento, en vez de ir a ocultarse
se suspende en la roca más alta y arriesgada,
y la cascada une en su caída inmensa
sus quejas eternales a la áspera tonada.

Almas de los guerreros, ¿volvéis, volvéis al mundo?
¿Sois vosotros que habláis con esa voz airada?
En tu valle terrible y oscuro, ¡oh Roncesvalles!
la sombra de Rolando no está aún bien resignada.

II

    Los guerreros murieron; ninguno había huido;
queda solo; Olivier en pie a su lado está.
África sobre el monte rodéale y aún tiembla.
Ríndete, grita el Moro, Rolando, o mueres ya.

    Tus pares duermen todos en la agua del torrente...
Él ruge como un tigre y dícele: "Africano,
si me rindo será que el alto Pirineo
con sus valientes cuerpos también ruede al arcano".

    "Ríndete, pues, responde, o mueres, que ahí lo tienes",
y desde la alta cima cayó una roca informe:
brincó, cayó hasta el fondo oscuro del abismo,
y fue a romper de un cedro la verde copa enorme.

    "Gracias, gritó Rolando, me has hecho un buen camino";
y hasta el borde del monte la empuja con arresto,
y en la roca afirmada se lanza como un loco,
y presta a huir la armada, vacila al ver su gesto.

III

    Carlomagno y sus hombres, tranquilos, sin embargo,
bajaban la montaña, charlaban los valientes,
y ya en el horizonte sus aguas indicaban
de Luz y de Argelez los valles esplendentes.

    Aplaudía la armada. Para cantar a Adur
el laúd el cantor romántico acordaba;
corría el vino galo en la extranjera copa
y el soldado, riendo, con la pastora hablaba.

    Rolando guarda el monte que bajan sin temor;
montado muellemente en negro palafrén,
que avanza revestido de su gualdrapa malva,
mostrando su amuleto exclama el buen Turpín:

    "Señor, hay en el cielo nubes igual que brasas,
suspended vuestro paso, que eso es tentar a Dios:
por San Dionis' bendito, que son almas que corren
por el aire inflamado, de la una la otra en pos."

Dos relámpagos brillan, dos más brillan después,
y entonces se oye el son del cuerno plañidero;
el bravo emperador, echándose hacia atrás,
suspende del corcel el paso aventurero.

"¿Escucháis?" dice atento—"Si tal son los pastores
llamando en las alturas la rústica manada",
responde el arzobispo, "o bien la voz extinta
del Oberón frondoso que charla con su Hada".

Sigue el emperador. Su frente recelosa
está más baja y fúnebre tal vez que la tormenta;
presiente una traición y en ella está pensando
cuando otra vez el cuerno lejano se lamenta.

"¡Maldición! ¡Mi sobrino! ¡Maldición!" Pues Rolando
no pediría auxilio de no estar expirando;
subamos, caballeros, de nuevo a la montaña.
¡Tiembla aun a nuestras plantas, falso suelo de España!

IV

En el más alto monte se paran los caballos;
a sus pies Roncesvalles, callada y altanera,
de fuegos moribundos apenas se colora,
y huye en el horizonte del Moro la bandera.

—"¿Qué es lo que ves, Turpín, en el torrente oscuro?—
—Dos caballeros muertos de noble aire viril,
ambos bajo una roca están medio aplastados,
uno tiene en la mano un cuerno de marfil...
¡Nos llamó por dos veces al dar su alma al Eterno!"

¡Cuán triste es en el fondo del bosque el son del cuerno!

(F. MARISTANY)

La muerte del lobo

I

Sobre la roja luna corrían nubes blancas
como sobre el incendio se ve escapar el humo,
y los bosques estaban siniestros de negrura.
Íbamos en silencio pisando el césped húmedo

Por los espesos brezos y los breñales magnos,
cuando bajo los verdes abetos hemos visto,
marcadas en la arena, las uñas espantosas
de dos lobos viajeros que habíamos batido.

Reteniendo el aliento les hemos escuchado
y hemos parado un punto. Ni bosque ni llanura
lanzaban un suspiro al aire. Solamente
la negra giraldilla gritaba en las alturas,

pues el viento, elevado por cima de la tierra,
rozaba con suspiros las torres solitarias,
y las grandes encinas mecidas entre rocas
parecían estar sobre ellas recostadas.

Nada, pues, se movía, cuando al bajar la frente
el cazador más viejo, que estaba prevenido,
ha mirado a la arena de cerca, y muy de prisa
—él, a quien nunca errar en nada se le ha visto—,

nos ha dicho en voz baja que esas recientes huellas
anunciaban el paso, no exento de peligro,
de dos lobos cervales y dos tiernos lobeznos.
Todos hemos, entonces, sacado los cuchillos

y, escondiendo las armas de blancos resplandores,
paso a paso hemos ido las ramas separando.
Tres se paran, y yo, indagando por qué causa,
percibo de momento dos ojos abrasados,

y veo allá a lo lejos cuatro ligeras formas
que bailan, a la luna, en medio de los brezos,
como hacen diariamente, ladrando, a nuestra vista,
cuando regresa el amo, los canes placenteros.

De forma parecíanse, la danza era su danza,
mas los hijos del lobo jugaban sin aullidos,
sabiendo que a dos pasos, durmiendo sólo a medias,
se acuesta entre sus muros el hombre, su enemigo.

El padre estaba en pie. Mas lejos, junto a un roble,
su loba reposaba como el sagrado mármol
que adoraba el romano, y en cuyos flancos rudos
los semidioses Rómulo y Remo se albergaron.

El lobo acude y siéntase, las patas delanteras
erectas, y escondidas en tierra sus dos garras.
Se ha juzgado perdido al verse prisionero,
la retirada inútil, las sendas ya tomadas.

Entonces ha llevado a su bocaza enorme
del can más atrevido el cuello jadeante,
y no ha vuelto a cerrar sus férreas mandíbulas
a pesar de los tiros que daban en su carne,

y aun de nuestros cuchillos, que iguales que tenazas
se cruzaban hundiéndose en sus entrañas rojas,
hasta el postrer momento, que al perro estrangulado,
muerto mucho antes que él, bajo sus pies arrolla.

Abandónale entonces, y luego nos observa
con los grandes cuchillos hundidos en su cuerpo,
que lo atan ya a la tierra bañada con su sangre,
en tanto los fusiles rodéanle siniestros.

Nos mira todavía y a poco se recuesta,
mientras lame la sangre que corre por su hocico.
y sin querer saber la causa de su muerte,
cierra sus grandes ojos y muere sin un grito.

II

Mi frente ha reposado en mi fusil sin pólvora
poniéndome a pensar un rato, y he resuelto
no matar a la loba ni a los lobeznos, quienes
quisieron aguardarle, pues que según yo creo,

sin los hijos, la bella y altiva y triste viuda
no le hubiera dejado tan sola en aquel trance.
Mas era su deber salvarles, con el fin
de enseñarles el modo de soportar el hambre,

y a no participar del pacto de las urbes,
que con los animales serviles ha hecho el hombre
—que cazan a su lado y acechan los despojos—
los que del bosque fueron primeros moradores.

III

¡Ay! me he dicho. A pesar del gran nombre de humanos,
somos débiles, viles, pequeños y cobardes,
cómo hay que abandonar los males y la vida
vosotros lo sabéis, sublimes animales.

Para ver lo que fuimos y ver lo que dejamos
sólo el silencio es grande y es prueba de valor.
¡Ah, bien te he comprendido, sublime viajero!
Tu postrera mirada me ha herido el corazón.

Me decía: Si puedes lograrlo, haz que tu alma
—a fuerza de volverte sensato y pensativo—
logre el grado de estoica y altiva valentía
do, naciendo en los bosques, de pronto yo he sabido.

Gemir, rogar, llorar, todo eso es ser cobarde.
Cumple serenamente tu sino con lealtad,
allí donde la suerte un día te ha llamado;
sufre como yo, luego, y muere sin hablar.

(F. MARISTANY)

GIACOMO LEOPARDI

(1798-1837—ITALIANO)

El infinito

Siempre cara me fue la solitaria
colina, y esta selva que nos cierra
el último horizonte a la mirada.

Aquí en reposo miro, interminable
otro espacio surgir, y sobrehumano
silencio y profundísimo reposo
finge mi pensamiento, y casi tiembla
cobarde el corazón. Pero si el viento
oigo silbar en las vecinas frondas
aquel silencio y las presentes voces
voy comparando; y en lo eterno pienso,
en la muerta estación y en la presente
viva y violenta, de tal modo en esta
inmensidad se anega el pensamiento
y el naufragio me es dulce en este mar.

(TOMÁS MORALES)

El sueño

Era el amanecer, y por los juntos
postigos del balcón, su albor pristino
filtraba el sol en mi aposento ciego;
llena el sueño de sombras las pupilas,
vino a mi lado, me miró de cerca
la imagen fiel de la que amor primero
me enseñara y después copioso llanto.
Muerta no parecía, sino triste
criatura infeliz A la cabeza
la diestra me acercó, y en un suspiro:
"¿Vives—me dijo—y ni recuerdo tienes
ya de nosotros?" Respondí: "¿De dónde
vienes, cara beldad? ¡Ay, cuánto, cuánto
por ti sufriera y sufro! Ni esperaba
que a saberlo llegases, y así era
desconsolado más el dolor mío.
Pero ¿vas a dejarme nuevamente?
¡Ay! temiéndolo estoy. Mas di, ¿qué fuera
de ti? ¿La de antes eres? y ¿qué interno
mal te atormenta? Ya el olvido anubla
tu pensamiento, y el sopor lo envuelve".
Respondió: "Muerta soy; ha muchas lunas
que no me has visto ya". Sintió mi pecho
dura opresión, mientras seguía ella:
"En la flor de mis años extinguida,
cuando el vivir es más gustoso, y antes

de que comprenda el corazón lo vano
de la esperanza. En desear a aquella
que sus afanes cura, poco tarda
triste el mortal; mas llega sin consuelo
la muerte al mozo, y el destino es duro
de la esperanza que la tumba sacia.
Vano es saber lo que Natura esconde
al inexperto de la vida, y mucho
prevalece el saber no madurado
ciego el dolor". "¡Oh, amada, sin ventura,
calla, calla—exclamé—que me destrozas,
hablando, el corazón! ¿Así, amor mío,
muerta estás, y yo en vida, y en el cielo
mandado estaba que el sudor extremo
sentir debiese el cuerpecillo amado
y no más estos míseros despojos
enteros me quedasen? ¡Cuántas veces,
al pensar que no vives, que ya nunca
te hablaré en este mundo, no lo puedo
creer! ¡Ay de mí triste! ¿Qué es aquesto
que llaman muerte? ¡Si hoy, para probarlo,
poder tuviera, la cabeza inerme
sustrayendo al rencor tenaz del hado!
¡Joven soy, mas se pierde y se consume
como vejez mi juventud! y temo,
lejana aún, a la vejez. Mas poco
distinta de ella es la flor de mis años."
"Ambos nacimos para el llanto", dijo.
"No sonrió la dicha a nuestra vida
y el cielo en nuestras cuitas deleitóse.
Mas si me baña el llanto las pupilas,
y en palidez se vela mi semblante
por tu ausencia, y si llevo de honda angustia
cargado el corazón, dime: ¿ninguna
chispa de amor o de piedad en vida
por el mísero amante conmoviera
tu corazón? Yo, entonces, esperaba,
desesperaba, día y noche; en vana
duda se estanca hoy la mente mía.
Que si una sola vez mi vida negra
con su dolor te hirió, no me lo escondas,
te lo pido, y acórrame el recuerdo,
ya que de lo futuro nuestros días

se ven privados." Y en ella: "Ten consuelo,
¡oh sin ventura! de piedad avara
no te fui en vida, ni te soy, que digna
fui de piedad también. No te querelles
de aquesta infelicísima doncella."
"Por nuestras desventuras—clamé entonces—
y el amor que sentí por aquel grato
nombre de juventud, por la esperanza
de nuestros días muerta, dame, amada,
tu diestra, que la toque." Y ella, en el acto
triste y suave la tendía. Mientras
se la cubro de besos, palpitante
de afanosa dulzura, y al ansioso
pecho la oprimo, de sudor el rostro
y el pecho hervían; en las fauces presa
la voz; la luz temblábame en los ojos.
Ya ella, los ojos tiernamente fijos
en mis ojos, clamó: "¿Ya no recuerdas,
amor, que de belleza estoy desnuda?
y en vano, sin ventura, te estremeces
y ardes de amor. Adiós, por vez postrera.
Nuestras míseras mentes, nuestros cuerpos
para siempre se apartan. Ya no vives
para mí, nunca vivirás: el hado rompió
la fe que me juraste." Quise
gritar de angustia, y desmayado, llenas
de inconsolable llanto las pupilas,
me desprendí del sueño. Mas los ojos
reteníanla aún, y en el incierto
rayo de sol me parecía verla.

(E. DÍEZ-CANEDO)

Los recuerdos

Estrellas de la Osa, no creía
volver familiarmente a contemplaros
sobre el jardín paterno rutilantes,
y hablaros asomado a la ventana
de este mi albergue, que habité de niño
y en que el término vi de mi alegría.
¡Qué imágenes un tiempo y qué locuras
creóme en el pensar vuestra apariencia,

y la de tantas compañeras luces,
cuando, callado, sobre el verde césped,
gran parte de la tarde me pasaba,
mirando al cielo y escuchando el canto
de la rana remota en la campiña!
Y erraba la luciérnaga en las cercas
y entre los surcos; susurrando al viento
el paseo oloroso y los cipreses
allá en la selva; y bajo el techo patrio
sonaban voces varias y tranquilas
obras de servidores. ¡Qué de ideas,
qué dulces sueños me inspiró el aspecto
de aquel lejano mar y azules montes
que allá descubro, y que cruzar un día
yo pensé, ignotos mundos, una ignota
felicidad fingiendo al vivir mío!
Ignorante del hado, cuántas veces
esta mi vida, dolorosa y vana,
con la muerte, después, trocado hubiera.

    No me decía el corazón que joven
condenado sería a consumirme
en el burgo natal, entre una gente
estulta y vil, a la que extraños nombres,
argumento de risa y de burlesca,
son doctrina y saber; que me odia y huye,
por envidia no ya, que no me juzga
superior; sino porque de la estima
que yo guardé en mi ser, aunque trascienda,
a ninguno jamás doy muestra o signo,
que paso el tiempo abandonado, oculto,
sin amor y sin vida, y a la fuerza
áspero a los malévolos me torno,
que de piedad despoje y de virtudes
y llego a ser despreciador del hombre
por dureza aprendida, y mientras vuela
el caro tiempo juvenil, más caro
que la fama y laurel, más que la pura
lumbre del día y su expirar, te pierdo
sin un deleite, inútilmente, en esta
inhumana mansión, en mis afanes,
¡oh sola flor de mi desierta vida!

Viene el viento contándome las horas
de la torre del pueblo. Confortante
era este son; recuérdame las noches
cuando de niño, en tenebrosa estancia,
por continuos terrores nos dormía
la mañana esperando. Que no hay cosa
que vea o sienta, donde oculta imagen
no torne y dulce recordar no surja.
Dulce por sí: mas con dolor le agobia
el pensar del presente; un triste anhelo
del pasado es aún decir: "Yo he sido".
Aquella estancia allá, vuelta al distante
rayo de luz; esos pintados muros
figurando rebaños, el naciente
sol sobre la campiña, al ocio mío
traían mil deleites, cuando cerca
la voz me hablaba de mi error profundo,
siempre y doquier. En esta sala antigua,
al blancor de la nieve, en torno de estas
amplias ventanas, sibilante el viento
resuena del solaz y las festivas
voces mías; al par que el duro, indigno
misterio de las cosas se nos muestra
de dulzor lleno; virginal, intacta,
el jovencillo, como amante cándido,
su vida mentirosa vio gozoso
y la admiró al fingirla beldad célica.

¡Oh esperanza, esperanza, ameno engaño
de mi primera edad! Hablando siempre
retorno a ti; que por andar el tiempo,
por variar de afectos y de ideas,
olvidarte no sé. Fantasmas miro
la gloria y el honor; goces y bienes
mero, deseo; en el vivir no hay fruto,
sino inútil miseria. Y así vanos
mis años son, y desolado, y lóbrego,
es mi estado mortal, y poco quítame
la fortuna a mi ver. ¡Ah! pero cuando
pienso en vosotras, esperanzas de antes,
y en aquel caro imaginar primero,
y vuelvo a hallar este vivir tan mísero
y tan doliente, y que la muerte es sólo

lo que hoy de tantas ilusiones quédame,
siento oprimido el corazón, y siento
que consuelo no tengo en mi destino.
Y cuando, al cabo, esta invocada muerte
se me aproxime y haga llegue el término
de mi desgracia, y truéqueme la tierra
en extranjero valle, y de mi vista
huya mi porvenir, seguramente
resurgiréis; y aun aquella imagen
haráme suspirar y haráme acerbo
el ser vivido en vano, y la dulzura
del postrer día mezclará de afanes.

   Ya en el primero juvenil tumulto
de contentos, de angustias y deseos,
llamé a la muerte en ocasiones múltiples,
y sentábame allá sobre la fuente,
pensando en terminar dentro del agua
mi esperanza y dolor. Después, por ciega
maldad, llevado de la vida al hado,
lloré la bella juventud, las flores
de mis días fugaces, que caían
con el tiempo; y a veces, ya muy tarde,
sentado sobre el lecho, dolorido,
a la luz mortecina poetizando,
lamenté, en el silencio y en la noche,
lo fugaz del espíritu, a mi propio
cantándome por el fúnebre canto.

   ¿Quién recordaros puede sin suspiros,
primer albor de juventud? ¡Oh días
graciosos, innarrables, esos en que
al aborto mortal por vez primera
las doncellas sonríen, y a porfía
todo en torno también: la envidia calla,
aun no despierta o complaciente, y casi
(¡inusitada maravilla!) el mundo
la diestra amiga protector le tiende,
excusa sus errores, le festeja
su venir a la vida, e inclinándose,
muestra que por señor le acoge y llama!
¡Fugaces días! Como en un relámpago
pasados son. ¿Y qué mortal ajeno

de desdicha estará si de él ha huido
esa vaga estación, si el tiempo hermoso
¡ay! de su dulce juventud ha muerto?

¡Oh Nerina! ¿Y de ti no oigo siquiera
a estos sitios hablar? ¿Tal vez caída
de mi pensar estás? ¿Dónde te hallas
que el recuerdo de ti tan solamente
encuentro? ¡Oh mi dulzura! ¡No te mira
ya esta tierra natal; esa ventana
donde solíamos hablar y donde
tétrico luce de la estrella el rayo,
desierta es. ¿Do has ido que no escucho
sonar tu acento, como aquellas horas
cuando llegaba toda voz lejana
del labio tuyo, que escuchara, el rostro
a inmutarme? ¡Otro tiempo fue! Tus días
huyeron, dulce amor. Pasaste. A otros
hoy les toca pasar por esta tierra
y habitar sus colinas olorosas.
Pero pasaste rápida. Cual sueño
fue tu vida. Danzando, aquí en tu frente
brillaba el goce, y en tus ojos negros
el confiado imaginar, la llama
de juventud, cuando apagola el hado
y caíste; ¡ay Nerina! en mi ser vive
aquel amor. Si en fiestas y reuniones
me mezclo alguna vez, entre mí mismo
digo: "¡Oh Nerina, para ti no hay fiesta;
tú no te adornas ya; tú no apareces!"
Si vuelve mayo y ramos y canciones
a sus beldades llevan los amantes,
exclamo: "¡Oh mi Nerina, nunca vuelve
para ti primavera, ni amor torna!"
Todo día sereno, toda playa
florecida que miro, cualquier goce,
me hace decir: "Nerina no disfruta
del campo ni el ambiente". ¡Ay! tú pasaste,
suspiro mío eterno, y fiel compaña
de este mi vago imaginar, de todos
mis tiernos sentimientos y mis tristes
latidos, es la recordanza acerba.

(A. LEDESMA)

THOMAS HOOD

(1798-1845—INGLÉS)

El lecho de muerte

   Velábamos su aliento aquella noche
—su aliento tardo, débil y suave—
y en su agostado pecho ya la vida
apenas si acusaba su oleaje.

   Circulábamos tan pausadamente,
hablábamos en voz tan apagada,
como si de nosotros dependiera
que unas horas la muerte se alejara.

   La esperanza vencía los temores,
vencían los temores la esperanza,
la veíamos ya muerta y aún dormía,
la veíamos dormida y se apagaba.

   Cuando llegó por fin la aurora tétrica,
lluviosa, opaca y fría, ya sus ojos
habíanse cerrado; disfrutaba
de una aurora más bella que nosotros...

(F. MARISTANY)

¡Cómo recuerdo con dulzura!...

   ¡Cómo recuerdo con dulzura
la alegre casa en que nací,
la ventanita donde el sol
jugueteaba junto a mí;
jamás llegó el día muy presto,
jamás tardó mucho en pasar!
¡Ay, ahora ansío que la noche
venga mi día a terminar!

¡Cómo recuerdo con dulzura
aquellas rosas carminosas,
aquellos lirios y violetas,
aquellas flores luminosas;

las lilas mágicas y alegres
donde mi hermano disponía
el arbolillo de su fiesta!
¡El árbol vive todavía!

¡Cómo recuerdo con dulzura
de mis ensueños el lugar,
el aire fresco que cortaban
las golondrinas al volar;
era mi espíritu de pluma
mas hoy, ¡oh, Dios!, cuán diferente;
ningún frescor hoy refrescara
la calentura de mi frente!

¡Cómo recurso con dulzura
El pino altivo y corpulente
cuya alta copa yo pensaba
llegaba al mismo firmamento!
Era infantil, era ignorancia,
pero cuán triste es ver que el cielo
se halla más lejos de mis ojos
que entonces siendo pequeñuelo.

(F. MARISTANY)

SIGURDUR BREIDFJORD

(1798-1846—ISLANDÉS)

Cantos

I

El amor tiene suaves pestañas,
mas de distinta naturaleza las manos;
una es blanda, la otra hace daño,
pero ambas calientan el corazón.

II

Hoja al viento es la duración de la vida,
y pequeña la silla de la felicidad;

¿por qué ligar el ánimo
a los apresurados gestos del mundo?

III

Desde lo alto el sol esparce
blancos listones en el mar;
el mundo puede ver su belleza
reflejada en el azul de las aguas.

(PONZANELLI)

ANDERS FJELNER

(SIGLOS XVIII y XIX—DE LA LAPONIA)

La Doncella del Sol

La Doncella del Sol dice: "¡Ya ha perdido este hombre el
rebaño!" Cuando hubieron llegado a la choza y cubierto
el suelo con ramas, le dijo ella a él: "Tapa bien todos
los agujeros. No tiene que verse ni uno solo". Se puso a
taparlos y se decía para sus adentros: "Tengo que esforzarme
en taparlos todos bien". Después hizo la Doncella
del Sol la cama con blanquísimas sábanas. Y se despertaron
muy temprano. El sol penetraba por un pequeño agujerito.
La Doncella dice: " ¡Oh! ¡Estoy viendo los ojos
de mi padre y de mi madre!" Y sale fuera de prisa y desaparece,
y detrás de ella el rebaño. Los renos se vuelven allí de piedra.

(CARLOS CLAVERIA)

ADÁN MICKIEWICZ

(1798-1855—POLACO)

El cazador

Ved al joven cazador
soportando con anhelo
del sol ardiente el calor;
ved que llega al arroyuelo
y exclama así en su dolor:

—Antes de partir quisiera
verla, sin que ella me viera,
pues temo que su mirada,
lánguida y apasionada,
partir de aquí me impidiera.

En seguida, entre el follaje
que el sol con su lumbre dora,
ve a una bella cazadora
vistiendo de Diana el traje,
que la mirada enamora.

Un potro con ligereza
la conduce entre la jara;
tira la rienda, le para,
y vuelve atrás la cabeza
como si alguno esperara.

Siente el cazador enojos,
tiembla y se enfurece al fin,
y en sus párpados, ya rojos,
brilla el fuego que Caín
debió sentir en sus ojos.

Serenarse quiere, en vano,
pues la cólera le inquieta,
y, cediendo a un odio insano,
carga con trémula mano
el cañón de su escopeta.

Se aleja, porque a su mente
otro pensamiento sube;
pero no, que de repente
ve pasar como una nube
fugaz y resplandeciente.

El alma entonces le abrasa
un pensamiento sombrío;
levanta el arma con brío:
Apunta... la nube pasa
y sólo se ve el vacío.

(JAIME MARTI MIQUEL)

La emboscada

Poema cosaco

¿Por qué de la luna al brillo
furioso deja el barón
el calado pabellón
del parque, y hacia el castillo
va con precipitación?

Víctima de un frenesí
llega hasta el lecho, levanta
la cortina carmesí,
y mira, y tiembla y se espanta
al ver que no hay nadie allí.

Baja la vista afanosa,
doblegándose al azote
de los celos, que le acosa,
y con mano temblorosa
acaricia su bigote.

Después de reflexionar
breve instante, de cruel
duración a no dudar,
al punto manda a llamar
a Naürna, el cosaco fiel.

—¡Cosaco!— grita exaltado.
¡Cómo no ve tu Señor
en la puerta del pastor,
ni vigilante criado
ni podenco gruñidor!

Coge mi morral de piel
de nutria. ¡Voto a Luzbel
que ya el coraje me inquieta!
¡Mi fusil! Tráete con él
mi reluciente escopeta.

Con las armas y el coraje
que le roe el corazón,
cruza el oscuro ramaje
donde se alza el pabellón
escondido entre el follaje.

La luna en lo alto fulgura,
e ilumina sobre un banco
tapizado de verdura,
de una joven la figura
envuelta en un traje blanco.

Ocultan sus ojos bellos
los bucles de sus cabellos,
que bajan desde la frente
a morir en el turgente
seno que se envuelve entre ellos.

Y con mano mal segura
rechaza, fingiendo enojos,
la insistencia y la ternura,
de un joven que su hermosura
está adorando de hinojos.

—¡Oh!—la dice—. ¿Mi dolor
no consuelas? Tu albedrío,
tus miradas y tu amor,
todo lo que antes fue mío,
¿lo ha comprado tu señor?

¿Y yo, que cual ves aquí
a tu amor rindo mi ser,
que lloro con frenesí,
viviré lejos de ti...?
¡Si es vivir el padecer!

Él no ha sentido esa lava
de amor; mas llega altanero
y triunfa, y de ello se alaba,
y tú eres sólo una esclava
comprada con su dinero.

Posible es que tal tibieza
halle en ti mi queja leve.
Que la dejes, si él se atreve
a reclinar su cabeza
sobre tu seno de nieve!

Yo, a pesar de tus reproches,
sujeto a tu voluntad,
envuelto en la oscuridad,
vendría todas las noches
con calma o con tempestad.

Sólo a darte, amada mía,
a oír el dulce sonido
de tu voz, que me extasía,
y después de haberle oído,
más contento partiría.

Callóse el joven amante,
hecho el corazón pedazos;
ella le mira anhelante;
resiste... pero no obstante,
le abre al fin los tiernos brazos.

En tanto el barón adusto
devora la pena amarga
que el pecho cruel le embarga,
y oculto tras un arbusto
pone al fusil doble carga.

—¡Señor!—le dice el cosaco,
no sé qué demonio ahora
me ciega, ¡voto al dios Baco!
Yo no mando bala y taco
sobre esa joven que llora.

Por más que con mano inquieta
el gatillo estoy doblando,
una gota mal sujeta
ha caído en la cazoleta,
desde mis ojos rodando.

—¡Satanás cargue en seguida
con tu necia compasión!
De limpiar la piedra cuida;
muda el cebo, y por tu vida
que apuntes al corazón.

Yo me encargo de ese vil,
castigaré su torpeza
metiéndole en la cabeza
la carga de mi fusil.
¡Ahora... buen ojo... y firmeza!

El cosaco se prepara,
apunta con atención,
cede el gatillo... dispara...
y cae inerte el barón
con todo el tiro en la cara.

(JAIME MARTÍ MIQUEL)

CONDE DIONISIO SOLOMOS

(1798-1856—GRIEGO)

La envenenada

Tú cantabas todas mis canciones,
ésta no me la cantarás;
ésta ya no la oirás.
Porque reposas bajo la losa del sepulcro.
¡Ay, bien me acuerdo! Tú estabas sentada
a mi lado, con el rostro muy pálido.
"¿Qué tienes?"—pregunté, y me respondiste:
"¡Debo morir, he de tomar veneno!"
Y lo has tomado con tu mano cruel
¡oh, hermosa niña! y este cuerpo
que debía llevar traje de novia
ahora lo cubre el trágico sudario.
El ornamento de tu cuerpo en la tumba
es la virginidad.
En vano el mundo te acusaba
con palabras crueles.

Callad, callad. Recordad que tenéis
una esposa, una hija, alguna hermana.
Callad, la desdichada duerme en su sepulcro,
pero allí eternamente dormirá casta y pura...

(JOAQUÍN DEL VAL)

ALEJANDRO PUSHKIN

(1799-1837—RUSO)

El talismán

Allá donde las olas rompen eternamente
contra las áridas rocas al chocar,
donde la luna brilla más luminosamente
durante la encantada hora crepuscular,
donde su harén gozaba,
viendo pasar los días, el musulmán,
una bella hechicera mientras me acariciaba
me entregó un talismán.

Besándome decíame la hermosa:
guarda mi talismán que hasta ti llega...
¡Tiene una fuerza misteriosa!
Es el amor quien te lo entrega.
De la dolencia, del sepulcro temido,
de la tormenta o del huracán
a tu cabeza, ¡oh, mi bien querido!
no la protegerá mi talismán.

No te dará los resplandores
de los tesoros del Oriente,
y del Profeta los adoradores
no inclinarán nunca ante ti la frente.
Junto a un pecho amical que no te huya,
desde las tristes tierras que lejanas están,
de Norte a Sur hacia la patria tuya
no te trasladará mi talismán.

Mas cuando unas pupilas engañosas
de improviso te hechizarán
y unos labios, del nocturno en las sombras misteriosas,
sin amor te acariciarán,
entonces del crimen, amigo querido,
de las nuevas heridas del amoroso afán,
de la traición y del olvido
¡te salvará mi talismán!

Una flor

Veo una flor seca y sin perfume
en un libro olvidada,
y una idea extraña se resume
así en mi alma inquieta:

¿Cómo te abriste? ¿Cuándo, qué primavera?
¿Viviste largo tiempo? ¿Quién te ha cortado?
¿Alguna mano amiga o una mano extranjera?
¿Y por qué aquí te han destinado?

¿Fue en remembranza de amoroso
cita o de separación irrevocable,
o de un paseo en soledad bendita
entre la umbría del boscaje amable?

¿Aún vive aquél o aquélla que te ha cortado
y esa alma en qué refugio se halla escondida?
¿O tal vez ya se ha marchitado
como esta flor desconocida?

A mis deseos he sobrevivido...

¡A mis deseos he sobrevivido
y no poseo ya ilusiones!
Sólo el dolor he retenido,
fruto de mi vacío de emociones.

Bajo el ciclón de un cruel destino
hundióse mi corona triunfadora;
voy triste y solo por mi camino
y pienso: ¿cuándo llegará mi hora?

Así, golpeada por la helada ruda,
cuando de la tormenta se oye la cavernaria
voz, en la rama desnuda
palpita una hoja solitaria.

(ELISABETH MULDER)

HEINRICH HEINE

(1799-1856.-ALEMÁN)

Un pino solitario

Se alza un pino solitario
sobre el calvo monte esbelto.
Dormita en blanco sudario
de hielo y de nieve envuelto...
Sueña en una alta palmera
que, lejos, allá en Oriente,
solitaria y altanera
se mustia en un cerro ardiente.

(F. MARISTANY)

¿Dónde?

¿Dónde estarán las paredes
de mi postrera morada?
¿Junto al Rhin, bajo los tilos,
o en el Sur, bajo las palmas?

¿Enterrado en un desierto
seré por manos extrañas,
o iré a posar mis cenizas
en la arena de una playa?

¡Qué importa! El Dios de los cielos
donde esté me irá a buscar,
y cual lámparas mortuorias
los astros me velarán.

(F. MARISTANY)

Eres lo mismo que una flor...

    Eres lo mismo que una flor
por bella y fresca y suave y pura;
viéndote así mi corazón
siéntese lleno de amargura.

    Siento que pósanse mis manos
sobre tu testa con dulzura,
y a Dios le pido te conserve
tan bella y fresca y suave y pura.

(F. MARISTANY)

Tuve en un tiempo...

    Tuve en un tiempo una adorable patria,
do un roble inmenso
se erguía y las violetas olían suavemente.
Mas fue un ensueño.

    Besome y suavemente me dijo en alemán
(Precisa haberlo
oído, ¡tan bien suena!) estas palabras: "Te amo".
Mas fue un ensueño.

(F. MARISTANY)

Resplandecía el mar lejano...

    Resplandecía el mar lejano
del postrer fuego del crepúsculo;
sentados en la choza de un pobre pescador
solos estábamos y mudos.

    Se alzó la niebla, irguiose el agua;
las blancas gaviotas de aquí y de allá volaban
¡ay!, de tus ojos amorosos
se deslizaron unas lágrimas...

Las vi caer sobre mi mano;
frente de ti me arrodillé,
y en la preciosa mano blanca
quise las lágrimas beber.

Decae mi cuerpo desde entonces;
de pena muérese mi alma;
la desgraciada moza aquella
me ha envenenado con sus lágrimas.

(F. MARISTANY)

Angélica

Siempre le tapo los ojos
cuando la beso en la boca;
y ella, por saber la causa,
desde entonces me interroga.

De la noche a la mañana,
me pregunta a todas horas:
"¿Por qué me tapas los ojos
cuando me besas la boca?"

Yo no le digo por qué;
ni yo mismo lo sé ahora...
¡Pero le tapo los ojos
para besarla en la boca!

(LUIS GUARNER)

Se querían los dos...

Se querían los dos, pero ninguno
reveló su pasión.
Mirábanse los dos como enemigos,
¡muriéndose de amor!

Separáronse, al fin, y sólo en sueños
el uno al otro vio;
¡estaban mucho tiempo, sin saberlo,
en la tumba los dos!

(LUIS GUARNER)

Al ir a separarse dos amantes...

Al ir a separarse dos amantes
se dan la mano y se echan a llorar;
danse el último adiós, y solamente
se les oye gemir y suspirar.

Nosotros no lloramos
ni suspiramos con el alma fiel;
las lágrimas, suspiros y lamentos
han venido después.

(LUIS GUARNER)

¡Hoy es tan bello el mundo!...

¡Hoy es tan bello el mundo y tan azul el cielo!
Canta tan dulcemente el cristalino río
¡Son tan suaves los vientos; tan bellas, en el suelo,
las flores coronadas con gotas de rocío!

La alegre muchedumbre, feliz y placentera,
con sus algarabías me tiene rodeado...
¡Y en el sepulcro frío sólo yacer quisiera
al cuerpo de mi amada para siempre abrazado!

(LUIS GUARNER)

Problemas

En la desnuda arena,
cabe la mar alborotada y sola,
por acallar mis dudas y mi pena
así le dije a la encrespada ola:

"¡Descúbreme el arcano
que guarda los secretos de la Vida:
el enigma que al genio soberano
ofusca o deja con el alma herida.

"Aclárame el problema
que agita mi razón eternamente:
como una llama arrolladora quema
al pensador la aridecida frente.

¡Cuánta inmortal cabeza
luchó tenaz por descifrarlo en vano!
la que ostentó su divinal grandeza,
de la tiara en el brillo sobrehumano;

la que con nimbo de oro
—mitra o corona—se ciñó potente,
y robando a la ciencia su tesoro
abrió surco de luz indeficiente.

Acalla, antes que muera,
mi sórdida inquietud, ola espumante:
di: ¿qué es el hombre que tu fallo espera?
¿do la mueve su planta vacilante?

¿En dónde están los nidos
do la arrullara paternal desvelo?
más allá de los astros encendidos,
decid, olas, ¿qué guarda el combo cielo?"

La mar embravecida
agita sus legiones de colosos;
la nube por el viento sacudida
rueda sobre los tumbos procelosos.

Los astros desde el cielo
—viajeros del espacio—tristemente
muestran la faz y su fulgor de hielo
derraman sobre el mundo indiferente.

Y en la desnuda arena,
cabe la mar alborotada y sola,
un loco aguarda con amarga pena
que le conteste la encrespada ola...

(GUILLERMO VALENCIA)

Paso por tu casa y miro...

Paso por tu casa y miro
cuando brilla la mañana;
¡cuán dulcemente suspiro,
niña hermosa, si te admiro
asomada a la ventana!

En mí clavas complacientes
los ojos, negros y ardientes,
y que preguntas, infiero:
—"¿Quién eres? ¿Qué es lo que sientes,
melancólico extranjero?"

¿Quién soy?... Un vate alemán,
y allí me conocen bien;
si citan con noble afán
nombres que gloria les dan,
citan el mío también.

¿Qué siento?... Lo que yo siento
lo sienten muchos allí;
cuando citan un portento
de infortunio y sufrimiento,
también me citan a mí.

(T. LLORENTE)

El sauce y el ciprés

Cuando a las puertas de la noche umbría,
dejando el prado y la floresta amena,
la tarde melancólica y serena
su misterioso manto recogía;

un macilento sauce se mecía
por dar alivio a su constante pena,
y con voz suave y de suspiros llena
al son del viento murmurar se oía:

"Triste nací, mas en el mundo moran
seres felices que el penoso duelo
y el llanto oculto y la tristeza ignoran!"

Dijo, y sus ramas esparció en el suelo.
"¡Dichosos ¡ay! los que en la tierra lloran!"
le contestó un ciprés mirando al cielo.

Si supieran las pobres florecillas...

Si supieren les pobres florecillas
cuán vivo es mi dolor,
me ofrecieran, piadosas y sencillas,
su aroma bienhechor.

Si supieran los tiernos ruiseñores
cuán grande es mi penar,
darían algún alivio a mis dolores
cantando sin cesar.

Si supiesen los astros en el cielo
cuán hondo es mi sufrir,
dejaran, para darme algún consuelo,
su alcázar de zafir.

Pero no saben ¡ay! la pena mía
estrella, ave ni flor;
sábelo sólo quien desdeña impía
mi afán y mi dolor.

Al zarpar

En el inquieto mástil apoyado,
las olas cuento y sigo hasta la orilla:
¡Adiós, tierra natal, hogar sagrado!
¡Qué aprisa vas, barquilla!

Ante la casa paso de mi amante:
en su alegre ventana el sol destella;
casi me miro en su cristal brillante,
mas ¡ay! no hay nadie en ella.

Reprimiré este lloro lastimero
que a mis pupilas da velo sombrío:
el mal que te amenaza arrostra entero,
¡valor, corazón mío!

Lírica

¡Oh!, ¿por qué están tan pálidas las rosas?,
dime, mi amor, ¿por qué?
¿Por qué la azul violeta, muda y triste,
entre la hierba suspirar se ve?

¿Por qué la alondra con tan triste acento
en el espacio lanza su canción?
¿Por qué aparece ante mis mustios ojos
cadavérico el sol?
¿Por qué tiene la tierra, verde y bella,
de un sepulcro el hedor?

¿Por qué estoy tan enfermo yo y tan triste?
amor de mi alma, di.
¿Por qué, mujer que ciegamente adoro,
me has olvidado a mí?

ANÓNIMO

(DE LITUANIA)

Canción popular

Cuando era pequeño,
pequeño, no grande,
yacía en la cuna de oro,
no quería dormir.
Cuando desperté crecí
y frecuenté los muchachos;
yendo al establo,
cuidaba los caballos.
Papaíto mío,
viejecito mío,
¿qué caballo me das
para ir con mi bella?
—Hijito querido,
trebolito mío,
escoge en la manada
el que prefieras.

(PONZANELLI)

ANÓNIMO

(DE LITUANIA)

Otra canción popular

   Tilo querido, tilo verde,
bella es tu corona.
Tu corona con flores de oro
y clara plata el tronco.
Bajo el verde tilo hay una banqueta nueva
Cerca de la banqueta estaba
una silla policromada,
y allí sentada una joven doncella.
—Muchacho, hermoso muchacho,
¿dónde quieres llevarme?
—Yo tengo un anciano padre:
posee un hermoso terreno;
allá te llevo, amor.

(PONZANELLI)

ANÓNIMO

(DE ESTONIA)

Elegía tradicional

   ¡Oh tú, Muerte, medio negra,
enfermedad, abrigo sucio!
Te llevaste a papá y mamá,
mis queridos, a la tumba.
Me puse a llamar a mamá,
a llorar a la querida:
mamaíta, hada mía,
¿por qué moriste tan pronto,
por qué fuiste enterrada antes que los otros?
¿De plata creías la tumba,
de oro quizá la fosa?

(PONZANELLI)

ANÓNIMO

Parábola sueca

Cuando el campo está cubierto
de nieve pálida y fría,
un gorrión, que aparecía
en un árbol, casi yerto,

ensayó un vuelo, y llamó
con el pico en la vidriera
de una casa en la pradera
que por su dicha encontró.

Abriéronle con afán,
y allí pasó la estación
alimentándose con
las migas del negro pan.

En la época de las flores
salió, de pluma cubierto;
hizo su nido en el huerto,
y allí cantó sus amores.

Volvió la nieve a cuajar,
y él, con su prole parlera,
con el pico en la vidriera
otra vez volvió a llamar.

Los hijos del aldeano
exclamaron:—Padre, ¿sabes
lo que dicen estas aves?
—Sí tal—contestó el anciano—.

Expresan con dulce acento
esta sublime verdad:
Que da la hospitalidad
amor y agradecimiento.

(JAIME MARTI MIQUEL)

CANCIONES POPULARES SERBIAS

La muchacha y la Vila

Ha caído la lluvia, dulce rocío sobre el campo;
la muchacha está triste en la casa:
"Mi amado se mojará en el campo;
lleva sobre sus hombros un caftán de lana.
bajo el caftán un chaleco de terciopelo,
bajo el chaleco una camisa de lino,
sobre el pecho un reloj de oro;
cabalga un buen potro salvaje."

Desde el seno del bosque le habla la blanca Vila;
"Silencio, nada temas, virgen que estás en tu casa.
He levantado en el campo una tienda de seda;
bajo la tienda tu amado está dormido;
está cubierto por una manta de cibelina
y cubre su cabeza con un pañuelo de oro."

La muchacha y el pez

Sentada a orillas del mar, una muchacha
se habla a sí misma a solas:
"¡Ah!, dice, querido Dios, Dios a quien amo,
¿qué hay en el mundo más extenso que el mar?
¿Qué hay más ancho que la llanura?
¿Qué hay más rápido que el caballo;
qué hay más dulce que la miel;
qué hay más querido que un hermano?"

Desde el seno del mar el pez le contesta:
"Muchacha enajenada,
más vasto es el cielo que el mar,
más ancho es el mar que la llanura,
más rápidos son los ojos que el caballo,
más dulce es el azúcar que la miel,
más querido es un amigo que un hermano."

Los dos ruiseñores

Dos ruiseñores cantaban durante toda la noche
No dejaban dormir a la joven esposa;
ella despertó a su marido:
"Levántate de prisa, esposo mío,
¿por qué cantan así esos dos ruiseñores?"
El marido contesta a su joven esposa:
"No son dos jóvenes ruiseñores;
son dos muchachos:
gimen de amor por dos muchachas;
de ese modo gemía yo por ti,
hasta que conseguí tu amor, alma mía."

ANÓNIMO

(DE LOS ALGONKINOS, INDÍGENAS DEL CANADÁ)

Canto de las estrellas

Nosotras somos las estrellas que cantamos.
Cantamos con nuestra luz;
somos los pájaros de fuego
y volamos por el cielo.
Nuestra luz es una voz.
A los espíritus les preparamos un camino,
un camino por dónde pasar.
Bajo nosotras hay tres cazadores
que persiguen un oso:
siempre han hecho así.
Desde lo alto vemos las montañas.
Este es el canto de las estrellas.

(PONZANELLI)

ANÓNIMO

(DE GROENLANDIA)

Canción de un cazador

Vi un oso
en el hielo a la deriva
como pacífico perro,
saltó hacia mí
agitando la cola.
Hubiera querido devorarme en seguida;
airado dio vueltas a mi alrededor y gruñía,
pero yo lo esquivé rápidamente.
Desde la mañana hasta hora avanzada
jugamos a cogernos;
después el oso cansado
renunció al juego:
entonces le clavé la lanza en el costado.

(PONZANELLI)

ANÓNIMO

(DE GROENLANDIA)

Canto de la maga de Iglulik

¡El gran mar
me pone en movimiento!
¡El gran mar
me lleva a la deriva!
Me hace ondular
como el agua sobre la piedra
en el agua del río.
¡La bóveda del cielo
me pone en movimiento!
El tiempo poderoso
sopla a través de mi espíritu.
Me arrastra consigo,
y yo tiemblo de alegría.

(PONZANELLI)

ANÓNIMO QUECHUA

Canción De Amor

¿Acaso fue mi madre la vicuña de las pampas
o fue mi padre el venado de los montes,
para ser errante,
para andar sin descanso
por los montes y las pampas
arropado tan sólo por el viento,
en los valles y los cerros
vestido de viento y frío?
¿O nací en el nido del pukupuku
para llorar en el día,
para llorar en la noche,
como el pichón del pukupuku,
arropado tan sólo por el viento?
Las gotas de agua
que amanecen en las flores
son lágrimas de la luna
que llora por la noche.

ANÓNIMO

(DE MELANESIA)

Canto de los isleños de Fiji

El viento sopla en los grandes montes de Mongodoro,
sopla entre las rocas de Mongodoro.
También juega entre los rizos claros de Naloko.
Tú me amas, Naloko, y yo te soy devota.
Si tú me olvidas, ya no conocería el sueño.
Si tú estrecharas a otra entre tus brazos,
todos los alimentos para mi tendrían sabor de raíz amarga.
El mundo estaría atrozmente privado de alegría
sin ti, mi joven ligero,
de anchas espaldas, de fuerte nuca.

POESÍAS DE ÁFRICA

La venganza

(Poema de la isla de Madagascar)

—¿Dónde estás, bella Javuna?
El rey despierta y su amorosa mano
extiende para hacerte una caricia,
la extiende, pero en vano.
¡Ah! ¡Javuna! ¿Eres culpable
y vives todavía?
¡En brazos de otro, siesta deleitable
duermes tranquilamente!
¡Apura con tu cómplice la copa
de inefable placer; sacia tu ardiente
sed de gozar placeres usurpados
al rey a quien los debes!
Los últimos serán que gocéis juntos;
¡moriréis como mueren los aleves!
¡Guardias! Buscad a Javuna y a su amante,
grita furioso el rey, y los encuentran
desnudos, dulcemente encadenados
por los lazos de amor. ¡Desventurados!
Vuestra amorosa siesta,
encuentra al despertar muerte funesta.
Vais a morir, pues merecéis la muerte,
exclama el rey airado:
¡Toma, joven osado,
esta *azagaya*: tómala; fiada
a tu mano estará para que hieras
el fementido pecho de tu amada!
El joven tiembla, retrocede, y luego
se cubre el rostro con entrambas manos:
La impura Javuna vuelve
sus ojos hacia él: ojos livianos
que con lascivo afán brillaban antes,
y con terror ahora: ciega furia
despiden las miradas centelleantes
del rey; su ira en el delirio raya;
empuña la *azagaya*,
la empuña con furor y Javuna cae

herida mortalmente; el raudo giro
de su vida cesa; sus moribundos
labios entreabre el último suspiro.
Su infortunado amante,
también herido casi al propio instante
por la *azagaya* airada,
cae junto al cadáver de su amada,
mientras el rey exclama de esta suerte:
—¡Desventurados! Vuestro loco empeño
os ha dado la muerte.
¡Juntos dormid aquí el último sueño!

(JAIME MARTI MIQUEL)

La culebra y la rana

(Fábula de la isla de Madagascar)

Una culebra de cabeza chata
en un fangar dormida
halló una rana, la cogió una pata
y por el fango la arrastró en seguida.
—¿Estás contenta?—preguntó la rana.
—Sí—dijo la culebra muy gozosa.
—Permite que lo dude un poco, hermana,
porque si lo estuvieras, es corriente
que habías de decirlo claramente.

—Pues bien, estoy contenta,
dijo el reptil, su torpe boca abriendo.
La rana, al caso atenta,
diola en los dientes con la pata, huyendo
de aquel peligro, que al reptil afrenta.
Valor y sangre fría, de seguro
salvan al hombre de inminente apuro.

(JAIME MARTI MIQUEL)

Cántico de la muerte

¡Ay! ¡Ay, padre! ¿Por qué, padre, abandonas tu hogar?
Un hombre te ha muerto, ¡oh, padre!
Procurad la venganza de su muerte...

Tu sombra va a pasar a la otra orilla.
¡Oh, padre! ¿Por qué abandonas tu hogar, oh, padre?
El cielo se esclarece, los ojos se oscurecen,
el agua cae del árbol gota a gota, la rata sale de su madriguera.
Ved que ésta es la casa del padre.
Segad las hierbas funerales.
Rociad por el costado izquierdo, rociad por el derecho...
Un hombre ve ahora las cosas invisibles.

Cántico del fuego

Fuego, fuego, fuego del hogar de abajo, fuego del hogar de arriba;
luz que brilla en la luna, luz que brilla en el sol,
estrella que chispea en la noche, estrella que hiende la luz, estrella errante.
Espíritu del trueno, ojo brillante de la tempestad,
fuego del sol que nos alumbra,
te llamo para la expiación, fuego, fuego.

Fuego que pasa, y todo muere en tus huellas,
fuego que pasa, y todo vive en pos de ti,
los árboles han ardido, cenizas y cenizas.
Las yerbas han crecido, las yerbas han fructificado,
fuego amigo de los hombres, yo te llamo, fuego, para le expiación.
Fuego, yo te llamo, fuego protector del hogar;
pasas tú, vencidos todos, nadie te sobrepuja,
fuego del hogar, te llamo para la expiación.

Cántico del cocodrilo

El elefante ha resbalado, resbalado con una repulsa,
este árbol se vence:
Levántalo en alto,
ahora se vence de aquí.
Empújalo a izquierdas.
Ahora se vence de allá,
empújalo a derechas.
No esté tu fuerza silenciosa, inerte.
Volvamos aquí, volvamos reculando,
es dura esta tierra.
Protector de nuestros padres, no cierres los oídos,
protege a tus hijos.
Volvamos aquí, volvamos allá.
La trampa está dispuesta.

Te hemos preparado alimentos,
removida la piedra del hogar.
No demores tu socorro, ¡oh padre cocodrilo!
Quiero permanecer al filo de la orilla.
Nuestros antepasados lograron la victoria.
Las fiestas de iniciación se hacen para sus sucesores.

Locura

Es locura,
locura meterse a viajero,
ponerse en viaje
llevando alguna sangre de niña.
Cuando quisimos asar las raíces silvestres
cayó sobre nosotros muy grande oscuridad.
No eran las tinieblas.
Oscuridad pavorosa.

El jefe

Vosotros que mandáis en las selvas, espíritus de las selvas, vosotros que estáis a mi mandar, yo os llamo, responded sin tardanza, responded al punto.
Enviaré el relámpago que al pasar quiebra los cielos,
enviaré el trueno que al pasar lo rompe todo,
enviaré el viento de la tempestad que al pasar arranca los bananeros,
enviaré la lluvia de tormenta que cae de la nube y lo barre todo.
Y todos responderán a la voz de su jefe.
Vosotros todos que me obedecéis, indicadme el camino,
el camino que han tomado los fugitivos.
Espíritus de las selvas, responded.

El fusil

Por ti solo, ¡oh fusil!, por ti solo
por el bosque adelante,
alejándome siempre de la aldea,
alcancé el gran cuchillo de los hombres,
sin que nadie me viese,
cuchillo pendiente del garfio del pilar,
alcancé el cuchillo,

lo ceñí al costado,
colgado en bandolera,
sin que nadie me viese,
por el bosque adelante.
¡Oh fusil mío!, por ti solo.

El niño devorado

—Madre, mi madre, que trabajas lejos,
Koyuko ha devorado a mi hermano Solo;
madre, mi madre, que trabajas lejos,
Koyuko ha devorado al hijo de mi madre Solo;
madre, mi madre, que trabajas lejos,
Koyuko ha devorado a mi hermano Solo;
madre, mi madre, que trabajas lejos.

Diversos cantos

1

Yeyé, oh, la, yeyé,
Dios en alto, el hombre en tierra,
yeyé, oh, la, yeyé,
Dios es Dios.
El hombre es el hombre,
cada uno en su casa, cada cual en su casa.

2

El silbato resonó.
El elefante vino.
Gracias al elefante.

3

La estrella en alto,
el fuego abajo,
el ascua en el hornillo,
el alma en el ojo.
Nube, humo y muerte.

4

Guardad silencio,
Fam nos escucha,
para dañar al hombre.
Estad callados.

CANTO DE LOS PIGMEOS

(Del África ecuatorial)

Muchos días han pasado.

Nosotros somos el campo que emigra.
Quizás, en adelante, tengamos días claros.

CANTOS POPULARES HOTENTOTES

1

Heitsi-eibib,
antepasado nuestro,
¡haz que yo tenga fortuna!
Dame presas en la caza,
haz que encuentre miel y raíces
para que pueda de nuevo alabarte.
¿No eres el antiquísimo antepasado?
¡Oh, Heitsi-eibib!

2

¡Hijo de la nube tonante!
¡Valiente Guru de voz sonora!
¡Habla con dulzura!
Yo no tengo culpa alguna.
¡Perdóname!
Mírame completamente extraviado,
¡oh, Guru!
¡Hijo de la nube tonante!

(PONZANELLI)

KUSHAL KHAN

(DEL AFGANISTÁN)

Seducción

Tus undosos cabellos,
que a tu rostro dan sombra,
a la espalda te caen
y fulgura radiosa
tu pupila brillante,
y se ríe tu boca.

Y me embriagan los ecos
de tu voz melodiosa,
como el vino aromático,
que se vierte en las copas
¡y qué dulce es tu beso
y qué fresca es tu boca!

Y al mirar tus mejillas,
que son hojas de rosa,
mis pupilas contemplan,
fascinadas, absortas,
los hoyuelos formados
al reír de tu boca.

Y si alguno te acusa
de Tirana imperiosa
es un hombre inconstante,
cuya fe, cual la onda,
si se pierde, no vale,
el reír de tu boca.

Y tu beso dulcísimo
cual la flor, tiene aroma:
el perfume del cáliz
con que embriaga la rosa,
y las almas seduces
al besar de tu boca.

Tus traiciones olvido,
¡es tu faz tan hermosa!
cuando dices mirándome:
"¡Mis pecados perdona!"
y se ríen tus ojos,
como ríe tu boca.

Mis amigos te llaman
desleal, veleidosa,
¡mas no hay otra tan bella!
¡Toda el alma me roban
tus pupilas negrísimas,
y el reír de tu boca!

(CARMELA EULATE SANJURJO)

MANGKOE BOI

(SIGLO XIX—JAVANÉS)

¡Adiós!

Voy a partir, adiós. ¡Oh amada mía!
¡Oh joya de mi amante corazón!
Parto para la guerra, en mi ausencia,
no olvides al que tanto te adoró.

¡Perla de Java!... Tú que de los cielos
cual ángel me pareces descender,
me es forzoso partir, pues voy mandando
las tropas invencibles de mi rey.

De las flores que adornan tu cabeza,
dame como recuerdo alguna flor;
la llevaré conmigo a la batalla,
protegerá mi amante corazón.
Y del "Pinang" que tu preciosa mano
prepara, con tus labios al gustar,
yo tomaré también, y en el combate,
será un nuevo y potente talismán.

¡Oh perla incomparable del Oriente!
Tus labios son tan dulces cual la miel,
que en tu boca golosa vas gustando,
y se funde al brindarte su placer.
Me ciegan tus dos ojos centelleantes,
el fuego es quien les presta su ígnea luz,
y no puedo decir una palabra,
cuando me miras, al hablarme tú.

A la diosa Seopraba te asemejas,
y aunque debiese siempre batallar,
me sostendrá en la lucha la esperanza
de encontrarte amorosa, al retornar.
Te juro que mi amor inconmovible,
continuará por siempre siendo fiel:
eres digna de un príncipe; ¡oh princesa!
tu siervo humilde póstrase a tus pies.

Sobre mis labios estará tu nombre
cuando llegue el instante de partir
al cielo o al infierno, ¡no me importa!
Sólo me importa hallarme junto a ti.
Están mis juramentos cual la piedra,
grabados en mi propio corazón;
imploro, amada mía, por mis súplicas
no más una palabra de tu amor.

(CARMELA EULATE SANJURJO)

ANTÓNIO FELICIANO DE CASTILHO

(1800-1875—PORTUGUÉS)

La visión

...Ligero como un relámpago
volé con el pensamiento
a los muros silenciosos
del solitario convento.

Melancólico y silvestre
era todo ese lugar:
de un lado montañas yermas,
del otro bosques y el mar.

Penetré yo al mismo tiempo
hasta el fondo del santuario;
de las losas el ruido
moví con pie temerario.

Hallé en todas partes noche
y el silencio más profundo;
¡ninguna voz, ningún paso!...
¡Creíme solo en el mundo!

Sólo del búho en la casa
el triste piar se oía,
que por la bóveda extensa
se alargaba y se perdía.

Luego el reloj de la torre
la media noche hizo oír;
despertó el eco del templo;
luego volvióse a dormir.

Una campana tocada
por mano de una visión,
reunió tristes pensamientos
para la tarda oración.

Del coro hasta allí desierto
se llenaron los lugares,
y al aire hasta allí callado
volaron tiernos cantares.

La hora, el lugar, las tinieblas
y aquellas voces suaves,
reunieron en mi alma
ternuras e ideas graves.

Al plinto de una columna
pensativo me acerqué;
mucho más triste que antes,
mucho más solo me hallé.

Enmudeció todo el coro;
las luces muertas quedaron;
batió la puerta al cerrarse;
los hermanos se alejaron.

De la lámpara de aceite
quedó el resplandor extinto;
de mil trémulos fantasmas
llenóse al punto el recinto.

Luego el reloj de la torre
la hora primera hizo oír;
despertó el eco del templo;
luego volvióse a dormir.

Apartéme horrorizado,
y ligero como el viento
al dormitorio tranquilo
volví con el pensamiento.

Con la mirada en la luna
vi, dentro la celda umbrosa,
y a la ventana sentada,
a una virgen aún llorosa.

Conocí por sus cabellos
y sus ropas seculares,
que no era de las votadas
para siempre a los altares.

Conocí que un pensamiento
nutría, triste y profundo,
y me dije: ¡"Cual me veo
se ve ella sola en el mundo"

Y todos cuantos afectos
su alma encerrados tenía,
en profético delirio
presentáronse a la mía.

Llegueme a su corazón
y tomándola la mano:
"Ya hemos hallado, la dije,
lo que buscamos en vano."

"Por el cielo, me responde,
que te juro por el cielo,
que tu anhelo ha de ser mío
y ha de ser tuyo mi anhelo."

El cielo oyó nuestros votos;
vionos la luna abrazar,
y juntos los dos quedamos
sentados a conversar.

Luego el reloj de la torre
la hora segunda hizo oír;
despertó el eco del templo;
luego volvióse a dormir.

¿Mas esta virgen quién era?
¿Por qué entró en la soledad?
¿Por qué su aire pensativo?
¿Por qué su interna ansiedad?

En la alta noche y ¡tan sola!
¿por qué razón no tembló
y al mortal desconocido
por qué tan presto se dio?

¿Dónde está ese monasterio
y ese encantador lugar?
¡De un lado montañas yermas!
¡Del otro bosques y el mar!...

Hombres, dejadme el secreto;
básteos saber que soy de ella,
sea do fuere el retiro,
sea quien fuere esa bella.

Mujeres, este fantasma
os excede en los encantos;
serán de ella eternamente
mi amor y todos mis cantos.

(F. MARISTANY)

VICTOR HUGO

(1802-1885—FRANCÉS)

A Villequier

Ahora que París, sus piedras y sus mármoles,
su bruma y sus tejados están lejos de mí,
que estoy bajo los árboles, a cuya dulce sombra
en la beldad del cielo puedo pensar al fin;

ya que ahora de la pena que mi alma ha oscurecido
resurjo vencedor,
y siento que la calma de la Naturaleza
entra en mi corazón;

que puedo, reposado al borde de las olas,
movido por el dulce y espléndido horizonte,
examinar en mí las más hondas verdades
y contemplar del césped las más hermosas flores;

ahora, oh Dios, que he logrado esa sombría calma
de poder ya por siempre,
ver yo mismo la piedra donde en la triste sombra
y en el silencio duerme;

que por el bello cuadro de luz enternecido,
—llanuras, bosques, ríos bañados por el sol—,
al ver mi pequeñez y al ver vuestros milagros
ante la inmensidad recobro la razón,

a vos llego, Señor, en quien creer debemos,
llevándoos ya tranquilo,
trozos del corazón, de vuestra gloria lleno,
que vos habéis herido.

A vos, humildemente, hoy llego, confesando
que sois bueno y clemente, ¡oh Dios, en quien espero!
Convengo en que vos sólo sabéis lo que heis de hacer,
y el hombre es como el junco que está a merced del viento;

convengo en que la losa que sobre un muerto cae,
le muestra el firmamento,
y en que es sólo el principio lo que en la pobre tierra
tomamos por el término.

Convengo de rodillas en que tan sólo vos
sabéis de lo real, sabéis de lo infinito,
convengo en que fue bueno, convengo en que fue justo
que el corazón sangrara, si es Dios quien lo ha querido.

Ya no resisto a cuanto me pueda suceder
por vuestra voluntad,
de luto en luto el alma, de playa en playa el hombre
rueda a la eternidad.

Tan sólo vemos siempre un lado de las cosas;
flota el otro en la noche terrible del misterio;
el hombre sigue el yugo sin conocer las causas,
todo cuanto ve es breve, inútil, pasajero.

Hacéis que se halle siempre la soledad sombría
          junto a todos sus pasos,
y no habéis consentido que tenga certidumbre
          ni alegría aquí abajo.

En cuanto un bien posee, la suerte se lo quita;
nada le ha sido dado en días tan veloces,
para que pueda hacerse siquiera una morada,
y exclame: ved mi campo, mi casa, mis amores.

Poco tiempo ha de ver lo que sus ojos miran;
          sin sostén llega a viejo;
pues que esas cosas son que sean, es preciso,
          convengo, sí, convengo.

El mundo es triste, ¡oh Dios!; la inmutable armonía
de lágrimas se forma lo mismo que de cantos;
el hombre es una parte de la infinita noche
donde se eleva el bueno y en donde cae el malo.

Bien sé que vos tenéis que hacer algo más útil
          que llorar nuestro mal,
y que un hijo se muera—amparo de su madre—
          no os puede preocupar.

La flor pierde su aroma y el pájaro sus plumas;
movido por el viento todo árbol pierde el fruto,
la magna creación es una rueda inmensa
que no puede moverse sin aplastar a alguno.

Días, olas del mar, ojos que vierten lágrimas,
          van pasando a su vez;
ha de crecer la yerba y han de morir los hijos.
          ¡Ya lo sé, ya lo sé!

En el cielo, al confín del mundo de las nubes,
al fondo de ese azul adormeciente e inmóvil,
acaso realizáis hechos desconocidos
en que como elemento entra el dolor del hombre.

A los designios vuestros acaso sea útil
    que encantadores seres,
por el gran torbellino que rige los sucesos,
    conducidos se alejen.

Nuestros destinos turbios os son leyes inmensas
que nada desconcierta ni puede enternecer,
y no podéis tener misericordias súbitas
que rompan la armonía del mundo de la fe.

Mirad un punto al fondo de mi alma, os lo suplico,
    y, oh Dios, considerad,
que humilde como un niño, como una mujer,
    os vengo hoy a adorar.

Considerad también que desde el alba tuve
que combatir, luchar, penar y trabajar,
que expliqué la Natura a quienes la ignoraban,
que aclaré toda cosa con vuestra claridad.

Que había ya, afrontando la cólera y el odio,
    cumplido mi destino,
que no podía nunca acusar un tal pago,
    que nunca hube previsto,

que sobre mi humillada cabeza, vos también
un día descargarais, triunfante, vuestro brazo,
ni que vos que sabéis cuán poca es mi alegría
tan pronto me tomarais la prenda que amé tanto;

que un alma adolorida es fácil se rebele,
    que pide blasfemar,
y cual piedra que arroja el niño al mar, lanzaros
    las quejas de mi mal.

Ved que cuando se sufre, la duda no es difícil,
que ojos que mucho lloran acaban por cegar,
que un ser a quien su duelo le lleva al negro abismo,
no puede contemplaros en cuanto no os ve más.

Ni puede ser que cuando, un día, entre las rudas
      penas zozobre el hombre,
se acuerde de la dulce serenidad sombría
      de las constelaciones.

Hoy llego, yo, que he sido más débil que una madre,
y a vuestros pies me postro ante el abierto cielo;
me siento iluminado en mi deseo triste
por la nueva mirada que he dado al universo.

Señor, yo reconozco que está en delirio el hombre
      cuando osa murmurar,
ceso de maldecir y de acusar me abstengo,
      pero, ¡por caridad!

Dejad que mis pupilas viertan ardientes lágrimas,
puesto que al hombre habéis creado para eso,
dejadme que me incline sobre esa piedra helada,
y diga a la hija mía: ¿no sientes que te velo...?

Dejadme que hable un poco sobre sus pobres restos
      en cuanto todo calla,
como si abriendo entonces sus ojos celestiales
      ¡ese ángel me escuchara!

¡Oh, Dios! Hacia el pasado mis ojos dirigiendo
sin que en la tierra nada me dé consuelo ya,
miro continuamente la hora de mi vida
en la que he visto abrir sus alas y volar.

Y siempre, mientras viva, veré ese horrible instante
      de llanto ya superfluo,
en que grité: Mi hija que aún era mía ahora,
      pues bien, ¡ya no la tengo!

No os irrite, Señor, que sea de ese modo:
¡Mi herida tanto tiempo ha ya que está sangrando!...
La angustia de mi alma es siempre vencedora,
mi pecho está sumiso, mas ¡ay! no resignado.

¡No os irritéis!..—¡Oh, frentes marcadas por el luto!
¡Oh, lágrimas del hombre!
¡Cuán triste es el tener que separar nuestra alma
de esos grandes dolores!

Ved, Señor: Nuestros hijos ¡nos son tan necesarios
cuando hemos ya vivido su vida una mañana!...
En medio de las penas, quebrantos y miserias
y a la sombra que nuestro destino nos depara,

¡ver un ángel!, cabeza sagrada y adorable,
ser jubiloso y bello,
tan bello, que se cree haber visto a su entrada
que se entreabría el cielo...

Cuando diez y seis años se ha visto este "sí mismo"
crecer en gracia amable venciendo al ideal,
cuando se reconoce que la hija que se adora,
alumbra el alma nuestra y alumbra nuestro hogar;

que es la sola alegría terrena que persiste
y la única verdad,
considerad, Señor, que es cosa muy amarga
mirar cómo se va...

(F. MARISTANY)

La tristeza de Olimpio

No estaba negro el campo ni el cielo estaba tétrico,
no; el día radiaba en un azur sin límites
sobre la tierra esparramado;
el aire era suave y alegres las praderas
cuando volvió a esos sitios en donde sus heridas
su corazón ha prodigado.

Sonreía el otoño. Colgaban en la cuesta
apenas amarillos los bosques deleitosos,
el cielo estaba bronceado;
los pájaros volvíanse dichosos hacia Dios,
y, hablándole tal vez del hombre y su misterio,
su canto alzábase sagrado.

Todo lo quiso ver de nuevo. La fontana,
la casucha a la cual llamara la limosna,
    el viejo fresno doblegado,
los sitios amorosos, el fondo de los bosques,
el árbol, bajo el cual sus almas confundidas
    todo lo habían olvidado.

    Dio al fin con el jardín, la casa solitaria,
la verja, desde donde se ve el paseo oblicuo
    de los vergeles en declive.
Pálido, andaba... Al roce de sus siniestros pasos
veía entre los árboles alzarse como en sombras
    todo un pasado que revive.

    Oía estremecerse su bosque preferido
con ese viento dulce, que haciéndonos vibrar,
    despierta el ansia de ternura;
y al mecer las encinas o al columpiar las flores,
parece como el alma de todo que en las cosas
    posa a su vez con gran dulzura.

    Las hojas que alfombraban el bosque solitario,
bajo sus pies, logrando alzarse desde el suelo,
    al jardín iban a correr;
así a veces, si llora nuestra alma, las ideas
vuelan unos instantes sobre sus alas rotas
    y luego vuelven a caer.

    Contempló mucho tiempo las formas admirables
que en los tranquilos campos adquiere la Natura
    con muy amargo desconsuelo;
durante todo el día vagó por el torrente,
admirando ya el lago—espejo azul purísimo—,
    ya la divina faz del cielo.

    ¡Ay! Recordando entonces sus dulces aventuras,
mirando, sin entrar, por cima de la verja
    tal como un paria allí perdido,
erró durante un día, mas al entrar la noche
sintió triste su pecho—más triste que una tumba—
    y entonces dijo conmovido:

"He querido ¡oh dolor! con mi alma conturbada,
saber si aquella urna guardaba aún el licor,
y ver lo que ese valle dichoso había hecho
de cuanto en él un día dejó mi corazón.

¡Poco tiempo precisa para alterar las cosas!
¡Cómo olvidáis, Natura de frente altiva y clara,
y cómo destruís con vuestra metamorfosis
el hilo misterioso que nuestros pechos ata!

Nuestros verdes recintos hoy son sólo maleza;
el árbol donde puse tu nombre no está ya;
nuestras rosas han sido llevadas del cercado,
por los niños que saltan las zanjas al jugar.

Cierra un muro la fuente, donde a la ardiente hora
juguetona bebía volviendo de la selva;
tomaba agua en las manos como una dulce hada,
y dejaba caer de entre sus dedos perlas.

Han empedrado el tosco y desigual camino
en el cual, dibujándose encima de la arcilla,
y al mostrar su tamaño, con ironía dulce
junto a mi pie su pie reírse parecía.

El hito del camino que vio innúmeros años,
donde a esperarme entonces sentábase gozosa,
se ha gastado al rozarlo, las noches sin estrellas,
los carros quejumbrosos que vuelven entre sombras.

Aquí han talado el bosque y allí lo han agrandado;
de cuanto fue nosotros mis ojos nada encuentran;
cual montón de cenizas extintas y enfriadas,
el montón de recuerdos al viento se dispensa.

¿No existimos ya, entonces? ¿Tuvimos nuestra hora?
¿Nada irá a devolverla a nuestras vanas voces?
Juega el aire en la rama en tanto que yo lloro,
mi casa bien me mira, mas no me reconoce.

Otros van a pasar por donde hemos pasado;
si nosotros vinimos también otros vendrán,
y el ensueño que había abierto, nuestras almas
podrán, sí, proseguirlo, mas no lo han de cerrar.

Pues que nada aquí abajo termina, nada acaba,
y el peor de los humanos igual que el mejor es,
todos al mismo punto del sueño despertamos;
todo empieza en el mundo, mas nada fine en él.

Sí, llegarán aún parejas intachables
a extraer de ese asilo, feliz, dulce, esplendente,
cuanto al amor ocultó la gran Naturaleza,
mezcla de ensueños gratos y músicas solemnes.

Gozarán nuestros campos, senderos y recintos;
tu bosque, amada mía, tiempo ha nos lo han tomado;
vendrán otras mujeres dichosas a bañarse
y a turbar la agua clara que nuestros pies tocaron.

¡Es aquí donde en vano un día nos quisimos!
Nada nos quedará de esos lugares mágicos
en donde nos fundimos mezclando nuestras llamas;
la impasible Natura todo nos lo ha tomado.

Oh, decidme, riachuelos, barrancos, verdes parras,
ramas de nidos llenas, zarzales, grutas, bosques,
¿también para los otros haréis vuestros murmullos?
¿también para los otros diréis vuestras canciones?

¡Qué bien os comprendíamos! ¡Austeros, dulces, íntimos,
nuestros ecos también a vuestra voz se abrían!
Sin turbar el misterio, ¿prestábamos también
oído a las palabras profundas que decíais!

Responded, valle puro, tremenda soledad,
¡oh, Natura abrigada en esa tierra oculta!,
cuando ambos dormiremos en la actitud pacífica
que da a todos los muertos la forma de la tumba,

¿seréis tan impasibles, seréis tan insensibles
que al sabernos dormidos con nuestro amor inmenso,
cual siempre prosigáis vuestra tranquila fiesta,
cual siempre prosigáis cantando y sonriendo?

Y cuando nos sintáis errar en vuestro asilo
—fantasmas conocidos de vuestros verdes bosques—
¿no nos diréis los dulces secretos que se dicen
al dar con los amigos más íntimos de entonces?

¿Acaso lograréis sin quejas ni tristeza
ver flotar vuestras sombras do fueron nuestros pasos,
ver cual ella me arrastra en un abrazo fúnebre
a alguna fuente en lágrimas que gime por lo bajo?

Y si en algún retiro sombrío y silencioso
dos amantes esconden su amor en vuestro seno,
¿no iréis a murmurar siquiera en sus oídos:
dedicad a los muertos un dulce pensamiento?

Dios nos presta un instante los prados y las fuentes,
los bosques temblorosos, las rocas gigantescas,
la bóveda azulada, los lagos, las llanuras,
para poner en ellos amores y quimeras.

Luego nos los retira y extingue nuestra llama,
el antro en que vivimos sumérgese en la noche,
y dice al valle, en donde quedó nuestra alma impresa,
que borre nuestros pasos y olvide nuestros nombres.

Podéis, pues, olvidarnos, mansión, jardín umbrío;
¡yerba, oculta el umbral y oculta nuestros pasos!
¡Cantad, pájaros! ¡Ríos, corred! ¡Creced, follajes!
¡Aquellos que olvidáis no pueden olvidaros!

Que sois para nosotros la sombra del amor,
el oasis que se halla, un día, a nuestro paso;
sois, oh valle, el asilo supremo de la vida
en donde hemos llorado cogidos de las manos.

Sí; todas las pasiones se alejan con la edad.
La una lleva su máscara y la otra su cuchilla,
como un alegre grupo de histriones caminantes
cuyo enjambre se oculta detrás de la colina.

Mas a ti nada puede borrarte ¡oh santo amor!
A ti, que, antorcha o lámpara, brillas en nuestra niebla;
tus dichas nos sujetan y acaso aún más tus lágrimas,
si joven, te maldicen; si viejo, te veneran.

Cuando al peso del tiempo se inclina la cabeza,
y el hombre, sin proyectos, ni objeto ni esperanzas,
siente que ya no es más que una ruinosa tumba
en donde su ilusión y su virtud descansa;

cuando nuestra alma en sueños desciende a nuestra carne,
y cuenta en nuestro pecho, que al fin el hielo ha herido,
cual se cuentan los muertos después de las batallas
cada dolor pasado y cada sueño extinto,

como quien algo busca, la lámpara en la mano,
lejos de lo real, del mundo esclarecido,
por una oscura rampa y a lentos pasos llega
al fondo desolado del interior abismo;

y allí, y en esta noche en donde nada brilla,
el alma, en donde todo parece amortajado,
siente algo que palpita aún bajo de un velo...
¡Tú, que a la sombra duermes, recuerdo sacrosanto!"

(F. MARISTANY)

Booz, dormido

Rendido de fatiga, Booz se fue a acostar;
había todo el día en la era trabajado,
luego, cual de costumbre, su lecho preparó,
y junto a sus fanegas quedaba descansando.

Ese anciano tenía maizales y trigales,
y, aunque rico, a lo justo propenso se mostraba;
jamás estaba lleno de fango su molino,
ni era nunca un infierno el fuego de su fragua.

Su barba era de argento como abrileño arroyo.
Su gavilla no era soberbia ni mezquina,
y exclamaba al pasar alguna segadora:
—Dejad caer al suelo adrede unas espigas.

Andaba, puro, lejos de las oblicuas sendas,
vestido de albo lino, con una humildad cándida,
y, siempre destilando del lado de los pobres,
recordaban sus sacos las públicas fontanas.

Booz era un buen amo y un férvido pariente;
era muy generoso, mas siempre supo ahorrar;
las mujeres mirábanle aún más que siendo joven,
que el joven es belleza y el viejo es majestad.

El anciano que vuelve a la primera fuente
trueca el mudable tiempo por el eterno azur,
los ojos de los jóvenes nos muestran una llama,
los ojos de los viejos nos muestran una luz.

De noche, pues, Booz, dormía entre los suyos;
al lado de las muelas, cual rígidos escombros,
formaban negros grupos los buenos segadores,
y todo eso ocurría en tiempos muy remotos.

Un juez regía entonces las tribus de Israel;
la tierra en donde el hombre, errante, se inquietaba
viendo de los gigantes las huellas bien impresas,
estaba aún del diluvio, más que húmeda, mojada.

Durmiendo cual lo hiciera Judith o bien Jacob,
Booz sobre la yerba yacía en el silencio,
y habiéndose entreabierto la puerta celestial,
sobre su frente pálida cayó un extraño ensueño.

Y tal era ese ensueño, que vio Booz un roble
surgir de sus entrañas y alzarse cielo arriba;
como una gran cadena, subíalo una raza;
cantaba un rey abajo y en lo alto un Dios moría.

Y exclamaba Booz con una voz del alma:
"¿Cómo pudo surgir de mí tan raro bien?
He logrado contar, ha tiempo, ochenta años,
y no tengo hijo alguno ni tengo ya mujer.

"Tiempo ha, Señor, que aquella que siempre acompañóme
dejó mi compañía terrena por la vuestra,
y estamos aún mezclados los dos íntimamente,
que aún ella vive un poco y estoy yo muerto a medias".

"¡Nacer de mí una raza! ¿Quién tal pudo creer?
¿Cómo pudiera dar yo ramas con tal tronco?
Siendo joven se tiene mañanas triunfadoras;
el día de la noche resurge victorioso,

pero viejo se tiembla como álamo en invierno.
Soy viudo y estoy solo. La noche me reclama,
y voy curvando, oh Dios, el alma hacia la tumba,
como un buey que, sediento, su frente curva al agua."

Así hablaba Booz en éxtasis de ensueño
volviendo a Dios sus ojos velados por aquél;
el cedro no adivina si al pie crece una rosa,
y él no sintió a sus plantas posarse una mujer.

Durante sus ensueños, Ruth, una moabita,
con el seno desnudo junto a él fue a recostarse,
esperando algún rayo de nuevos resplandores
cuando a su despertar la luz les inundase.

Ignoraba Booz que estaba esa mujer,
y Ruth la voluntad de Dios no adivinaba.
Las matas de asfodelo donaban su perfume,
los hálitos nocturnos flotaban sobre Gálgala.

La sombra era nupcial, augusta y protectora;
en ella oscuramente los ángeles volaban,
y a veces en la noche veíase pasar
alguna cosa azul que parecía un ala.

El respirar suave del viejo que dormía
mezclábase al ruido del agua sobre el musgo;
era en el mes más dulce que goza la Natura,
cubríanse de lirios los picos más abruptos.

Uno y otro soñaban. La yerba estaba negra;
los lejanos cencerros vibraban vagamente;
una bondad inmensa caía de los cielos:
era el momento dócil en que el león abrévase.

Todo en Jerimadeth y en Ur estaba en calma;
en el cielo profundo los astros destacábanse,
la clara media-luna brillaba entre esas flores
en el poniente, y Ruth inmóvil preguntábase,

entreabriendo los ojos debajo de sus velos,
¿qué dios, qué segador de la perpetua siega,
había, al retirarse, dejado por descuido
tal hoz de oro en el campo que esmaltan las estrellas?

(F. MARISTANY)

Poder igual bondad

En el principio, Dios vio en el espacio, un día,
a Eblis:—¿Gracia pides?, al ángel que venía
le dijo Dios, y el Malo contesta:—¡No!—Responde,
dícele el Ser, ¿qué quieres? Y el monstruo que se esconde
tras un manto de sombras, le grita:—Mi respuesta
pregona un desafío que puede ser apuesta:
la de crear el ente más hermoso que exista.
Y dijo Dios: ¡Consiento!—Pues bien, gruñe el artista
rebelde, yo transformo tu obra con mi mano,
transforma tú mis dones con soplo soberano,
para que cada uno, con su genio potente,
transfigure el objeto que el otro le presente.
—¡Sea! ¿Qué necesitas? Pide, le dijo el amo.
—Del corcel la cabeza y los cuernos del gamo.
— Tómalos. Mas el monstruo se detiene, medita,
y:—Prefiero los cuernos del antílope, grita.
—Ve, tómalos. Después Eblis va a su antro; suena
la forja; alza la frente—¿Terminó tu faena?
—¡No!—¿Y aún más?, dice el Ser, y contesta el rampante:

—Envidio el cuello al toro y el ojo al elefante.
—Tómalos—Necesito, agrega el insolente,
con el vientre del Cáncer, anillos de serpiente,
del avestruz las patas, los muslos del camello.
— Tómalos. Como abeja en panal, con resuello
anhelante, al demonio por el antro se oía
ir y venir moviendo toda la ferrería.
Ningún ojo lograba mirar tras la negrura
lo que hacía en el fondo de aquella cueva oscura.
De repente, mirando el Ser, Eblis aulló:
—Dame el color del oro. Dios dijo:—Tómalo.
Y gruñendo, acezando como buey que degüellan,
forja Satán: las fraguas colosales resuellan;
corta con el cincel, pincha con las tenazas;
abren sus rojas fauces las ávidas hornazas,
y sin cesar retiemblan aquellas oquedades.
De los martillos brotan chispas y tempestades,
ya sus ojos simulan dos carbones en llamas,
y ruge; el fuego, en olas de su nariz derrama
cual las aguas que ordenan a la grulla que emigre.
Dios le dijo:—¿Más quieres?—Quiero el salto del tigre.
—Tómalo. Eblis se yergue dentro su madriguera
y grita al huracán: ¡ven a soplar mi hoguera!
Arde todo. El sudor mana de la figura
del monstruo que se tuerce; bajo la arcada oscura
una siniestra lumbre sólo miran los ojos,
que al forjador perfila con lineamientos rojos.
Ayudábale el viento por ser demonio mismo,
y Dios, de lo profundo del sideral abismo,
dijo al paria:—¿Qué más? Y él, con melancolía,
alzando la gigante cabeza:—Todavía
quiero el pecho del león y del águila el remo;
y Dios soltó del fondo del tesoro supremo,
al obrero de orgullo, de envidia y de despecho,
las dos alas del águila y del león el pecho.
Y reasumió el rebelde su trabajo truncado,
¿Qué hidra estará haciendo?, dijo el Cielo estrellado;
y el mundo, grave, inquieto, esperaba anhelante
al coloso que iba a engendrar el gigante.
Súbito deja oírse, bajo el nocturno olvido,
cual de un postrer esfuerzo el último acecido.
El Etna, fosca fragua del forjador maldito,
se inflama, en dos se hiende la cueva de granito,

y al resplandor del fuego voraz que no se agosta,
de las manos de Eblis da un salto una langosta.
Y el Réprobo espantable y alado, pero cojo,
vio su obra, y, al verla, no padeció sonrojo:
que el aborto es el fruto perenne de la sombra;
sacó a medias el cuerpo de entre la roja alfombra,
y cruzando los brazos, con voz provocadora,
gritó en el infinito:—¡Maestro, el turno ahora!
Y el avieso que tienta a Dios mismo, al instante
le dice: ——Tú me diste avestruz, elefante
y oro para dorar, y lo que hay de más bello,
el caballo, el león, el toro y el camello,
el antílope, el águila y el tigre y la serpiente:
transfórmame tú ahora lo que yo te presente.
He aquí cuanto poseo. Te lo entrego. ¡Recibe!
Y Dios, que al ver lo negro diafanidad percibe,
tendió la inmensa mano que luz invicta baña,
a la sombra, y el Malo le presentó la araña.
Y Dios tomó la araña y la soltó en el giro
del vórtice anterior al cielo de zafiro;
y se puso a mirarla con amor. La pupila
formidable vertía su claridad tranquila.
El monstruo, diminuto como una mancha informe,
súbito fue creciendo, creciendo, y se hizo enorme,
y Dios lo contemplaba con su mirar sereno.
Cual un amanecer yerra sobre esa forma
vil; en un ígneo globo su vientre se transforma,
y las patas—trocadas sus falanges nudosas—
se alargan por las sombras en hebras luminosa.
Y al levantar los ojos el Padre del Pecado
se inclinó ante el abismo de sangriento arrebol,
¡porque Dios de la araña había formado el Sol!

(GUILLERMO VALENCIA)

Alborada

Ya brilla la aurora fantástica, incierta,
velada en su manto de rico tisú.
¿Por qué, niña hermosa, no se abre tu puerta?
¿Por qué cuando el alba las flores
despierta durmiendo estás tú?

Llamando a tu puerta, diciendo está el día:
"Yo soy la esperanza que ahuyenta el dolor".
El ave te dice: "Yo soy la armonía".
Y yo, suspirando, te digo: "Alma mía,
    yo soy el amor".

EDUARD MÖRIKE

(1804-1875—ALEMÁN)

La moza abandonada

    Cuando cantar se oyen los gallos
y aún hay estrellas en el cielo,
me hallo en el lar triste y a solas
prendiendo el fuego.

    Bello es el brillo de las llamas;
saltan y brincan las centellas,
yo las contemplo distraída
desde mis penas.

    Pero de súbito me acuerdo,
¡oh mozo infiel y sin clemencia!,
que en ti he soñado con dulzura
la noche entera...

    Una tras otra van las lágrimas
por mis mejillas discurriendo...
¡Y el día nace!... ¡Oh, si pudiera
morir de nuevo!...

(F. MARISTANY)

¡Piénsalo, alma!...

Crece un abeto. ¿Dónde? ¿En qué selva?
    ¡Quién sabe en cuál!
Un rosal crece. ¡Quién sabe dónde
    crece el rosal!

Van destinados—piénsalo, alma—
cuando sucumba
tu cuerpo inútil, a crecer juntos
sobre la tumba.

Dos potros negros sobre la yerba
se hallan paciendo.
Vuelven a casa, vuelven alegres,
vuelven corriendo.

Pausadamente deben llevarse
tu cuerpo breve.
Quizás, aún antes, de sus cascos
se caerán las herraduras que veo brillar.

(F. MARISTANY)

A la amada

Cuando al mirarte mi alma en paz adora,
y tu virtud divina en mí yo siento,
en silencio percibo el suave aliento
del ángel escondido que en ti mora.

Una ilusión temiendo engañadora,
sonríe el labio, que en aquel momento
dudo que en ti por siempre halle contento
la excelsa beatitud que mi alma implora.

De antro en antro resbalo yo sin tino;
en la profundidad sagrada, oscura,
oigo rugir las fuentes del destino.

Turbado alzo los ojos a la altura,
y al ver sonreír los astros, me prosterno
y escucho su inflamado canto eterno.

(M. DE MONTOLIÚ)

JORGE ZALOKOSTAS

(1805-1858—GRIEGO)

El beso

Amé a una pastorcita,
una linda muchacha.
La he querido muchísimo;
entonces yo era sólo un pájaro sin gorjeo,
un chico de diez años.

Un día que estábamos sentados sobre la hierba florida:
—Mara, escucha, la dije,
escucha dos palabras: Te quiero,
estoy loco por ti.

Me tomó ella en sus brazos,
me dio un beso en la boca,
y me dijo:—Para los suspiros,
para las penas del amor,
aun eres muy pequeño.

He crecido y aun suspiro por ella,
pero ella suspira por otro;
ella no lo recuerda,
pero yo nunca podré olvidar
su beso.

(JOAQUÍN DEL VAL)

FELIX ARVERS

(1806-1850—FRANCÉS)

Un secreto

Tiene mi alma un secreto; hay en mi vida
un misterio: un amor, mal repentino
y sin cura, pasión que oculta vino
y es, a quien la inspiró, desconocida.

Mi presencia por ella no advertida
es, si a su lado voy triste, mohino;
y junto a ella prosigo mi camino
sin que nada le deba ni le pida.

Y ella, aunque tierna y dulce, indiferente,
que un murmullo de amor sigue su huella
no observa, ni se cuida de atenderlo;

al austero deber siempre obsecuente
dirá al ver estos versos llenos de ella:
"¿Quién será esta mujer?", sin comprenderlo.

ELISABETH BARRETT BROWNING

(1806-1861—INGLESA)

Cuando nuestras dos almas...

Cuando nuestras dos almas cara a cara
quedan en el silencio, y se aproximan
hasta quedar sus desplegadas alas
en dos puntos unidas y encendidas,

¿qué daño hacernos puede o qué injusticia
la tierra? ¡Bah! Si más nos ensalzáramos,
los ángeles, mi amor, nos brindarían
de su áureo mundo el armonioso canto.

¡Y adiós nuestro amadísimo silencio!
Quedémonos más bien donde los goces
más altos son extraños a los hombres,

donde las almas puras viven lejos
del mundo, en un rincón en que quererse
rodeados de las sombras de la muerte.

(F. MARISTANY)

Sonetos del portugués

VI

Aléjate de mí. Mas sé que, para siempre,
he de estar en tu sombra. Ya nunca, solitaria,
irguiéndome en los mismos umbrales de mi vida
recóndita, podré gobernar los impulsos

de mi alma, ni alzar la mano como antaño,
al sol, serenamente, sin que perciba en ella
lo que intenté hasta ahora apartar: el contacto
de tu mano en la mía. Esta anchurosa tierra

con que quiso alejarnos el destino, en el mío
deja tu corazón, con latir doble. En todo
lo que hiciere o soñare estás presente, como

en el vino el sabor de las uvas. Y cuando
por mí rezo al Señor, en mis ruegos tu nombre
escucha y ve en mis ojos mezclarse nuestras lágrimas.

VII

Que ha cambiado, dijera, toda la faz del mundo,
desde que oí los pasos de tu alma moverse
levemente, ¡oh, muy leves!, junto a mí, deslizándose
entre mí y aquel borde terrible de la muerte

tan clara, donde hundirme creí; mas fui elevada
hasta el amor y pude saber un nuevo ritmo
para mecer la vida. La copa de amarguras
que Dios nos da al nacer, apuraré gustosa,

loando su dulzura, amor mío, a tu lado.
El nombre de las tierras y el del cielo se mudan
según donde estés tú o hayas de estar un día.

Y este laúd y el canto mío, que quise antaño
(los ángeles canoros bien lo saben), los quiero
sólo porque tu nombre se mezcla en lo que dicen.

(M. MANENT)

ALOYSIUS BERTRAND

(1807-1841—FRANCÉS)

Los cinco dedos de la mano

> Una honrada familia
> en donde nunca ha habido bancarrota,
> en la que jamás fue nadie ahorcado.
> *La Parentela de Juan de Nivelle.*

El pulgar es ese gordo tabernero flamenco, de humor chocarrero y picaresco, que fuma a su puerta, bajo la muestra de la cerveza doble de marzo.

El índice es su mujer, marimacho seco como una merluza, que desde por la mañana abofetea a su criada, de quien está celosa, y acaricia la botella, de la que está enamorada.

El dedo de enmedio es su hijo, compañero desbastado a hachazos, que sería soldado si no fuese cervecero, y caballo si no fuese hombre.

El dedo del anillo es su hija, desenvuelta y provocativa Zerbina, que vende encajes a las damas y no vende sus sonrisas a los caballeros.

Y el dedo del oído es el benjamín de la familia, monigote llorón, colgado siempre de la cintura de su madre como un rorro del garfio de una ogresa.

Los cinco dedos de la mano son el más mirobolante alhelí de cinco hojas que haya bordado nunca los parterres de la noble ciudad de Harlem.

(RICARDO BAEZA)

HENRY WADSWORTH LONGFELLOW

(1807-1882—NORTEAMERICANO)

El antiguo reloj de la escalera

Allá detrás, en el confín del pueblo
la vieja residencia está asentada.
A través de alto pórtico de piedra
lanzan su sombra temblorosos álamos,
y desde la escalera en el rellano
un antiguo reloj dícele a todos:
 "Eternamente—nunca,
 nunca—, eternamente."

Álzase erguido del salón en medio,
y apunta, señalando, con las manos
desde su caja de macizo roble,
y cual monje que, bajo su cogulla
atravesara el tránsito, suspira
con afligida voz a aquel que pasa:
 "Eternamente—nunca,
 nunca—, eternamente."

Su voz en la jornada es cantarina
y en el muerto silencio de la noche
es la huella de un paso que pasara.
A través del vestíbulo retumba
con voz que llena el suelo y la techumbre,
semejando decir a cada puerta:
 "Eternamente—nunca,
 nunca—, eternamente."

En tiempos de dolor y regocijo,
en los días de muerte y nacimiento
permaneció inmutable en la carrera
del inconstante y fugitivo tiempo;
y cual si, nuevo Dios, todo lo viera,
golpe a golpe, repite las palabras:
 "Eternamente—nunca,
 nunca—, eternamente."

En aquella mansión que fue
creada para albergar la familiar largueza,
mientras en el hogar crepita el fuego,
al extranjero festejó en su mesa,
y como el esqueleto del convite
el amonestador reloj de hablar no cesa:
    "Eternamente—nunca,
    nunca—, eternamente."

Allí jugó el tropel de alegres niños
y allí la juventud soñó sus rutas.
¡Horas preciosas! ¡Albas relucientes
donde concurren el amor y el tiempo!
Como el mísero cuenta su dinero,
el antiguo reloj da aquellas horas:
    "Eternamente—nunca,
    nunca—, eternamente."

Todos pasaron ya, todos dispersos;
unos viviendo están, otros murieron:
y al preguntar con dolorida queja
"¿Cuándo se encontrarán allí de nuevo?"
como en los días remotos transcurridos
el antiguo reloj da su respuesta:
    "Eternamente—nunca,
    nunca—, eternamente."

El nunca aquí; allá lo que es eterno,
donde el dolor y la inquietud concluyen
y la muerte y el tiempo desparecen.
Allá lo eterno, aquí lo que perece,
y el de la Eternidad, reloj augusto
nos dice sin cesar, pausadamente:
    "Eternamente—nunca,
    nunca—, eternamente."

(SANTIAGO MAGARIÑOS)

Excelsior

Las sombras de la noche iban cayendo,
rápidas, a través de alpino pueblo,
y un joven caminante transitaba
entre hielos y nieves, sosteniendo
con este extraño lema una bandera:
¡Excelsior!

Tiene frente sombría y tristes ojos
que en la noche estelar relampaguean
como un desenvainar de cimitarras,
y resuenan cual un clarín de plata
acentos de una voz desconocida:
¡Excelsior!

Vio las luces de hogares venturosos
do el fuego familiar ardiente brilla,
vio sobre su cabeza los glaciares,
como blancos espectros relucientes,
y su labio emitió ronco gemido:
¡Excelsior!

"¡No juzgues el pasado!" —dijo el viejo.
"Las tinieblas encubren en lo alto
las tempestades que en las cimas rugen;
el torrente estruendoso es muy profundo";
y la voz de clarín clamó ruidosa:
¡Excelsior!

"¡Detente aquí! —exclama la doncella—
y reposa en mi pecho tu cabeza!"
De sus ojos azules una lágrima
brillante en su pupila se sostiene
y él sólo respondió con un suspiro:
¡Excelsior!

"De la hechizada rama de los pinos
guárdate bien y cuida del espanto
de la nívea avalancha que destroza."
Tal es siempre el saludo del labriego,
y una voz contestaba en la alta cumbre:
¡Excelsior!

Al romper la mañana, allá en el cielo,
de San Bernardo los piadosos monjes
su plegaria habitual van musitando,
y a través de los aires espantados
una voz modulaba este lamento:
	¡Excelsior!

Un viajero, de aquellos fieles perros,
enterrado en la nieve, fue encontrado
que aún empuñaba en su aterida mano
la bandera por siempre desplegada,
con la extraña divisa que decía:
	¡Excelsior!

Y en el atardecer triste y sombrío,
sin vida, pero hermoso, reposaba
envuelto en el sudario de la nieve,
y desde el cielo gris, alto, lejano,
cayó esta voz como una estrella errante:
	¡Excelsior!

			(SANTIAGO MAGARIÑOS)

Amanecer

Un viento salió fuera de la mar
y dijo: "Oh, niebla, haz sitio para mí".

Saludaba a los barcos, y gritaba: "Navegar,
vosotros, marineros, la noche se ha ido".

Y se precipitaba lejos hacia la tierra,
clamando: "¡Despierta! Es el día".

Decía al bosque: "¡Grita!
¡Cuelga todos tus estandartes de hojas fuera!"

Tocaba las dobladas alas del pájaro del bosque,
y dijo: "Oh pájaro, despierta y canta".

Y sobre las granjas: "¡Oh gallo,
toca tu trompeta; el día está cerca".

Susurraba a los campos de trigo:
"Doblaros, y saludad la mañana que llega".

Y gritaba a través del campanario de la torre:
"¡Despierta, oh campana! Proclama la hora".

Cruzaba el cementerio con un suspiro,
y dijo: "¡Todavía no! Reposa en silencio".

El molino de viento

El molino de viento: Mirad, soy un gigante:
de esta torre en la altura, donde moro,
con mis pétreas mandíbulas devoro
trigo, maíz, centeno, y al instante
los torno harina que, ávido, atesoro.
    Miro al campo y presiento,
en cada predio al ver nuevo plantío,
la rica mies del venidero estío,
y mis brazos entonces lanzo al viento,
pues bien me sé que el fruto será mío.
    Ya en las granjas se escucha
de la trilla el rumor; la espiga cruje
de raudos batidores al empuje;
mi lona, en tanto, con el viento lucha,
que más y más enfurecido ruge.
    Resístole tenaz,
que en roca estriba mi murado abrigo;
ni sus inciertos rumbos investigo;
mas giro a contrastarlo faz a faz,
como el valiente afronta al enemigo.
    Y mientras pugno fuera,
mi dueño, el molinero, guarda mío,
con sus manos me nutre a mi albedrío:
que él no olvida a quien su haber prospera,
no olvida a quien le aporta señorío.
    Aunque a fatigas hecho,
soy del domingo austero tributario,
y al escuchar la voz del campanario
mis brazos doblo en cruz sobre mi pecho,
y quedo en paz y mudo y solitario.

(DIEGO FALLÓN)

La flecha y la canción

Lancé una flecha al aire azul.
Debió caer. ¿Dónde cayó?
Voló tan rauda, que la vista
seguir su vuelo no logró.

Di una canción al aire azul.
Debió caer. ¿Dónde cayó?
Fue tan sutil y vehemente,
que sabe Dios dónde paró.

Mucho más tarde hallé en un roble
la antigua flecha. ¿Y la canción?
También la hallé, pues que a un amigo
se le adentró en el corazón.

(F. MARISTANY)

GÉRARD DE NERVAL

(1806-1855—FRANCÉS)

Soneto epitafio

A ratos vivió alegre igual que un gorrión
este poeta loco, amador e indolente,
y otras veces sombrío cual Clitandro doliente...
Cierto día una mano llamó a su habitación.

¡Era la Muerte! Entonces él suspiró: "Señora,
dejadme urdir las rimas de mi último soneto".
Después cerró los ojos—acaso un poco inquieto
ante el helado enigma—para aguardar su hora...

Dicen que fue holgazán, errátil e ilusorio,
que dejaba secar la tinta en su escritorio.
Lo quiso saber todo y al fin nada ha sabido.

Y una noche de invierno, cansado de la vida,
dejó escapar el alma de la carne podrida
y se fue preguntando:—¿Para qué habré venido?

EDGAR ALLAN POE

(1809-1849—NORTEAMERICANO)

El cuervo

Una vez que promediaba
    triste noche, yo evocaba,
fatigado, en viejos libros,
    las leyendas de otra edad.
Yo cejaba, dormitando;
    cuando allá, con toque blando,
con un roce incierto, débil,
    a mi puerta oí llamar.
"—A mi puerta un visitante
    —murmuré—siento llamar;
eso es todo, y nada más."

    ¡Ah, es fatal que lo remembre!
    fue en un tétrico diciembre;
rojo espectro enviaba al suelo
    cada brasa del hogar.
Yo, leyendo, combatía
    mi mortal melancolía
por la virgen clara y única
    que ya en vano he de nombrar,
la que se oye "Leonora"
    por los ángeles nombrar,
¡ah! por ellos, nada más.
    Y al rumor vago, afelpado,
    del purpúreo cortinado,
de fantásticos terrores
    sentí el alma rebosar.
Mas, mi angustia reprimiendo,
    conforteme repitiendo:

    "—Es sin duda un visitante
    quien, llamando, busca entrar;
un tardío visitante
    que a mi cuarto busca entrar;
    eso es todo, y nada más."

Vuelto en mí, no más vacilo;
    y en voz alta, ya tranquilo:
"—Caballero—dije—o dama
    mi retardo perdonad;
pero, de hecho, dormitaba,
    y a mi puerta se llamaba
con tan fino miramiento,
    noble y tímido a la par,
que aun dudaba si era un golpe."
    Dije; abrí de par en par:
sombras fuera, y nada más.

Largo tiempo, ante la sombra,
    duda el ánima, y se asombra,
y medita, y sueña sueños
    que jamás osó un mortal.
Todo calla, taciturno;
    todo abísmase, nocturno.
Pude allí quizás un nombre:
    "Leonora", murmurar,
y, en retorno, supe el eco:
    "Leonora", murmurar;
esto sólo, y nada más.

A mi cuarto volví luego.
    Mas, el alma toda en fuego,
sentí un golpe, ya más fuerte,
    batir claro el ventanal.
"—De seguro, de seguro
    —dije—hay algo, allí en lo oscuro
que ha tocado a mi persiana.
    Y el enigma aclaré ya:
¡Corazón, quieto un instante!
    y el enigma aclaré ya:
Es el viento, y nada más."

Dejo francos los batientes,
    y, batiendo alas crujientes,
entra un cuervo majestuoso
    de la sacra, antigua edad.
Ni aun de paso me saluda,
    ni detiénese, ni duda;

pero a un busto que en lo alto
        de mi puerta fijo está,
sobre aquel busto de Palas
        que en mi puerta fijo está,
  va, y se posa, y nada más.

    Frente al ave, calva y negra,
        mi triste ánimo se alegra,
sonreído ante su porte,
        su decoro y gravedad.
"—No eres—dije—algún menguado,
        cuervo antiguo que has dejado
las riberas de la Noche,
        ¡fantasmal y señorial!
En plutónicas riberas,
        ¿cuál tu nombre señorial?
Dijo el Cuervo: "—Nunca más".

    Me admiró, por cierto, mucho
        que así hablara el avechucho.
No era aguda la respuesta,
        ni el sentido muy cabal;
Pero en fin, pensar es llano
        que jamás viviente humano
vio, por gracia, a bestia o pájaro,
        quieto allá en el cabezal
de su puerta, sobre un busto
        que adornara el cabezal,
con tal nombre: Nunca más.

    Pero, inmóvil sobre el busto
        venerable, el Cuervo adusto
supo sólo en esa frase,
        su alma oscura derramar.
Y no dijo más, en suma,
        ni movió una sola pluma.
Y yo, al fin: "—Cual muchos otros,
        tú también me dejarás.
Perdí amigos y esperanzas:
        tú también me dejarás."
Dijo el Cuervo: "—Nunca más".

Conturbado al oír esta
　　　　cabalísima respuesta:
"Aprendió—pensé—las sílabas
　　　　que repite sin cesar,
de algún amo miserable
　　　　que el Desastre inexorable
persiguió ya tanto, tanto,
　　　　que por treno funeral,
por responso a sus ensueños,
　　　　su estribillo funeral
era: "—Nunca, nunca más".

　　Y, del Cuervo reverendo,
　　　　mi tristeza aún sonriendo, ante
puerta y busto y pájaro
　　　　rodé luego mi sitial;
y, al amor del terciopelo,
　　　　fue enlazando mi desvelo
mil ficciones, indagando
　　　　qué buscaba, inmemorial,
aquel flaco, torpe, lúgubre,
　　　　rancio cuervo inmemorial
con su eterno: "Nunca más".

　　Mudo ahora, esto inquiría;
　　　　mudo ante él, porque sentía
que hasta lo íntimo del pecho
　　　　me abrasaba su mirar;
esto y más fui meditando,
　　　　reposándome en lo blando
del cojín violeta oscuro
　　　　que ya nunca oprimirás,
el cojín—junto a mi lámpara—
　　　　que ya nunca oprimirás,
　　¡oh Leonora!; ¡nunca más!

　　Y ensoñé que en el ambiente
　　　　columpiaban dulcemente,
emisarios invisibles,
　　　　incensario inmaterial.
Y exclamé: "—¡Triste alma mía:
　　　　por sus ángeles te envía
el Señor, tregua—y nepente

con que al fin olvidarás!
¡Bebe, bebe ese nepente,
    y a Leonora olvidarás!"
    Dijo el Cuervo: "—Nunca más".

"—Ya te enviara aquí el Maldito,
    ya, indomable aunque proscrito—
oh profeta o ave o diablo
    —dije—Espíritu del mal—
a este páramo embrujado
    y a este hogar de horror colmado
te empujara la tormenta :
    dime, oh, dime con verdad :
En Galaad, ¿existe un bálsamo?
    ¡Dime! imploro la verdad."
    Dijo el Cuervo: "—Nunca más".

"—¡Por el Cielo que miramos,
    por el Dios en que adoramos,
oh profeta, ave o demonio,
    —dije—Espíritu del mal:
di si esta alma dolorida
    podrá nunca, en otra vida,
abrazar a la áurea virgen
    que aquí en vano ha de nombrar!
¡La que se oye Leonora
    por los ángeles nombrar!"
    Dijo el Cuervo: "—Nunca más".

"—¡Partirás, pues has mentido,
    o ave o diablo!" clamé, erguido.
"¡Ve a tu noche plutoniana!
    ¡goza allá la Tempestad!
¡Ni una pluma aquí sombría,
    me recuerda tu falsía!
¡Abandona ya ese busto!
    ¡deja en paz mi soledad!
¡Quita el pico de mi pecho!
    ¡deja mi alma en soledad!"
    Dijo el Cuervo: "—Nunca más".

Y aun el Cuervo, inmóvil, calla:
    quieto se halla, mudo se halla

en tu busto, oh Palas pálida
      que en mi puerta fija estás;
y en sus ojos, torvo abismo,
      sueña, sueña el Diablo mismo,
y mi lumbre arroja al suelo
      su ancha sombra pertinaz,
y mi alma, de esa sombra
      que allí tiembla pertinaz,
no ha de alzarse, ¡nunca más!

                (CARLOS OBLIGADO)

Las campanas

I

¡Oíd campanas del trineo!
    —¡van vibrando cristalinas
    las campanas argentinas!
¡Oh, qué mundos de contento
    nos dilatan por el viento!
      ¡Cómo cantan, cantan, cantan,
    cómo el cántico levantan
de la noche por el ámbito glacial;
entretanto las estrellas que salpican
todo el cielo, titilando, de sus lumbres multiplican
    la delicia de cristal:
    Titilando, tan lejanas,
    como al ritmo, ritmo único que ufanas
aquí exaltan las campanas retiñendo su metal;
al alado tintineo con que tiemblan tan livianas
    las campanas,
  las campanas, las campanas, las campanas,
el tañido y el sonido y el cantar de las campanas!

II

¡Oíd campanas de la boda!
    —¡revibrando en limpio coro,
    las campanas son de oro!
¡Oh, qué mundo de ventura
    su concento nos augura!
    En la brisa de la noche que acaricia,

¡cómo exaltan, palpitantes, su delicia!
¡Oro líquido difunde cada nota!
¡Y el celeste epitalamio flota, flota
    hasta el nido en que, remota,
la torcaz oye en silencio, recogida ante la luna!
    ¡Oh, la música augural!
    ¡Oh, aquel himno ya triunfa!!
Todo un ímpetu de gloria
    tunde el cóncavo metal!
    ¡Cómo triunfa, vasto y puro,
    cómo asalta lo Futuro;
cómo dice del encanto que propalan soberanas
    las campanas,
  que propalan, que propalan las campanas,
  las campanas, las campanas, las campanas,
aquel rítmico, vibrante carillón de las campanas!

III

¡Oíd campanas de rebato!
    ¡grita alarma voz de bronce!
    ¡Las campanas son de bronce!
¡Oh qué mundo de terrores
    va rodando en sus clamores!
    ¡Ah, la noche tiembla, en tanto
    dicen, claman ya su espanto!
    ¡Ah! ya no hablan: claman, llaman
    a socorro, llaman, claman;
    discordando, en tenso afán,
    voces dan, dan, dan,
en llamada restallante de socorro contra el fuego,
la disputa delirante con el fuego sordo y ciego!
    Más en alto, en alto, en alto,
    danle, férvido, el asalto;
    más y más y más violento
vibra allí desatentado, vibra en ímpetu el intento
    de asaltar, jamás o ahora,
aquel orbe indiferente de la luna soñadora!
    ¡Oh campanas! ¡Oh campanas!
¡Oh el espanto que proclaman,
    ya cercanas, ya lejanas!
    ¡Cómo ruge en aquel son
    toda Desesperación!

¡Qué tumultos de tormenta precipitan
al torrente de los vientos que palpitan!
    Y el oído siente, siente
según lánzase al presente más violenta,
    según cálmase más lenta
la llamada turbulenta
        que con voces sobrehumanas
        a la turba arremolina,
        si el peligro aumenta, aumenta,
        si declina.
Si declina o se acrecienta, ya lejanas, ya cercanas
        van clamando las campanas,
        las campanas, las campanas,
    las campanas ya frenéticas, ya ufanas
el clamor del bronce intenso
        que retumba en las campanas.

IV

Oíd doblar lentas campanas,
    las campanas del entierro:
Las campanas son de hierro.
        ¡Oh, qué mundos de solemne pensamiento
        dice al viento su monótono lamento!
        En la noche taciturna,
    ¡cómo hiela nuestros pulsos la nocturna,
    melancólica amenaza de su acento!
        Plañidera muchedumbre,
cantan nupcias de la Sombra y el Olvido.
Toda voz, de sus gargantas en la herrumbre,
    toda voz es un gemido.
        ¡Y los seres,—ah, los seres
        que en el alto campanario
        alzan con gris monotonía
        los tristes sones, lentos sones:
¡Están solos! ¡están solos!
        ¡Torvo, el pueblo solitario
        se gloría
en rodar peña sombría
        sobre humanos corazones!
    ¡Ah! no son hombres ni mujeres,
    bestias no son, ni humanos seres:
        ¡Duendes tan sólo!

Y dobla, dobla la campana:
Y es su Rey sólo quien desgrana
        sólo, sólo,
bronca monodia de campana
sobre la oscura turba humana.
Y su alma incólume se ufana
con el doblar de la campana;
y danza, agítase y se afana,
y el tiempo, el tiempo, el Tiempo único
bate a compás de un Ritmo rúnico
con el doblar de las campanas,
de las campanas, las campanas,
marcando el tiempo, el Tiempo único
en una suerte de Ritmo rúnico
con el latir de las campanas,
de las campanas, las campanas,
al sollozar de las campanas,
marcando el Tiempo único, único,
con el rolar de las campanas,
en un jocundo Ritmo rúnico,
de las campanas, las campanas,
con el doblar de las campanas,
de las campanas, campanas, campanas—
al lamento y al gemido
        y al doblar de las campanas.

(CARLOS OBLIGADO)

Balada nupcial

En mi dedo el anillo,
la guirnalda nupcial mi sien decora;
de sedas y diamantes busco el brillo,
        y soy feliz ahora.

Y mi señor me brinda amor seguro;
pero al decirme ayer cuánto me adora,
tembló mi corazón, como al conjuro
de "quien cayó en la guerra", al pie del muro,
        y que es feliz ahora.

Pero él tranquilizóme, y en mi frente
besó la palidez que le enamora.

Y he aquí que en un ensueño, vi presente
al muerto D'Elormy:—suyo, en mi frente,
fue el beso; y suspiré (¡cuán dulcemente!):
 "—¡Ah, soy feliz ahora!"

Y así pude otorgar palabra nueva,
así el voto juré, y aunque traidora,
y aunque un luto de amor el alma lleva,
ved brillar ese anillo que "me prueba"
 que soy feliz ahora.

¡Ah! ilumíneme Dios aquel pasado,
pues si sueña o no sueña el alma ignora,
y el corazón se oprime, y conturbado
pregúntase, oh Señor, si el "Olvidado"
 será feliz ahora.

(CARLOS OBLIGADO)

Annabel Lee

Hace ya muchos años, muchos años,
allá en un reino junto al mar turquí,
vivía una muchacha, cuyo nombre
os daré a conocer: Annabel Lee,
la cual sólo gozaba con la idea
de ser amada y de vivir por mí.

Yo era un chiquillo y ella una chiquilla
en ese reino junto al mar turquí;
mas ¡con qué amor inmenso nos queríamos
yo y mi bella amiguita Annabel Lee!
Con un amor que hasta los serafines
nos envidiaban, a ella como a mí.

Y esa fue la razón de que hace tiempo,
en ese reino junto al mar turquí,
soplara el viento de una nube helando
a mi bella adorada Annabel Lee;
que sus padres de origen noble fueran
a buscarla, quitáramenla a mí,
y fueran a enterrarla en un sepulcro,
allá en un reino junto al mar turquí.

Ángeles, menos faustos en el cielo,
nos envidiaban, a ella como a mí,
y esa fue la razón—todos lo saben,
en ese reino junto al mar turquí—,
por la cual salió el viento de esa nube
que heló y mató a mi bella Annabel Lee.

Pero fue más inmenso el amor nuestro,
que el de aquéllos, más graves que yo fui,
que el de aquéllos, más listos que yo fui,
y ni los serafines en el cielo
ni los demonios en el mar turquí,
podrán mi alma separar del alma
de mi bella adorada Annabel Lee.

Que no brilla la luna sin traerme
los sueños de la bella Annabel Lee,
y las estrellas no aparecen nunca
sin la mirada fiel de Annabel Lee,
y así, durante el flujo y el reflujo,
duermo junto a mi esposa Annabel Lee,
en el triste sepulcro abandonado,
en nuestra tumba, allá en el mar turquí.

(F. MARISTANY)

EUGEN HÖFLING

(1808-1880—ALEMÁN)

Recuerdos de un ex-estudiante

¡Oh bella edad estudiantil!
¿A dónde has ido, a dónde has ido?
Pasaste ya, tiempo de oro,
tiempo el más franco y divertido.
¡Ya no destellas, no destellas!
¡Busco y no encuentro ya tus huellas!
¡O Jerum, o quae mutatio rerum!

La gorra encuéntrase empolvada
el entusiasmo ha decaído;
el fiel florete en un rincón
reposa ha tiempo enmohecido;
el son de espuelas ha callado,
y nuestro canto se ha borrado.
¡O Jerum, o quae mutatio rerum!

¿En dónde están los que su piedra
como un trofeo defendían?
¿Los que sin oro, mas con júbilo,
dueños del mundo se creían?
Volvieron graves como reos
a su región de filisteos.
¡O Jerum, o quae mutatio rerum!

Uno con faz profesional
firma sentencia tras sentencia;
suspira otro en la enseñanza,
y otro critica con sapiencia;
su caserón éste remienda
y aquél las almas encomienda.
¡O Jerum, o quae mutatio rerum!

El corazón estudiantil
no tiene, empero, senectud,
y ría o llore, siempre guarda
noble calor y rectitud.
Tan sólo cambia su exterior,
mas vive siempre en su interior
la juventud.

Daos las manos, compañeros,
para que siempre la amistad
de esa unión pura reflorezca...
¡Cordialidad, cordialidad!
Pues aún hay viejos estudiantes,
hay corazones exultantes
de lealtad.

(F. MARISTANY)

LORD ALFRED TENNYSON

(1809-1892—INGLÉS)

Canción de "La hija del molinero"

    Son tan grandes sus hechizos,
es un prodigio tan bello,
que envidio a las arracadas
que tiemblan ruborizadas
y se esconden en sus rizos
porque han besado su cuello.

    De su talle primoroso
quisiera ser cinturón,
y sentir contra mi pecho,
bien estrecho, bien estrecho,
ya agitado, ya en reposo
su adorable corazón.

    Y de su seno hechicero
ser el collar deseara,
y por suspiros mecido,
reposar adormecido,
tan en calma, tan ligero,
que al dormir... me conservara.

(F. MARISTANY)

En la escollera gris...

    Quiébrate, ¡oh mar!, quiébrate, ¡oh mar!
en la escollera gris y fría.
¡Oh, no poder articular
cuanto me dice tu armonía!...

    Dichoso el niño pescador
que con su hermana va jugando,
y el marinero trovador
que allá en su barca está cantando...

    Y el buque augusto y soberano
que llega al puerto de partida...

Mas ¡oh, el contacto de una mano
muerta, y el son de una voz ida!...

Quiébrate, ¡oh mar!, quiébrate, ¡oh mar!
en la escollera gris y fría.
¡Esa emoción crepuscular
no volverá nunca a ser mía!

(F. MARISTANY)

ALFRED DE MUSSET

(1810-1857—FRANCÉS)

Estrella de la tarde

Estrella del crepúsculo, lejana mensajera,
cual frente de los velos nocturnos surge pura,
desde el palacio azul del seno de los cielos,
¿qué estás mirando en la llanura?

La tempestad se aleja y el viento se ha calmado,
lloran sobre los brezos los bosques temblorosos,
la dorada falena en su carrera rápida
cruza los prados olorosos.
¿Qué buscas en la tierra adormecida?
Pero ya hacia los montes te veo descender,
te escapas sonriendo, amiga melancólica,
y tu mirada trémula va a desaparecer.

Estrella que reposas tu luz en la colina,
triste argentina lágrima del manto del ocaso,
tú que ves caminar de lejos al pastor
en tanto su manada le sigue paso a paso,
¿a dónde te diriges en esta inmensa noche?
¿Buscas entre las cañas un lecho en la ribera?
¿Dónde vas a caer en la hora del silencio
como una perla al fondo del agua traicionera?
Ah, si debes morir, si tu cabeza blonda
sumerge sus cabellos en su encantado tul,
antes de abandonarnos, detente un solo instante;
¡oh estrella del amor, no bajes del azul!

(F. MARISTANY)

Recuerdo

Ya esperaba llorar, mas creía sufrir
al volver a encontrarte, rincón dulce y espléndido,
la más oculta tumba, la más idolatrada
    donde reposa su recuerdo.

¿Qué temíais de mí junto a esas soledades?
¿Y por qué me tomabais la mano, amigos míos,
cuando una tan antigua y tan dulce afición
    me señalaba ese camino?

Aquí están las laderas, aquí están los arbustos,
sus pasos argentinos sobre la arena en calma,
los íntimos senderos colmados de coloquios
    donde su brazo me enlazaba.

Aquí están los zarzales, donde mi juventud
como canoro enjambre levántase a mi paso;
oh sitios deleitosos que visitó mi amada,
    ¡hoy no esperabais ver mi llanto!

¡Ay, dejadlas correr! ¡Me son tan necesarias
las lágrimas que vierte mi corazón errático!
No queráis enjugarlas, dejad sobre mis ojos
    el triste velo del pasado.

No vengo ya a dejar una añoranza inútil
entre el eco del bosque, testigo de mi dicha;
erguido está mi pecho y erguido se halla el bosque
    en su beldad dulce y tranquila.

Que aquél se entregue a todas sus quejas más amargas,
que se arrodille y ruegue sobre la tumba amiga;
todo respira ¡oh Dios! Las flores de los muertos
    no han de encontrar aquí la vida.

¡Ved! La luna se eleva en medio de las sombras.
Aún tiembla tu mirada ¡oh reina de las noches!
pero ya te despliegas y dejas suavemente
    la línea gris del horizonte.

Cual de esta tierra húmeda de lluvia, van surgiendo
bajo tus verdes rayos del día los perfumes,
tan en calma y tan puro, de mi alma enternecida
      mi antiguo amor vivo resurge.

¿Dónde han ido a parar las penas de otros tiempos?
¡Qué lejos siento ya cuanto me ha envejecido!
Tan sólo contemplando el amoroso valle
      vuelvo de nuevo a verme niño.

¡Oh, del tiempo el poder! ¡Oh, los fugaces días!
Os lleváis nuestras penas, os lleváis nuestro llanto,
pero tenéis piedad, y en nuestras flores mustias
      no ponéis nunca vuestros pasos.

¡Mi pecho te bendice, bondad consoladora!
Jamás creído hubiese poder tanto sufrir
por una herida tal, ni que tan grato fuera
      sentir su dulce cicatriz.

Lejos de mí las huecas y frívolas palabras,
de vulgares dolores sudario acostumbrado,
que vienen a exponer de sus amores viejos
      los que jamás idolatraron.

¿Por qué aseguras, Dante, que no hay mayor tristeza
que un recuerdo feliz en días de agonía?
¿Qué pena te ha dictado esa palabra amarga,
      casi esta ofensa a la desdicha?

¿Es menos verdadero que existe una luz clara?
¿Y acaso al ser de noche lo damos al olvido?
¿Es realmente tu alma inmortalmente triste,
      eres tú, Dante, quien lo ha dicho?

No, no; por esa antorcha cuyo esplendor me alumbra,
tal jactancia blasfema no viene de tu pecho;
un recuerdo feliz tal vez es en la tierra
      más que la dicha, verdadero.

Pues qué, ¿al infortunado que encuentra una centella
en la ceniza en donde reposa el desencanto,
que aprehende esa llama y en ella fija un punto
    sus tristes ojos deslumbrados,

cuando se anega el alma en ese ayer perdido,
cuando llorando sueña sobre el quebrado espejo,
le dices que se engaña, que su alegría débil
    es solamente un gran tormento?

¿Y es, dime, a tu Francisca, al ángel de tu amor,
a quien pudiste dar a pronunciar tal cosa,
a ella, que se interrumpe con un eterno beso
    para contar su dulce historia?

¿Qué es entonces, Dios justo, el pensamiento humano?
¿Quién osará poner amor a la verdad,
si no hay dicha o dolor, tan firme y tan seguro,
    de que no pueda alguien dudar?

¿Cómo, entonces, vivís, extrañas criaturas?
Reís, cantáis, andáis de prisa y a compás;
el cielo y su pureza, el mundo y sus mancillas
    jamás os vienen a estorbar;

mas cuando, por azar, condúceos el destino
hacia algún monumento de un muerto amor de ayer,
esa piedra os detiene y os da espanto y congoja
    que pueda dar con vuestro pie.

Y entonces vais clamando: La vida es sombra, sueño,
y os retorcéis los brazos como si despertaseis,
y encontráis muy penoso que tan feliz engaño
    dure tan sólo un pobre instante.

¡Desgraciados! En este instante vuestra alma
ha roto las cadenas que arrastra en este mundo;
este instante fugaz, fue toda vuestra vida;
    no lo lloréis, que fuera injusto.

En la sangre, en el fango, sentid la agitación,
sentid la torpedad que a la tierra os amarra
vuestras noches sin fe, vuestros días sin luz,
    que en eso sí que está la nada;

mas ¿qué ventaja os traen vuestras doctrinas frías?
Al cielo ¿qué demanda ese arrepentimiento,
que sobre vuestras propias ruinas vais sembrando
    a cada paso que da el tiempo?

Todo muere, no hay duda, todo en el mundo es sueño.
Cuanto a la breve dicha que hallamos de pasada
apenas en la mano tenemos esa flor,
    el vendaval nos la arrebata.

Sí, los primeros besos que dos seres mortales
se dieron en la tierra, sus más ardientes votos,
cambiáronse en presencia de un árbol deshojado
    junto a una roca ya hecha polvo.

Tomaron por testigos de su alegría efímera
a un neblinoso cielo, distinto a cada instante,
y a unos astros anónimos, y que su propia luz
    va devorando inalterable.

Y en derredor morían, el pájaro en el bosque,
la flor entre sus manos, la fuente desecada,
en cuyo fondo un día tembló la dulce imagen
    de sus facciones olvidadas.

Y sobre esas ruinas al estrechar sus manos
de arcilla, y aturdidos aún por los placeres,
creían escapar al ser inamovible
    que ve llegar siempre la muerte.

¡Locos!, exclama el sabio; ¡dichosos!, el poeta.
¿En qué tristes amores has puesto el corazón
si el ruido del torrente te turba y te estremece,
    y te da el viento tanto horror?

Yo he visto bajo el sol caer algo más triste
que la espuma del agua, que las hojas del árbol,
más triste que el perfume mojado de las rosas
    y más que el canto de los pájaros.

Han contemplado objetos más fúnebres mis ojos
que a Julieta muerta, al fondo de su féretro;
más terribles que el "toast" al ángel tenebroso
    que fue llevado por Romeo.

He contemplado a mi única amiga y mi adorada
convertida también en un sepulcro blanco,
una viviente tumba, donde flotaba el polvo
    de nuestro muerto idolatrado;

de nuestro pobre amor, que en la profunda noche
hubimos sobre el pecho mecido con sigilo...
Y fue más que una vida, ¡oh, sí!, fue todo un mundo
    el que se había oscurecido.

Si, joven, bella aún, ¡más bella todavía!
la contemplé; en sus ojos había un resplandor,
sus labios se entreabrían y resbalaba en ellos
    una sonrisa y una voz.

Mas no la voz aquella, ni aquel dulce lenguaje,
ni sus miradas tiernas cruzadas con las mías;
mi pobre corazón vagaba por su rostro
    y ya encontrarlas no podía.

Y sin embargo hubiese podido ir hacia ella,
abrazarme a su seno, ya frío como el mármol,
y gritar como un loco: ¿Qué has hecho, pobre infiel?
    ¿Qué has hecho, dime, del pasado?

Mas no; me parecía que un ser desconocido
tenía por azar sus ojos y su voz,
y dejé que esa estatua se fuese disipando,
    mirando al cielo con fervor.

Y bien, acaso fuese un infortunio horrible
ese riente adiós de un ser inanimado,
y bien, ¿qué importa ahora? ¡Naturaleza! ¡Madre!
  ¿Por ello menos amé acaso?

Y ahora podrá caer el rayo en mi cabeza,
jamás ese recuerdo podrá serme arrancado;
cual pobre marinero que lucha en la borrasca,
  a ese recuerdo fiel me abrazo.

Nada quiero saber, ni si en el campo hay flores,
ni qué será algún día del simulacro humano,
ni si ese vasto cielo alumbrará mañana
  lo que hoy por hoy va sepultando.

Hoy digo solamente: Tal sitio, en tal instante,
un día, fui querido, fue bella, fue mi amor,
y en mi alma inmortal guardo oculto ese tesoro
  para poder llevarlo a Dios.

(F. MARISTANY)

Acuérdate de mí

Acuérdate de mí cuando la aurora
abra del Sol el mágico palacio,
cuando meditabunda, soñadora,
cruce la noche el silenciosa espacio,
cuando al placer tu corazón palpite,
cuando la tarde a delirar te invite,
oye una voz que se dirige a ti
diciéndote a través del Océano:

  ¡Acuérdate de mí!

Acuérdate de mí cuando el destino
te haya por siempre para mí eclipsado,
cuando ya sienta el pobre peregrino
marchito el corazón desesperado,
piensa en mi amor, en nuestro adiós supremo,
que yo sé amar y serte infiel no temo,
y el pecho que una vez latió por ti
mientras palpite clamará doliente:

¡Acuérdate de mí!

Acuérdate de mí cuando ya inerte
mi destrozado corazón sucumba,
cuando la flor piadosa de la muerte
sonría sobre el mármol de mi tumba,
¡ay! ¡Ya no te veré! Pero mi alma
de la alta noche en la solemne calma
como una hermana fiel volverá a ti
y oirás que te murmura dulcemente:

¡Acuérdate de mí!

(R. POMBO)

THÉOPHILE GAUTIER

(1811-1872—FRANCÉS)

Sinfonía en blanco mayor

En las leyendas del Norte, alzando
su cuello níveo como el jazmín,
nadan mujeres-cisnes cantando
sobre las aguas del viejo Rhin.

O si en las luengas ramas suspenden
las vestiduras de albo edredón,
sus deslumbrantes cuellos esplenden
más que la nieve de su plumón.

De esas mujeres existe una,
que hasta nosotros suele bajar,
blanca cual claro rayo de luna
sobre la helada región polar.

Arrebatando con su frescura
los ojos ebrios de admiración,
a los deleites de su blancura,
de carne nácar a la fruición.

Sus senos, tersos globos de nieve,
en insolentes luchas están
con las camelias blancas y el leve
traje albeante de tafetán.

En esas luchas de albipujanza,
rasos y flores pierden allí,
y, en su despecho de hallar venganza,
amarillean de frenesí.

Sobre sus blancos hombros de diosa,
paros de grano deslumbrador,
como en la noche polar, radiosa
la tenue escarcha cae en redor.

¿Con cuáles hojas de blancos lirios,
con qué medulas de cañamiel,
con cuáles hostias, con cuáles cirios,
tan blanca hicieron su blanca piel?

Se ha recogido la constelada
gota de láctea luz estelar,
la lis de tierna pulpa argentada,
la blanca espuma que arroja el mar;

el mármol, carne pálida y fría,
de las deidades usual mansión,
le plata mate, la luz que envía
sobre los ópalos su irisación.

El marfil donde su mano blanca
es mariposa de alas sin par,
que, en cada débil nota que arranca,
trémulos besos suelta a volar;

el suave armiño que inmaculado
en los blasones lucir se ve,
y ciñe y guarda del viento helado
los blancos hombros de rosa-té;

el claro azogue de extrañas flores
que orna los vidrios del rosetón
el blanco encaje de surtidores,
que de la ondina lágrimas son:

el ojiacanto que cede en Mayo
bajo el aljófar que da a la vez;
el alabastro donde el desmayo
ve reflejada su palidez:

la pluma suelta de la paloma
que nieva el techo del palomar:
la estalactita que se desploma
del antro en donde la filtró el mar.

¿Acaso viene con Serafita
de do el noruego y el groenlandés?
¿Es la Madona que el Polo habita
o blanca esfinge de invierno es

por los aludes ha tiempo oculta,
de ventisqueros guardián quizá,
que dentro el blanco pecho sepulta
secretos blancos helados ya?

Bajó del cielo donde reposa,
¡oh, quién la hiciera sentir amor!
¡Quién diera un vago tono de rosa
a su implacable y etéreo albor!

(BALBINO DÁVALOS)

PETROWITCH-NIEGOCH

(1811 o 1813-1851—SERBIO)

¿Es un diablo o son magias?...

¿Es un diablo o son magias, o algo peor que eso?
Cuando la veo reír, siendo ella tan joven,
el mundo entero da vueltas en mi cabeza.

Tal vez yo habría podido olvidar todo eso,
pero el demonio me guió una tarde
y fui a pasar la noche en la cabaña
de la familia Milonitch.
Aún no era el alba y ya la noche estaba clara;
el fuego ardía en medio de la pradera. Ella
vino de no sé dónde
y se sentó, buscando calor, junto a la hoguera.
Comprendiendo que toda la familia dormía,
se deshizo su larga cabellera.
Sus cabellos llegaron, sueltos, a su cintura,
y se puso a peinarlos
en tanto que lloraba de un modo melodioso,
como un ruiseñor sobre la rama de una encina.
Lloraba a su cuñado Andrés, el primogénito,
muerto el año anterior a manos de los turcos
en la sangrienta acción de Dougan.
No la dejó su suegro cortarse los cabellos,
porque estimaba más las trenzas de su nuera
que la cabeza de su propio hijo.
Lloraba ella de un modo que el corazón partía,
con sus jóvenes ojos más vivos que la llama.
Su frente era más bella que la luna.
Y yo lloré con ella como un niño pequeño.
¡Qué feliz es Andrés por haber muerto así!
¡Qué hermosos ojos le lloran!
¡Qué bella boca le lamenta!

ROBERT BROWNING

(1812-1889—INGLÉS)

Una senda de amor

En junio cogí rosas, y ramos fui formando;
ahora rosa por rosa las hojas voy sacando
y las dejo esparcidas por donde verlas suelo.
¿No las verá Paulina? Que queden en el suelo,
que queden en el suelo y allí mueran...
¿Y si sus lindos ojos posado allí se hubieran?

Después de varios meses de afán y de inquietud
hoy logro que mis dedos ya pulsen el laúd,
y hoy cuanto he aprendido lo quiero aventurar.
¿No escuchará mi música? Si no la ha de escuchar,
que la música rompa las alas do volara...
¿Pero y si ella me hubiese rogado que tocara?

Toda una vida, toda, para aprender a amar,
mi arte más extremado por fin voy a ensayar.
Hable ahora mi pasión. ¿Infierno o paraíso?
¿No querrá el cielo darme? Y bien, si ello es preciso...
Pierda quien perder pueda. Yo digo en mi consuelo:
Feliz de aquel que logre ganar por ella el cielo.

(F. MARISTANY)

La novia perdida

Todo ha acabado, pues. ¿Me será tan amargo
como creí al principio?
Oye: los gorriones pían sus buenas noches,
volando en el alero de tu casa chiquita.

Y en las vides parecen de lana los botones:
me he dado cuenta hoy mismo.
Ya sólo un día falta para estallar del todo.
¿Sabes? Se vuelve gris ese color rojizo.

Querida, ¿nos veremos mañana, como siempre?
¿Puedo coger tu mano?
Seremos sólo amigos, y los simples amigos
mucho más han logrado.

Sólo espiar tus ojos encendidos y negros,
que yo en mi corazón con ansia guardaría,
y oír tu voz, pidiendo las campanillas blancas,
y esa voz en mi alma ya será siempre mía.

Y como los amigos te hablaré, solamente,
o un poquito más loco;
un rato, como ellos, te cogeré la mano,
o un poco más, muy poco.

(M. MANENT)

FRIEDRICH HEBBEL

(1813-1863—ALEMÁN)

Canción nocturna

Noche de plenitud, de vibración...
Campo de estrellas nítidas sembrado.
Allá en la más remota lejanía,
no sé bien qué, pero algo ha despertado.

El corazón oprímese en el pecho...
Una pujante y declinante vida
teje y desteje en mí furiosamente...
Mi vida entera ha sido removida.

¡Oh sueño! Ven a mí quedo, muy quedo
—como al niño la madre previsora—,
y en derredor de la indigente llama
coloca la pantalla protectora.

(F. MARISTANY)

Ambos

Soñamos : tú en mí, yo en ti;
ya despertamos tú y yo:
vivimos de amarnos, y
la Noche nos rescató.

Mi sueño te fue creando;
de mi Yo, tu sueño es dueño.
Nos devolveremos cuando
seamos un solo sueño.

Limpias, redondas, apuntan
de un lirio en el interior,
dos gotas... Corren... Se juntan...
y son una entre la flor.

(A. HAAS)

El niño

Con el último atavío
está la madre en la caja:
el pequeño entra jugando
y la mira cara a cara.

Ve las flores que la adornan,
tejidas como guirnaldas,
entre las pálidas manos
se le figuran más blancas.

Y con voz mimosa, dice:
—Dame una flor de esa rama—;
y al ver que no le contesta,
sale quedo de la sala.

Y piensa: "Será que duerme;
habrá que callar", y calla.
Pero vuelve de puntillas
por si la madre le llama.

(F. A. DE ICAZA)

El niño en el pozo

Ama, el niño está despierto;
hay que levantarse, ama;
ya cantan los pajaritos
y el sol calienta las ramas.

Ama, el niño está en el suelo;
ama, que el niño se escapa;
va corriendo por la huerta,
camino del pozo, ama.

Ama, que el pozo es profundo;
de coger flores se cansa,
y ya en el pretil se apoya
y mira el fondo del agua.

Ve que otro niño le mira
y no se sorprende, ama,
y aunque es él, como lo ignora,
le echa besos a la cara.

Cuanto más se inclina el niño,
la imagen del fondo avanza;
"va a subir", el niño piensa,
"o acaso me dice: baja".

Las flores, de entre sus manos,
una tras otra se escapan,
y al caer, hunden la imagen
en círculos transformada.

"Se ha sumido", piensa entonces;
ante la idea se espanta:
siente un raro escalofrío
y vuelve corriendo a casa.

(F. A. DE ICAZA)

EMMANUEL GEIBEL

(1815-1884—ALEMÁN)

Cuando dos corazones...

    Cuando dos corazones que el amor
uniera se separan nuevamente,
es tan grande, tan bárbaro el dolor,
que en el mundo no hay otro equivalente.
¡Oh, cómo suena triste y desolado
ese "adiós para siempre" inesperado,
cuando dos corazones que el amor
uniera se separan nuevamente!

    Al percatarme por la vez primera
de que también tal lazo se rompía,
fue para mí lo mismo que si hubiera
desaparecido el sol en pleno día.
¡Oí con tan patética emoción
ese adiós que irruyó mi corazón,
al darme cuenta por la vez primera
de que también tal lazo se rompía!...

    Mis días de claror languidecieron
y empezaron mis días desolados;
los labios que de besos me cubrieron
se hallaban mudos, pálidos y helados...
Tan sólo pronunciaron claramente,
un "adiós para siempre" indiferente.
Mis días de claror languidecieron
y empezaron mis días desolados.

(F. MARISTANY)

GEORG HERWEGH

(1817-1875—ALEMÁN)

Estrofas

"Me quisiera extinguir como crepúsculo,
y anhelar, cual su último fulgor
—¡oh dócil, fácil, insensible Muerte!—
desangrarme en los brazos del Señor.

Me quisiera extinguir como la estrella
no velada del más ligero tul,
y sin dolor, suave y quedamente,
de pronto hundirme en la amplitud azul.

Me quisiera extinguir como el aroma
que se exhala del seno de la flor,
y que en alas del aire al cielo sube,
como asciende la mirra al Creador.

Me quisiera extinguir como el rocío
que se seca al hirviente ardor solar,
y que como él se exhala se exhalara
mi pobre alma cansada de vagar.

Me quisiera extinguir como el sonido
que las cuerdas del arpa hace gemir,
y del metal apenas libertado,
busca el seno de Dios para morir."

"No; no te extinguirás como el crepúsculo,
ni cual la estrella tu alma se hundirá,
ni cual la flor darás tu íntima esencia,
ni un rayo ardiente tu alma beberá.

Cuando partas lo harás sin dejar huella,
mas antes será tuya la aflicción.
La muerte es dulce... en la Natura.
El hombre debe ir a trozos dando el corazón."

(F. MARISTANY)

THEODOR STORM

(1817-1888—ALEMÁN)

¡Oh, ven y ciérrame los ojos!...

¡Oh, ven y ciérrame los ojos
con las tus manos adoradas,
y bajo de ellas mis angustias
reposarán así endulzadas!

Cual se adormece ola tras ola,
nuestro dolor, nuestra pasión,
cual cesa el último latido,
revivirá mi corazón.

(F. MARISTANY)

Pregunta

Dices que, cuando sola, sufres en tu aposento
largas noches de insomnio, surjo en tu pensamiento;
dices que entonces piensas en mí.
En tu alcoba difúndese el oro mañanero,
a tu paso divino se alegra el mundo entero...
Dime si entonces piensas en mí.

(A. HAAS)

Recuerdo de esposa muerta

Pero yo no resisto que siga, en las mañanas,
naciendo el sol risueño de cuando tú vivías;
me duele que, en tu ausencia, retoñen alegrías;
que marchen los relojes, que suenen las campanas,
que se alternen, monótonos, las noches y los días.

De tarde, cuando se hunde la luz en occidente,
recorro los lugares que recorrí a tu lado:
en donde te sentabas, alguno se ha sentado;
dijérase que a todos nos fuiste indiferente
y que, al irte, no hay nada para nadie cambiado.

Mientras tanto, por entre las rejas funerales,
el rayo de la luna, raquítico y roñoso,
desciende a tu sepulcro: tristemente vitales,
sus luces te visitan y rompen, espectrales,
en tu ataúd, la sombra del eterno reposo.

(A. HAAS)

CHARLES LECONTE DE LISLE

(1818-1894—FRANCÉS)

Los Elfos

De tomillo y rústicas hierbas coronados
los Elfos alegres bailan en los prados.

Del bosque por arduo y angosto sendero,
en corcel oscuro marcha un caballero.
Sus espuelas brillan en la noche bruna,
y, cuando en su rayo le envuelve la luna,
fulgurando luce, con vivos destellos,
un casco de plata sobre sus cabellos.

De tomillo y rústicas hierbas coronados
los Elfos alegres bailan en los prados.

Cual ligero enjambre, todos le rodean,
y en el aire mudo raudos voltejean.
—Gentil caballero, ¿do vas tan de prisa?—,
la reina pregunta con suave sonrisa.
—Fantasmas y endriagos hallarás doquiera:
ven, y danzaremos en la azul pradera.

De tomillo y rústicas hierbas coronados
los Elfos alegres bailan en los prados.

—¡No! Mi prometida, la de ojos hermosos,
me espera, y mañana seremos esposos.
Dejadme prosiga, Elfos encantados,
que holláis, vaporosos, el musgo en los prados.
Lejos estoy, lejos, de la amada mía,
y ya los fulgores se acercan del día.

De tomillo y rústicas hierbas coronados
los Elfos alegres bailan en los prados.

—Queda, caballero; te daré que elijas
el ópalo mágico, las áureas sortijas,
y, lo que más vale que gloría y fortuna:
mi saya, tejida con rayos de luna.
—¡No!—dice él—¡Pues anda!—Y su blando dedo
su corazón toca, e infúndele miedo.

De tomillo y rústicas hierbas coronados
los Elfos alegres bailan en los prados.

Y el corcel oscuro, sintiendo la espuela,
parte, corre, salta, sin retardo vuela;
mas el caballero, temblando, se inclina:
ve sobre la senda forma blanquecina
que los brazos tiende marchando sin ruido.
—¡Déjame, oh demonio, Elfo maldecido!

De tomillo y rústicas hierbas coronados
los Elfos alegres bailan en los prados.

¡Déjame, fantasma siempre aborrecida!
Voy a desposarme con mi prometida.
—¡Oh, mi amado esposo, la tumba perenne
será nuestro lecho de bodas solemne.
—¡He muerto! —-dice ella —. Y él desesperado,
de amor y de angustia, cae muerto a su lado.

De tomillo y rústicas hierbas coronados
los Elfos alegres bailan en los prados.

(LEOPOLDO DÍAZ)

Mediodía

¡Rey del estío, espárcese Mediodía en la llanura,
en argentadas ondas del cielo azul cayendo.
Todo se calla. El aire abrasador fulgura;
envuelta en ígneo manto la tierra está durmiendo.

La extensión es inmensa, y en los campos no hay sombra,
donde bebió el rebaño secose el cauce undoso;
la lejana floresta que su término asombra,
duerme allá abajo, inmóvil en pesado reposo.

Los sazonados trigos, solos, cual mar dorada,
a los ojos dilátanse desdeñosos del sueño;
pacíficos hijuelos de la tierra sagrada
del sol la capa agotan con animoso empeño.

A veces, cual suspiro que exhala su alma ardiente,
de las gruesas espigas de murmurante acento,
una ondulación lenta majestuosamente
se alza, y al horizonte va a morir polvoriento.

No lejos, blancos bueyes en la tierra tendidos
sus papadas espesas cubriendo van de baba,
y con hermosos ojos lánguidos y caídos
siguen el sueño interno, e igual, que nunca acaba.

Hombre; si, llena el alma de gozo o de amargura,
pasas al mediodía por el campo radioso,
¡huye!, que el sol consume, vacía está Natura;
nada aquí vive, nada está triste o gozoso.

Mas, si desengañado del llanto o de la risa,
de este mundo agitado el olvido al temer
ni el perdón ni el castigo ve ya tu alma indecisa
y apurar aún deseas un supremo placer,

¡Ven!, y del sol la llama absorbe intensamente,
con palabras sublimes él te habla y te fascina;
y a la ciudad retorna, el corazón doliente
siete veces templado por la Nada divina.

(CAYETANO DE ALVEAR)

IVÁN TURGUÉNIEV

(1818-1896—RUSO)

El umbral

Veo un gran edificio gigantesco,
en él estrecha puerta
que permanece abierta:
detrás, siniestra calma
con que el vacío a la mirada asombra,
llena de espanto el alma
se abisma ante la muda y negra sombra.
De pie, junto al umbral, virgen sencilla,
tranquila permanece,
que vio la luz del Vístula en la orilla.
La sombra en tanto se condensa y crece,
crece siniestra y fría, y desde el fondo
del edificio aquel, llega agitado
un leve soplo helado
que bate el aire en la extensión medrosa,
Y se oye en lontananza
una voz lenta, lenta y cavernosa.
—¡Oh! tú que este dintel cruzar pretendes.
¿sabes lo que te espera?
—Lo sé—dice la joven—.
—¿Sabes que este edificio tan sombrío
guarda a tu juventud el hambre fiera,
los tormentos del frío,
la prisión y el escarnio, las fatales
consecuencias del odio, negra suerte
que depara a tu fe todos los males,
hasta la misma muerte?—Sí, lo sé.
  —El aislamiento,
el abandono, en fin...
  —Lo sé; estoy pronta
las heces a apurar del infortunio;
a libar en la copa del destino
los más fuertes dolores
que sufriré con calma en mi camino.
—A más de los extraños
te deparan amigos y parientes
los más terribles daños.

—También los sufriré.
  —¿Luego dispuesta
al sacrificio estás?
  —Completamente.
—Sacrificio sin gloria;
perecerás, y no sabrá la gente
que debe honrar tu nombre y tu memoria.
—No pido al mundo ni piedad ni aplauso,
ni páginas gloriosas a la historia.
—¿Y si el crimen te fuera indispensable?
  —Criminal sería.
—¿Has pensado en que acaso llegue un día
en que dudes tal vez de lo que hoy crees,
día en que te juzgues engañada,
viendo que estérilmente
tu juventud ha sido destrozada
y el sacrificio inútil?
  —Lo he pensado
y quiero entrar.
  —Pues bien, franca es la entrada.
Pasó el umbral la joven, a su paso
cayó negra cortina.
—¡Loca! El odio gritó con voz que espanta;
mientras que de otra voz dulce y divina,
el delicioso acento dijo:—¡*Santa!*

(JAIME MARTI-MIQUEL)

BASILIO ALECSANDRI

(1819-1890—RUMANO)

La flor del océano

Sobre la salvaje ribera,
pequeña flor del océano,
entre el cielo y el agua turbulenta
bajo las inclemencias ha crecido.

La roca es dura, y en la mar terrible
hierve con furia el oleaje.

Sobre la roca, la tranquila flor
se abre a los cielos sonriendo.

En vano el viento airado
lanzarla intenta a las revueltas olas.
Ella se abre a la luz sobre el abismo
y la ribera goza en su hermosura.

GOTTFRIED KELLER

(1819-1890—SUIZO)

Noche de invierno

Ni un aletazo tímido en el mundo;
la nieve en el silencio relucía;
ni una nube vagaba en el espacio;
ni una ola en el océano se erguía.

El árbol de la mar subió del fondo
hasta cubrir su copa con el hielo;
la ondina, que ensalzose por el árbol,
miró al través del hielo verde al cielo...

Yo me encontraba encima del cristal
que del fondo del mar me separaba;
bajo mis pies, opaca su hermosura,
blanca y gentil, absorto contemplaba.

Palpó, con un lamento reprimido,
el duro techo de uno y otro lado...
Tengo presente aún su rostro lóbrego,
nunca más de mi mente se ha borrado.

(F. MARISTANY)

Canción crepuscular

Ojos míos, ventanas adoradas
que ha tanto me prestáis claror propicio,
dejad entrar imagen tras imagen,
que un día quedaréis oscurecidos...

Deslízanse los párpados caneados,
y halla entonces serena paz el alma...
Quítase el polvo del camino a tientas,
se tiende con nosotros y descansa...

Mas ve fulgir dos brasas todavía,
cual dos estrellas que brillasen dentro...
Pronto replegaranse vacilantes
como unas alas al cesar el vuelo...

Con solamente el astro, que se pone,
voy aún por el campo del crepúsculo...
Ojos míos, bebed, bebed sin tasa
la abundancia dorada de este mundo.

(F. MARISTANY)

WALT WHITMAN

(1819-1892—NORTEAMERICANO)

¡Oh Capitán, mi Capitán!

¡Oh Capitán, mi Capitán!, nuestro terrible viaje ha terminado;
al fin venció la nave y el premio está ganado;
ya el puerto se halla próximo, ya se oye la campana
y al pueblo que, aclamándote, con la mirada sigue la nave soberana.

Mas ¿no ves, corazón, ¡oh corazón!
cómo las rojas gotas van cayendo
sobre el puente en el cual mi Capitán
está el pobre extendido, helado y muerto?

¡Oh Capitán, mi Capitán!, levántate; levántate y escucha cual te llaman
las campanas festivas; por ti izan las banderas y los clarines claman;
para ti son los ramos, las cintas, las coronas; por ti la multitud allí hormiguea;
por ti alza sus clamores, a ti su alma dirige y su mirada ansiosa con verte se recrea.

Mi Capitán, ¡oh Padre amado!,
mi brazo a poner voy bajo tu cuello;
es un sueño que encima de este puente
te encuentres extendido, helado y muerto.

Mi Padre no responde, sus labios no se mueven; está pálido;
mi Padre está sin pulso; ¡no puede ya entibiarle mi ansioso brazo cálido!
La nave ha anclado y, salva, su ruta ha concluido;
la nave entra en el puerto de vuelta del viaje; ¡la nave ya ha vencido!

¡Oh playas, alegraos!, sonad, sonad campanas,
en tanto yo con paso triste e incierto
paseo por el puente donde mi Capitán
está el pobre extendido, helado y muerto.

(F. MARISTANY)

Perfumada hierba de mi pecho

Perfumada hierba de mi pecho,
rebusco hojas en ti, escribo, a fin de ser estudiado más tarde a placer,
hojas de la tumba, hojas del cuerpo creciendo por encima de mí, por encima de la muerte,
raíces vivas, altas hojas, ¡oh! el invierno no os helará, hojas delicadas;
cada año volveréis a florecer; en donde desaparezcáis, surgiréis de nuevo.
¡Oh, yo no sé si muchos, al pasar, os descubrirán o aspirarán vuestro suave perfume!
¡Oh esbeltas hojas! ¡Oh flores de mi sangre! Según vuestra manera, os dejo hablar del corazón que está debajo de vosotras.
¡Oh! Yo no sé lo que queréis decir por debajo de vosotras mismas. No sois la felicidad;
sois a menudo tan amargas, que no puedo soportarlo, me quemáis y traspasáis;
sois para mí siempre bellas, raíces débilmente coloreadas, me hacéis pensar en la muerte.
La muerte es bella para vosotras (¿qué es, en verdad, hermoso finalmente, a excepción de la muerte y del amor?).
¡Oh! Pienso que no por la vida entono aquí mi canto de los amantes; pienso que debe ser por la muerte,
que, tan serena, tan solemne, crece para elevarse hasta la atmósfera de los que se aman.
Muerte o vida, me es indiferente; mi alma rehúsa elegir.
(No estoy seguro de que el alma altísima de los amantes acoja bien a la muerte sobre todo.)
En verdad, ¡oh Muerte!, pienso ahora que estas hojas quieren decir, de manera precisa, lo que tú quieres decir.
¡Creced más alto, suaves hojas, que yo lo pueda ver! ¡Creced en mi pecho!

¡Arrancad el recelo del corazón!
¡No os repleguéis así en vuestras raíces teñidas de rosa, tímidas hojas!
¡Tú, hierba de mi pecho, no permanezcas tan amedrentada!
¡Vamos; estoy decidido a desnudar este vasto pecho mío! Hace bastante tiempo que lo he sofocado, ahogado.
Emblemáticas y caprichosas hojas, diré lo que he de decir muy muy sencillamente;
sólo me proclamaré a mí mismo y a los amigos; no lanzaré jamás ninguna llamada que no sea la de éstos;
gracias a ella provocaré inmortales repercusiones de un extremo a otro de los Estados;
me ofreceré en ejemplo a los amantes para que ellos tomen forma y voluntad permanentes de un extremo a otro de los Estados;
por intermedio mío serán pronunciadas las palabras para hacer la muerte jubilosa.
Dame, pues, el tono, ¡oh Muerte!, que yo me pueda acordar.
Date a mí, porque veo que tú estás ahora en mí por encima
de todo, y que vosotras estáis juntas, inseparablemente enlazadas, pues sois el amor y la muerte.
Ya no os dejaré engañarme con lo que yo llamaba vida,
porque ahora he sabido que sois los valores esenciales,
que os escondéis bajo estas cambiantes formas de la vida; porque, y sobre todo para vosotras, existen ellas,
que aparecéis detrás de ellas para ser la realidad real,
que, bajo la máscara de la materia, esperáis pacientemente, poco importa el tiempo,
que acaso un día tomaréis del todo la dirección,
que acaso sois esto porque esto lo es todo, mas no durará largo tiempo.
Sin embargo, vosotros duraréis mucho más.

(CONCHA ZARDOYA)

Cantando a la Primavera

Cantando a la Primavera, he aquí lo que cosecho para los que se aman.
¿Quién, pues, sino yo, comprendería a los amantes y toda su dicha?
¿Y quién, sino yo, sería el poeta de los camaradas?
Cosechando, atravieso el jardín del mundo, mas he aquí que franqueo las puertas,
unas veces a lo largo de la orilla del mar; otras, chapoteando un poquito, sin temor a mojarme,
o en los pretiles, donde las viejas piedras, reunidas en los campos, se han acumulado

(flores silvestres y sarmientos y hierba crecen entre las piedras y casi las cubren, mas yo las sobrepaso),

lejos, lejos, en el bosque, o vagando más tarde en estío, antes de saber dónde voy,

solitario, sintiendo el olor de la tierra, deteniéndome aquí y allí en el silencio.

Solo me creía, cuando, de súbito, una turba se reúne en torno a mí;

unos marchan a mi flanco, otros detrás y otros me enlazan los brazos al cuello.

Ellos son los espíritus de queridos amigos muertos o vivos; más nutridos llegan, son una gran multitud, y yo en medio,

cosechando, distribuyendo, cantando, vago por allí con ellos,

cogiendo algo en prenda, lanzándolo a quien se encuentra cerca de mí:

aquí, lilas, con una rama de pino;

aquí, sacado de mi bolsillo, musgo que arranqué a un roble joven, en Florida, al pender en largo reguero;

aquí, claveles y hojas de laurel y un manojo de salvia;

aquí, chapoteando a orillas del mar

(¡oh! es aquí donde vi por vez postrera al que me ama tiernamente y retorna para no separarse jamás de mí.

Y esto ¡oh!, esto será desde hoy la prenda de los camaradas; sí, esta raíz de calamus será.

Intercambiadla, jovencitos, entre vosotros. ¡Que ninguno la devuelva!)

Y ramitas de sicomoro y un ramillete de naranjas silvestres y de castaño, y tallos de groselleros y ciruelos en flor, y el cedro aromático,

todo eso me rodea con una espesa nube de espíritus,

al azar de mis pasos, yo lo muestro y lo toco al pasar o lo lanzo descuidadamente lejos de mí,

indicando a cada uno lo que debe tener, dando alguna cosa a cada uno.

Pero lo que he retirado del agua, a orillas del mar, lo reservo:

únicamente quiero darlo a los que amen como yo mismo soy capaz de amar.

(CONCHA ZARDOYA)

POETAS DE LA SEGUNDA MITAD DEL SIGLO XIX

CHARLES BAUDELAIRE

(1821-1867—FRANCÉS)

Las viejecitas

I

En los repliegues de las viejas capitales,
en donde, hasta el horror, tiene sorpresas mudas,
yo acecho, obedeciendo mis humores fatales,
de unos seres decrépitos las tragedias menudas.

¡Estos monstruos han sido mujeres en su día,
Epónima o Lais! Monstruos rotos, caídos
o encorvados, ¡amémosles! Son almas todavía.
Bajo refajos rotos, bajo fríos tejidos

se arrastran: bambolean si el aire se levanta,
se paran cuando pasan los ómnibus horríficos
y aprietan contra el pecho, como reliquia santa,
su bolso en que hay bordados, flores y jeroglíficos.

¡Trotan, con un quebrado vaivén de marionetas;
se arrastran, cojeando, como bestias heridas,
o danzan, cascabeles en donde hace piruetas
colgándose, un Demonio sin piedad! Por raídas

que estén, sus ojos finos hieren como un punzón,
como de noche el agua de las balsas relucen;
son los ojos divinos de la niña en embrión
que se asombra y se ríe de las cosas que lucen.

¿No observasteis que hay viejas cuyo ataúd alcanza
las mismas proporciones que un ataúd de infante?
La sabia muerte quiere, por esta semejanza,
afirmar la verdad de un símbolo importante.

Al cruzar una plaza, cuando yo veo a alguna
moverse entre la gente, a la vez torpe y ágil,
se me figura siempre que aquel muñeco frágil
camina dulcemente en busca de otra cuna.

A menos que, ayudados de la Geometría,
no piense, ante estos miembros faltos de simetría,
el número de veces que el obrero reforma
las cajas destinadas a sus cuerpos sin forma.

Sus ojos son dos hoyos que les abrió su llanto;
crisoles de un metal que se enfrió y que brilla;
sus misteriosos ojos tienen un raro encanto
para el que amamantó la Desgracia amarilla.

II

Del antiguo Frascati Vestal enamorada,
actriz, ¡ay!, cuyo nombre sólo el apuntador
que murió, conocía: danzante infortunada
que Tívoli sombreaba cuando se abría en flor,

¡todas me encantan! Pero, yo sé de alguna entre ellas
que, extrayendo la miel de su propio dolor,
dice a la Abnegación, pensando en las estrellas:
"¡Hipogrifo potente, condúceme al Señor!"

Y una, porque a la Patria se ofreció valerosa;
otra, porque a su esposo había amado tanto;
otra, porque sus hijos la han hecho Dolorosa,
¡todas formar podrían un río con su llanto!

III

Yo acostumbro a seguirlas a las pequeñas viejas.
Recuerdo que una, a la hora en que el sol ya cansado
va ensangrentando el cielo con heridas bermejas,
solía ir a sentarse en un banco apartado;

y escuchaba la música con que el cobre sonoro
de la charanga atruena los parques ciudadanos,
y que, inflamando el aire de las tardes de oro,
da un tinte de heroísmo a los pechos urbanos.

Erguíase la vieja, sintiendo la ordenanza;
recogía del himno toda la épica miel,
su ojo brillaba como la punta de una lanza
y su frente de mármol merecía un laurel.

IV

Y así vais caminando, estoicas ciudadanas,
a través del tumulto de la ciudad viviente,
madres de almas heroicas, santas o cortesanas,
cuyos nombres andaban en boca de la gente.

¡A vosotras, que fuisteis la hermosura y la gloria,
ninguno os reconoce! ¡Un borracho incivil,
al pasar, os promete su caricia ilusoria;
y os pisa los talones un arrapiezo vil!

¡Avergonzadas de vivir, sombras calladas,
llenas de miedo vais costeando los muros,
y ninguno os saluda, epopeyas sagradas,
restos de humanidad para el Señor maduros!

Pero yo, que de lejos tiernamente os vigilo
y tiemblo si caéis, oh, delicados seres,
lo mismo que si fuese vuestro padre, intranquilo,
gusto, sin que os deis cuenta, clandestinos placeres:

veo abrirse a la vida vuestros ojos novicios,
revivo vuestros goces y vuestras inquietudes,
mi corazón se goza en todos vuestros vicios,
mi espíritu recoge todas vuestras virtudes.

¡Ruinas, familia mía, hermanas solitarias!
Cada tarde os despido con un último adiós:
¿Dónde estaréis mañana, Evas octogenarias,
que dejáis ver la huella de la zarpa de Dios?

(EDUARDO MARQUINA)

El albatros

La gente marinera, con crueldad salvaje,
suele cazar albatros, grandes aves marinas,
que siguen a los barcos, compañeros de viaje,
blanqueando en los aires como blancas neblinas.

Pero, apenas los dejan en la lisa cubierta
—¡ellos, que al aire imponen el triunfo de su vuelo!—,
sus grandes alas blancas, como una cosa muerta,
como dos remos rotos, arrastran por el suelo.

Y el alado viajero toda gracia ha perdido,
y, como antes hermoso, ahora es torpe y simiesco;
y uno le quema el pico con un hierro encendido,
y el otro, cojeando, mima su andar grotesco.

El poeta recuerda a este rey de los vientos,
que desdeña las flechas y que atraviesa el mar:
en el suelo, cargado de bajos sufrimientos,
sus alas de gigante no le dejan andar.

(EDUARDO MARQUINA)

Bendición

Cuando, por un decreto de la deidad suprema,
el Poeta aparece en el mundo aburrido,
su madre abre el infierno de su boca blasfema
y grita a Dios, que la oye gritar compadecido:

"¡Ah!, ¿por qué no he parido un hato de escorpiones,
antes que en tal miseria dejar mi sucesión?
¡Yo maldigo la noche de vanas convulsiones
en que engendró mi vientre su propia expiación!

Ya que entre todas las mujeres me has buscado
para ser el disgusto de mi triste marido,
ya que arrojar no puedo al hogar encendido
como una carta vieja el monstruo que he engendrado,

yo haré afluir la hiel de mi odio implacable,
sobre el vil instrumento de tu maldición;
y estrujaré de modo este árbol miserable,
que se le pudran las hojas en botón."

Contrayendo sus labios traga su baba impura,
y sin leer los altos designios inmortales,
ella misma prepara en su Gehenna oscura
las llamas de los tétricos crímenes maternales.

Entretanto, a cobijo de unas alas de nieve,
crece el Niño maldito, ebrio en la luz del día,
y en todo lo que come y en todo lo que bebe
halla un dejo de néctar y un dejo de ambrosía.

Y juega con el viento y charla con la aurora,
y el áspero camino distrae con su canción;
un Espíritu sigue su peregrinación,
y viéndole gozoso como un pájaro, llora.

Aquellos a quien ama le observan con recelo,
o bien, cobrando fueros en su pasividad,
juegan a quien primero le cubrirá de duelo
y hacen sobre él la prueba de su ferocidad.

Y en el vino y el pan que ha de gustar su boca
echa el vulgo cenizas y asquerosa saliva;
y con hipocresía rechaza lo que él toca
y en las sendas, la huella de sus pasos esquiva.

Su mujer va gritando por las públicas plazas:
—"Ya que él me encuentra bella y me viene a adorar,
seré como los ídolos de las antiguas razas,
y los hombros como ellos quiero hacerme dorar.

A la mirra, al incienso, pediré su mentira;
buscaré adoraciones y tesoros y vinos,
para saber si puedo, en su alma que me admira,
usurpar el sagrario de los cultos divinos.

Y cuando esté cansada de estas farsas impías
pondré sobre él mi mano que rige su pasión,
y mis uñas, iguales a las de las arpías,
sabrán abrirse paso hasta su corazón.

Sacaré, como un pájaro herido que palpita,
su corazón del pecho funesto que lo encierra,
y porque se regale mi bestia favorita,
soberbia de desdén lo arrojaré por tierra."

Al Cielo, trono azul de la suprema calma,
el Poeta levanta sus dos brazos piadosos
y los resplandecientes fulgores de su alma
le borran la visión de los pueblos furiosos.

"¡Sed bendito, Señor, que dais el sufrimiento
como el santo remedio de nuestras impurezas;
esencia misteriosa y divino fermento
que anticipa a los santos las eternas bellezas!

"Yo sé que le guardáis al Poeta un lugar
en las filas armónicas de las santas Legiones:
y que en la eterna fiesta le invitáis a cantar
con los Tronos, Virtudes y Dominaciones".

"Yo sé que es el dolor la única Nobleza
que el infierno y los hombres jamás corromperán,
yo sé que mi corona de mística riqueza
todos los tiempos, todos los mundos forjarán".

"Señor, sé que las joyas de la antigua Palmyra,
los metales ignotos, las perlas de la mar,
no son dignas de entrar en la gloriosa pira
de donde la divina corona has de arrancar".

"Sé que, para tejerla, buscarás claridades
de la luz primitiva en la virgen entraña,
—y sé que nuestra vista, ante estas claridades,
espejo miserable, palidece y se empaña—"

(EDUARDO MARQUINA)

HIERONYMUS LORM

(1821-1902—ALEMÁN)

Canción de las esferas

Cuando los astros ruedan
del mar divino en el azul profundo,
ciertos oídos escuchando quedan
el canto sutilísimo del mundo.
A la nada ascendiendo,
llega a la eterna paz, donde se esconde
curiosa el alma y vase sumergiendo...
¿A dónde, a dónde?...

(F. MARISTANY)

MORITZ GRAF VON STRACHWITZ

(1822-1847—ALEMÁN)

¡Con qué placer aquí a tus pies!...

¡Con qué placer aquí a tus pies
me absorbo en ti y por ti deliro,
mientras el áurea puesta santa
por la ventana de arco miro!
Tu corazón me oye en silencio...
Vibrando al ritmo que prefieres
cruzo en un éxtasis las manos
para cantar: ¡Cuán bella eres!

¡Con qué placer aquí a tus pies
viendo tu rostro me recreo!
Mas en él flota la piedad
y tu piedad no la deseo.
Juegas conmigo, bien lo sé,
y a pesar de ello..—¡bah! ¡Qué quieres!..—
Sigo a tus pies enajenado
para cantar: ¡Cuán bella eres!

¡Con qué placer aquí a tus pies
muriera mudo de dolor!...
Mas quién pudiera alzarse a ti
para besarte con ardor,
para besarte un día entero,
para fundir nuestros dos seres
y desplomarse, y al morir
cantar aún: ¡Cuán bella eres!

(F. MARISTANY)

MATTHEW ARNOLD

(1822-1888—INGLÉS)

El tritón abandonado

Vámonos, hijos míos, vamos ya;
bajemos a la azul profundidad.
Ahora a mis hermanos escucho en la bahía;
ahora los grandes vientos se agitan en la orilla;
las saladas corrientes adéntranse en el mar,
y los blancos corceles retozan y simulan
que se irritan y muerden, llenándose de espuma.
Vámonos, hijos míos, vamos ya;
bajemos a la azul inmensidad.

Llamadla una vez más y vamos presto:
¡Eh, Margarita, Margarita!
Llamadla para ver si os reconoce:
¡Eh, madrecita, madrecita!
Al oído materno, ser debieran
(llamadla aún) ¡tan tristes de escuchar
las voces angustiosas de sus hijos!...
Los salvajes caballos se impacientan.
Inútil, ya es inútil nuestro afán.
¡Eh, Margarita, Margarita!

Vámonos, hijos míos, vamos ya;
inútil, hijos míos, no insistáis.
Demos a la ciudad una postrer mirada
y a la aventada iglesia que está junto a la playa,
y luego volveremos a bajar.

Aun cuando todo el día llaméis, ya no vendrá.
Vámonos, hijos míos, vamos ya.

Hijos, amados hijos, ¿no fue ayer todavía
que a las hondas cavernas llegó de la bahía,
al través de las aguas, la música lejana,
la vibración suavísima de una argéntea campana?
Antros frescos, profundos, silentes y escondidos,
en los cuales los vientos están adormecidos;
donde las luces tiemblan marchitas y dolientes,
donde las yerbas obstan las nítidas corrientes
y los seres acuáticos demoran agrupados,
nutriéndose del fango del suelo de sus prados;
en donde las serpientes se van a calentar,
arrolladas al sol, en un rincón del mar;
y en donde las ballenas, con ojos de estupor,
navegan y navegan del mundo en derredor;
¿cuándo llegó a nosotros la mágica armonía?
Hijos, queridos hijos, ¿no fue ayer todavía?

Hijos, queridos hijos, ¿no fue ayer que ocurrió
que de pronto (llamadla de nuevo) nos dejó?
Sentada con nosotros hallábase ella un día
sobre su rojo trono de rica pedrería,
y en su falda peinaba, dichosa, al benjamín.
De pronto detuviéronse sus dedos de carmín:
Había la campana de plata oído vibrar.
Alzó los lindos ojos, miró a través del mar,
y dijo: "Oran los míos; es tiempo de que vaya
a la aventada iglesia que está junto a la playa.
Será Pascua en el mundo. Me aguardan. ¡Ay de mí!
Abandono mi alma, Tritón, contigo aquí".
"Ensálzate en las olas, mi dulce corazón,
le dije, y vuelve al punto rezada tu oración."
Sonrió y subió al través del agua a la bahía...
Hijos, queridos hijos, ¿no fue ayer todavía?

Enfurécese el mar; los pequeñuelos lloran.
Yo me digo: "En el mundo muy largas preces oran.
¿Hace mucho, hijos míos, que solos aquí estamos?
Venid". Y entre las olas contentos nos alzamos.
Subimos a la orilla por la áspera pendiente
donde viven las algas. La hora era silente,

y fuimos por las calles estrechas de la villa
a la aventada iglesia que está junto a la orilla.
Se escuchaba un murmullo de gente que rezaba;
nosotros nos quedamos al aire, que silbaba,
rezando, rodeados de piedras sepulcrales,
y mirando la nave central por los cristales.
Junto a un pilar rezaba. La vimos claramente.
"Vente, corazón mío, la dije dulcemente,
pues se enfurece el mar y los pequeños lloran."
Sus ojos y sus labios sobre su libro oran,
mas ella no levanta del libro la mirada.
Reza el cura muy recio; la puerta está cerrada.
    Vámonos, hijos míos, vamos ya;
      inútil, hijos míos, no insistáis.

      ¡Al mar, al mar, al mar!
    Bajemos a la azul profundidad
Ahora está a la rueca en la ciudad ruidosa
      cantando muy gozosa.
Escuchad lo que canta: "Alegría, alegría
para la angosta calle llena de algarabía,
para el niño que juega, y el cura, y la campana,
    para la mística fontana,
    para la rueca en que hilo ahora,
    para la luz encantadora".
Y canta y canta alegremente
frenética y febrilmente,
hasta que de la mano le cae la lanzadera,
y la rueca detiene de pronto su carrera.

    Va a tientas a la ventana;
mira a la arena lejana;
mira al mar, cabe la arena
con la mirada serena,
mas luego un suspiro exhala
y una lágrima resbala
de sus ojos nublados por la pena.
Un suspiro muy largo y muy profundo
para sus ojos fríos y extraños de Sirena
y para su cabello rubicundo.

    Vámonos, hijos míos, vamos ya;
bajemos a la azul profundidad.

El fuerte viento sopla helado
y en la ciudad las luces brillan.
Ella saldrá del raro ensueño
cuando entre el viento en sus rendijas,
y oiga las ráfagas que aúllan,
y oiga las alas que se agitan.
Pero nosotros cantaremos
bajo la ruda tempestad,
entre una bóveda de ámbar
y un pavimento de coral:
"Una mortal hasta aquí vino,
pero la infiel no supo amar,
y solitarios para siempre
dejó a los reyes de la mar."

Y cuando a media noche el viento
sople suavísimo, y descienda
la luz argéntea de la luna,
y haya bajado la marea,
y hasta nosotros lleguen hálitos
de brezos, juncos y retamas,
y la tristeza de las rocas
caiga en la arena plateada,
y en las extáticas orillas
y en los recodos y en las algas,
contemplaremos, hijos míos,
la villa mágica y silente
y la empinada iglesia blanca,
y al mar nos volveremos cantando tristemente;
"Una mortal hasta aquí vino,
pero la infiel no supo amar,
y solitarios para siempre
dejó a los reyes de la mar."

(F. MARISTANY)

Requiescat

Sobre ella esparcid rosas
y rosas: de tejo, ni una rama.
En la quietud descansa:
¡quién con ella estuviera!

Le reclamaba el mundo su alegría,
y lo bañó con sonrisas de alborozo
Pero tenía el corazón cansado:
la dejan ya ser ella.

Su vida daba vueltas, siempre, siempre,
por unos laberintos de fuego y melodía.
Mas quiso paz su alma,
y se ciñe la paz en torno suyo.

Su espíritu, encerrado y anheloso,
las alas agitaba, buscando el aire limpio:
y esta noche ha heredado
la cámara anchurosa de la muerte.

(MARIANO MANENT)

SANDOR PETÖFI

(1823-1849—HÚNGARO)

Tú y yo

¡Deseara yo ser árbol, si tú la savia fueras;
si fueras tú rocío, deseara yo ser flor,
y gota de rocío, si en sol te convirtieras,
que así se juntarían felices, placenteras,
sublimes, nuestras almas en ósculo de amor!

¡O bien, por ser unidos con lazo firme, eterno,
si fueras, niña, estrella, para prenderte en mí,
yo en cielo me tornara; si fueras el infierno,
magnífico, anhelante, con gozo sempiterno,
yo réprobo sería para vivir en ti!

(I. E. MUÑOZ)

¡Cuán grande es este mundo!...

¡Cuán grande es este mundo!
¡Qué pequeño mi amor!
¿Mas si yo poseyera a mi paloma,
por todo el mundo no la diera yo!

Tú eres día, yo noche
que oscurece el confín,
si nuestros corazones se enlazaran,
¡qué aurora más brillante para mí!

No me mires; tus ojos
baja, o me quemarán;
pero si no me quieres, vida mía,
¡qué importa al alma que se abrase ya!

(J. L. ESTELRICH)

La bandera

Mi corazón es del amor bandera.
Codícianlo dos genios a la par.
Ni a sol ni a sombra, con pujanza fiera,
dan tregua al ominoso batallar.

El uno, cual la nieve en su vestido,
es *la esperanza,* asidua en el querer:
el otro, como el cuervo renegrido,
es *la duda,* enemiga del placer.

¿A quién el vencimiento? ¿A quién la gloria?
No lo sé; pero temo, en mi aflicción,
que rasguen, indecisa aún la victoria,
la bandera, ¡mi pobre corazón!

(M. SÁNCHEZ PESQUERA)

THEODORE DE BANVILLE

(1823-1891—FRANCÉS)

Semíramis

> Nunca quiso casarse legítimamente a fin de no verse privada de la soberanía; pero escogía los hombres más bellos de su ejército, y después de otorgarles sus favores, los hacía desaparecer.
> DIODORO DE SICILIA—Lib. II.

Semíramis, que reina con glorioso esplendor,
como un dios, a los reyes cautivos lleva al lado;
se ve cual mar de fuego de estrellas esmaltado
de su traje escarlata el vivo resplandor.

Fija en la voz del río, que con tenue rumor
de gemidos y cantos da un son acompasado,
va atravesando el puente triunfal, que por agrado,
sobre el Éufrates puso su afán dominador.

Mientras pasa, humillando al astro soberano,
loco de amor murmura un soldado bactriano:
—"Que la tenga en mis brazos feliz instante breve

y que luego a los perros vivas mis carnes den."
Semíramis entonces, la paloma de nieve,
hacia él torna su frente celeste y dice:—"¡Ven!"

(CAYETANO DE ALVEAR)

El salto del trampolín

¡Clown admirable, en verdad!
Será en la posteridad,
cuyo fin siempre se pierde,
mártir con llaga al costado,
y de blanco embadurnado,
de rojo, amarillo y verde.

Al mismo Madagascar
su nombre debió llegar:
de los aros, los papeles
intactos, ágil saltaba
y después atravesaba
el fondo de los toneles.

Subiera horro de su peso,
las gradas del Piraneso
reinando la noche en torno.
A la luz que le envolvía
su tupé resplandecía
como una brasa en un horno.

Nadie fue a alturas mayores,
y a los otros saltadores
consumían vanas penas:
demoníaco lo encontraban.
¿Y qué azogue—murmuraban—
tendrá este diablo en las venas?

Todo el pueblo le aplaudía,
pero él sus piernas erguía
aún con la fuerza sobrada:

sin saber con quién, el émulo
de la Saqui hablaba trémulo
en una lengua ignorada.

Decía a su trampolín:
—"Teatro lleno sin fin
de una inspiración fantástica:
en la inquietud que te agita
hasta una altura infinita,
despídeme, plancha elástica.

Hazme brotar violento
que como el viento me siento
más ágil que las panteras:
que olvide los fracs diarios
de los hórridos notarios
junto a las viejas tenderas.

Pueda tu fuerza lanzarme
muy lejos, hasta abrasarme
del sol entre los destellos:
águilas, rayos se bañan
allí juntos y enmarañan
de los astros los cabellos…

A los espacios ruidosos
donde, en sombra, tenebrosos
entremezclan sus alientos,
despeinados y rendidos
sobre las nubes dormidos
los ciclones violentos.

¡Más alto!: hasta el puro cielo
cuyo azul echa su velo
a esta prisión como manto:
rojo oriente donde alígeros
están los dioses flamígeros
locos de furia y de espanto.

¡Más alto!: que aún veo críticos
y bolsistas y políticos
y señoras con sus galas.
¡Más lejos, que voy despacio!

Dame azul y aire y espacio.
¡Dame alas, alas, alas!"

Fue al fin tan alto, tan alto,
que las vidrieras de un salto
rompió, y pasando por ellas
al son de trompe y tambor,
consumido por su amor,
fue a rodar a las estrellas.

(FERNANDO FORTÚN)

COVENTRY PATMORE

(1823-1896—INGLÉS)

Alguna vez, si muero...

Alguna vez, si muero, dirás: "¡Pobre muchacha!"
Sus adorados labios temblaban al hablarme,
y sus dulces pupilas, veladas por el llanto,
sonreían a fin de no apenarme.
¡Pobre muchacha!
Aún veo tu sonrisa y oigo tu suave prez.
No es cierto que el "Amor no yerre alguna vez...
¡Pobre muchacha!..."
¿Pensaste cuando así decías, medio en chanza,
que en desoladas noches iba a quedar despierto
y esas palabras tuyas serían tu venganza?
Y ahora, aun cuando te diga
por tres veces la misma suave queja,
¡Dios no me da consuelo, fiel amiga!
¡Pobre muchacho!...

(F. MARISTANY)

Los juguetes

Mi hijito, al que miraba con ojos pensativos,
y hablaba y se movía tan juicioso y pausado,
ya por séptima vez quebró mi ley y, entonces,
le pegué y le aparté de mí con duras
palabras, sin besarle
(su madre, tan paciente, había muerto).

Y luego, temeroso de que su pesadumbre
el sueño le alejara, me llegué hasta su lecho:
mas lo encontré dormido,
con párpados sombríos y húmedas las pestañas
del último sollozo.
Y yo, con un gemido,
besándole las lágrimas, dejaba allí las mías;
pues vi que, en una mesa, a su alcance, tocando
casi su cabecita, había puesto
una caja con fichas y una piedra de venas
encarnadas y un vidrio, pulido en la bahía,
y seis o siete conchas
y un frasco, con campánulas azules,
y dos piezas de cobre, francesas, muy en orden
todo, para consuelo de su corazón triste.
Y a la noche, al rezarle
a Dios, lloré, diciendo:
"¡Ah! Cuando descansemos al fin, ya sin aliento,
no pudiendo ultrajarte
en la muerte, y recuerdes qué juguetes mezquinos
fueron nuestro alborozo,
y qué mal entendimos
tu grande y buen mandato,
entonces, con transida paternidad, no menos
que yo, a quien moldeaste del barro de la tierra,
dirás, ya sin enojo:
"¡Oh, qué pena, tan niños!"

(M. MANENT)

Un adiós

Con todo mi querer, pero con dolorido
corazón, ya debemos separarnos.
¡Oh dulce amiga! Séanos consuelo
ver tan claro el trazado de nuestra senda triste.
Ningún arte requiere,
con desviados pasos sigilosos,
y arrasados en llanto,
perseverar en las opuestas sendas.
Marcha, pues, a levante; yo, al ocaso.
Y no diremos: queda
todavía esperanza—con tanta lejanía.

Pero, ¡oh mi bien más alto!,
cuando ya el preferido de nuestra viudez, ese
niñito al que llamamos Pesadumbre
haya muerto, y los ojos
no nos empañe ya ningún rocío
para mirar las flores de durazno, en los cielos
de la tarde llegando, acaso, donde
será día esta noche, y encendidos
de fe, con los opuestos pasos leves,
al lugar de destierro dando la vuelta entera,
al fin, nos encontremos, asombrados;
el amargo viaje, tan dulce al que bien llega,
sabrosa hará la fiesta sin fin de nuestro gozo,
con gratitud perenne en nuestras lágrimas.

(M. MANENT)

ARISTÓTELES VALAORITIS

(1824-1879—GRIEGO)

Dimos y su fusil

Soy anciano, muchachos, klefta, cincuenta años
no he tenido un momento de reposo;
y ahora estoy cansado.
Quiero dormir un largo sueño, mi corazón está agotado.
¡Vertí a chorros la sangre,
no me queda una gota!
Quiero dormir por siempre.
Cortad ramas en el bosque;
que sean frescas, verdes y floridas;
con ellas haced un lecho y dejadme echar en él.
¿Quién sabe qué árbol ha de brotar de mi tumba?
Si fuese un plátano, bajo su sombra
vendrán los jóvenes cleftas a colgar sus armas,
y a cantar mi juventud y mis hazañas.
Si fuese un pino de doliente follaje,
los jóvenes cleftas vendrán a recoger mis piñas
para untarse sus heridas y bendecir mi memoria.

Mis armas se han gastado con el fuego,
mi valor se ha roído por los años;
ha llegado mi hora. No lloradme, hijos míos:
la muerte del valiente da la vida a los suyos.
Rodeadme, acercaos
para cerrarme los ojos y recibir mi bendición
y que el más joven suba arriba, muy arriba,
que coja mi fusil,
que dispare tres veces y que tres veces grite:
"¡El viejo Dimos ha muerto! ¡Ha muerto el viejo Dimos!"

Gemirá el vallecillo, suspirarán las rocas,
y la brisa de la montaña que pasa cargada de rocío, llorará...

En el momento de dormirse el viejo Dimos, oye el disparo
de su fusil; sus labios pálidos han sonreído, sus manos se han cruzado.

¡El viejo Dimos ha muerto! ¡Ha muerto el viejo Dimos!
El alma del clefta, tan valiente,
se ha encontrado en las nubes
con el humo de su fusil.
Fraternalmente mezclados,
suben y desparecen juntos.

(JOAQUÍN DEL VAL)

CONRAD FERDINAND MEYER

(1825-1898—SUIZO)

Entrevista

En el fondo del bosque de pinos, un sendero
me guía. Es un sendero de alta nieve florido.
De pronto, sin anuncio de luces o de ruido,
se me aparece un caballero.

Mientras llega, no mira ni hacia aquí ni a lo lejos.
Lo envuelve un sutil manto de purpúreos reflejos.
Y recuerdo, mirándole, haberle conocido
en días muy remotos, de recuerdo abolido.

En sus jóvenes ojos irradia la energía;
su boca, amargamente callada, y arrogante;
sueño y pasión difunden encanto en su semblante
(aún recuerdo qué aguda sensación producía.)

Devorando el sendero de alta nieve florido,
galopa su caballo, sin el más leve ruido.
Y siento, con espanto, deseo de llamarlo,
—pronunciando su nombre—, y ansia de saludarlo.

Mas no acude a mis labios otro nombre que el mío...
Sobre su silencioso caballo, el caballero,
insonoro se esfuma, tras el cándido y frío
césped nevado del sendero.

(ALBERTO HAAS y FEDERICO MORE)

AUGUSTO OKSANEN

(1826-1889—FINLANDÉS)

La muchacha sueña a orillas del mar

Estoy sola y musito un canto leve,
pero me hastío, el tiempo se me hace muy largo;
las olas se adormecen bajo mis pies, las aves
marinas sobre mí baten sus alas,
y no percibo un hálito de viento.

¡Oh, si tuviese un barco con velamen de púrpura
me alejaría sobre el ancho mar
y traería desde lo lejano,
para mi amante, mucho oro y mucha plata!...
Entonces me pondría mi buen traje de lino
hecho por mí, tan blanco como el alba del cura...
¡Cómo el anillo brillará en el dedo!...

¡Insensata de mí, que desvarío!

(R. F.)

PALL OLAFSSON

(1827-1905—ISLANDÉS)

Rima de amor

Quisiera poder volverme paja
y marchitarme en tus zuecos;
sin duda caminarías más ligera
sobre los errores míos.

(PONZANELLI)

DANTE GABRIEL ROSSETTI

(1828-1882—INGLÉS)

Glosa de una vieja canción

"¿Que es su amor el verdadero,
cómo averiguar podré?"
—"Montera y cayado lleva,
sandalias calzan sus pies."

—Y ¿por qué señal su próxima
llegada se ha de saber?
—¡Mira! Ya la primavera
se va; ya se acerca él.

—Por si esa señal no basta, di,
¿sabes qué ha de traer?
—Un anillo que le di;
traerá otro anillo también.

—¿Qué le diré, si pregunta
la que aquí yace quién es?
—Nada: sin velos el rostro,
suelto el cabello ha de ver.

—¿Y alguna palabra tuya
repetirle no podré?
—Dile que a sus ojos miran
mis ojos que ya no ven.

(E. DÍEZ-CANEDO)

El huerto de mi padre

En el huerto de mi padre
    (corazón, huye lejos, vuela y huye)
floridos están los árboles.
    ¡Qué dulces!

Tres bellísimas princesas,
    (corazón, huye lejos, vuela y huye)
a la sombra se recuestan.
    ¡Qué dulces!

"¡Ay!", exclama la mayor,
    (corazón, huye lejos, vuela y huye)
"viene el día, luce el sol:
    ¡qué dulce!"

"¡Ay!", exclama la segunda,
    (corazón, huye lejos, vuela y huye)
"lejano el tambor se escucha:
    ¡qué dulce!"

"¡Ay!", exclama la menor,
    (corazón, huye lejos, vuela y huye)
"mi amor es, mi tierno amor:
    ¡qué dulce!"

"¡Ay! si vuelve triunfador
    (corazón, huye lejos, vuela y huye)
le aguarda todo mi amor:
    ¡qué dulce!"
"¡Ay! vencido o vencedor,
    para él es todo mi amor."

(E. DÍEZ-CANEDO)

Luz súbita

Aquí yo he estado ya,
mas cuándo o cómo no lo sé decir;
reconozco la hierba ante el portal,
el aroma sutil,
el quejumbroso son, la luz del mar.

Tú antes que yo has estado,
mas cómo o cuándo no lo sé decir;
pero a ese mismo vuelo de este pájaro
volviste el cuello, así...
Y algún velo cayó—Lo sé de antaño.

¿Ha sido esto así antes?
Con nuestras vidas, ¿no reviviremos
la estela de ese vuelo de un instante?
De la muerte a despecho,
¿no habremos noche y día de gozarle?

(F. MARISTANY)

LEÓN TOLSTOI

(1828-1910—RUSO)

La primera ley

Schammaï e Hiller, dos sabios de Judea,
no hermanaron jamás sus caracteres;
aquél era severo y éste dulce,
bueno Hiller, Schammaï rígido siempre,
un día hasta el primero fue un pagano,
y así le habló:
—Deseo entre las leyes
adoptar las más justas, si me explicas,
mientras doy sobre un pie la vuelta breve
a esta cámara, aquéllas que nos rigen—.
Schammaï le despachó por insolente,
pero el pagano a Hiller hizo la misma
pregunta, y dijo aquél:
—No te molestes:
Haz con nosotros aquello que deseas
que otros hagan contigo—.
El fondo es éste
de la pura doctrina; lo que sigue
es para propagarlo entre las gentes.

(JAIME MARTI-MIQUEL)

GEORGE MEREDITH

(1828-1909—INGLÉS)

La tumba del amor

    Donde el viento se lanza cual jabalí furioso,
marca en la onda más amplia su sombra feneciente;
aquí debes cavar la tumba del amor,
aquí, donde se ensalzan y chocan las corrientes,

    que arrojan a la arena sus lenguas silbadoras,
aquí donde del mar escúchase la voz,
donde nacen las rayas formadas por los vientos...
Si hubiese maquinado la muerte del amor,

    jamás un medio hallara más fácil y seguro
que el de los besos míseros, que incitan el deseo,
siempre en vela, o, al menos, degradan, envilecen.
Ya es mañana... Mas éste no puede devolvernos

    lo perdido. No sé ya qué es pecado. El mal
me aparece confuso. En ese vivir trágico
no precisa ser vil. Laboran las pasiones
y nos traiciona ese algo que de traidor llevamos.

(F. MARISTANY)

Cielo invernal

    Está fría la noche, pero saltan estrellas,
viva escarcha, en el linde de la tierra, cruzando
el azul. Esta noche, quisiéramos el cielo
por mansión, no este nido en que pugnamos, lentos.
Senda abajo, parecen colmenar los abetos
y surgen sus enjambres de los panales de oro.
Alzan olas del alma, que se tornan espuma:
en mí los vivos laten y reviven los muertos.
Alto manto nos cubre: allí, tras el aliento
mortal, brilla en el río de los muertos la vida.
Nos cubre, carne y polvo; y doblemos o no
la rodilla, o miremos como halcón esas fuentes

de esplendor, nos circunda el esplendor: y esto
es haber entrevisto el puerto de las almas.

(M. MANENT)

EMILY DICKINSON

(1830-1886—NORTEAMERICANA)

El mastín solo

II

El Alma que tiene Huésped
rara vez sale de Sí.
Mas Divina Compañía
quita la necesidad;
que salga de Él el Señor,
mientras el Rey de los Hombres
está de visita en Él.

XXVII

¡Resplandor de un acto heroico!
¡Qué extraña iluminación!
—La mecha lenta del Puede
prende en la Imaginación—.

LV

Dos Puestas de sol te mando.
—El Día y Yo competíamos;
hice dos y unas estrellas,
mientras Él hacía una—.

La Suya es más grande.
—Pero como Yo le dije a alguien,
las Mías están mejor
para llevarlas a mano.

(JUAN RAMÓN JIMÉNEZ)

La culebra

La fina criatura que acaricia
la hierba, levemente se despliega.
¿No la habéis visto nunca? Su noticia
súbitamente llega.

Las verdes briznas peina y a través
de su propia quietud como una flecha,
se cierra a nuestros pies
y abriéndose más lejos nos acecha.

Le place la humedad; la tierra helada
donde el trigo no medra.
    Cuando niña,
caminando descalza, casi alada,
por la paz matinal de la campiña,

la he visto muchas veces por la sombra,
tal un látigo al sol zigzagueante.
Pensaba yo cogerlo y tras la alfombra
de musgo se ocultaba en un instante.

Diversas criaturas de la eterna
creación me conocen por amiga;
las doy mi corazón; mi mano tierna
las dejo mordiscar como una espiga.

Mas nunca este reptil mi mano crédula
roza sin que me quede sin aliento;
aunque no vaya sola, miedo siento;
y el vacío del ser hasta la médula.

(LEOPOLDO PANERO)

CRISTINA GEORGINA ROSSETTI

(1830-1894—INGLESA)

Canción

Cuando haya muerto, ¡oh dulce amado mío!
no cantes para mí tristes lamentos;
no pongas junto a mí rosas de nácar,
ni plantes junto a mí cipreses tétricos.

Esté la verde yerba que me cubra
mojada por las lluvias y el rocío,
y si te es grato recordar, recuérdame;
si te es grato olvidar, dame al olvido.

Yo no podré ya ver las tristes sombras;
ya no podré escuchar caer la lluvia,
ni cómo los divinos ruiseñores
continúan trinando sus angustias.

Y, soñando, a través de mi crepúsculo,
que ya no se alzará ni se pondrá,
pueda yo entonces recordar, dichosa,
pueda dichosa, entonces, olvidar.

(F. MARISTANY)

Amor soñando

Duerme amor, menudito,
y es en mayo florido,
entre lirios, cubierto
de tierna luz, se llegan
a pacer junto a él los corderillos blancos,
y las palomas blancas labran allí su nido
y en torno suyo crecen,
muy blancos, los espinos.

Es almohada el musgo suave para aquella
más suave mejilla;
anchas hojas dan sombra
a los ojos cansados;

allí el viento y las aguas
se apaciguan y apenas a murmurar se atreven
allí dura el crepúsculo
como nunca en los cielos.

Sueña amor, menudito,
mas ¿quién dirá su sueño?
El sol puro en ramitas
murmurantes del bosque,
o la luz de la luna
en el arroyo, pura,
o el más puro silencio,
o una canción brotada de los labios queridos.

Quemad en torno aromas
por el aire dormido,
tejed calladas danzas
aquí y allá, a su vera;
que, al despertar, no suele
ser tan hermoso el mundo,
y el canto y el silencio
no son como soñados.

Sueña amor, menudito,
mientras dura el estío:
se adormece, soñando,
y del todo se duerme;
ve entonces la hermosura
que el sol no miró nunca,
y se acerca a la fuente
indecible y profunda.

La música más pura
le acuna y le da el sueño,
y al callar, el más puro
silencio le adormece.
¡Oh! ¡Qué pobres las voces
en la anchura del mundo
y la paz de la tierra
entre palmas augustas!

El amor menudito se adormece, se pierde
en la muerte, ceñida de sus adormideras;
crecen las sombras frías
en el rostro dormido:
así muere el verano,
de aliento tibio y dulce;
y ¿qué puede ofrecernos,
en cambio, la otoñada?

Corred bien las cortinas
de ramas siempre verdes,
que rozarle no pueda,
con sus dedos enjutos y fríos, la mudanza;
las primeras violetas
aquí broten tal vez, entre el verde escondidas,
y una paloma acaso
vuelva a labrar su nido.

(M. MANENT)

Eco

Ven a mí en el silencio de la noche,
llégate en el silencio murmurante de un sueño:
con mejillas redondas y suaves, con sus ojos
que brillan como luz de sol en aguas vivas;
ven arrasado en lágrimas,
¡oh recuerdo, esperanza y amor de aquellos tiempos!

¡Oh sueño de dulzura excesiva y amargo,
cuyo fin ya debiera ser en el Paraíso,
donde, llenas de amor, habitan y se encuentran
las almas y, sedientos, los ojos con ahínco
miran la lenta puerta
que, al abrirse y cerrarse, no deja salir nunca.

Pero ven en mis sueños, y así viva de nuevo
mi vida verdadera, aunque esté muerta y fría:
vuelve otra vez en sueños, para que pueda darte
latido por latido, aliento por aliento;
habla bajo y acércate,
como en aquellos tiempos, amor, ya tan lejanos.

(M. MANENT)

Cuesta arriba

¿Es cuesta arriba toda la encumbrada
senda?
 —Toda hasta el fin. Verdad te digo.
—¿Y dura todo el día la jornada?
—Hasta la noche, desde el alba, amigo.

—¿Y hay lugar de descanso en esa altura?
—Techo hallarás en cuanto caiga el día.
—¿No me la esconderá la noche oscura?
 —No, nadie se extravía.

—¿Y otros viajeros hallaré a su amparo?
—Los que hayan ido antes que tú.
—¿Y abierta me será la mansión sin más reparo, si llamo?
 —No estarás mucho a la puerta.

—¿Y alivio encontraré, laso y maltrecho?
—Verás el fin de tu fatiga ruda.
—¿Para mí, para todos habrá lecho?
 —Para todo el que acuda.

En casa

Después de muerta, volvió mi espíritu,
 volvió a la casa familiar;
se regalaban los amigos
 entre ramas llenas de azahar.
Iba de mano en mano el vino,
 daban las frutas su dulzor;
todo era cantos, bromas, risas:
 se tenían todos amor.

Oí sus pláticas tranquilas:
 Uno: "Mañana hemos de andar
millas y millas por monótonas
 playas de arena, junto al mar".
Otro: "El subir de la marea
 ya en la cima nos hallará".
Otro: "Mañana será un día
 como el de hoy, mejor quizá".

"Mañana", llenos de esperanza,
 decían: suyo era el placer;
"Mañana", todos repetían,
 y ninguno hablaba de ayer.
En el cenit su vida estaba;
 yo había dejado de ser.
"Mañana" y "hoy" clamaban todos:
 yo era de ayer.

Temblé desconsolada, empero
 nada en la mesa se estremeció;
triste de verme allí, remiso
 para dejar a quien me olvidó,
salí del aposento amado
 yo, que tanto amor ya perdí,
como la memoria de un huésped
 que sólo un día estuvo allí.

JOÃO DE DEUS

(1830-1896—PORTUGUÉS)

Lamento

¡Señor, Señor, que nunca un ay diste
 de mi dolor!
¡Ay, esta vida mía es triste, triste!
 ¡Señor, Señor!

Cuando nací se puso el sol un velo,
 mal que lo vi.
¡Teñíase a poniente en sangre el cielo
 cuando nací!

Tu aparición, oh día, vio más alba
 que albo vellón
a la rosa; al clavel vio mustio, oh alba,
 tu aparición.

Lejos, al mar oyose, león piadoso,
	quejas lanzar;
y en las playas se oyó gemir ansioso,
	lejos, al mar.

Nadie las vio: la tierra, como espuma
	luego absorbió
mis lágrimas; caían una a una...
	¡Nadie las vio!

¡Oh, ruiseñor! Sólo al morir el día
	nace tu albor.
¡Enséñame a tu luz la tumba mía,
	oh ruiseñor!

(E. DÍEZ-CANEDO)

Fuéseme poco a poco amorteciendo...

Fuéseme poco a poco amorteciendo
la luz que en esta vida me guiaba,
los ojos fijos en la cual pensaba
ir también al sepulcro descendiendo.

En nublándose aquella, en no la viendo
toda otra luz también se me nublaba;
despuntaba ella apenas, despuntaba
luego en mi alma la luz que iba muriendo.

Alma mía gemela, ingenua y pura
cual ni los serafines la soñaron.
¡Bien me hiciste saber que el bien no dura!

No sé ni si volé ni si me alzaron;
no pueda ya jamás mi desventura
contar a los que en vida no lloraron...

(F. MARISTANY)

ALEXIS KIVI

(1834-1872—FINLANDÉS)

La melancolía

¡Qué dolor de melancolía
y de ocaso hay en mi alma,
como una tarde de otoño
en un desierto!
Es vano todo esfuerzo
y vana toda lucha.
¡Todo en el mundo es vano!

Ya no procuro el cielo
ni el infierno me atrae con sus sombras.
¡Ninguna joven debe descansar en mi pecho!
Sólo una cosa aguardo todavía:
sentirme libre del conocimiento,
y que todo sea para mí la nada silenciosa.

El último favor, amigos míos,
quiero pediros con fervor de súplica:
preparadme un lugar donde yo habite;
un espacio pequeño
por donde nuevamente vuelva a entrar en la tierra.

Cavad mi sepultura
debajo de los sauces susurrantes
y cerrad bien después mi caja negra.
Alejaos después de mi nueva morada,
muy lejos, para siempre,
para que, como quiero, pueda dormir en paz.

Cuidad de que no quede sobre mi sepultura
la tierra amontonada;
que quede todo llano, como la tierra en torno,
para que no distinga nadie nunca
el lugar en que duermo mientras me arrulla el aire
de las oscuras cimas de los sauces.

(R. F.)

JAMES THOMSON

(1834-1882—INGLÉS)

Cuando viajando en tren...

Cuando viajando en tren corremos y corremos,
los árboles, las casas, se van quedando atrás,
mas el cielo estrellado, que cubre la llanura,
volando hacia nosotros se acerca más y más.

¡Oh flores esplendentes del campo de la noche!...
¡Oh palomas de plata del bosque sideral!...
Sobre la oscura tierra nos siguen y nos siguen,
compañeras de ruta, desde su ruta astral.

Corramos sin temor, porfiada y dócilmente.
La meta está muy lejos... ¡Qué importa! Mas después...
Descienda el cielo, amada, descienda hacia nosotros,
en tanto se desliza la tierra a nuestros pies.

(F. MARISTANY)

WILLIAM MORRIS

(1834-1896—INGLÉS)

Basta el amor

Basta el amor. Aunque decline el mundo
y no haya en los bosques más voz que su lamento,
y esté el cielo sombrío y, nublados, los ojos
no vean flores de oro ni leves margaritas;
aunque parezcan sombras los montes y un oscuro
asombro el mar, y el día vele gestas de antaño,
no temblarán sus manos, ni irá su pie inseguro:
no cansará el vacío, ni ha de alterar el miedo
los labios ni los ojos a la amada, al amante.

(MARIANO MANENT)

SIMON JENKO

(1835-1869—ESLOVENO)

Después de mi muerte

Cuando me bajen a la tumba,
cien años dormiré en silencio,
y no volverá a saberse
el lugar en que se alzaba mi cruz;
todos los que conmigo
vivieron los pasados días,
se habrán ido a reposar
a parajes desconocidos.
Entonces mi corazón, alegremente,
de nuevo se estremecerá.
Con un esfuerzo que nadie detendrá,
volveré al mundo.
Y por la dulce patria
iré a pasear mis miradas,
cuando, los hijos de nuestros hijos,
una nueva generación allí florezca.
Y veré si los tiempos nuevos
han realizado mi sueño,
si puedo, en el fondo de la tumba,
volver a dormirme apaciblemente.

(JOAQUÍN DEL VAL)

ALGERNON CHARLES SWINBURNE

(1835-1909—INGLÉS)

Sobre las dunas

Mar sin sol y sin viento, laso y triste
como humo opaco de una llama muerta;
valle—como sepulcro desellado
sobre el cual de llorar nadie se acuerda—
desnudo, sin favor que suplicar
ni flor que resplandezca.

Al borde de los labios de la duna
en donde las agróstides se humillan
al aire de la mar, donde el calor
llega a la costa brava y la domina,
velo, y oigo a mis pies, en el silencio,
cómo la mar respira.

En las líneas inmensas de la costa,
sobre el liso horizonte, sin veleros
ni humo que en pos se cierna como un signo
al través de las testas de los brezos
y las negras verdascas, ya sin flores,
y los tallos erectos,

van lejos mis miradas, como en busca
del consuelo que aquí nada me presta;
en busca de la luz o el aire vivo,
del lado en que las nubes bajas, piensan;
del lado en que la mar, ciega y desnuda,
parece estar atenta.

Todo está ahora como estaba entonces;
son hoy los hombres lo que siempre fueron;
tal como estaba allí pretendo hallarme
aquí encerrado, y nuevamente siento
extenderse hacia un sitio diferente
la tierra, la mar y el cielo.

Cual reina presa derrumbada en tierra
sin corona y color, magna y sombría,
cual palacio real, vacío y mudo,
se hallaba el cielo sin claror ni vida,
y hallábase la testa del estío
cubierta de cenizas.

Había escaso viento sobre la mar,
y en mí poca esperanza se animaba
para sembrar de blancas flores vívidas
la tétrica llanura abandonada,
o con falsas ideas luminosas
lograr mover mi alma.

Vagaba por estériles caminos
mi pobre insatisfecho pensamiento,
buscando con miradas indistintas
las arenas no holladas por el tedio,
y en las cuales la vida inconsolable
yace bajo los cielos.

Erró mi alma hacia el Este y el Oeste
buscando luz, y el mundo estaba a oscuras,
y sin yerbas el suelo, que ella hollaba,
donde a hombres veía haciendo burla
de todos los humanos que no ansían
de un Dios la vara augusta.

De los ojos del tiempo resbalaban
mortales llantos, que dejaban yertos
el corazón y el alma de los años,
y caían las lágrimas del tiempo,
sin su consagración, sobre la testa
del hombre, como miedos.

La esperanza al nacer sólo llevaba
el fruto del "no espero". Hacía vino
de la uva del placer al estrujarlo,
y el amor, que ignoraba haber bebido,
como un ser "solo carne" se moría
sin proferir un grito.

Y alma y cuerpo vivían separados,
y la templanza, lasa y sin valor,
miraba al cielo muerto, y suspiraba:
"¿Es tan vacío de la muerte el don,
o es como el vivo orgullo de los hombres?"
Y hablando así, murió.

Mi alma escuchó los cantos y gemidos
en redor y debajo de los tronos,
y oyó, al través del cántico del tiempo,
los semi-sones viejos e imperiosos
del destino, factor del bien y el mal,
con siempre el mismo tono.

Luego "¿dónde está Dios? ¿Nos presta ayuda?
o ¿cuál es el buen fin de todo esto?"
Decía: "No, no hay Dios, ni Dios ni fin;
para la sinrazón, ¿no habrá pretexto?
¿Habrá fuerza que pueda libertar
los pies que están cayendo?"

"¿No hay luz que alumbre y vara que castigue
a los hombres? ¿No hay Dios que les bendiga?"
En angustioso círculo de hierro
mi alma lloraba en tanto proseguía
junto a los hombres entronados, junto
a aquellos que gemían.

¡Loco! que con tus gritos de dolor
no oyes el canto de la madre anciana
responder a los montes y a las olas,
que oye sólo las voces alteradas
de los que eran espíritus esclavos
y en las tumbas moraban.

La muy cuerda palabra de la tierra
sabe bien lo que valen "muerte" y "vida",
que ni censuras ni socorros pueden
cambiar el curso de las cosas vivas,
ni las ruedas de todo el universo
dejar un alma extinta.

Con todos sus acentos—vida o muerte—
y su aliento y sus flores y su sangre,
desde los años yertos y las cosas
cumplidas, al oído, nuestra madre
nos dice: "Si eres Dios para ti mismo,
tendrás Dios que te ampare".

Así oyó mi alma, enferma de velar,
tal prodigio, y cual súrgese de un sueño
fue surgiendo también, y se agitaron
las fuentes muertas y sus aguas fueron,
entre luces y sombras, al callado
río del pensamiento.

Más allá de la costa y los matojos,
y la mar—a los brazos de la tierra
entrelazada—y de las vidas donde
el pensamiento a oír respirar llega
a la vida, en la vida incorporada,
formose una respuesta.

En la monotonía multiforme
de polvo, flores, piedras y semillas
en la inmensa pereza de las rocas
surgiendo en medio de las aguas vivas,
en el amor y el odio de los hombres,
nace una Luz divina.

Una natura increada y vigorosa
se nutre de la muerte y de los hados,
del bien y el mal, del tiempo y sus mudanzas;
y está en todos los hombres, esperando
la hora en que les ordene sublimarse,
la de subir ¡muy alto!...

Puesto que cada cosa en la invencible
hora de su destino, da su fruto,
y el tiempo trae la verdad pensante,
que a las venas de aquél lleva su impulso
—así mi pensamiento junto al mar
se torna más robusto—.

Y el sol rompió las nubes al surgir,
y la mar respiró fuerte y lozana;
rientes las albas ondas deslizáronse
por las praderas móviles y magnas;
y encima de este cuadro juvenil
el cielo estaba en brasas.

Cual plegado estandarte que abre el viento,
sobre el mar—que el estío engalanaba—
se agitaron las franjas de su luz;
la bandera del sol, al aire hinchada,
atravesó la albura del Océano
y sus delicias glaucas.

Y lleno de un terror bello y divino,
mi espíritu vio alzarse con la inmensa
pasión de sus pupilas agrandadas
—clara, cual de la luz la ley primera—,
por la extensión en calma de los cielos,
del Tiempo el alba espléndida.

(F. MARISTANY)

En San Lorenzo

¿De despertar ¡oh Noche! la hora te ha llegado?
¿La aurora su mensaje te ha dicho con sigilo?
Bien que seas de piedra oirás desde tu asilo
caer desde los cielos el *Fiat lux* sagrado.

Despertarte jamás hubiéramos osado
sabiendo aún la vergüenza cercana y el dolor;
por amor a ti hablábamos muy bajo, ante el temor
de arrancarte al reposo que habías encontrado,

y a aquella bendición que a ti fue solamente,
y al goce de dormir y piedra poder ser...
Por tu amor tu silencio guardamos noblemente,

sabiendo que vivías... Te quisimos dejar
el dulce privilegio de no sentir ni ver.
Mas ¿no querrá obligarte tu ángel a despertar?

(F. MARISTANY)

AQUILES PARASJOS

(1838-1895—GRIEGO)

Deseos

Quisiera abrir la tumba de mi padre,
retirar con mis manos su féretro,
para ver lo que la noche y la tierra
han hecho con esta cabeza amada.
Quisiera estrechar entre mis brazos su frío cadáver
cuerpo con cuerpo, pecho contra pecho.

Quisiera ser la mortaja que le cubre,
la cabecera en que reposa su cabeza.
Quisiera ser en su sueño el sueño de la juventud pasada,
la bendición de su madre para reanimarle,
la oración de los huérfanos que él consoló.

Quisiera ser el Paraíso para bañarle con mi claridad,
una nube para llevarle a través del espacio,
y el arcángel de Dios para servirle de guía.
Quisiera ser el astro de la noche para brillar en sus cabellos
blancos, y la sonrisa divina para alegrar su corazón.

Quisiera ser la cruz plantada en su tumba,
el rocío que refresca el suelo que le rodea,
el árbol que le resguarda con su follaje,
un pájaro para cantarle, una flor para darle mi perfume.
Quisiera ser una antorcha encendida sobre la losa que le cubre;
quisiera ser su ataúd para que no estuviera allí tan solo.

(JOAQUÍN DEL VAL)

GIOSUÈ CARDUCCI

(1838-1907—ITALIANO)

Alborada

Dice el sol al llamar a tu ventana:
—Bella, levanta, que hora es ya de amar;
ten de viola la ambición temprana
y el himno de la rosa al despertar.

De mi espléndido reino, en homenajes
te llevo a abril y mayo como pajes.
Y el joven año que la fuga enfrena
en la flor de tu vaga edad serena.

Dice al llamar a tu ventana el viento:
—¡Por montes y por llanos viajé tanto!
En la tierra tan sólo hay un concento
de vivos y de muertos, sólo un canto.

Dice el nido del bosque en el verdor:
—El tiempo vuelve: ¡amor, amor, amor!
Y aún la tumba florida en su frialdad:
—El tiempo pasa: ¡amad, amad, amad!

Llama a tu corazón, jardín galante,
mi pensamiento, y dice:—¿Puedo entrar?
Yo soy un triste antiguo caminante;
cansado estoy, quisiera descansar.
Reposo querría aquí, sitio florido,
soñando un bien aún desconocido.
Gustar querría yo de esta alegría,
soñando un bien en que jamás se fía.

(H. GINER DE LOS RÍOS)

Coloquio con los árboles

Aunque al llano das sombra, no te amo,
triste severa encina solitaria:
pues diste a la cabeza sanguinaria
de pueblos destructora, el manso ramo.

Y a ti, laurel, no admiro, mas difamo:
miente e insulta tu verdura diaria
orgullosa en invierno, o bien, falsaria,
orla la frente al rey que cruel llamo.

Te adoro en cambio, oh vid, que en tierra oscura
entre pámpanos ríes, y maduro
tu jugo ofrece de la vid olvido.

Y al abeto honro más: su tabla dura
en ataúd encerrará mi oscuro
pensamiento en tumulto envanecido.

(H. GINER DE LOS RÍOS)

Primavera clásica

En verde margen húmeda
olor la viola ofrece,
el almendro florece,
trina el ave al volar;
el aire fresco y nítido
sonríe por los senos;
yo pido a tus serenos
ojos, un sol brillar.

¿Qué me importa el hálito
de la violeta? ¿siente?
Tu boca, en cambio, ardiente
más tiembla que la flor.
¿Qué me importa el garrulo
parlar del ave al viento?
¡Oh, qué divino acento
tiene en tu labio amor!

Perfúmese en sus róseos
cabellos la floresta;
de tu cerviz enhiesta
deshaz tu trenza ¿a ver?
Me esconda las sin ánima
flores del año nuevo;
ellas tendrán renuevo,
¡mas tú no has de volver!

(H. GINER DE LOS RÍOS)

El buey

Te amo, buey pío; en manso sentimiento
de paz y de vigor mi pecho inundas,
ya si, solemne como un monumento
miras las tierras libres y fecundas,

ya si al yugo inclinándote contento
la ágil obra del hombre, fiel secundas:
él te exhorta y te punge y con el lento
girar de tu mirada le circundas.

Por el ancha nariz, húmeda y negra
tu alma se exhala, y tu mugido alegra
los campos y en el aire azul se pierde;

y de los ojos glaucos en la grata
dulzura, amplia y tranquila se retrata
la del llano divina quietud verde.

(F. MARISTANY)

"Funere mersit acerbo"

¿Tú que al lado del padre estás dormido
en florida colina de Toscana,
una llorosa voz gentil humana
no has, entre hierbas de sepulcro, oído?

Es el niñito mío, que ha venido
a llamar a tu puerta suburbana,
él renovaba el nombre; él la insana
vida arrastraba, ¡hermano; te has huido!

Cuando jugaba en las pintadas eras
¡ay! favorito de visión celeste
la sombra le envolvió dentro su oeste

y lo llevó a sus fúnebres riberas.
Ya se te asienta, acógelo cual padre,
que la cabeza vuelve; llama a madre.

(H. GINER DE LOS RÍOS)

LEON DIERX

(1838-1912—FRANCÉS)

Lázaro

Y Lázaro a la voz de Jesús despertó.
Lívido, en las tinieblas alzose de repente;
con sus fúnebres trabas avanzó torpemente,
después, del todo erguido, grave y solo, partió.

Solo y grave, de entonces marchó por la ciudad,
como buscando en ella a alguien que no encontraba,
chocando contra todo lo que a su paso hallaba,
de la vida en las cosas, en la hirviente ruindad.

Bajo su frente pálida, abrillantada cera,
sus vidriosas pupilas, faltas de resplandores,
como al tenaz recuerdo de eternos esplendores
parecían privadas de mirar hacia afuera.

Y vacilante andaba, como un niño, abismado
como un loco. A su paso la multitud se abría.
No osaba nadie hablarle, al azar discurría,
como hombre que se asfixia en un aire viciado.

No comprendiendo ya nada del vil zumbido
de la tierra, abstrayéndose en un sueño indecible,
pavoroso advirtiendo su secreto terrible,
pausado iba y tornaba en silencio sumido.

Con el temblor, a veces, que la fiebre provoca,
en actitud de hablar, las manos extendía;
pero el vocablo incierto aún del último día
un invisible dedo detenía en su boca.

Todos los de Betania, bravos, fuertes o flojos,
tomaron miedo a este hombre; sólo iba él gravemente;
se le helaba en las venas la sangre al más valiente
ante el horror inquieto que nadaba en sus ojos.

¡Ah! ¡Quién decir podría tu extrahumano suplicio
al venir del sepulcro donde están descansando
todos, y del que tornas, por la ciudad llevando
la mortaja a tu cuerpo ceñida cual cilicio!

¡Resucitado pálido, mordido de gusanos!...
¿Puedes tentar de nuevo las luchas de este mundo
oh tú, que ocultas llevas, en tu estupor profundo,
la misteriosa ciencia vedada a los humanos?

Apenas aún la noche volvió su presa al día
tú en la noche reentraste, soñador misterioso,
espectro inerte, ajeno de la vida al furioso
batallar, que contemplas sin dolor ni alegría.

En esta otra existencia insensible y callada
no deja una reliquia tu recuerdo en la tierra.
¿Has sufrido dos veces el ósculo que aterra
para en la azul esfera entrar, ya antes lograda?

—Cuántas veces, ¡oh!, a la hora en que es la luz ya escasa
tu gran forma en el cielo, lejos de los vivientes
se vio, alzando al Eterno los brazos reverentes,
dando su nombre al ángel que retardado pasa;

¡cuántas veces, ¡ay!, solo y grave, en los céspedes bellos
se te vio, entre las tumbas matizadas de hiedra,
envidiando a los muertos que en sus lechos de piedra
un día se acostaron para no alzarse de ellos!

EKREN BEY

(1839-1887—TURCO)

Acuérdate

Cuando llega la primavera, se produce un lento cambio en todas las cosas. Oculto en el follaje, el ruiseñor enamorado canta melancólicamente desconocidas ternuras: entonces, mirando el encanto del cielo, acuérdate de la pureza de mi amor, piensa en mí un minuto, uno sólo.

Si en una noche tranquila y silenciosa te encuentras sobre el agua, levanta los ojos y mira a las alturas. Si entonces la luz de la luna enamorada te entristece, acuérdate de los momentos que pasamos juntos. Acuérdate del mar ondulante y brillante, y acuérdate de mí silenciosamente.

Cuando hacia el alba, en una lancha sobre el Bósforo, un hombre canta con temblorosa voz sus dolorosos gemidos de amor, sus lamentaciones de ausencia conmueven sin duda, melancólicamente, tu corazón: entonces, acuérdate de mí hondamente.

Nadie sabe lo que sufro en el suplicio de la separación con mi corazón sensible y débil. Mas ¡ay! ni la separación, ni los sufrimientos, ni las mil pruebas a que me somete el Destino, borran de mi ser la constancia amorosa. Te amo, como te amé siempre. Sólo tú me apasionas. Mientras que mi ternura hacia ti suspire sobre mis labios, acuérdate de mí, tú también, un poco.

Un día este corazón dolorido cesará de latir, mi cuerpo se anulará en la tierra; la tierra llenará mi boca y mis cantos de ternura hacia ti, mi única alegría, habrán acabado. Entonces, si ves un fantasma en las noches silenciosas, cierra los ojos y piensa en la desgracia de mi amor, y acuérdate de mí tristemente.

(R. F.)

SULLY-PRUDHOMME

(1839-1907—FRANCÉS)

El extranjero

Suelo decirme yo: "¿De dónde vienes?
¿Quién eres tú, que nada aquí cumplido
halla tu corazón ni tu sentido?
¿En qué títulos fundas tus desdenes?

¿Qué patria lloras, que inmortales bienes?
¿A qué sacra bandera has tú servido?
Para mirarlo todo envilecido,
¿qué virtud propia, qué grandeza tienes?"

Así en vano interrogo a un ciego abismo;
no cabe lo infinito de este anhelo
en el mezquino corazón del hombre.

Vive, huésped augusto entre mí mismo,
otro yo, que gimiendo sin consuelo,
siempre su origen me ocultó y su nombre.

(MIGUEL ANTONIO CARO)

La Vía Láctea

"¿Por qué—dije a las estrellas
me parecéis, cuando miro
vuestro luminoso giro,
dolorosamente bellas,

ejército de vestales
que llevan en blanco duelo
por la inmensidad del cielo
sendos cirios funerales?

¿Rezando vais? ¿Qué desmayos
peregrinando os aquejan?
Los rayos vuestros semejan
lágrimas de luz, no rayos".

"Mayores sois en edad
que dioses y criaturas:
qué eternales desventuras
os persiguen, revelad."

Respondiéronme: "Te engañas,
si de lejos te imaginas
que nos gozamos vecinas;
¡ay!, ¡vivimos como extrañas!"

"Cada una su claridad
en ámbito indiferente
difunde, y llorando siente
su perpetua soledad."

Y dije a las tristes: "Ya
vuestra desgracia comprendo;
vednos aquí padeciendo
como vosotras allá."

¡Pobres almas! Cada cual
de sus hermanas aislada,
arde en la noche callada
como una estrella inmortal.

(MIGUEL ANTONIO CARO)

Un sueño

Díjome el labrador: "Toma la azada,
procúrate el sustento apetecido";
el tejedor: "Fabrica tu vestido";
el arquitecto: "Erige tu morada".

Huyendo; en soledad desesperada,
por el género humano maldecido,
auxilio en vano a las deidades pido,
sólo fieras encuentro en mi jornada.

Aterrado despierto: el sol fulgura,
osado constructor la escala agita,
zumba el taller, sembrado miro el llano.

Desde entonces, asido a mi ventura,
vi que el hombre del hombre necesita,
y de todos al par me siento hermano.

(MIGUEL ANTONIO CARO)

Hora prima

Antes de despertar saludé al día,
y del astro naciente el rayo puro,
como si hendiese cristalino muro,
al través de mis párpados lucía.

Quizá, inmóvil, mi cuerpo se vería
como un cuerpo esculpido en mármol duro;
en tanto en la región del sueño oscuro
llenábase de luz el alma mía.

Resonaba en mi mente en eco grato
de las canoras aves el concierto,
bañó mi corazón plácida esencia;

y fueme dulce así, por breve rato,
mal dormido sentirme y mal despierto,
suspenso entre la nada y la existencia.

(MIGUEL ANTONIO CARO)

El vaso roto

El vaso donde muere esa verbena
un golpe de abanico lo rompió;
el golpe lo debió rozar apenas,
pues ni un ligero ruido se advirtió.

Mas no obstante, la leve rozadura
fue rajando el cristal constantemente,
y con marcha invisible y muy segura
partido lo dejó completamente.

El agua ha huido ya, gota tras gota,
y el jugo de las flores se ha secado;
nadie la leve rajadura nota;
mas ya no le toquéis: está quebrado.

Así también la mano más amada
rozando el corazón le hace una herida;
y el corazón, después, por sí se rompe,
y la flor de un amor pierde la vida.

A los ojos del mundo sigue intacto,
pero siente crecer, tan resignado,
la herida cruel que lleva allá en su fondo.
No lo toquéis: ¡el vaso está quebrado!

(LUIS GUARNER y ANGEL MOLINER)

Aquí abajo...

Aquí abajo las lilas se marchitan
la canción de los pájaros es breve;
yo sueño en los estíos que perduran
    siempre...

Aquí abajo los labios se aproximan
sin que el roce fugaz la huella deje;
yo sueño con los besos que perduran
    siempre...

Aquí abajo los hombres van llorando
amistades y amores que perecen;
yo sueño con idilios que perduran
    siempre...

(LEOPOLDO DÍAZ)

LOUIS FRECHETTE

(1839-1908—CANADIENSE)

El invierno

El bueno del invierno se ha vestido sus galas,
las zapatillas suaves y el gorro bien ceñido,
y todo el vestido de unas cálidas pieles
hace sus cascabeles sonar en la distancia.

En sus cabellos blancos pone un brillo la escarcha,
su amplio abrigo se hinche y hace pliegues pomposos,
su escarcela está llena de infantiles juguetes
para ponerlos junto a la cama de los niños.

CARLOS SNOILSKY

(1840-1903—SUECO)

Zaragoza

Zaragoza inmortal, a tus pies veo
del Ebro deslizarse la corriente
que, ayudando a las ondas del Leteo,
la sangre lava de tu muro ingente:

del muro que labriegos purpuraron
manteniendo el honor de sus mayores
y trocar en pavesas no lograron
al fuego del cañón, los invasores;

donde estalló la bárbara granada
y, quemados los bucles, Agustina,
sin temblar ante el filo de la espada,
derrochó sus alientos de heroína;

Donde alzó de la patria la bandera,
de la fe popular el santo empeño,
hoy abre en paz la roja adormidera
su letárgica flor, madre del sueño;

mas no es el sueño de la muerte fría
quien los hispanos ímpetus aquieta,
¡así en su lecho de laurel dormía
el Cid Campeador, caro al poeta!

Y aun del fusil de ayer los tiros tiran,
obedientes de amor a los antojos,
los hijos de los héroes, si los miran,
de una hermosa mujer los negros ojos.

(ANTONIO DE ZAYAS)

SEMBAT CHAHAZIZIAN

(1840-1907—ARMENIO)

El sueño

Oí una voz muy dulce: era la de mi madre envejecida. Temblé de felicidad. Pero no fue sino un sueño.

Allá abajo una fuente susurrante hacía rodar sus perlas en cascadas; era pura como un cristal, pero no fue sino un sueño decepcionante.

Y la triste melodía materna me hizo acordar de los días de mi infancia; sentí un beso de mi madre. Pero no fue sino un sueño.

Me abrazó con ternura y enjugó mis ojos húmedos; sin embargo mis lágrimas corrían: ¡Ah! ¿Por qué no fue esto un sueño?

(JOSEFINA LERENA ACEVEDO DE BLIXEN)

CATULLE MENDÈS

(1840-1909—FRANCÉS)

El niño y la estrella

Luce un astro en el cielo que copia el agua inquieta.

Un hombre que transita dice al niño-poeta:
"Tú que sueñas teniendo las rosas en las manos
y cantas del camino los azares arcanos,
tu quimérica dicha, tu cansada existencia,
entre nosotros, dime: ¿cuál es la diferencia?"
—Vedla aquí, dice el niño. Elevad la cabeza;
¿Veis del cielo esa estrella de singular belleza?
—¡Muy bien!
—Cerrad los ojos. ¿La veis ahora en el cielo?
—No.
El niño, a quien su mente descorre todo velo
los párpados poniendo dulcemente entornados,
dice: "¡Oh, sí! Yo aún la veo con los ojos cerrados".

(CAYETANO DE ALVEAR)

THOMAS HARDY

(1840-1928—INGLÉS)

Después

Cuando cierre el Tiempo su puerta tras mi trémulo paso
y mayo agite como unas alas sus hojas alegres y verdes,
finas como la seda recién hilada, ¿dirán mis vecinos:
"Él era de los que suelen advertir esas cosas?"

Si fuese al caer de la tarde, cuando, al modo de un parpadeo
leve, cruza el halcón nocturno las sombras, para posarse
en el espino del monte, que retorcieron los vientos, acaso
pensará el que lo vea: "Más de una vez él también lo habrá visto".

Si parto en una noche muy negra, con volar de falenas y cálida,
cuando va por el prado el erizo, furtivo,

tal vez alguien diga: "Porque nadie dañara a esos pobres
seres pugnó, pero pudo hacer poco por ellos: y ahora ya ha muerto".

Si cuando, al oír que por fin me ha llegado la paz, contemplando
se quedan en el umbral esos cielos llenos de estrellas, que mira el
invierno, tal vez pensarán, los que mi rostro ya no han de ver nunca:
"No pasó ese misterio inadvertido a sus ojos".

¿Y dirán, cuando doble por mí la campana en las sombras,
y en su dolor ponga el viento una pausa
y, a poco, vuelva aquel son, como una nueva campana profunda:
¿"No lo puede oír ya, pero solía advertir esas cosas"?

(M. MANENT)

ENRICO PANZACCHI

(1841-1904—ITALIANO)

Oh terrible sirena...

En la nieve, detrás de los árboles,
la casita parece sepulta...
Y tú cantas; no sabes quién, fuera,
pensativo en la sombra se oculta...

Quién en metros volubles y tristes
te está oyendo cantar y cantar...
En los vidrios hay rojos reflejos
de la llama gentil de tu hogar.

Tengo frío... En el cuerpo, en el alma
se me filtra un anhelo mortal;
tú me evocas sagradas memorias,
¡oh terrible Sirena invernal!

Los marfiles del piano libertan
como un eco de angustia y de llanto...
Y una idea siniestra de muerte
se diría que exhala tu canto...

(F. MARISTANY)

ANTHERO DE QUENTAL

(1842-1891—PORTUGUÉS)

Entre sombras

Viene a sentarse a veces a mi lado
—la tarde muere deshojando rosas—
a las horas calladas y dudosas,
un bello ser quimérico y alado.

Posa su leve mano esa visión
—da su aroma la noche sosegada—,
su mano compasiva y perfumada
sobre mi dolorido corazón.

Me dice con amor, compadecida
—suspiros da el espacio vaporoso—,
me dice: "¿Por qué lloras, silencioso?
¿Por qué tan yerma y triste te es la vida?"

"¡Ven conmigo! Mecido por mis brazos
—hay en la noche un gran silencio santo—
en un ensueño de claror y encanto,
podrás romper esos terrenos lazos..."

"Pues que yo habito la región distante
—la noche exhala una dulzura extrema—
en donde el amor vive, mas no quema,
y en donde un alba igual brilla constante".

"Habito allí y tú vivirás conmigo
—la noche late en una luz que ofusca—
porque vengo de lejos en tu busca
a darte paz y alivio, ¡pobre amigo!..."

Así me dice la visión nocturna
—en el espacio hay voces dolorosas—;
son sus bellas palabras cariñosas
agua corriendo en cristalina urna.

Mas yo le escucho inmóvil, soñoliento,
—la noche vierte un desconsuelo inmenso—

siento en los miembros como un plomo denso,
y mudo y tenebroso el pensamiento.

La miro dolorido, absorto e incierto
—la noche es como un campo desvalido—,
la miro con los ojos del dormido
y respondo: "¡Bien sabes que estoy muerto!"

(F. MARISTANY)

Mors-Amor

Ese negro corcel, cuyas pisadas
a veces oigo en sueños; que aparece,
cuando la sombra de la noche crece,
galopando por sendas ignoradas,

¿qué regiones terribles y sagradas
a su paso encontró, que así parece
tenebroso y sublime, y le estremece
no sé qué horror las crines agitadas?

Un caballero de gentil figura,
de risueña expresión, sereno y fuerte,
y cubierto de fúlgida armadura

cabalga airoso sobre el bruto fiero.
El negro corcel grita:—¡Soy la Muerte!—
—¡Soy el Amor!—responde el caballero.

(MANUEL VERDUGO)

Ignotus

¿Dónde te ocultas cuando a ti clamamos
con queja inútil y profunda pena?
Ya nuestra voz enronquecida suena,
se cansa el corazón; ¡desesperamos!...

Por cielo, mar y tierra procuramos
el espíritu eterno que nos llena,
y sólo nuestra propia voz resuena
en el vacío inmenso y no te hallamos.

Cielos y tierra exclaman: ¿Dónde? ¿dónde?
Y el espíritu antiguo así responde
en tono de cansancio y condolido:

—¿De qué os quejáis, hijos del ansia ardiente?
¡Yo también a mí mismo eternamente
me busco... y encontrarme no he podido!...

(B. ESCOBAR)

Elogio de la Muerte

I

En la hora del reposo, lo inconsciente
me sacude y despierto consternado;
bajo el pie de un titán, como aplastado,
mi corazón se para de repente.

No es que de larvas fúnebres la mente
pueble el nocturno espacio dilatado,
ni de remordimientos asaltado,
en lucha el alma, el torcedor ahuyente.

No son vagos fantasmas ilusorios,
no es procesión de espectros mortuorios,
terror de Dios, ni de la suerte miedo...

¡No! Es el fondo de un pozo, húmedo y frío,
un muro de tiniebla en torno mío
y la Muerte que avanza a paso quedo...

II

Por florestas de sueños, cada día
se interna más mi triste pensamiento,
de olvido en pos, que apeteció sediento,
llevado por la inquieta fantasía.

Atravieso entre sombra y niebla fría
un mundo extraño, sin rumor ni acento,
y mi amargo y errante sentimiento
sólo en los genios de la noche fía...

¿Qué místicos anhelos me enloquecen?
¡Del espacio en lo inmenso se aparecen
a mis ojos los senos del Nirvana!...

En este viaje por un mundo inerte
tu abrazo busco redentor ¡oh, Muerte,
de la Verdad y del Amor hermana!...

III

Yo quién eres no sé, mas no procuro
(tal es mi confianza) averiguarlo:
para huir el temor, para esquivarlo,
bástame verte junto a mí en lo oscuro.

Tu paso lento y a tu fin seguro
persigo en el silencio, sin turbarlo,
e inclínome a tu voz, por sondearlo
al borde del abismo del futuro.

Por ti me engolfo en la región fecunda
de los nocturnos sueños, tu mirada
solicitando plácida y profunda:

Mirada a mi hondo afán reveladora...
¡Fúnebre Beatriz de mano helada,
mas única Beatriz consoladora!...

IV

Largo tiempo ignoré (mas ¿qué ceguera
así tuvo mi espíritu nublado?)
quién fueses tú que estabas a mi lado
día y noche, impasible compañera.

Mil veces, de la vida en la carrera,
de tedio lleno y de sufrir cansado,
alcé hasta ti mis ojos, conturbado,
y te invoqué, esperanza postrimera.

Entonces no te amaba todavía;
sobre tu muda frente no sabía
deletrear mi espíritu sin calma.

Hoy que una luz extraña llega al hombre,
ya te conozco, al fin; ya sé tu nombre,
¡Muerte, hermana coeterna de mi alma!...

V

¿Qué nombre darte, austero personaje,
a quien hallé en la senda de la vida,
cuando cejaba el ánima rendida
por el duro cansancio del viaje?

Siente la turba al verte horror salvaje,
y cubierta la faz huye aturdida;
sólo yo te amo, sombra indefinida;
tan sólo yo comprendo tu lenguaje.

En tus ojos profundos he leído
el tremendo misterio impenetrable
del ideal, a tantos escondido;

y en tu seno de paz inalterable
sé que me espera el sueño apetecido,
muerte libertadora e inolvidable.

VI

Sólo el que tiembla ante el No-Ser se asusta
de tu enorme silencio funerario,
noche sin fin, vacío solitario,
sombría noche de la muerte augusta.

Yo, no; mi alma contrita, mas robusta,
penetra reverente en tu sagrario;
hosco a todos tu aspecto cinerario,
yo hallo sonrisas en tu faz adusta.

Me seduce la calma y el reposo
de tu silencio santo y tenebroso
que envuelve todo amor en todo luto.

Crimen grande tal vez será llamarte;
mas no soñar contigo y adorarte,
No-Ser que eres Ser único absoluto.

(M. CURROS ENRÍQUEZ)

STÉPHANE MALLARMÉ

(1842-1898—FRANCÉS)

Siglo XVIII

Yo quise ser un tiempo, duquesa, más que un vate,
el Hebeo pintado en tu tacita enana;
pero soy un poeta aun menos que un abate,
y no aprovecho para decorar porcelana.

Ya que no soy, duquesa, tu borlón empolvado,
ni tus bombones, ni tu carmín, ni tus Sèvres,
y que, a pesar de todo, mirarme te has dignado,
tú, cuyos peluqueros divinos son orfebres,

nómbrame... porque tus sonrisas color fresa
son un rebaño suave de cabritas, duquesa,
que pacen corazones y balan a las brisas,

nómbrame... y que Boucher, en un fino abanico,
me pinte, amanerado, en el paisaje rico:
duquesa, nómbrame pastor de tus sonrisas.

(EDUARDO MARQUINA)

Herodiada

(Fragmento)

(Cuando la nodriza, averiguando que ningún hombre ha poseído jamás a su señora, considera inútil su belleza, responde ésta):

HERODIADA

¡Sí; sólo para mí florezco, desolada!
Vosotros lo sabéis, jardines de amatista,
sabios abismos donde se deshace la vista
en un desvanecimiento sin fin. Calientes
oros, que agazapáis vuestras luces ardientes
bajo el sueño letal de las tierras primeras,
piedras que dais luz suave a mis pupilas fieras,
metales donde torna mi cabellera en rizos
el esplendor fatal de sus bucles macizos.
¡Sí; sólo para mí florezco, desolada!
—Tú, mujer sibilina, de maligna mirada,
no lo mientes al hombre! Jamás de entre mis velos
—acre aroma excitante de feroces anhelos—
para él de mis alburas saldrá la exhalación.
¡Jamás! Si un día el aire tibio en su vibración
que, esencialmente, a todo desvelamiento ayuda,
me ve, igual que los astros, ofrecerme desnuda,
¡moriré! Amo el horror de ser virgen, y quiero
en los hondos espejos, asustarme del fiero
casco de mis cabellos sobre mi desnudez,
¡temblar sola, en el pánico de aquella lobreguez!

Yo quiero por las noches, en mi alcoba apartada,
reptil inviolado, por mi piel no tocada,
sentir el lengüetazo de tu fosforescencia
—¡oh luna!—moribunda en tu casta demencia.

Tu hermana solitaria—¡oh hermana mía fiel!—
mi quimera satánica se sume en ti; ya soy,
como tú, un vago ensueño, por doquiera que voy...
Me creo sola en esta vulgar monotonía,
y todo, en torno mío, vive en la idolatría
de un espejo que copia en su calma obsedante
a Herodiada y su fría mirada de diamante.
—¡Oh, suprema delicia! ¡Oh, qué vida!—Estoy sola.

NODRIZA
(Con solicitud, acercándose)

¿Vais a morir, amor, hija mía?

HERODIADA (Se incorpora, rechazándola)

¡Estoy sola!
Ve tranquila, y al irte dime adiós con las manos
y ciérrame al pasar esas grandes ventanas
que el seráfico azul sonríe en sus vidrieras
y yo lo odio, al azul.

—Unas alas viajeras
me exaltan... ¡Oh país que a lo lejos te pierdes,
cuyo cielo siniestro tiene las tintas verdes
de los ojos de Venus, a la tarde en las selvas!
¡Oh, yo quiero pisarte!

(A la nodriza, con imperio)

—Y ahora, vete, y no vuelvas.
Da luz a mis antorchas, cuyas labradas ceras
lloran en oro vano lágrimas extranjeras,
y...

NODRIZA

¿Qué más quieres?

HERODIADA

¡Nada!

(Sale la nodriza)

HERODIADA (Al quedarse sola)

—¡Oh, mientes, flor desnuda
de mis labios! ¡Oh, mientes, angustia mía cruda!
Quiero más...

Quiero algo de algo desconocido...
Tal vez llego al umbral del misterio temido...
Del collar de mi infancia y sus calmas remotas,
tal vez hoy se separan todas las piedras rotas...

(E. MARQUINA)

JOSÉ MARÍA DE HEREDIA

(1842-1905—POETA FRANCÉS, NACIDO EN CUBA)

Los Conquistadores

Cual bandada de halcones la alcándara feudal,
a Palos de Moguer, hartos de altivas penas,
dejaban capitanes y labradores, llenas
las almas de un ensueño hazañoso y brutal.

A conquistar salían el místico metal
que corre de Cipango por las fecundas venas,
y los vientos alisios llevaban sus entenas
al borde misterioso del mundo occidental.

Cada noche, esperando crepúsculos utópicos,
el azul chispeante de la mar de los trópicos
encantaba su sueño con un matiz dorado;

o, a proa, de sus naves viendo las blancas huellas,
atónitos miraban por un cielo ignorado
del fondo del Océano subir nuevas estrellas.

(ANTONIO DE ZAYAS)

El arrecife de coral

El sol del mar debajo, cual misteriosa aurora
ilumina la selva de abisinios corales
que mezcla en las honduras, de sus tibios cristales
la florecida bestia, con la viviente flora.

Y todo cuanto el yodo o la acre sal colora,
musgo, anémona, monstruos marinos vegetales...,
cubre de umbrosa púrpura en líneas triunfales
la madrépora pálida que el gusano elabora.

De su espléndida capa desvaneciendo esmaltes,
un gran pez atraviesa los prolijos resaltes,
hunde en la sombra líquida la nacarada espalda

y, con su aleta vívida dando un golpe violento,
por el cristal inmóvil un estremecimiento
hace correr de oro y nácar y esmeralda.

(ANTONIO DE ZAYAS)

La plegaria del muerto

Detente, caminante: si el paso decidido
por la orilla del Hebro diriges a Cypselo,
busca al anciano Hyllos y dile que gran duelo
celebre por el hijo que en la lid ha perdido.

Mi carne asesinada los lobos han comido.
A mis huesos las zarzas tejen fúnebre velo.
Y mi sombra, en las horas que Erebo enluta el cielo,
se indigna y llora. Nadie a vengarme ha salido.

Parte, pues. Y si vieres al expirar el día,
al pie de algún montículo o alguna tumba fría,
una mujer que oculta con un jirón su pena,

acércate y no temas de la noche al arcano;
es mi madre, extranjero, que ante un sepulcro vano
una urna vacía con sus lágrimas llena.

(ANTONIO DE ZAYAS)

El esclavo

Aunque pobre, nutrido con groseros manjares
y esclavo—aún en mi cuerpo advertirás la huella—
nací libre en la falda del Híbleo cuya bella
cumbre que miel destila retrátase en los mares.

¡Ay! Yo dejé la Isla dichosa... Si tornares
a Siracusa y vieres por tu feliz estrella
sus generosas viñas, de la gentil doncella
que amaba yo, buen huésped, pregunta por los Lares.

¿Volveré a ver sus ojos de violeta sombría
tan puros que reflejan todo el oro del día,
de sus oscuras cejas so el arco victorioso?

¡Ten piedad! Ve y, si a Helena vieres, di que me viste
y que aún vivo de verla alguna vez ansioso.
Y podrás conocerla en que siempre está triste.

(ANTONIO DE ZAYAS)

Ninfea

Desciende la cuadriga del cielo lentamente
y, huir viendo a sus plantas la occidental arena,
con la cuádruple brida en vano el dios refrena
el tiro que encabrítase sobre oro incandescente.

El carro se hunde. Océano de su hálito potente
el cielo purpurado en lontananza llena;
y más claro en el negro azul de la serena
noche en hondo silencio se platea el Creciente.

Es la hora en que la Ninfa, como pesado fardo,
arroja junto al arco la aljaba sin un dardo,
y el bramido de un ciervo asorda la campaña.

La luna la nocturna danza cauta presencia
y, ora bajando ora subiendo la cadencia,
Pan ríe al ver su aliento animarse en la caña.

(ANTONIO DE ZAYAS)

Romancero

I

EL APRETÓN DE MANOS

En su solar pensando, mejor que los solares
del gran Iñigo Arista o del buen Sancho Abarca,
el viejo Diego Laínez no prueba los manjares.

No duerme desde el día en que su faz la marca,
aun hoy caliente, lleva de la mano del Conde;
que ya para vengarse es ¡ay! su fuerza parca.

De sus deudos temiendo los escarnios, esconde
su vergüenza en penumbra familiar, sin testigo,
¡que así a su virtuoso enojo corresponde!

Para dar a la afrenta que le abruma castigo
llama a los cuatro vástagos de su prócer hogar:
Sancho, Alfonso, Manrique y el más joven Rodrigo.

Aunque en el pecho siente su alba barba temblar
honor al cabo dándole esfuerzo más pujante,
de su hijo Sancho impúlsale las manos a apretar.

Y Sancho estupefacto dice:—Padre, es bastante:
me hacéis daño—. El segundo, Alfonso, le contesta:
—¿En qué te agravié para tratarme así? Al instante

dice Manrique:—En mi mano como una garra puesta
la tuya, sufrir me hace igual que un condenado—.
Sin dignarse a tan débiles lamentos dar respuesta

y con el corazón triste y desesperado
de injertar en un brazo más joven su vigor,
vase el viejo a Rodrigo, su benjamín amado.

Abrázale y los hombros le palpa con furor
y las cándidas manos, y al punto se le alcanza
que son armas inútiles para lavar su honor.

Mas apriétalas, última y suprema esperanza,
entre las suyas antes terror del enemigo,
y una mirada ígnea el mancebo le lanza.

Los ojos del anciano chispean. Y Rodrigo
de la paterna cólera arrostra el desafuero.
Puede gritar, mas sabe callar ante el castigo.

Al fin rojo de ira exclama:—Que sueltes quiero;
si no, para arrancarte hígado y corazón,
mis manos se harán mármol, mis diez uñas acero.

Y el anciano, de júbilo llorando y de emoción,
prorrumpe:—Hijo del alma, Dios púsote delante
de mí como esperanza de vengar mi baldón.

Y entre gritos y lágrimas de fuego, jadeante,
le enseña la mejilla vilmente mancillada,
del ofensor el nombre y el lugar y el instante;

y a Tizona sacando de la vaina, templada,
y besando su pomo igual que un crucifijo,
entrega al joven la alta y poderosa espada.

—Toma y tan bien la esgrime cual yo la esgrimí—dijo—
pie firme y mano rápida, a mi ilusión responde.
Mi honra he perdido. Vete a rescatarla, hijo.

Poco después Ruy Díaz había matado al Conde.

II

La venganza de Diego Laínez

Presidiendo la mesa y a sus plantas sus galgos,
Laínez, aún más pálido de la cera al fulgor,
hase sentado para cenar con sus hidalgos.

Allí tiene a tres hijos; pero el viejo señor
del más joven se acuerda y teme que su sino
le haya tornado en víctima del Conde mofador.

Ríe en jarros de plata el vino purpurino;
y, aunque afila el agudo cuchillo el maestresala,
deja enfriar los platos y calentarse el vino;

pues no ha mandado el amo que corte. Por la sala
reina un hondo silencio al viejo al contemplar,
por cuya blanca barba lento el llanto resbala.

Grave está el escudero de pie junto al hogar
y, en torno a la vacía mesa, triste la gente,
ni al vasallo ni al hijo ni al paje se oye hablar.

Laínez cierra los ojos y abate la ancha frente
por no ver el espectro cruel que le atormenta;
y ve muerto a su hijo y a su baldón viviente.

Ha perdido la honra y aguantado la afrenta.
¡Sus abuelos de raza fuerte e inmaculada,
en el día del Juicio han de pedirle cuenta!

El ultraje le agobia, el desdén le anonada.
¡Su hijo ha muerto y su gloria de ayer hoy es mentira!
¡De aquel su antiguo orgullo ya no le queda nada!

—Señor, abre los ojos. Soy yo. Mira bien, mira.
Esta mesa vacía indigna de ti fuera;
sin perros he cazado manjar para tu ira.

He matado un jabato y he aquí su testa fiera—.
Dice Rodrigo alzando lívida y erizada
la cabeza que agarra por la gris cabellera.

Diego Laínez levanta al punto la mirada.
—¿Eres tú, Conde infame? ¿Es tuya esa sombría
faz de convulsos ojos y de risa espantada?

¡Oh! Sí, tus dientes muerden la lengua todavía
que ya no ha de mofarse jamás de mí insolente.
¡El filo de mi espada dejola inmoble y fría!

Bajo del cuello, al golpe de Tizona luciente,
espesos cuajarones cuelgan de cada fibra.
Y el viejo el rostro frota en la sangre caliente.

Y luego con pujante voz que en la sala vibra,
clama:—Rodrigo, hijo amado y vencedor,
la afrenta me hizo esclavo y tu brazo me libra.

Y tú, cabeza odiada del que atentó a mi honor,
ve cual mi mano, dócil al dolor que me pesa,
va en ti a cobrar la gloria y a saciar el rencor—.

Y acaba golpeando la exangüe faz aviesa:
—Ved todos que el ultraje mi rostro ya no abrasa.
Rodrigo, ocupa el sitio más alto de mi mesa,

que quien trae esta cabeza es de mi casa.

III

El triunfo del Cid

Tiene el Real Palacio las puertas franqueadas
y el buen rey Don Fernando sale para acoger
al joven Jefe que entra con sus viejas mesnadas.

Abandonan el claustro, la campiña, el taller...
el mercader, el clérigo, el labrador inculto;
y al balcón las mujeres asómanse por ver

al que ha vengado a Cristo del agareno insulto:
Rodrigo de Vivar que de la morisca tierra
vuelve a Zamora henchida de un alegre tumulto.

Doquier al divisarle el turbante se aterra
y en su corcel ligero, cual la cebra rayado,
huyó el jinete alarbe en la reciente guerra.

Todo lo ha destruido, maltrecho y saqueado
del Ebro al Guadiana: la nava y el alcor;
y llegan ayes fúnebres del Algarbe incendiado.

Su botín es inmenso, mas su gloria es mayor;
porque son los más bravos reyes de Berbería
sus cautivos y llámanle el Cid Campeador.

Así Rodrigo escucha la alegre gritería
de la plebe que aclámale defensor de su Ley
al entrar en Zamora en despejado día.

Y cuando los heraldos anunciaron:—¡El Rey!—
el clamor fue tan grande que cuervos y cornejas
salieron a cernerse sobre la inquieta grey.

Y de pie Don Fernando so las puertas bermejas,
en el umbral paróse deslubrado un minuto
para escuchar los vítores gratos a sus orejas.

Y al avanzar contento del popular tributo,
surge de entre el enjambre que entusiasta delira,
una mujer muy pálida con las ropas de luto.

Destellando sus ojos amoratados de ira
bajo el velo esparcido de sus cabellos rojos,
gritó con voz turbada por las lágrimas:—¡Mira!

¡Oh Señor, reconóceme! Heme a tus pies de hinojos.
Mi padre ha muerto. Era vasallo fiel. Castiga
Fernando aqueste crimen que causa mis enojos.

Del Rey he de quejarme si el dolor no mitiga
que me mata, y más tiempo quiere hacerme esperar
la venganza a que un santo juramento le obliga.

Están ¡oh Rey! mis ojos cansados de llorar
y el odio que en mi pecho inflamado se esconde
la garganta me anuda y me fuerza a gritar.

Al punto la venganza dicta aquí mismo, en donde
está quien a mi padre privó de su denuedo—.
Y el pueblo repetía:—Es la hija del Conde—.

Ella arrogante irguiéndose mostraba con el dedo
a Ruy que en la su silla clavado, a la doncella
flechaba con mirada rutilante y sin miedo.

Y los ojos del hombre con los claros de aquella
que acusábale, entonces se encontraron así
cual dos hierros que abortan una doble centella.

Don Fernando perplejo y torvo estaba allí;
y pues ambos derechos del juicio en la balanza
pesan igual, gran pena siente dentro de sí.

El pueblo silencioso en derredor avanza
y el viejo rey contempla con los ojos severos
sobre la turba el brillo de las puntas de lanza.

El botín custodiando mira a los caballeros
—espada al puño y cota al pecho damasquina—
que en torno al Cid impávido se agrupan altaneros.

Y al pie del estandarte consagrado en Medina
ve, cautivos ganados a Miramamolín,
cinco Emires vestidos de seda tunecina.

Y tras ellos diez negros con labios de carmín,
llevando cada uno un árabe corcel.
Exclama, a la clemencia propenso, el Rey al fin:

—Ha vengado a su padre, ha vencido al infiel—.
Y viendo que ella sigue inculpando a su amante,
Fernando se acaricia la barba y para él

se dice:—¿Quién es justo en juicio semejante?—
Como a sus pies Jimena lamentara su suerte,
ofreciole la mano y le dijo galante:

—Levántate, hija mía, sosiégate y advierte
que de un Rey de Castilla para el ánima buena
de tus ojos las lágrimas son un arma muy fuerte.

Vivar me es caro. Azote de la hueste agarena
ha sido; mas yo quiero oír tu ruego insistente;
morirá si lo ansias. Es ya tuyo, Jimena.

Si lo mandas, el hacha ha de herirle obediente—.
Ruy Díaz la miraba sin miedo y sin enojos.
Ella cerró los ojos y doblegó la frente.

Y afrontar intentando en vano sin sonrojos
el mirar del caudillo que no hay brazo que venza,
al par que bajó la alba frente cerró los ojos.

No es ya la hija orgullosa del Conde. Ya comienza
a encenderse su rostro, menos arrebatado
por inflexible encono que de amor y vergüenza.

—A tu padre la vida arrancó un brazo armado
por el Honor. ¡Dios haya tenido piedad de él!
El hombre aplaude el golpe que el Rey ha condenado.

No vale menos la honra de Laín Calvo y del Cid,
incólume como la de mis ascendientes,
que la sangre que dora tu cabello buriel.

Yo el perdón le concedo si en olvidar consientes:
que Gormaz y Laínez vean su árbol fecundo
por vosotros vestido de ramas florecientes.

Habla, y a una palabra de tu boca, yo fundo
para Ruy Señoríos en Saldaña y Castril—.
Y viendo de Jimena el silencio profundo,

preguntóle Fernando:—¿De tu amor infantil
no sientes en el alma memoria que en pro arguya?—
El Rey así se expresa generoso y sutil.

Y ha temblado la mano de Jimena en la suya.

(ANTONIO DE ZAYAS)

FRANÇOIS COPPÉE

(1842-1908—FRANCÉS)

Los tres pájaros

Dije a la paloma: "¡Ve!, cruza ligera
los campos de avena de claros reflejos,
y la flor escoge que haga que me quiera".
    Dijo la paloma: " ¡Ay, qué lejos!"

Al águila dije: "Traspasa la nube;
al fuego del cielo, pues de él me hallo falto
para arrebatarla, ayúdame y sube".
    El águila dijo: "¡Ay, qué alto!"

Y al buitre le he dicho: "Tu parte devora
del corazón mío, que en vivo amor arde,
sin tocar lo sano tu ansia destructora".
    Y el buitre me ha dicho: "¡Ay, qué tarde!"

(CAYETANO DE ALVEAR)

El Horóscopo

En pie las dos hermanas, los brazos enlazados,
contemplan a la vieja de fastidiosos ojos,
que en un rincón remueve, sobre inmundos despojos,
entre sus torpes dedos los naipes hechizados.

Flores de otoño y Mayo, frescas cual la mañana,
ésta anémona blanca, roja amapola aquélla,
rubia una, otra morena, de su ignorada estrella
el augurio oír quieren de labios de la anciana.

—¡Ay!, para ti la vida será muy dolorosa—
le dice a la morena, de aspecto duro y frío.
—¿Pero él me amará al menos?... Decidme, ¿será mío?
—Sí—¿Pues a qué engañarme? Yo así seré dichosa.

—Tú no obtendrás siquiera a tu amor recompensa—
dice a la blanca niña de los ojos serenos.
Y ésta pregunta ansiosa:—¿Y yo te amaré al menos?
—Sí—Pues entonces basta... ¡mi dicha será inmensa!

(CAYETANO DE ALVEAR)

La etapa

Los amantes relatos, junto a la roja hoguera
de la alegre cantina, no son de esta ocasión.
Cierra el morral y al cinto cuelga la cartuchera,
recluta, el regimiento cambia de guarnición.

Pedregoso el camino, cuando tus plantas hiera,
marcha sobre la hierba y aparta la atención
de la oscura taberna donde nada te espera;
los rezagados fían su suerte a la ilusión.

Yo soy del regimiento de la miseria... ¡ay triste!
La tumba, última etapa de todo lo que existe,
me aguarda tras fatigas, hambre, sed y calor.

Marcho sin esperanza, y mi ansiedad no cesa,
y, como hace un soldado cuando el arma le pesa,
de un hombro al otro cambio tan sólo mi dolor.

(CAYETANO DE ALVEAR)

ANTONIO FOGAZZARO

(1842-1911—ITALIANO)

Amor Amorum

   Dice el Poeta:—¿Qué quieres de mí?
Piedra soy; sepulcro ahora me llamo—.
Dice la Bella :—Y yo sepulcro te amo;
viva me quiero sepultar en ti—.
   Dice el Poeta:—No, se han sepultado
varias en él y sitio falta ya—.
Dice la Bella:—De ellas mi anhelado
deseo una siquiera escuchará—.

   Sobre el hielo posó la boca ardiente,
y a sus hermanas dócil imploró;
sólo entonces se alzó tácitamente
la que él, primero, con ternura amó;

   la que alma, corazón, vida, hermosura,
como polvo y ceniza le ofreció;
porque él tuviera una hora de ventura
llorando y mustia el sitio la dejó.

                                     (F. MARISTANY)

MARIO RAPISARDI

(1843-1912—ITALIANO)

En el pueblo natal

La gaita de mi pueblo, la tonada
   triste de los pastores,
llega hasta mi balcón y me despierta
   con los nuevos albores.

Melancólico, incierto, el aura vana,
   flota el pío concento;
aúllan los perros por las sendas rígidas;
   se oye silbar el viento.

¡Oh, alegrías de niño, áureos fantasmas
de mi primera aurora,
ardientes entusiasmos, fes ingenuas!
¡Cuál revivís ahora!

En torno de mi frío lecho veo
danzar a mi esperanza;
vuelve a las rosas que soñara un día
la juvenil fragancia.

Un bálsamo me aduerme los sentidos
y engaña mi dolor;
aletea en mis tibias almohadas
mi sueño azul de amor.

Corre un aura de cielo en la mirada
que el pecho me conmueve;
y el atractivo de un gentil pecado
tiembla en su boca breve.

Ven, ¡oh, ven! dulce amor, tal como el pétalo
que lleva el río al mar;
¡oh, ven! En tu sedosa cabellera
mi beso iré a ocultar.

Ven y sabrás por qué destruye el sol
la bruma en la floresta,
y por qué a mi alma el son de tus palabras
tan vivo ardor le presta.

...Mas el son se ha extinguido. Brilla pura
la luz de la alborada,
y mis sueños me dejan, frío y mudo,
la testa en la almohada.

Cesó aquel son. Abandonado y triste
con mi dolor demoro;
mi dulce amor, te mando mi saludo,
beso tu carta y lloro.

(F. MARISTANY)

PAUL VERLAINE

(1844-1896—FRANCÉS)

Canción de otoño

La queja sin fin
del flébil violín
    otoñal,
hiere el corazón
de un lánguido son
    letal.

Siempre soñando
y febril cuando
    suena la hora...
mi alma refleja
la vida vieja
    y llora.

Y arrastra un cruento
perverso viento
a mi alma incierta
    aquí y allá,
igual que la
hoja muerta.

(EMILIO CARRERE)

El tapado jinete...

El tapado jinete que silencioso avanza,
el Dolor, me hirió el viejo corazón con su lanza.

Brotó la sangre de él en un caño de fuego,
y al sol, entre las flores, evaporóse luego.

Se apagaron mis ojos, dio mi boca un clamor
y aquel corazón loco murió en loco temblor.

Al punto el caballero Dolor llegose a mí;
echó pie a tierra; el tacto de su mano sentí.

Su férreo guantelete me penetró en la herida,
y él promulgó su ley con voz enronquecida.

Y al contacto del dedo de hierro helado y duro
me nació un corazón nuevo y altivo y puro.

Y he aquí que en mi pecho latió vivo otra vez,
juvenil, con ferviente, divina candidez.

Ebrio sentime, trémulo, con la incredulidad
del que tuvo visiones de la Divinidad.

Mas ya el buen caballero nuevamente montaba
y haciéndome una seña, mientras que se alejaba,

me gritó (estoy oyendo su acento todavía):
"¡Sé prudente siquiera, que otra vez no podría!"

(E. DÍEZ-CANEDO)

Antes de que al ocaso te deslices...

Antes de que al ocaso te deslices,
lucero matinal de puro brillo,
  —Mil codornices
cantan en la campiña entre el tomillo—.

Vuelve, lucero, al mísero poeta,
de ojos llenos de amor, de suave anhelo,
  —La alondra inquieta
con el día que nace, sube al cielo—.

Vuelve de tu mirar el rayo fijo
que anega el puro azul de la mañana.
  —¡Qué regocijo
por todo el campo entre la mies lozana!—.

Lleva después el pensamiento mío,
llévalo allá—¡lejos de aquí, muy lejos!
  —Brilla el rocío
sobre el henal con garrulos reflejos—.

Y alumbre el grato ensueño en que retiene
la paz del sueño a la mujer que adoro...
—Presto, que viene,
presto, que ya se acerca el sol de oro—.

(E. DÍEZ-CANEDO)

El cielo, por cima del techo...

El cielo, por cima del techo,
claro y en calma.
Un árbol, por cima del techo,
mece su palma.

La esquila, en el cielo que miro,
dulce resuena.
Un ave, en el árbol que miro,
canta su pena.

Dios mío, la vida está aquí,
buena y sencilla.
Rumor apacible hasta aquí
manda la villa.

—¡Oh, tú, solo y triste, ¿qué fue
de aquella edad
que lloras? ¿A dónde se fue
tu mocedad?

(E. DÍEZ-CANEDO)

FRIEDRICH NIETZSCHE

(1844-1900—ALEMÁN)

Poesías

Coloquio

¿Estuve enfermo? ¿He sanado?
¿Y quién mi médico ha sido?
¡Ah!, si todo lo he olvidado,
mi médico fue el olvido.

Almas estrechas

Odio las almas estrechas,
sin bálsamo ni veneno,
hechas
sin nada, malo ni bueno.

¡Sin senderos!

—Aquí termina la senda,
vas al borde del abismo:
¡adelante!...
    —¡Si no puedo!
—Ten audacia y fe en ti mismo.
¡Ay de ti si tienes miedo!

El liberto

Me detengo y escucho
el latir de mis venas:
su rumor me ha engañado;
pensaba oír cadenas,
  ¡qué mucho
si estuve encadenado!

El humo

El humo es algo, dice el árabe,
es cierto;
el humo en el camino
es anuncio de un techo,
abrigo hospitalario
del peregrino hambriento
que al llegar sólo encuentra
una tapia cerrada tras la que ladra un perro.

Esfinge

Implacable, tú me acechas
como mi curiosidad,
con tus preguntas me estrechas...
Pues bien, esfinge, habla ya.

Algo de común nos toca,
porque al sondar el abismo,
esfinge, quizá yo mismo
soy quien habla por tu boca.

Dilema

Para que el yugo se afloje
del humano dolor
sólo hay un medio: escoge
entre una muerte súbita y un largo amor.

Su frialdad

Su frialdad se ha fijado en mi recuerdo;
era tan fría, ¡tan fría!
que al estrecharla en mi pecho
su corazón no latía.

(F. A. DE ICAZA)

DETLEV VON LILIENCRON

(1844-1909—ALEMÁN)

Muerto en las mieses

En el trigal, entre amapolas,
tras del combate cayó herido.
Entre las mieses desparecido
dos noches hace que muere a solas.

Pero la fiebre es compasiva;
como vivía allá en su tierra,
en el delirio quiere que viva,
y muere en paz, herido en guerra.

Y ya no escucha toques marciales...
No son las armas del enemigo
las que relucen en los trigales,
¡sino las hoces cortando el trigo!

(FRANCISCO A. DE ICAZA)

A la música

Un acordeón lejano me atrae dulcemente...
Pasa por mí un recuerdo... ¡Oh, Dios! ¿Qué es nuestra vida?
¿Es un juego de sombras, un sueño, una locura?
Cuando álzase la muerte rendirnos nos precisa...

¡Oh dulce sinfonía novena!, ¡oh paraíso!...
¡Corazón, todo anhelo ha muerto y todo impulso!...
¿No sientes elevarte cual se alza la palmera?
Pronto no tendrás nada que te sujete al mundo...

(F. MARISTANY)

Sabe Dios...

Sobre sangre y ruinas y cadáveres
y flores, que troncharon los caballos,
brilló un sol ideal; la noche y la batalla se extinguieron,
y más de uno a su casa desde Kolin
no pudo regresar.

Un hidalgo, un muchacho todavía,
que por la vez primera olió la pólvora,
también debió morir;
cuando en alto agitaba la bandera
abrazóle la muerte con tal ímpetu,
que desplomóse allí.

Un breviario piadoso que llevaba
sujeto al cinturón, siempre consigo,
yacía junto a él;
un granadero de Betwern hallólo
manchado por el barro y por la sangre,
y fuelo a recoger.

Partió a casa del padre, diligente,
y este recuerdo que el azar brindole,
brindole con dolor;
y una mano temblona escribió entonces:
"Kolin. Mi hijo enterrado entre la arena.
¿En dónde? Sabe Dios..."

Y el que ahora esta canción está cantando
y el que la está leyendo, por la vida
van llenos de ilusión;
mas un día serán—tú y yo seremos—
para siempre enterrados en el polvo.
¿En dónde? Sabe Dios...

(F. MARISTANY)

¡Ya es tarde!

Jamás olvidaré la frase aquella.
¡Fue tan dulce y a un tiempo tan amarga!
Oigo tu voz aún toda sollozos:
 Lo sé; ya no me amas.

La noche se desliza por los campos;
una sombra de día queda apenas;
las últimas cornejas a sus nidos
se han recogido ya en la negra selva...

Ahora estamos los dos bien separados;
ya no podrá juntarnos el mañana...
Jamás olvidaré la frase; aquella:
 Lo sé; ya no me amas...

(F. MARISTANY)

En una gran ciudad...

En la mar ciudadana van junto a mí pasando,
ora éste, ora aquél, uno detrás de otro...
Míranme indiferentes y siguen su camino...
El buen organillero da vueltas al manubrio.

En la mar de la nada, van junto a mí cayendo,
ora éste, ora aquél, uno detrás de otro...
Miro su negro féretro y sigo mi camino...
El buen organillero da vueltas al manubrio...

En la mar ciudadana rueda un coche de muertos;
van cruzando los hombres unos detrás de otros...
Miran mi negro féretro, y siguen su camino...
El buen organillero da vueltas al manubrio.

(F. MARISTANY)

ROBERT BRIDGES

(1844-1930—INGLÉS)

El sauce

   Mira cómo salpica la nieve, en torbellinos,
los campos desmayados. Ya gorjean de nuevo
los pájaros. Amparo no brinda aún su puerto
de maravilla. ¿Cuándo vendrá la primavera?
¡Ah! ¡Qué trinos se ahogan dentro de sus gargantas
menudas, cada aurora!

   Los lirios cuaresmales, en el hielo que oprime,
retiran sus cabezas amarillas; el sauce
silvestre es una mata
de un oro nebuloso: la diosa Primavera
en ella se acurruca, con vagos atavíos
de fuego amedrentado.

                                          (M. MANENT)

TRISTAN CORBIÈRE

(1845-1875—FRANCÉS)

¡Hidalgo!

   ¡Son altivos!... ¡Piojos entre la sarna! Suelen
ataros la maleta con aires donjuanescos.
¡No huelen bien, empero todos a prócer huelen,
tunantes valerosos, pillos caballerescos!
¡Oh raza! Sin pedir, toman con eficacia
y os piden un ochavo, pero siempre con gracia.
De un mendigo jinete guardo un esbozo: tal
como el Cid... como un cid visto en un carnaval.

   Iba yo a pie, con una dama en mi compañía;
su esmalte en el camino de yeso el sol ponía,
y el cid se nos llegó como bailando, al trote.
Cuando me tuvo entre la pared y el garrote,

—¡Ah, señor caballero, mi palabra de honor,
un ochavo le pido de hinojos, por favor!
(En mi cuello pacía su jaco). ¡Pobre bestia!
¡Le ha tomado cariño! Si le causa molestia...
—¡Largo de aquí!—Señor, siquiera un cigarrillo...
La Virgen se lo pague..—Largo, si no..—¡Piedad,
(era estribo de un pie desnudo mi bolsillo)
buen caballero, vea mi imposibilidad!
—Ea, pues, toma un cuarto—Señor, siempre bendita
vuestra merced; perdone si le tuve parado.
Señora: y a ti, gracias, gracias por ser bonita,
bonita mía; ¡y gracias por haberme mirado!

(E. DÍEZ-CANEDO)

Carta de Méjico

Que cuidara, dijisteis, del muchacho. La muerte
se lo llevó. Con él más de uno ha caído.
Tripulación... no queda. Volverán, es sabido,
    los menos de nosotros. Es la suerte.

Para un hombre no hay nada como ser marinero.
Todos lo quieren ser en tierra. Y es seguro,
sin las quiebras que tiene. Nada más. Lo primero
    ya lo veis: el aprendizaje es duro.

Yo, que soy viejo, lloro si lo digo. Daría
mi pellejo, seguros estad, sin discusiones,
por llevaros al chico. Pero no es culpa mía:
    ese mal no hace caso de razones.

La fiebre está en su casa, dueña y señora de esto.
Para ir al camposanto todos tienen razón.
El Zuavo—parisién—ved qué nombre le ha puesto:
    "El jardín de aclimatación".

Como chinches los hombres se mueren. En su hatillo
dejó el chico recuerdos de la tierra lejana.
Un retrato de moza; dos babuchas de orillo,
    y escrito encima: "Regalo a mi hermana".

La madre ha de saber: que rezó, buen cristiano,
y el padre: que mejor en combate muriera.
Le velaban dos ángeles en su hora postrera:
un marinero y un veterano.

(E. DÍEZ-CANEDO)

LORENZO STECCHETTI

(1845-1916—ITALIANO)

Cuando caigan las hojas...

Cuando caigan las hojas y tú vayas
en busca de mi cruz al camposanto,
la encontrarás en un rincón humilde,
de flores rodeada por un manto.

Las que hayan de mi pecho florecido
para tu blonda cabellera elige...
Serán los cantos que escribir no supe...
Las palabras de amor que no te dije...

(F. MARISTANY)

MAURICE ROLLINAT

(1846-1910—FRANCÉS)

La biblioteca

Como un añoso bosque era el recinto quieto.
Trece lámparas férreas, oblongas y espectrales
lanzaban noche y día sus luces sepulcrales
sobre los viejos libros henchidos de secreto.

Al penetrar sentíame tembloroso e inquieto;
me soñaba entre brumas y estertores mortales;
me tendían sus brazos trece blancos sitiales;
trece grandes retratos me lanzaban su reto.

Una noche, a las doce, desde la alta ventana
veía el baileteo de la sombra lejana
del fugitivo duende que en el foso se agita;

cuando turbose mi alma y mis miembros temblaron;
trece campanillazos del péndulo sonaron
en el silencio horrible de la sala maldita.

(E. GONZÁLEZ MARTÍNEZ)

Las campanas

Las campanas de los templos
cállanse los Jueves Santos,
y hacia Roma se encaminan
como un enjambre fantástico.

Cuando lúgubres y tristes
piadosamente han cantado,
las campanas de los templos
cállanse los Jueves Santos.

Y en sus metálicos trajes
las miradas esquivando,
como procesión de monjes
taciturnos y enlutados,
de sus cárceles de piedra
se alejan los Jueves Santos.

(E. GONZÁLEZ MARTÍNEZ)

ARTURO GRAF

(1848-1913—ITALIANO)

Azul

¡Oh formidable Azul! te miro y pienso:
lo que fuiste serás, tarde o temprano;
di: ¿cuántos siglos sobre el tedio humano,
ha que despliegas tu sitial inmenso?

Idos los dioses, como sueño vano,
tú, sin sentir ni amar, sólo el ascenso
presenciaste del ruego y el incienso
del homenaje o el clamor insano.

Cuanto vive se estrella ante una oscura
norma de corrupción, entre la impura
alma que vela su pavor profundo;

¡tú sólo eterno, incólume, impasible
como una losa sepulcral y horrible
echada sobre el ámbito del mundo!

(GUILLERMO VALENCIA)

Atenas

La tierra en que nací queda en Oriente,
y es de un monte de mármoles vecina,
y mira del confín, vasto, esplendente,
el Egeo de clámide azulina.

Ebria de aire y de sol, calladamente,
se aduerme a influjo de visión divina,
y entre las rosas y el olivo siente
intacta crepitar su gran ruina.

La tierra en que nací, propicias horas
tuvo; surcó triunfante el mar profundo,
y pobló remotísimas arenas,

y de frentes invictas o creadoras
soberbia madre fue, y enseñó al mundo:
¡la tierra en que nací se llama Atenas!

(GUILLERMO VALENCIA)

WILLIAM ERNEST HENLEY

(1849-1903—INGLÉS)

Bajo la noche...

Bajo la noche que me cubre
cual fosa negra y espantable,
mi gratitud muestro a los dioses
por esa mi alma inconquistable.

Entre las garras de la suerte
no me echo atrás ante la vida;
bajo el garrote del destino,
mi testa sangra y sangra erguida.

Tras de este valle de ira y lágrimas,
está el Horror negro y terrible;
pero, con todo, esta amenaza
me encontrará siempre impasible.

Aunque la puerta sea angosta,
negra y severa, espero en calma:
yo soy el dueño de mí mismo;
yo soy el jefe de mi alma.

(F. MARISTANY)

Junio

Cae la lluvia, dulce y cálida;
se oye de un pájaro el reclamo...
Para quien ama y está triste
    ¡qué suave encanto!

Dos, mutuamente embebecidos,
dos, corazón con corazón...
Aun cuando llueve y hace viento
    siéntese el sol...

¡Oh, mutuamente estar absortos
frente a la lluvia veraniega,
Dios con nosotros, y por siempre
libres de penas!...

(F. MARISTANY)

ANTÓNIO GOMES LEAL

(1849-1921—PORTUGUÉS)

Cuando Él, finalmente...

Cuando Él, finalmente, Él, el cordero,
paloma mansa sobre el aire inmundo,
pendía como un lirio moribundo
sobre el astil del trágico madero,

y lanzando el espíritu profundo
al reino bello, grande y verdadero,
expiraba llagado y justiciero,
y aun perdonando, aun perdonando al mundo...

Un soldado romano, al verle expuesto
y rojo ya en la Cruz, como un sol puesto,
con la lanza, brutal, le traspasó.

Salieron sangre y agua de la herida.
¡La sangre que no dio con dar la vida!
¡Las lágrimas de amor que no lloró!

(F. MARISTANY)

El viejo palacio

Tuve un palacio, que hoy está en ruinas,
fundado en una roca, junto al mar...
Desde allí, vense lívidas colinas,
se oye el rezo del aire en el pinar...
Tuve un palacio, que hoy está en ruinas.

En el triste palacio inhabitable,
las ventanas, sin vidrios, a los vientos
lanzan de noche, en coro lamentable,
clamores y quejumbres y lamentos,
en el triste palacio inhabitable.

Queda una galería solitaria
donde medra una flor que el viento inclina,
que sacude la lluvia funeraria,
que baña en luz la luna mortecina.
Queda una galería solitaria...

La flor surge en las gradas oscilante...
aljófar a los cielos despiadados
demanda, y a la luna, sollozante,
descubre anhelos íntimos, alados.
La flor surge en las gradas oscilante...

Como en la galería carcomida,
en el alma una flor también vegeta...
de noche, por el viento es sacudida,
íntima, humilde, lírica, secreta.
Como en la galería carcomida...

¡Ve presto, dolor mío, ve al palacio
para arrancar la flor!... Ve sin tardanza.
Como guerrero audaz del viejo Lacio
huéllala sin piedad: es la Esperanza.
—¡Ve presto, dolor mío, ve al palacio!

(E. DÍEZ-CANEDO)

JEAN RICHEPIN

(1849-1926—FRANCÉS)

Cedo, al fin...

"Bien, dijo, cedo al fin; te acogeré clemente.
Pero si en ese amor he de creer, pretendo
que al rendirme, una prenda me des indeficiente."

Y él: "¿Cómo he de jurarlo?" Y ella: "Ni el más tremendo
juramento ha de hacer que mi alma se conmueva".
Dijo, y entonces él habló, súbito: "¡Entiendo!
¡Tal prueba te he de dar, indubitable y nueva,
que de mi amor no dudes, adorada mujer!"

Ella se sonreía y esperaba la prueba.
Y él huyó, sin pararse, para nunca volver.

(E. DÍEZ-CANEDO)

La canción de María de los Ángeles

Una vez había un pobre muchacho,
    la, lará, lará,
    la, lará, lará;
una vez había un pobre muchacho
que amaba a una pérfida con amor intenso.

Y ella así le dijo: "Tráeme mañana,
    la, lará, lará,
    la, lará, larero,
y ella allí le dijo: "Tráeme mañana
el corazón de tu madre para el perro".

Y buscó a su madre; por fin, la mató,
    la, lará, lará,
    la, lará, larero,
y buscó a su madre; por fin, la mató,
cogió el corazón y se fue corriendo.

Y mientras corría, cayó en el camino,
    la, lará, lará,
    la, lará, larero,
y mientras corría, cayó en el camino,
y el corazón, rojo, rodó por el suelo.

Y mientras rodaba el corazón rojo,
    la, lará, lará,
    la, lará, larero,
y mientras rodaba el corazón rojo,
oyó que gemía en triste lamento.

Y el corazón dijo, llorando, al muchacho,
    la, lará, lará,
    la, lará, larero,
y el corazón dijo, llorando, al muchacho:
"Hijo mío, dime, ¿mucho mal te has hecho?"

(LUIS GUARNER y ANGEL MOLINER)

MIHAIL EMINESCU

(1850-1889—RUMANO)

A la estrella

A la estrella que ahora ha surgido
hay un camino tan largo,
que miles de años le han sido preciso
a su luz para alcanzarnos.

Quizá desde hace mucho se ha extinguido en el camino,
en las lejanías azules,
y su rayo apenas si ahora
brilla para nuestros ojos.

La imagen de la estrella que ha muerto
lentamente sube al cielo;
existía cuando no se la veía,
hoy la vemos y no existe.

Así como nuestro deseo
pereció en la noche profunda,
y la luz del extinguido amor
nos persigue aún.

(CAYETANO APARICIO)

Sobre las cimas

Sobre las cimas pasa la luna
y agita dulcemente su fronda el bosque;
entre las ramas del aliso
suena el cuerno melancólicamente.

Más lejos, más lejos;
　　más despacio, aún más despacio,
　　endulzando mi corazón inconsolable
　　con angustia de muerte.

　　　¿Por qué callas, cuando encantado
　　vuelvo mi corazón hacia ti?
　　¿Jamás sonarás para mí,
　　dulce cuerno?

(CAYETANO APARICIO)

ROBERT LOUIS STEVENSON

(1850-1894—INGLÉS)

He hollado la colina....

　　He hollado la colina en todas direcciones;
　　sufrí mucho, canseme y hallé la vida yerta;
　　lo ansié todo y extintas dejé las ilusiones;
　　he vivido, he amado y he cerrado la puerta.

(F. MARISTANY)

ABÍLIO GUERRA JUNQUEIRO

(1850-1923—PORTUGUÉS)

Cortejo fúnebre

　¡Qué alegrías hondas, vírgenes, palpitan
en este lavado despertar de aldea!...
y los gallos cantan... y las norias gritan,
y en los olmos blancos, de hojas que se agitan,
refulgente y nueva, la luz pajarea...

Por la senda, que entre trigales descuella,
una rapazuela—¡tro-la-ro-la-rá!—
guía su carreta la mañana aquella:
la carreta cruje, que va el tronco en ella
de un castaño muerto, podrecido ya.

¡Oh, qué donosica, boyeriza fiera!
La sonrisa arisca, los ojos de cielo.
Su aguijón empuña, cándida y ligera
con la gracia aérea de ave de ribera,
verderón, armeja, picaza o bubrelo...

Rubia, mas de un rubio dorado de abejas;
fresca, de claveles a la madrugada;
cerezas maduras lleva en las orejas,
en la boca le arden canciones bermejas,
¡y un lucero brilla sobre su aguijada!

Descalcica y pobre, sin aire mendigo,
no vi por las sendas milagro mayor:
la viste de oros el buen sol amigo,
su sombrero es paja que hace un mes dio trigo,
su corpiño es lino, que hace un mes dio flor.

Y aquellos dos bueyes enormes, flemáticos,
en el aleluya triunfal de la aurora,
van, como piadosos monstruos enigmáticos,
almas, tal vez, de ermitaños extáticos,
rumiando evangelios en la santa hora.

Al arado, al carro, presos noche y día,
como con grilletes uncidos están;
y, sumisos, una rapaza los guía,
y en los surcos que abren, la amapola cría,
cantan las alondras, y madura el pan.

Llevan las serenas frentes majestuosas,
todas enramadas como dos altares;
madreselvas, juncias, pámpanos, mimosas;
las abejas pasan desflorando rosas
y las mariposas, en noviazgo, a pares...

Y el castaño muerto, sobre el carro, en tanto,
por entre los trigos avanza también:
lo amortajan yedras en su verde manto,
diole el fango leche, dale el alba llanto,
¡oh, dichoso muerto, que hasta huele bien!

Líquenes y musgos—química incesante—
ponen a hervir almas en su corrupción...;
ya, en este esqueleto mondo de gigante,
bajo el sol en una bacanal radiante
millones de vidas hacen irrupción...

Y la fortaleza se une a la dulzura:
el león del libro muere en un vergel;
y, del tronco muerto por la costra dura,
un enjambre de oro crepita y murmura,
labrando panales cándidos de miel...

¡Oh, los mansos bueyes de pupilas vastas,
que elaboran vagos fantasmas secretos!
Los gorriones pican, trepando, en sus astas
y caen de sus ojos bendiciones castas
sobre los caminos tórridos y quietos...

¿Llorarán la muerte del castaño ingente
bajo el cual durmieron siestas estivales?
Almas de la selva, su mirar doliente
¿recogerá acaso misteriosamente,
la expresión de vuestras lenguas floreales?

¿Qué es, castaño muerto, de la vida extraña,
que en el micro ovario de una flor nació,
y engendró raíces y se hizo tamaña,
y trescientos años sobre una montaña,
sus trescientos brazos de coloso irguió?...

¿Dónde, el alma, origen de estas formas bellas?
Tanto embrión de formas ¿qué quiso decir?
¿Cuál fue el alma, el símbolo, diluido en ellas?
—Roto ya el encanto, no nos quedan huellas,
ni aun de qué destino te aguarda al morir.

¡Noche oscura!... ¡Enigma!...
                    No: lo que yo quiero,
boyeriza linda, linda y extasiada,
es esta inocencia blanca, de cordero,
la alegría de oro de tu andar ligero
y el candor de aurora que hay en tu mirada.

   Bueyes que yo adoro, lo que mi alma anhela
es vivir con vuestra santa paz cristiana:
fecundar las viñas, arar mi parcela
y en los ojos garzos de una rapazuela
tener dos estrellas color de mañana.

   Lo que yo quisiera, muertos castañeros,
es, como vosotros, levantar mis ramas,
dar trescientos años sombra a los cabreros
y en ahumados llares de alegres braseros,
¡calentando abuelos, deshacerme en llamas!...

(E. MARQUINA)

La molinera

   Por la senda llana, los dos, tras, tras, tras,
van un rucio y una viejecica errante:
van los dos ligeros, dale que le das,
antes que anochezca, mudos; tras, tras, tras,
detrás la viejuca y el rucio delante.

   Tras, tras... La viejuca va para el molino:
ochenta años cuenta, ¡bien cumplido esto!
y está alegre, en este goce matutino,
tras, tras, y es tan fresca como el blanco lino
puesto en las mañanas a secarse al sol.

   Va sin cabezada, en libertad franca
el rucio lustroso de parda color;
no le herraron nunca, nunca usó retranca:
y tras, tras, le aguija la viejuca blanca
con un verde tallo de retama en flor.

Viendo a esta viejuca corcovada y lenta,
tras, tras, ¡qué recuerdos de antigua quietud!
mi abuelica ciega se me representa:
yo era de seis años, ella era de ochenta;
quien me hizo la cuna, le hizo el ataúd.

Y tras, tras, tú sigues, lindo borriquito...
¡Para mis rapazas traedmelo aquí!
Nada más gracioso, nada más bonito:
cuando fue la Virgen camino de Egipto,
a lomos iría de un borrico así.

Tras, tras, ¡es ya tarde, molinera santa!
Nacen las estrellas, clara muchedumbre...
Tras, tras... que mañana, cuando el gallo canta,
madre molinera, corre y se levanta,
a vestir los nietos y encender la lumbre.

Tras, tras, y el pollino que se pavonea,
¡cómo trisca, al logro del camino llano!
ganas me dan, viendo su humilde ralea,
de irme a la parroquia blanca de la aldea,
para bautizarlo y hacerlo cristiano.

Tras, tras, tras y la molinera abuela
ya toda empolvada, como a un festival:
porque la empolvaron la cara y la tela,
con callada harina la sonante muela,
los ángeles rubios con claror astral.

Tras, tras, el borrico sigue su camino...
¡y qué remembranzas va dejando en pos!
Contaba mi abuela, con su hablar cansino,
que era así, como éste, de manso, el pollino
que adoró en las pajas al Infante Dios.

Anochece... Suenan los bronces lejanos...
¡molinera blanca, de blancor de luna!
Tras, tras... y por verte pasar, tus hermanos
los astros, entreabren, piadosos y humanos,
sus ojitos dulces de niños de cuna.

Tras, tras, y mirando, blancura divina,
entre las estrellas la luna sin velo,
piensa el rucio: "¡Dios me valga, vecina!
¿quién será el que muele tanta rubia harina
con la muela blanca que está allá en el cielo?"...

(E. MARQUINA)

El pastor

¡Tañen a difuntos! Señor... ¿Quién sería?
Ya me han dicho: ¡el pobre tío Salvador!...
Viejo, que más viejo ningún otro había,
para los cien años le faltaba un día
y ha noventa y cuatro que era ya pastor.

Listo zagal, desde su más tierna infancia,
el zurrón colgando sobre el hombro leve,
ya iba por los montes entre la abundancia
de los pastos bravos de auroral fragancia,
¡dorados de sol y blancos de nieve!

El desierto, inmenso, rústico paisaje,
astros de oro, luna, montañas en fila,
con el repetido diario miraje,
se trocó en heroica libertad salvaje
sobre la extasiada flor de su pupila.

La leche ordeñada, cantarico lleno,
se iba hacia la aldea todas las auroras:
en la mano el muesco de pan de centeno,
el albogue de oro metido en su seno,
¡y picando, a ratos, en las zarzamoras!

Se hizo mozo y fuerte por las serranías,
donde paren águilas, donde el roble medra,
y donde las peñas, de grutas sombrías,
se encastillan hoscas, crespas y bravías
como tempestades de truenos de piedra.

Cada acantilada serranía brava
bajo el sol de agosto, plomiza o bermeja,
retostada en ascuas, retorcida en lava,
tan reseca y falta de agua se quedaba
que calmaba apenas la sed de una oveja.

Y por estas áridas y ardientes laderas
iba él con sus cabras casi moribundas;
viendo rocas mondas como calaveras,
cambroños, enebros y raíces fieras,
como maldiciones de bocas inmundas.

Luego, eran las torvas, negras invernadas,
noches formidables, lobos que ululaban;
desmoronamientos, tormentas, nevadas,
abismos abiertos por las torrentadas,
y troncos que al aire sus raíces daban...

¡Cuántas noches, sólo tuvo, como un perro,
cabezal de rocas en alguna cueva!
Pero se tendía sin miedo en su encierro,
porque la piadosa Virgen del Destierro,
le guardaba desde su ermita de gleba.

Y apuntaba marzo... Jaras y breñales,
montes cenobitas de ceniza y huesos
vístense de musgos y de romerales,
hierba tierna brindan a los recentales
y destilan mieles y suenan a besos.

¡Oh, reía, entonces, como el sol naciente!
Alegre en los campos, feliz de habitarlos,
con chivos, corderos, leche bien oliente,
¡y unos pastos que quisiera la gente
transformarse en ave para no pisarlos!

Tanto abril florido, tanta calma adusta,
tantas invernadas sin ningún dolor,
le pusieron sobre su expresión robusta
como una corona de grandeza augusta,
junto a una inocencia matinal de flor.

¿Qué importaban hielos, vendavales, fieras?...
¡Pecho al aire, recio; complexión de toro!
¡Si casi extrañaba que en las primaveras
no hubiera en su pecho las enredaderas
que hay sobre las rocas, con abejas de oro!

A la tarde, encima del húmedo pasto,
perro y él tenían su cama los dos;
¡qué divino lecho primitivo y casto,
tan embalsamado de menta y tan vasto
bajo el velo inmenso del perdón de Dios!

Y este gigantesco mocetón tostado
era, como un padre del yermo, frugal:
aceitunas, queso del propio ganado
y de harina negra medio pan migado,
en un cocido de agua con aceite y sal.

No comía muertes, crimen y dolores
de los que hacen nuestro banquete feroz,
y, por eso, libre de malos humores,
se reía como se ríen las flores
y atraía pájaros sólo con la voz...

Su rústico albogue de pastor oyendo
en la misteriosa luz crepuscular,
se iban las estrellas de una en una abriendo
y por los espacios se iba descogiendo
como un blanco lotus el nimbo lunar.

¡Y qué trinos vivos, de argentino encanto,
misa, la del gallo, te ofreció el pastor,
cuando iba a la iglesia, de cayada y manto,
a los villancicos del Niño Dios santo,
desnudo, en las gradas del altar mayor!

Fue allí un día, siendo casi criatura,
casi centenario fue la vez postrera,
y el cantar sonaba con igual tersura,
porque el alma suya luminosa y pura
conservola siempre como Dios la hiciera.

Penetraba en ella y allí se embebía,
cuanto es inocencia, risa y claridad:
temblor de paloma, voz de ave que pía,
rumor de los montes al nacer el día,
lágrimas de estrellas en la oscuridad...

Lejos del pecado de rabiosas presas,
Belzebub hambriento de ojos de metal,
lejos de las malas pasiones aviesas,
de los lechos blandos y las ebrias mesas
pululantes larvas, vibriones del Mal,

envejeció el santo pastor sonriente
por despeñaderos, puertos y calvarios;
y en su frente augusta de viejo creyente,
blanquearon años luminosamente
como blancas aves sobre campanarios.

Y de sus ovejas recogió en herencias
las abnegaciones de la fe cristiana.
¡Dios os guarde, ovejas de almas inocencias,
que con vuestra leche sustentáis creencias
y que a los mendigos les dais vuestra lana!

A los noventa años, festival, risueño,
—álamo bañado de agua viva, al pie—,
tenía crepúsculos en lugar de ceño,
y en sus ojos mansos, que mecía el sueño,
dos miosotis albos de candor y fe.

Con su manto blanco de burel grosero,
de armiño sus canas, de oro su bordón,
parecía un santo que se hizo cabrero
y se abría, sobre su tugurio austero,
una ojiva de astros, en adoración...

Secular, tenía toda la apariencia
del agigantado tronco de un vergel,
moribundo, en medio de su descendencia,
vestido de helechos por la Providencia,
bordado de abejas que le brindan miel,

y que, mal que tenga sordos los oídos,
y los ojos ciegos a la luz astral,
aún echa, muriendo, dos brotes floridos,
como si implorara canciones de nidos
o diera a los astros el adiós final.

Así el pastor santo, ya todo caído,
todo corcovado, falto de entusiasmo,
agarrado al viejo báculo torcido,
escuchando apenas con el torpe oído,
y mirando apenas con la vista en pasmo,

se iba por las sendas de la cordillera,
terco en la esperanza, que era su consuelo,
de oír todavía, por la vez postrera,
balidos de ovejas, en la calma austera
de la luna, cuando nieva todo el cielo.

Fue su bisabuelo pastor de ganado,
su abuelo y su padre lo fueron también;
él crió a sus hijos como fue criado,
y murió, contento porque su cayado
aún, por esos montes, sus cabras lo ven.

En la paz de las cumbres somnolientes,
ignorando el mundo, rencoroso y vil,
aún a los cien años, como los creyentes,
ponía sus ojos, simples, inocentes,
en la luz del alba, las albas de abril...

Por vestido y palma se llevó a la altura
su grandeza mansa, su piedad austera;
realizó del alma toda la hermosura,
porque ha sido bueno como el agua es pura,
porque ha sido un santo sin saber que lo era.

¡Vosotros los semi-dioses de la Gloria,
Césares, tiranos de renombres claros,
épicas figuras de inmortal memoria,
que de cerro en cerro nos doráis la historia,
como crepitantes y trágicos faros,

en el Infinito desvelado y puro,
donde me deslumbra como un sol, Jesús,
no sois más que larvas de temblor oscuro,
que nadie conoce, que en vano procuro
ver entre las olas de este mar de luz!

Y el pastor de ovejas, que comió centeno,
que vivió en los montes, que durmió en las grutas,
tan salvaje el rostro velloso y moreno,
que casi dijerais que nació del seno
de la tierra, igual que las piedras brutas,

rota la apariencia donde vivió casto,
ya es un ángel blanco, guardián del Señor,
y millones de astros saca a eterno pasto...
¡son rebaños de almas, por el azul vasto,
las ovejas nuevas del viejo pastor!...

(E. MARQUINA)

Regreso al hogar

¡Cuántos años hace que salí, llorando,
de este nostalgioso, cariñoso hogar!...
¿fue hace veinte?... ¿treinta?... Ni lo sé ya cuándo:
—Aya, la mi aya, que me estás mirando:
¡canta y tus cantigas me harán acordar!

Di la vuelta al mundo, la vuelta a la vida.
Tan sólo hallé engaños, decepción, pesar...
Tengo el alma ingenua toda alicaída...
—Aya, la mi aya, que estás arrecida
¡canta, y tus cantigas me harán suspirar!...

Vengo, de cansancios y dolor deshecho;
en mi cara hay surcos de tanto llorar,
¡nunca me saliera de mi nido estrecho!
—Aya, la mi aya, que me diste el pecho,
¡canta, y tus cantigas vuélvanme a cunar!

Diome Dios otrora, viático hechicero,
oro de astros, velo de claror lunar;
pero me robaron a medio sendero;

—Aya, la mi aya, soy un pordiosero,
¡canta tus cantigas que hacían llorar!

Y como antes, en tu regazo amado,
(¡vengo muerto, muerto!...) ¡déjame ocultar!
¡Ah, tu rapazuelo llega tan cambiado!...
—Aya, la mi aya, ¡llega tan cambiado!
¡canta tus cantigas que hacían soñar!

Cántame cantigas reposadamente,
tristes, tristes como la luna y el mar...
¡Canta, a ver si logro que el alma doliente
se me haya dormido cuando, finalmente,
la Muerte piadosa me venga a buscar!

(E. MARQUINA)

In pulvis...

¡Oh, qué negra noche! ¡qué hosquedad de hiena!
Ni una estrella, en la alta soledad, quedó...
Llora el viento su triste cantilena,
como cuando dicen que lloró de pena,
todo el santo día que Jesús murió.

Vienen sanguinosos gritos moribundos
de las oquedades del torvo horizonte.
Por los yermos andan lobos vagabundos
y los ríos llenos, tornan furibundos,
en diluvio de aguas, desde el mar al monte.

En serrana choza quema el castañero,
lámpara de pobres del relente grato;
y están, medio corro formando al brasero,
la abuela, el abuelo, la moza, el arriero,
la mujer, los hijos, el perro y el gato.

Quémase el gigante, rudo y centenario
que ya de los astros no saldrá al encuentro:
y aquel resplandor de enorme incensario,
hace de la choza casi un relicario
con un alma de oro que le ríe dentro.

El viejo hace fiestas al nieto doliente:
—Muerte negra, escapa del tejado, o yo..—
¡y en la llar las brasas, simultáneamente,
le dicen al ángel:—todo es oro ardiente...
le dicen al viejo:—¡todo se acabó!

¡Cuántas veces, cuántas, en días radiantes,
rapazuelo, alegre como un colibrí,
él trepó a los brazos, verdes, lujuriantes,
de este buen castaño, que en unos instantes,
montón de cenizas va a expirar allí!

¡Cuántas veces, cuántas, le hizo danza en torno!
¡Cuántas noches, cuántas, a sus pies dormía
del mes de las siegas en el gran bochorno,
cuando los rastrojos, arduos, como un horno,
despiden el vaho del calor del día!

¡Cómo no mirarlo con santo respeto,
cómo no envolverlo de amoroso afán,
si le dio la viga de su techo escueto,
si le dio la cuna donde arropa al nieto,
si le dio la artesa donde amasa el pan!

Con él hizo el yugo, con él el arado
y con él la mesa de sus pequeñuelos;
y es madera suya la del lecho amado
donde él durmió el sueño de recién casado
y donde murieron sus padres y abuelos.

No se olvida el viejo del nieto doliente...
—Muerte negra, escapa... duerme, duerme... o yo...
Y, al mirar las llamas, simultáneamente,
ríe el infantico, viendo el oro ardiente,
llora el viejo viendo que todo acabó.

Madre abuela, reza, reza fervorosa...
Tan viejuca y blanca, blanca de jazmines
me parece al verla toda esplendorosa,
que, en andas de flores, donde se reposa,
va hasta Dios, llevada por los serafines.

Reza por los muertos a la Virgen pura...
Desde que era niña, tan dichosa y bella,
ya, de esta cabaña, con el humo, oscura,
¡cuántos se partieron a la sepultura,
cuántos se quedaron en el alma de ella!

En el alma de ella, triste camposanto,
muchas almas viven de una vida extraña:
viven muertas, mudas, en dolido encanto;
en sus ojos vítreos cristaliza el llanto,
sus labios sangrientos la luna los baña...

Y esas almas fluidas que lleva consigo,
—¡fe de los humildes, todopoderosa!—
frías como nieve, salen de su abrigo
y se sientan todas en el sitio amigo,
para hacer con ella la vela afanosa.

Y ¡ay, pobres, los muertos que están sin hogares
y sin viejas santas que les hagan luz!...
Bajo un suelo en que nadie pone altares
dan sus cuerpos, sin nichos tutelares,
sangre a los gusanos y podre a la cruz.

De éstos, que no dejan ni un amor pequeño,
¿dónde están las almas? ¿por qué Dios las hizo?
Cuando, aullando, el viento les perturba el sueño,
por la noche, errantes, como can sin dueño,
las moja la lluvia, las hiere el granizo...

No, porque también la vieja está alerta
y se acuerda de ellas y las quiere bien.
—Venid, pobrecillas, la noche está yerta;
venid a sentaros, que os abro la puerta,
¡calentaos, hijas, en mi hogar, también!

Y la de ojos garzos, pastorcica bella,
va haciendo que el lino por sus dedos pase...
Es trigueño el lino, trigueñica es ella,
"no descanses, huso, que, aunque soy doncella,
¡me he de hacer camisas para cuando case!"

¡Ay, este huso alegre del lino florido,
fue ramo en el tronco, gala de sus galas!
Y vistió de flores al padre arrecido;
y sobre él las aves hicieron su nido,
y sobre él, amando, palpitaron alas.

Huso ¡cómo giras en los dedos breves
placenteramente, tal como en un vuelo!
¿Qué estarás hilando?... ¿qué pañal?... ¿qué nieves?
¿si serán camisas o mortajas leves?
¿cama para bodas, o lienzos de duelo?

Y el labriego, sobre su escaño, sombrío
piensa en la cosecha... ¡Váleme el Señor!...
Si arrecian las lluvias y la arrastra el río,
¿vivirá el rebaño, llegado el estío,
de enjutas retamas que secó el calor?...

¡Lloran vendavales!... ¡pánica tristeza!
Oyese a los bueyes, inquietos, rumiar...
¡Rebulle y se queja la Naturaleza!...
¡cuánta lengua muda que, en silencio, reza
metida en la Noche, sin poder hablar!

Rezongando al fuego, duermen perro y gato...
Almas misteriosas, ¿en qué pensarán?
En un claroscuro borroso, insensato,
¿de haber sido tigre se acordará el gato?
¿de haber sido hiena se acordará el can?

Y las brasas mueren... Y el Castaño expira
y en humo y cenizas y luz se convierte:
luz, humo y cenizas que van a la pira
de energía eterna, que en los orbes gira,
círculo de enigmas centrado en la muerte.

Siempre, siempre, siempre, ceniza, humo y llama,
vivirán, muriendo mientras vivan... ¡siempre!
Nube tormentosa, cáliz que embalsama,
planta, piedra, insecto, pensamiento, lama,
todo lo serán... sin término... ¡siempre!

¿Y el alma?... ¿y las almas?... ¿quién las ha criado?
¿de qué origen su casta esencia emana?...
¡Ah, levanto en vano mi rostro cansado
a los ojos de oro, que en lo azul sagrado,
abren las estrellas sobre el ansia humana!

¡Ah, en vano!... Los astros donde, en sueño, habito,
son también hogueras sobrenaturales
que en la inalterable paz de lo Infinito,
crepitando, expanden su fulgor bendito
y sus alboradas róseas, virginales,

para que, a su entorno, se acojan los mundos,
temblando de frío, yertos de dolor,
miserables monstruos, ciegos, vagabundos,
¡por entre desiertos y abismos profundos,
en un angustioso vértigo de horror!

Y ardan astros de oro o ardan castañeros
en el Infinito o en la choza enana,
queda igual ceniza de los dos braseros,
átomos errantes por los derroteros
de la eternidad amplia y soberana.

Que el mundo, y los mundos todos de la altura,
cual vosotros, viejos, perderán sus luces...
bloques de materia fría, sin verdura,
vagarán por la inmensidad oscura,
¡cementerio de astros que ni aun tiene cruces!...

¿Dormirán?... ¡Oh, nunca!... Van, eternamente,
circulando en la vida universal:
nebulosa líquida, polvareda ardiente,
a ser fango, fango como antiguamente,
con los mismos dramas entre el Bien y el Mal.

Formas de materia que en vano desnudo,
decidme: ¿qué espíritus lleváis encubiertos?
¡Dímelo tú, Muerte, que cortas el nudo!
Pero, no; tú callas, la del labio mudo,
y tan sólo quieres decirlo a los muertos.

Tan sólo a los muertos... Mas la Fe, que cala
con ojos ardientes las cosas oscuras,
a vivos y muertos con su antorcha iguala...
Gusano es el hombre, pero la Fe es ala,
gusano ¡y aún puedes irte a las alturas!...

¡Oh, viejuca santa, la mi buena amiga,
reza tu rosario, reza por los dos!
Si es tu rezo antiguo, no te dé fatiga;
no te importe, vieja, la mi buena amiga,
que oraciones son las lenguas de Dios.

Hay mendigos ciegos de inspiradas frentes,
con visiones de astros dentro de su venda,
que atraviesan ríos y descubren fuentes,
que andan por agrestes y áridas vertientes,
sin caerse nunca, sin errar la senda.

Por los bosques yermos, en la escarcha fría,
cubierta de harapos la figura escueta,
y el bordón al puño, van sin compañía...
¡oh, decid, decidme! ¿qué instinto les guía?
¿qué prodigio oculto, qué mano secreta?

Viejecica blanca, tu oración tan pura,
tu oración tan rancia del sonar cansino,
es como estos ciegos que en la noche oscura,
ni astros necesitan para ver la altura,
ni ojos necesitan para hacer camino.

En el infinito mudo, tu Fe intensa,
temblorosa ciega, del risueño albor,
hela andando, andando, bien como suspensa,
por las soledades de una noche inmensa,
gota de agua, en medio del supremo horror...

Y allí donde el águila, de mirar triunfante
porque empieza el vértigo, retrocede ya,
la divina ciega, vagabunda, errante,
a oscuras, a tientas, espacio adelante,
su ascensión gloriosa prolongando va.

Blanca y pequeñuela, correntona y leve,
echa por abismos donde no halla rastros;
por unas estepas insondables mueve,
y cruza desiertos de mutismo y nieve,
pantanos de brasas, torbellinos de astros...

Y va andando, andando... hasta que, cercada
por una aleluya mística de luz,
detiene sus pasos y con su cayada
da en las puertas de oro de aquella morada,
presbiterio de almas, donde está Jesús.

Sale a abrir un ángel: ella, cuando sale,
se arrodilla para recibirle así...
El ángel le dice: "—Toma, Dios te vale,
y esta palma de astros, cieguecita, dale
a la vieja humilde que te manda aquí..."

Y, ave presurosa que se vuelve al nido,
con el alimento que salió a buscar,
ella, deshaciendo todo el recorrido,
¡oh, santa, color de jaspe bruñido!
la divina ofrenda te viene a entregar.

¡Reza tu rosario, santa lacrimosa!
y entre tus rodillas muélleme posada...
¡Triste de mi alma!... mira ¡qué angustiosa!
¡Úngela de óleos, mano religiosa!
¡Vístela de gracias, cándida mirada!

Rézale muy quedo, rézale clemente,
¡pásale rosarios toda la invernada!
Muerta de fatigas y de fiebre ardiente,
¡déjala que duerma, como antiguamente!
¡que duerma... que sueñe... sin recordar nada!

(E. MARQUINA)

Hablan pocilgas de obreros

Chiquillos flacos, sin abrigo...
pobre el jergón, la ropa leve...
cuarto sin luz, mesa sin trigo...
¿Quién ha llamado a mi postigo?
— ¡La Nieve!

La usura me hurta el bienestar...
Mis deudas chupan, negro enjambre...
¡Qué invierno vil!... ¿no ha de acabar? ...
¿Quién se sentó junto a mi hogar?...
— ¡El Hambre!

Húmedo el piso, y recostado
el niño, duerme en él, ¡señor!
La madre llora... El padre, a un lado...
¿Quién viene allí, tan mal carado?
— ¡El Dolor!

¡Alcohol! ¡Delicia que me abrasa,
amigo fiel de los que gimen!...
¡Beber! ¡beber!... ¡La vida pasa!...
¿Quién ronda, al pie de nuestra casa?
— ¡El Crimen!

Doce años ya; desnuda y sola...
Sin madre... el padre en el oficio.
¡Cuerpo de luna y amapola!
¿qué viento arrastra esta corola?
— ¡El Vicio!

Hambre, dolor, crimen, usura,
y vicio y frío... ¡Horrible suerte!
¡oh, vida negra! ¡oh, vida dura!
¿Quién pondrá fin a esta amargura?
— ¡La Muerte!

(E. MARQUINA)

TOAIAMA MARZAKAZU

(SIGLO XIX—JAPONÉS)

El terremoto

(Fragmento)

Jamás olvidará la mente mía
de la trágica noche los horrores,
y cómo, al estrecharme, en la agonía,
mi madre entre sus brazos salvadores,
alcancé a ver la clara luz del día.

La existencia le debo en doble ofrenda;
mi espíritu nutrió con su palabra;
es de mi amor la más querida prenda...
Aún su recuerdo mi ventura labra.
¡Maldito el labio que su nombre ofenda!

¡Oh, cuántas veces en mi triste vida
en el seno materno encontré amparo!
Mi madre, ante mi riesgo enardecida,
al peligro se expuso sin reparo,
que al maternal amor nada intimida.

Cuando revive negro en mi memoria
el espanto cruel de aquella noche,
vuelvo a ver a mi madre; ¿es ilusoria
la imagen? a mi amor no se reproche;
aun muerta, para mí es propiciatoria.

Si de nuevo la tierra retemblara
y en medio del pavor y la agonía
un hijo sin defensa se encontrara,
de su madre el amor le salvaría...
El ejemplo de miles lo declara.

(CARMELA EULATE SANJURJO)

MOMIN

(SIGLO XIX—INDIA)

Era un día...

Era un día tu amante, ¿lo recuerdas?
    Responde a mi pregunta.
¿Olvidaste que entonces nuestras almas
    aleteaban juntas?
Deja aparte rencores y querellas,
    suspiros y disculpas.
¿Recuerdas tus constantes juramentos,
    de no olvidarme nunca?
La turbación invade tus facciones,
    ¡y mirarme rehúsas!...
Está bien: ya con lágrimas copiosas
    mis pupilas se anublan;
que el corazón despedazado gime,
    y el dolor le subyuga.
¿No valen para ti nada mis lágrimas,
    mi humillación y angustia?
Pocos días pasados desde entonces,
    y cambió mi fortuna;
cambiaron de tus ojos las miradas,
    tu sonrisa se esfuma.
¡Oh, cómo entonces eras buena y dulce!
    Hoy tu desdén me abruma,
¿por qué cambiaste y tu amor se mengua,
    cual la faz de la luna?
Yo lo recuerdo todo con delicia,
    ¡no he de olvidarlo nunca!
Oh las noches de amor, en que en los cielos
    las estrellas fulguran,
y despiertos soñamos embriagados,
    ¡y esta embriaguez es única!
Placeres inefables de las noches,
    a la luz de la luna,
cuando sus rayos pálidos nos dicen
    con elocuencia muda

¡Amaos!... Y ellos son los confidentes
de nuestra igual ternura.
¿Olvidaste ¡oh, mujer! aquellas noches?
Yo nunca ¡nunca, nunca!

(CARMELA EULATE SANJURJO)

RIZA

(SIGLO XIX—INDIA)

Como la mariposa...

Gira mi corazón, en torno de ella,
como la mariposa
de la luz al fulgor;
hay luz en su pupila, que destella,
y al verla tan hermosa
enloquece de amor mi corazón.

¡Corazón que estás loco! ¡su hermosura
te sonríe, serena,
avanzando hacia ti!
¡El dulce néctar del amor apura,
en la copa que plena
desbordará tu ardiente frenesí!

¡Oh, corazón! el goce ya te embriaga,
al sentirla que es tuya,
al creer en su amor...
Todo se desvanece en forma vaga;
y es vano que te arguya
que ha sido, nada más, una ilusión.

Mas consuela, Ilusión, el pecho mío:
No me dejes ahora
despertar de mi dulce frenesí.
Quiero vivir en pleno desvarío,
la realidad traidora
quiero vencer... Soñar es cual vivir.

(CARMELA EULATE SANJURJO)

ABDUL HAK HAAMID BEY

(1851-1937—TURCO)

La vuelta del pasado

La primavera de tu belleza ha pasado, ¡hermosa mía! ¡Oh,
cómo cautivó mi corazón tu hermosura! ¡Oh, que
encantadora eras!
Ven, amiga mía, hagamos revivir nuestro pasado mientras
hablamos.
Todos los que conocimos se han dispersado lejos de nosotros,
y, al fin, henos aquí solos; ¡buenos días, amiga!
Mira, nos parecemos: yo también, no soy más que una
ruina; y heme aquí, caído, al borde del sepulcro.
Si el prosternado, el que adora sucumbe, ¿subsiste el que
es adorado? Si el altar cae en ruinas, ¿subsiste la mezquita?
¿Te acuerdas de nuestra vida de otro tiempo? ¿Te acuerdas
de tus maldades y de cómo me atormentabas?
Al dormir, soñaba contigo; y cuando me despertaba tú
eras aún mi sol.
Corríamos hacia nuestra esperanza: pero el destino nos
detuvo, cual un ladrón de caminos.
Y ahora, te eclipsas; ya no eres tú misma.
Tu aspecto de hoy no corresponde a la imagen tuya grabada
en mi corazón. Tienes la apariencia de una extraña,
pero no lo eres. Ciertamente, eres aquella bella, aquel bello
recuerdo de mi corazón.
Mi pasado está familiarizado contigo; ¡y cuánta gracia
hay todavía en tus rasgos marchitos!
Viendo tus cabellos grises, comprendo que yo también soy
un amor envejecido!
¡Ya nada de zalamerías! Ven a sentarte cerca de mí. No
tenemos tiempo ni de volver sobre el pasado ni de
prevenir el porvenir.
Puesto que la partida está próxima, aprovecha esta ocasión.
No sientas que la luz de tu belleza está apagada:
su majestad subsiste.
¡Dios! ¡Qué cambio veo! ¡No hay ya ni enamorada ni objeto
de amor; no queda más que una fuente y una encina,
como en el solar de las ciudades destruidas!
¡Hermosa mía, también a nosotros nos llega nuestra vez:
nos parecemos a todo el mundo; seguimos a los otros...

No hay que morir antes de haber muerto!
Ha pasado el tiempo de tu encanto: sin embargo, tu forma presente me parece muy bella; ¡oh, esa luna que tiembla entre las nubes grises! ¡Oh, visión graciosa y rara!
Antaño, tú no compartías mi desgracia: ¡ven! Compartamos nuestro destino de hoy.
Un enamorado envejecido y su enamorada de cabellera gris: ¡buenos compañeros de tálamo!

(R. F.)

GUSTAV FALKE

(1853-1891—ALEMÁN)

Rosas tardías

Años y años mecimos el anhelo
de tener un minúsculo jardín,
en donde en una fresca glorieta
morasen unas rosas de carmín.

Ya cubre la glorieta alegre parra;
por vez primera ese jardín verdece;
ya la primera rosa colorada
sus primeros encantos nos ofrece.

¡Mas cuán mustias se encuentran tus mejillas,
y tu mano cuán lenta y cuán cansada!
Si yo te hiciese ahora con las rosas
una gentil guirnalda colorada,

y en tus negros cabellos la pusiera,
mis lágrimas regaran esas rosas
al ver bajo los pétalos brillantes
quejarse dos pupilas silenciosas.

(F. MARISTANY)

Dos

Por sobre el agua, de aquel lado,
me muestras tú una rosa blanca,
yo a ti una oscura desde el mío,
con añoranza...

El río pasa entre nosotros;
tiemblan en él las sombras nuestras,
pero por mucho que se buscan,
¡ay, no se encuentran!

Muere en el viento y en las ondas
nuestro constante balbuceo...
Sólo trocamos nuestros símbolos,
mudos de anhelo...

Entre ambas sombras, suave, pasa,
como un fantasma, un cisne negro
y extrañamente balancea
nuestros reflejos...

(F. MARISTANY)

JAROSLAV VRCHLICKY

(1853-1912—CHECO)

Akmé

Sobre sus muslos, Séptimo tiene a Akmé embriagada;
él siente el pecho de ella agitarse anhelante;
es mediodía; hay en la casa silencio.
En el jardín reseco una cigarra canta.
Turbada, Akmé pregunta qué cosa es el amor.
No hay nadie. El busto de un viejo fauno, sobre
el muro, los vigila con sus ojos de mármol.

Séptimo, suavemente abre el corpiño a Akmé:
mira el pecho inocente—tórtolas en su nido:
Akmé vacila, tiembla de tímidos rubores.
Las alas de las tórtolas se sonrojan también.

Akmé, de nuevo, inquiere qué cosa es el amor.
Ante esta escena, el busto del fauno sobre el muro,
soñador, conmovido, comienza a verter lágrimas.

Silencio. El rumor de los besos se levanta,
torbellino de pétalos de rosas en el viento;
una flauta se escucha, lejos, entre las rocas;
corre el agua en el pórfido de la fuente, tranquila.
Akmé ya no pregunta qué cosa es el amor.
Y el fauno, sobre el muro, al sol de mediodía
rompe a reír con una risa estremecedora.

STEPHAN G. STEPHANSSON

(1853-1927—ISLANDÉS)

El arte

El arte es como un trabajo
de afinar poco a poco,
e ir sutilizando más,
hasta la máxima sutileza.

(PONZANELLI)

JEAN-ARTHUR RIMBAUD

(1854-1891—FRANCÉS)

El barco ebrio

Cuando iba descendiendo por los ríos impasibles
sentí que no me guiaban ya más los sirgadores:
pieles rojas salvajes, tomándolos de blanco,
en postes de colores los clavaron desnudos.

Ya no me preocupaba de las tripulaciones,
de los trigos de Flandes o el algodón inglés.
Lejos los sirgadores y el tumulto acallado,
los ríos me dejaron bogar a mi placer.

En el chapotear furioso de las aguas,
corrí feliz, más sordo que el cerebro de un niño;
penínsulas ardientes, ya rotas las amarras,
no conocieron nunca confusión tan triunfal.

La tempestad bendijo mis vigilias marítimas.
Ligero cual un corcho dancé sobre las olas;
olas arrolladoras incesantes de víctimas,
diez noches sin nostalgia de faros ni de puertos.

Más dulce que a los niños las manzanas silvestres,
el agua verde entró en mi casco de abeto,
lavándome las manchas de vino azul y vómitos
dispersando a la vez mi ancla y mi timón.

Y desde entonces pude bañarme en el poema
lactescente del mar penetrado de astros,
bebiendo el verde azur entre pálidas ondas
por donde, pensativo, un ahogado desciende.

Y en que, tiñendo el piélago azul, siento delirios
y lentos ritmos bajo el rutilar del día,
más fuertes que el alcohol, más vastos que las liras,
incubando las rosas amargas del amor.

Vi los cielos estallando en relámpagos; trombas
resacas y corrientes. Y conocí la noche,
y el alba ardiente cual un pueblo de palomas.
Y vi a veces aquello que el hombre ha creído ver.

Vi el sol crepuscular teñido de horror místico,
iluminando extensa constelación violeta,
y a las olas rodar su temblor de nenúfares,
como viejos actores de dramas muy antiguos.

Soñé la verde noche de nieves deslumbradas;
besos que ascienden lentos a los ojos del mar,
y la circulación de savias inauditas,
y el alerta, azul y oro, del fósforo cantor.

Seguí, meses enteros, al poderoso oleaje
en incesante asalto de los acantilados,

sin pensar que los pies claros de las Marías
pudiesen embridar el jadeante océano.

    He encontrado, ¿sabéis?, increíbles Floridas,
donde florecen ojos de panteras con piel
humana; y arcoíris tendidos como bridas
enlazando a los verdes rebaños bajo el mar.

    He visto fermentar ciénagas, grandes redes,
y en sus juncos amargos pudrirse un Leviatán;
aguas que se desploman sorprendiendo bonanzas
y cayendo ruidosas en abismos sin luz.

    Soles de plata, olas de nácar, rojos cielos
y horribles varaderos al fondo de los golfos
oscuros donde enormes serpientes, devoradas
de chinches, caen de árboles, entre negros perfumes.

    Habría sido feliz enseñando a los niños
aquellos peces de oro, cantores en lo azul.
Las floridas espumas bendijeron mis fugas,
y en sus alas me alzaron los vientos inefables.

    Mártir, al fin, cansado de polos y de zonas,
el mar, cuyo sollozo me era un dulce vaivén,
subía hasta mí sus flores oscuras y amarillas
que llenaban mi pálido seno de mujer.

    Yo entonces sacudía en mis bordes querellas
y excrementos de pájaros parleros de ojos claros,
y de nuevo al bogar, a través de mis cuerdas,
los ahogados bajaban lentamente a soñar...

    Mas yo, bajel perdido en maraña de redes,
lanzado por la tromba en el éter sin pájaro,
yo cuyos Monitores y veleros del Hansa
no hubieran puesto a flote mi casco ebrio de mar;

    libre, humeante, hendido por las brumas violetas,
yo que horadaba el cielo rojizo como un muro,
que llevo a los poetas, cual delicado postre,
muermos de verde-mar y líquenes de sol;

que corría teñido de lúnulas eléctricas,
tabla loca, escoltado de negros hipocampos,
cuando julios hacían hundirse a grandes golpes
cielos ultramarinos de vórtices ardientes;

yo que temblaba oyendo gemir lejanamente
el viscoso deseo de Behemots y Maelstroms,
eterno surcador del inmóvil azul,
recuerdo aquella Europa de viejos parapetos.

He visto siderales archipiélagos, islas
de cielos delirantes libres para bogar;
¿acaso en esas noches duermes y te destierras,
millón de aves de oro, oh futuro Vigor?

Mas he llorado mucho. El alba es dolorosa,
toda luna es cruel, y amargo todo sol.
El acre amor dejome una dulce pereza.
¡Ah, que estalle mi quilla y yo salga a la mar!

Si hoy sueño con las aguas de Europa, es aquel charco
oscuro y frío en donde, al temblor del crepúsculo,
un niño dulcemente, con tristeza, abandona,
frágil cual mariposa, su barco de papel.

No puedo ya, bañado por tantas olas lánguidas,
desvanecer la estela de otros barcos en flor,
ni cruzar el orgullo de banderas y llamas,
ni nadar bajo el ojo horrible del pontón.

(VICENTE GAOS)

El durmiente del valle

Un hueco verde, un hilo cantarín de agua clara
que andrajos argentinos entre la hierba prende
loco: en ellos el sol del monte altivo esplende;
y es como un vallecillo que rayos espumara.

Un soldado reposa, boquiabierto, desnuda
la cabeza, entre berros azules extendido;
muy pálido, en la hierba mojada se ha dormido
y la luz llueve sobre su verde lecho, cruda.

Entre las espadañas tiene los pies. Risueño,
como enfermizo infante, duerme plácido sueño.
¡Naturaleza, mécele con calor! Está helado.

Su nariz el perfume de los campos no aspira.
Con la mano en el pecho, duerme al sol. No respira.
Tiene dos agujeros rojos en un costado.

(E. DÍEZ-CANEDO)

Vocales

A negra, E blanca, I roja, U verde, O azul, vocales,
he de decir algún día vuestras alcurnias latentes.
A, negro corcel velludo de moscas resplandecientes
que zumban en derredor de fetideces brutales,

golfo de sombra; E candor de vapores y de tiendas,
temblor de umbela, rey blanco, lanza de hielos altivos;
I, púrpura, esputo, sangre, reír de unos labios vivos
de cóleras o embriagados de penitentes enmiendas;

U, ciclos, vibrar divino de mares verduzcos, paz
de las dehesas sembradas de reses, ruga tenaz
que la alquimia en la amplia frente pone a los meditabundos;

O, clarín sumo, estridente suscitador de despojos,
silencios atravesados por Serafines y Mundos;
¡O, la Omega, el puro rayo violeta de sus ojos!

(E. DÍEZ-CANEDO)

LAURENT TAILHADE

(1854-1919—FRANCÉS)

Balada añeja de la consolación otoñal

Tú lo conoces, mi antigua adorada,
el parque altivo sembrado de oro
donde al ocaso la luz encalmada

iba incendiando el agreste decoro;
triste y nostálgico el cuerno sonoro
la hora de otoño, las líneas graciosas
que con el Sena y la luz se perdían;
y esos perfumes de musgo y las cosas
que al despedirnos lejanas subían...
Y ella clamó: "No lloréis por las rosas".

Rosa de mayo que otoño ha secado,
¿dónde tu olor respirar hoy podría?
Bajo los pinos su acorde han cesado
gaita, laúd, violín, chirimía.
Ya al viento helado la parra pendía.
Viejo Aquilón: por las selvas umbrosas
como un imbécil Geronte murmuras;
y despeinando las Hyadas morosas
cubren las nieblas las puras alturas.
Y ella clamó: "No lloréis por las rosas".

Lamia furiosa, el Tiempo inclemente
de almas amantes arruina el tesoro;
ni, con belleza ni honor, reverente.
Viene Casandro y reemplaza a Lindero.
¡Thermidor, tiempo ferviente y sonoro!
¡Adiós, Liñones, Citeres, Formosas!
La roja viña se fue vendimiando.
Mientras rezonga el Recuerdo unas glosas
sus camafeos de azul va miniando.
Y ella clamó: "No lloréis por las rosas".

Envío

Príncipe: cuando sus alas sedosas
abran vampiros y cuervos de cuyos
vuelos salpican neurosis brumosas,
vuelve al abril de sus ojos los tuyos.
Y ella clamó: "No lloréis por las rosas".

(FERNANDO FORTÚN)

GEORGES RODENBACH

(1855-1898—BELGA)

Cuando se vuelve a casa...

Cuando se vuelve a casa de la calle, cansado,
en un final de otoño, mientras lánguidamente
va muriendo la tarde en un gris azulado,
el cuarto nos acoge lo mismo que a un ausente.

Un ausente querido que tardó en regresar,
cuyo rostro adorado el espejo guardaba...
¡Oh, cuarto abandonado que nos supo esperar
aunque al verse tan solo de tristeza lloraba!

Mas para el hijo pródigo que pisa sus umbrales
sólo tiene caricias y olvida sus enojos.
La noche que ha nacido es un niño en pañales
y al encender las lámparas parece abrir los ojos.

Con un gesto amistoso el cuarto nos invita
a entrar, sin reprocharnos la inútil escapada,
y las tristes cortinas que un leve viento agita
parecen alegrarse al ver nuestra llegada.

La imagen del ausente que en el espejo brota
es como un gran retrato en su marco dorado,
en el cual con asombro el fugitivo nota
alguna nueva arruga, algún gesto olvidado.

Su identidad real descubre en el reflejo
el ausente y su rostro a la deriva toma
el aspecto de un cuadro de antaño. ¡Es el espejo
un retrato al pastel que tras el vidrio asoma!

(CARLOS R. DE DAMPIERRE)

El espejo es el alma...

El espejo es el alma gemela de la alcoba.
Es su amor: contemplándose en él ella se arroba,
pues todo allí refléjase en callado himeneo:

el baúl, la estatuilla, el antiguo trofeo.
El amor... por ventura, ¿no es verse acompañado
y en un "yo" más hermoso sentirse duplicado?
La alcoba se duplica al fondo del espejo
con recuerdos de ensueño y juventud. Lo viejo
renace... mas las cosas, en su marco dorado
dijérase que sufren con la vida inactiva:
el espejo, egoísta, las guarda enamorado,
como en un retroceso de existencia cautiva.

El amor del espejo, profundo y absorbente,
de infinito ensombrece la alcoba, que vacila
cuando llega la noche, pues comprende, intranquila,
que el espejo su imagen no encierra íntegramente.

(MAX HENRIQUEZ UREÑA)

VITTORIA AGANOOR

(1855-1910—ITALIANA)

Madre, ¿eres tú?...

Si paso absorta en un ensueño vano
por la senda del mundo y no descubre
las escondidas zarzas mi pupila,
madre, ¿eres tú que surges del lejano
cementerio y dícesme: Vigila?

Si sedienta de olvido viendo frutos
llenos de hechizo, de saber no trato
si sueño o muerte el tósigo dispensa,
madre, ¿eres tú que en tono de mandato
severamente me amonestas: Piensa?

Si, por la cuesta, de improviso siento
que desmayo y que mi última esperanza,
que mi último sostén, también se pliega,
¿es tuyo, madre, aquel ansioso acento
que a mi alma decaída dice: Ruega?

(F. MARISTANY)

GIOVANNI PASCOLI

(1855-1912—ITALIANO)

Huérfano

Lenta la nieve, cae, cae, cae...
Se oye un mecer de cuna acompasado;
con el dedo en la boca llora un nene;
una pálida anciana está a su lado.
"En torno de la cuna hay rosas, lirios,
todo un jardín", le canta soñolienta.
En el jardín el niño se adormece;
la nieve cae lenta, lenta, lenta...

Fides

Cuando era el triste ocaso de carmín
y el ciprés de oro fino parecía,
la madre a su pequeño le decía:
"Así existe allá arriba un gran jardín".
Mientras el niño sueña en ramas de oro,
florestas de oro y árboles de oro,
gime en brazos del loco vendaval
el ciprés en la noche funeral.

Con los ángeles

Habían florecido ya las lilas;
ella cosía su hábito de esposa;
las flores siderales aún se abrían
y aún no estaba cerrada la mimosa.
Cuando de pronto, ¡oh, negras golondrinas!
ella rio. ¿Con quién o de qué cosa?
Reía con los ángeles, reía
con las nubes aquellas, oro y rosa.

Mar

Me asomo a la ventana y veo el mar;
corren los astros, álzanse las olas;
pasar ondas y estrellas miro a solas...
Llama un ansia, responde un palpitar...

Suspira el agua y aletea el viento;
se hace en el mar un puente de albo argento;
puente en las claras aguas suspendido,
¿do llevas? ¿Para quién te han construido?

Medianoche

Ocho, nueve... otro más..—y corre lenta
la hora—y otro... y otro... Un can que ladra...
No sé en qué torre un búho que se queja...

Medianoche. Un son doble de pisadas
que se pierde... Por sendas muy remotas
un carro que, de súbito, se para...

Todo cerrado. Nada tiene forma,
ni vida, ni color. Tan sólo brilla
en la ciudad que duerme descuidada,
una ventana como una pupila.

(F. MARISTANY)

ÉMILE VERHAEREN

(1855-1916—BELGA)

El esfuerzo

Grupos de trabajadores, febriles y jadeantes,
que a lo largo de los tiempos, pasando, os alzáis gigantes,
llevando en la frente el sueño de las útiles victorias;
torsos cuadrados y duros, firmes y fuertes presencias,
marchas, avances, retrasos, esfuerzos y violencias,
¡qué líneas fieras y ufanas de intrepidez y de gloria
trágicamente inscribís vosotros en mi memoria!

Mocetones de los rubios países, los conductores
de los troncos y los carros pesados y trepidantes;
de los bosques olorosos los bermejos leñadores,
y tú, labrador antiguo de los pueblos albicantes,
que no amas sino los campos y sus caminos livianos,
y que arrojas la semilla con la amplitud de tus manos,

primero al aire, ante ti y hacia la luz, donde yerra
porque en ella viva un poco antes de caer a tierra;

    y vosotros, marineros, que al mar emprendéis los viajes
bajo las altas estrellas, las noches, con simples cánticos,
las noches, cuando las velas hinchan los vientos atlánticos
con los mástiles vibrando y el albor de los cordajes;
vosotros, descargadores, que en los anchos hombros, solos
vais cargando y descargando en los muelles los navíos.
que se alejan y se alejan bajo los soles bravíos
y desdeñando las olas hasta el confín de los polos;

    y vosotros, buscadores de alucinantes metales
en las llanuras de hielo y en las nieves boreales,
allá en los países blancos, cuyos frutos invernales
os hacen un cepo inmenso que bruscamente os encierra;
y vosotros, los mineros que camináis bajo tierra
arrastrando vuestros cuerpos, la lámpara entre los dientes,
hasta el carbón que en las vetas estrechas e inconsistentes
cede a vuestro solitario y oscuro esfuerzo de guerra;

    y batidores de hierro y forjadores de aceros,
rostros de tinta y de oro, la sombra agujereando,
y musculosas espaldas contrayendo y dilatando,
en torno a los grandes yunques y a los enormes braseros;
laminadores oscuros de unas obras eternales,
fin que va de siglo en siglo creciendo siempre más vasto,
sobre los pueblos de horror, de miserias y de fasto,
¡yo os siento en mi corazón potentes y fraternales!

    ¡Oh, esa bárbara labor, áspera, tenaz, austera,
que en los llanos, en los mares, en el fondo de los montes,
remachando las cadenas y sus nudos por doquiera,
de uno a otro confín del mundo juntando los horizontes!
¡Oh, la audacia de los gestos en sombra o en claridad!
Esas manos siempre ardientes; los brazos nunca reacios,
esas manos y esos brazos que a través de los espacios
se juntan para sellar la domada inmensidad
con la marca del abrazo y del poderío humanos,
creando de nuevo los montes y los mares y los llanos,
    según otra voluntad!...

(FERNANDO FORTÚN)

Me dijiste palabras...

Me dijiste palabras, una tarde, tan bellas,
que inclinándose a ti y a mí las florecillas,
sintieron por nosotros cariño, y una de ellas,
queriéndonos tocar, nos cayó en las rodillas.

Nuestros años, decías, en tiempo ya vecino,
frutos harto en sazón, se dejarán coger;
nos llamará la súbita campana del destino;
se cambiará el amor con el envejecer.

Me enlazaba tu voz como un abrazo, ardía
tu corazón tranquilo, con tan clara hermosura,
que hubiera visto, impávido, abrirse en aquel día
la senda tortuosa que va a la sepultura.

(E. DÍEZ-CANEDO)

OSCAR WILDE

(1856-1900—IRLANDÉS)

Semana Santa en Génova

Vago por el lejano retiro de Scoglietto.
La naranjas cubiertas de escarcha al alba fría
queman cual áureas lámparas avergonzando al día.
Sacuden unos pájaros con su volar inquieto

la nieve de las flores. Destellan a mis pies
los húmedos narcisos cual rica pedrería.
Las suaves olas curvas, que rayan la bahía,
ríen al sol. La vida, Señor, ¡cuán bella es!...

La voz de un joven clérigo llega hasta mí, sonora:
"Ya el hijo de María ha muerto. Ven y llena
de flores perfumadas la tumba de Jesús."

¡Oh Dios mío! ¡Dios mío!, esa helénica hora
¡de qué modo me había hecho olvidar tu pena:
los Soldados, las Lanzas, la Corona y la Cruz!

(F. MARISTANY)

El artista

  Ardió en su alma, una noche, el deseo vehemente
de perpetuar tu imagen, placer que solamente
por un instante dura, y fuese por el Mundo
a conseguir el bronce para sus esculturas.

  Y era el bronce la única obsesión de su mente.
Mas en el mundo había desparecido el bronce:
en la extensión del Mundo se erguía únicamente
el bronce de una estatua:
la del dolor que dura eternamente.

  Esa estatua, obra suya, púsola con sus manos,
en días ya lejanos,
en la tumba del único ser que adoró en la vida...
En la tumba desierta de la muerta criatura
que amara con pasión enloquecida
levantó la figura dolorida
como alma de su alma, como eterna señal
del Amor de los Hombres que perdura,
y como vivo símbolo
del Dolor de los Hombres que para siempre dura.
Y en la extensión del Mundo
no había ya más bronce
que el de aquella escultura.

  Arrancola el Artista del sarcófago, y luego,
sobre la enorme boca de un horno incandescente
viola fundirse, al ósculo devorador del fuego.
Y con el bronce mudo
del *dolor que perdura eternamente*
modeló de otra estatua la figura:
la estatua del placer que sólo dura
un instante.

(GUILLERMO VALENCIA)

Requiescat

Pasad ligeros: bajo la nieve
    muy cerca está dormida,
y hablad quedito, porque oye cómo
    crecen las margaritas.

Su cabellera de oro luciente
    manchada está de moho;
la que fue un día joven y hermosa
    se ha convertido en polvo.

La niña blanca, nieve, azucena,
    casi no tuvo tiempo
para sentirse mujer: tan suave-
    mente creció su cuerpo.

Féretro angosto, losa maciza
    sobre su pecho tiene.
Sufre mi triste corazón, solo,
    mas ella duerme... duerme.

¡Paz y silencio!... Sonetos, liras,
    no han de llegar a ella.
Toda mi vida sepulta dejo:
    cubridla bien de tierra.

JEAN MORÉAS

(1856-1910—FRANCÉS, NACIDO EN ATENAS)

Habla una muchacha

Me ha dicho el hinojo:—Es tu esclavo:
con tanta locura te ama.
Prepárate a verle muy presto
—¡Oh, hinojo que a todos adulas!
¡Dios tenga piedad de mi alma!

Me ha dicho la fiel bellorita:
—En vano tu fe le consagras.

Soldado curtido es su pecho.
—¡Qué tarde hablas tú, bellorita!
¡Dios tenga piedad de mi alma!

La salvia me habló:—No le esperes,
en otro regazo descansa...
—¡Oh, salvia tristísima... quiero
mis trenzas ornar con tus tallos.
¡Dios tenga piedad de mi alma!

(E. DÍEZ-CANEDO)

Estancias

Nubes, que de luz bella rodeadas pasáis
encima de estos campos de trigo joven llenos,
que en la monotonía del cielo semejáis
veleras naves, blancas en los mares serenos,

que pronto iréis muy bajas con el hosco y reacio
rostro de una tormenta que tanta paz destroce,
mi corazón os sigue, corceles del espacio:
se parece a vosotras y nadie le conoce.

(E. DÍEZ-CANEDO)

Cuando al volver otoño cubran las hojas muertas
el estanque sombrío del molino arruinado,
y el viento llene el vano bostezo de las puertas,
y el hueco inútil donde las muelas han girado,

desde uno de estos poyos que descanso me ofrecen,
cabe el muro de hiedra bermeja entretejido,
veré cómo en el agua glacial se desvanecen
la imagen de mi cuerpo y el sol descolorido.

(E. DÍEZ-CANEDO)

Me comparo a los muertos, al oscuro horizonte,
    a la fuente callada,
a la marchita flor, a la hoja podrida
    sobre una hierba pálida,

al árbol que, en un bosque sin verdor, se derriba
para tallar un féretro,
a la bruma invernal... a la Naturaleza
de nostalgia y de duelo.

¿Pero no soy más bien igual al Océano,
que, floreciendo siempre,
deja pasar el vuelo del tiempo, y en la arena
espumea, gimiente?

(JUAN RAMÓN JIMÉNEZ)

Sólo los muertos me oyen; habito los sepulcros;
de mí mismo he de ser el enemigo eterno.
Para el cuervo es mi grano, del ingrato mi gloria;
sin llegar nunca a las cosechas, labro y siembro.

No me he de lamentar: ¿qué importa el Alquilón,
el oprobio, el desprecio, el rostro de la injuria,
pues que cuando te pulso, lira de Apolo, tú
me respondes más sabia, cada vez, y más pura?

(JUAN RAMÓN JIMÉNEZ)

HERMAN BANG

(1857-1912—DANÉS)

Hay días...

Hay días
en que calla hasta el dolor,
y el alma se encuentra
en medio del gran vacío,
sola,
semejante a una araña
y teje el vacío.

(PONZANELLI)

ALBERT SAMAIN

(1858-1900—FRANCÉS)

La Infanta

Mi alma es una infanta, de corte ataviada;
su exilio se refleja, sempiterno y real,
en las lunas desiertas de un vetusto Escorial,
como añosa galera que se olvidó en la rada.

Al pie de su sitial, nobles, largos, atentos,
dos lebreles de Escocia, con ojos melancólicos,
a un signo cazarán animales simbólicos
del bosque de los Sueños y los Encantamientos.

Su paje favorito, por nombre Antaño, allí
va leyéndole versos de magia en voz discreta,
y con un tulipán ella en las manos, quieta,
siente el misterio rítmico morir dentro de sí.

En torno el parque tiende frondas, mármoles regios,
estanques verdinosos, rampas de balaustres,
y ella se embriaga, seria, de los sueños ilustres,
que nos hurtan los lueñes horizontes egregios.

Y allí está, resignada, sin sorpresas, sumisa,
consciente de que todo, si se lucha, es fatal,
sintiéndose con cierto leve desdén natal,
sensible a la piedad como el mar a la brisa.

Y allí está resignada, sumisa, entre gemidos,
más triste al ver, en medio de su visión interna,
cualquier Armada, náufraga de la mentira eterna,
tantos bellos augurios bajo la mar dormidos.

En las tardes purpúreas, graves, con su misterio,
retratos de Van Dyck, de largos dedos puros,
pálidos, enlutados, sobre los áureos muros,
con su prestancia fúnebre sueños le dan de imperio.

Y ante los espejismos de oro la fuga emprende
su duelo; en las visiones que ahuyentan a su hastío

de pronto—gloria o sol—luce un rayo tardío
y entonces el rubí de su altivez se enciende.

Pero la fiebre aplaca con su sonrisa triste;
temerosa del férreo tumulto popular
oye el son de la vida—lejana—como el mar...
y el secreto en sus labios, más profundo persiste.

Nada estremece el pálido lago de sus pupilas,
que velan el Espíritu de las Ciudades muertas,
y en salas donde giran sin un rumor las puertas
vaga, y sueña palabras misteriosas, tranquilas.

El surtidor, allá, forma inútil cascada;
y ella, pálida, mira por la ventana; viejos
la copian—con el raro tulipán—los espejos,
como añosa galera que se olvidó en la rada.

Mi alma es una infanta de corte ataviada.

(E. DÍEZ-CANEDO)

Myrtilo y Palemona

Myrtilo y Palemona, los niños preferidos
por los pastores, juegan en los prados floridos
y ante sus correrías y ante sus arrebatos
huye toda la fila solemne de los patos.
Como gana Myrtilo el laurel en el juego,
a Palemona estrecha en sus brazos de fuego.
Pero tiembla al sentir tras la tela escondidas
palpitar unas cálidas formas desconocidas.
Y como un dulce fruto entre sus dedos rudos
brotan bellos y núbiles los dos senos desnudos.
Cesa el juego; su pecho un gran misterio siente
y acaricia, acaricia los senos dulcemente.

(PEDRO SALINAS)

Anochecer

El Serafín del véspero pasa junto a las flores...
La dama de los sueños en el órgano canta,
y el cielo, en que la tarde se afila y se adelanta,
prolonga su exquisito fenecer de colores.

El Serafín del véspero los corazones roza...
Las vírgenes apuran el amor de las brisas,
sobre flores y sobre vírgenes indecisas
palidez adorable, tarda, en nevar se goza.

La rosa, en el jardín, lenta y cansada, expira,
y una pena incurable parece que suspira
de Schumann el espíritu que por el aire vaga...

Tenue, quizá de un niño la existencia se apaga...
Alma, un registro pon en el libro de horas:
a recoger va el Ángel el ensueño que lloras.

(MARÍA LUISA GONZÁLEZ)

FRANCIS THOMPSON

(1859-1907—INGLÉS)

El lebrel del Cielo

Le huí por los senderos de la noche y el día,
le huí bajo los arcos de los años,
le huí por los caminos laberínticos
de mi mente, y la bruma del llanto
me ocultaba a sus ojos, o el fluir de la risa.
Corrí en las esperanzas de las cumbres
y veloz me lanzaba
por umbrías titánicas de miedos como simas,
de aquellos Pies vigorosos huyendo.
Mas sin prisa, a mi zaga,
con su paso seguro,
con tranquilo avanzar y augusta urgencia,
el suelo hollaban—y una Voz se oía,
con más urgencia aún que aquellos pasos:
"Las cosas te traicionan, por desleal conmigo".

Supliqué, al modo de un proscrito,
ante las celosías del corazón, que tienen
encarnadas cortinas y enrejado de amores,
(pues harto bien sabía que Amor me iba siguiendo,
pero me daba miedo
tenerle a él y abandonarlo todo);
mas si alguna ventana menuda se me abría,
cerrábala con furia el viento de su paso:
más que el miedo el Amor era raudo.
En mi fuga crucé los linderos del mundo
y turbé los dorados quicios de los luceros,
y en sus puertas di fuerte, para pedir cobijo;
desperté con rumores dulces, con parloteo
argentino, los puertos pálidos de la luna.
Dije al alba: "Ven pronto"; y al ocaso: "No tardes;
sepúltame con flores de tu cielo lozano
para que ese terrible Amante no me vea.
¡Con tu velo apagado ocúltame a sus ojos!"
Tenté a sus servidores, y hallé sólo
mi propia traición en su constancia,
en la fe puesta en Él, deslealtad conmigo,

fidelidad traidora y fiel engaño.
A las cosas veloces pedí que me llevaran,
las sibilantes crines aferré de los vientos:
pero, ya navegaran como apacible flota
por las largas llanuras azuladas,
ya, guiados del trueno,
arrastraran su carro sonoro hacia los cielos,
con borbotar de rayos donde sus pies se hincaban,
más que el miedo el Amor era raudo.
Persiguiendo, sin prisa,
con su paso seguro,
con tranquilo avanzar y augusta urgencia,
en pos de mí los pies seguían
y escuchose una Voz, más recia que los pasos:
"No quieres cobijarme y nada te cobija".

    Yo no soñé encontrar lo que andaba buscando
en el rostro del hombre o la doncella;
pero acaso los ojos de los niños
una respuesta guarden:
¡ellos, ellos siquiera han de serme leales!
Y muy ansiosamente, me dirigí hacia ellos;
pero cuando sus ojos tiernos ya embellecían
albores de respuestas,
cogidos del cabello, me los quitaba un ángel.
"Venid, pues—dije entonces—vosotros, los nacidos
de la Naturaleza, y vuestra delicada
compañía comparta, y os salude con besos
y entre vuestras caricias me confunda,
jugando con las trenzas
errantes de quien es madre y señora,
celebrando festines
con ella, en su palacio con murallas de viento,
bajo su palio azul,
apurando, con vuestro gesto limpio,
un cáliz donde lucen
lágrimas recogidas en la fuente del día".
Tal hicimos: me uní
a aquella compañía delicada;
poseí los secretos de la Naturaleza.
Supe todos los rápidos sentidos
que refleja la faz obstinada del cielo;
supe cómo las nubes se levantan,

tal la espuma, si el mar da salvajes bufidos;
con cuanto nace o muere
me levanté y hundí; lo convertía todo
en fuente de mi humor, quejumbroso o divino:
me alegré con las cosas y me abatí con ellas.

    Pesaba en mí el crepúsculo
cuando encendía cirios temblorosos
en torno a las difuntas santidades del día.
Me reí ante los ojos de la aurora.
Triunfé o me entristecí con el mudar del tiempo.
El cielo y yo lloramos juntos, y entre sus lágrimas
dulces puso mi llanto mortal sus amarguras.
Con tu rojo latir, corazón del poniente,
mezclé yo mi latido;
confundí con los tuyos mis ardores;
pero tampoco aquello venció mi cuita humana.
Era en vano mi llanto en las mejillas grises
del cielo. ¡Ah! No sabía conversar con las cosas,
pues con sonido hablo
y ellas sólo se mueven y su hablar es silencio.
Natura, pobre ama, mi sed no apagaría;
ni por suyo me quiere,
sin el velo lejano y florido del cielo,
que me muestre sus senos de ternura:
jamás su leche trajo bendiciones
a mi boca sedienta.
Pero aquel perseguir más y más se acercaba,
con su paso seguro,
con tranquilo avanzar y augusta urgencia,
y más veloz que aquellos pies sonoros
una Voz me llegaba:
"No quieres contentarme y nada te contenta".

    Desnudo, espero el golpe de tu amor que amenaza.
Pieza a pieza quebraste mi armadura
y me abatiste, haciendo que hincara la rodilla:
indefenso del todo, aquí me tienes.
Acaso me durmiera y, al despertar, mirando,
poco a poco, me hallé despojado en el sueño.
Con la loca pujanza de mi tiempo florido,
sacudí las columnas de las horas, y encima
me eché la propia vida. Con mancillado cuerpo

me levanto entre un polvo de años amontonados:
murió mi juventud maltrecha en sus ruinas.
Se quebraron mis días y trocáronse en humo,
se hincharon y estallaron, cual burbujas de arroyo.
También, ¡ay!, le es infiel el sueño, ahora,
al soñador, y al músico el laúd se le niega;
también las fantasías, cuya trenza florida
a mi muñeca atara, como un joyel, la Tierra,
ceden ya, que en exceso débil es su trenzado
para la Tierra, tan cargada de amarguras.

   ¡Ah! Tu amor ¿no sería
una hierba, tal vez como el mismo amaranto,
que nunca quiere en torno más flores que las suyas?
¡Ah! ¿Querrás que se torne
—¡Dibujante infinito!—
negro carbón la rama, para trazar con ella?
Mi frescor, en incierta lluvia, perdí en el polvo
y ya es mi corazón una fuente quebrada
donde se estancan lágrimas, para siempre esparcidas
de húmedos pensamientos, que se posan, temblando
de frío, en los dolientes ramajes de mi mente.
Eso, hoy; ¿y mañana?
Si es amarga la pulpa, ¿cómo será el hollejo?
Vagamente adivino lo que entre niebla oculta
el Tiempo; pero, a veces, un clarín ya resuena
en las almenas de la Eternidad; las brumas
un momento se agitan, y de nuevo se lanzan,
lentamente, hacia aquellos velados torreones.
Al que llama, hasta ahora
nunca vi, revestido con ropajes
sombríos y purpúreos, de ciprés coronado;
pero su nombre sé, conozco sus clarines.
Si el corazón del hombre y la vida tus mieses
te dan, ¿siempre Tus campos
por abono requieren la muerte corrompida?

   Ya de aquel largo acoso
los rumores se acercan.
Me rodea esa Voz como una mar bravía:
"¿Está, pues, tan maltrecha
tu tierra, sólo añicos?
¡Ay! ¡Las cosas te huyen, ya que de Mí te apartas!

¡Oh lamentable ser, extraño y fútil!
¿Por qué alguno a ti solo ha de quererte?
Si solo Yo de nada sé crear—me decía—
y humano amor un mérito requiere,
¿qué mérito obtuviste,
tú, el más turbio terrón del limo humano?
¡Ay, no sabes cuán poco
digno de amor te muestras!
¡Ser deleznable! ¿Quién,
sino Yo, te amaría?
Cuanto te arrebaté no me lo quedé nunca
por tu daño: quería
sólo que lo buscaras en Mis brazos.
Todo lo que, en tu error de niño, consideras
perdido, para ti en el hogar se oculta:
¡Levántate, estrecha Mi mano y ven conmigo!"
Y junto a mí aquel paso se detiene:
¿será, al fin, mi penumbra
la sombra de Su mano tendida dulcemente?
"¡Ah, el más loco, el más ciego y el más flaco!
Soy Quien andas buscando.
Al apartarme a Mí, sólo al amor alejas."

(MARIANO MANENT)

GUSTAVE KHAN

(1859-1936—FRANCÉS)

Lied

Éramos tres caballeros
Al pasar el puente decía el primero:
qué pálida, hermosa y serena la linfa del río.
      Y entre las cañas se quedó dormido.

Esta canción—dijo el segundo—
sones milagrosos lleva en su murmurio:
qué pálida, hermosa y serena la dulce canción.
      Y al borde del camino se durmió.

Y el tercero, en un recodo de la senda,
vio una sombra tan clara como ingente azucena.
      Picó espuelas en la ruta de la sombra:
qué pálida, hermosa y serena la ingente azucena.
      Y se durmió a los besos de la sombra.

(E. DÍEZ-CANEDO)

ALBERTO D'OLIVEIRA

(1859-1937—PORTUGUÉS)

El entierro del poeta

Van al Poeta a enterrar.
(¡Ay, Virgen de los Dolores!)
Ved a las mozas llorar,
cubrir su ataúd de flores.

Era trigueño, galán,
    estaba en Derecho...
(¡Las mozas del pueblo van
llorando en llanto deshecho!)

¡Era fino de maneras,
    tan gracioso y llano!
¡Los versos de las hogueras
los escribía su mano!

Y al cielo se nos marchó
    casi en un instante,
de una fiebre que le dio
tan guapo, aquel estudiante...

Todos notan ya su falta,
    ¡ay, Santa Señora!
¡Llorad, guitarras de la Alta;
viudas estáis desde ahora!

Por las cuestas del Penedo,
    la luna al brillar,
los olivares dan miedo,
no para el perro de aullar.

¡Huyeron paz y sosiego,
    nos dejó la vida!
Hasta se vio del Montego
la corriente detenida...

Ya el son de los rezos baja.
(¡Sepulcro, tuyo va a ser!)
Antes de cerrar la caja
las chicas le quieren ver.

Cúbrenle de margaritas
y adiós le dicen, parlantes,
con pañuelos las mocitas,
con capas los estudiantes...

Echan rosas en manojos...
Las almas se van detrás
de aquellos bonitos ojos
que no han de ver nunca más.

De aquel mirar hechicero,
    aurora boreal
que apaga el sepulturero
con paletadas de cal...

El humo del incensario
sube; una voz dice así:
—¡Hazte un nudo en el sudario,
no nos olvides allí!

Cierran la caja. Y un ave
    (¿disfraz de una estrella?)
volando, roba la llave
y al cielo escapa con ella.

Y ahora el esquilón sombrío
    su llanto derrama:
(y allá van ellos, al Pío,
a hacerle la última cama...)

(E. DÍEZ-CANEDO)

JULES LAFORGUE

(1860-1887—FRANCÉS, NACIDO EN MONTEVIDEO)

Lamentación de la buena difunta

    Por la avenida huyó, todo seguido;
yo la escoltaba iluminado;
sus ojos me decían: "He adivinado
¡ay!, que me has reconocido".

    Yo, iluminado, la seguí.
¡Oh, juegos desolados!, ¡boca yerta!
¿Por qué la reconocí
leal ensoñación, nacida muerta?

    Juegos asaz maduros, boca yerta;
blancas mejillas de un azul dormido.
¡Oh, sí! Ensoñación nacida muerta,
puesto que ha fallecido.

    Yace, mejilla de un azul manchada.
Difunta ya, sin ti,
la vida humana continúa.

    —¡Volveré sin haber comido!
En verdad,
              jamás la he conocido.

                          (R. LASSO DE LA VEGA)

NICOLÁS MINSKY

(1860-1904—RUSO)

Como el rumor del mar...

Como el rumor del mar, salvaje o cadencioso,
se une al ruido del día o al silencio nocturno,
eternamente así canta el amor en mi alma,
ya con duro reproche ya con humilde acento.

Sin temor por los males, pues no ansié ser dichoso,
tengo sed de belleza: ella reinaba en ti.
Si a tu alma y tus labios los manchó la mentira,
no mintió Dios, en cambio, cuando te creó bella.

Por ti deshecho, a ti mi corazón reclama,
de igual modo que la ola, después de la tormenta,
lanza el navío contra la roca y lo devuelve
al lugar en que roto fue al golpe del destino.

FREDERIK VAN EEDEN

(1860-1932—HOLANDÉS)

A la muerte de una niña

 Vino por poco tiempo, y con grandes
ojos miró el mundo. Después se fue.
Nunca supimos lo que más la azoraba.
 A veces parece que un niño entra
en esta vida por haberse extraviado;
camina como si recordara, pensativo:
¿dónde está mi casa de antaño,
la encontraré pronto?
 A veces ya crecido, cuando viene,
semeja un dulce fruto que oscila
en el aire de primavera.
Cálida es su piel, irrigada por sangre madura.
Muere, ¿cansado de tan poca cosa?
Pero el enigma que encerraba en sí
era la muerte próxima.
 Caída en el caos como una chispa,
su figura nos fascinó durante breve tiempo.
Una chispa que inmediatamente desapareció.
Ahora nosotros buscamos a tientas colores y palabras,
alimentamos nuestros recuerdos
con una poesía o con un dibujo.

(PONZANELLI)

POETAS DE FINALES DEL SIGLO XIX y PRINCIPIOS DEL XX

RABINDRANATH TAGORE

(1861-1941—INDIO)

Regalo de amante

2

Ven al paseo de mi jardín, amor mío. Deja detrás las flores ardientes que se amontonan porque tú las mires; pásalas, y no te detengas más que en alguna de esas alegrías casuales que, como una repentina maravilla de sol poniente, iluminan y eluden a la vez.

Pues la dádiva del amor es tímida y nunca dice su nombre, y pasa como un dardo por la sombra, prodigando a lo largo del polvo un estremecimiento de alegría. Cógela, o la perderás para siempre. Pero la dádiva que puede cogerse, no es más que una débil flor, una lámpara de llama voluble.

3

Los frutos vienen en tropeles a mi vergel, empujándose unos a otros, y surgen a la claridad, en una angustia de plenitud.

Entra tú, altiva, en mi vergel, reina mía; siéntate en su sombra, arranca los frutos maduros de sus cabos, y que rindan, hasta no poder más, a tus labios, su carga de dulzura.

En mi vergel, las mariposas revuelan en el sol, tiemblan las hojas, los frutos clamorean ansiosos de perfección.

4

Ella está cerca de mi corazón, como la flor de un prado lo está de la tierra; me es dulce, como el sueño a los cansados miembros. El amor que te tengo es mi vida fluyendo plena, como corre el río en las crecidas del otoño, en sereno abandono. Mis canciones son unas con mi amor, como es uno el murmullo de un río que canta con todas sus ondas y corrientes.

5

Aunque tuviera yo el cielo con todas sus estrellas, y el mundo con sus tesoros sin fin, pediría más; pero yo me contentaría con cualquier rinconcito de la tierra, sólo con que ella fuera mía.

13

Anoche, en el jardín, te ofrecí el vino espumeante de mi juventud. Tú te llevaste la copa a los labios, cerraste los ojos y sonreíste; y mientras, yo alcé tu velo, solté tus trenzas y traje sobre mi pecho tu cara dulcemente silenciosa; anoche, cuando el sueño de la luna rebosó el mundo del dormir.

Hoy, en la calma, refrescada de rocío, del alba, tú vas camino del templo de Dios, bañada y vestida de blanco, con un cesto de flores en la mano. Yo, a la sombra del árbol, me aparto inclinando la cabeza: en la calma del alba, junto al camino solitario del templo.

16

Ella vivía aquí, junto a la laguna de la escalerilla rota. ¡Cuántos anocheceres había contemplado la luna mareada por las hojas agitadas del bambú; cuántos días lluviosos había sentido el olor de la tierra mojada en los tiernos tallos del arroz!

Su apodo mismo lo saben entre los bosquecillos de palmeras de dátiles, y en los patios donde las muchachas se sientan a charlar y a coser sus colchas de invierno. El agua de la laguna conserva en su fondo el recuerdo de sus brazos y sus piernas nadadores, y sus pies mojados dejaron, un día y otro, sus huellas por el sendero que va a la aldea.

Las mujeres que vienen ahora con sus cántaros por agua, la vieron todas sonreír por cualquier bromilla, y el labrador viejo, cuando llevaba sus novillos al baño, solía pararse en la puerta de ella, cada día, a saludarla.

¡Los veleros que cruzan junto a esta aldea! ¡La de caminantes que vienen a descansar bajo este baniano! ¡La gente que pasa esa golondrina, por el vado, para la feria! Pero nunca se fija nadie en este lugar del camino de la aldea, que está junto a la laguna de la escalerilla rota, donde vivió la que amo.

(ZENOBIA CAMPRUBÍ DE JIMÉNEZ)

MAURICE MAETERLINCK

(1862-1948—BELGA)

Y si él vuelve un día...

Por acaso, si vuelve un día,
¿qué le contaré?
—Contareisle que hasta la muerte
siempre le esperé.

—¿Y si no me conoce. Y sigue
inquiriendo más?...
—Contestable como una hermana;
él sufre quizás.

—Si pregunta por vos, ¿qué cosa
hay que contestar?
—Le daréis mi anillo de oro
sin decirle más.

—¿Si pregunta por qué se halla
la sala desierta?
—Enseñadle extinta la lámpara
y la puerta abierta.

—¿Si sobre el instante postrero
quiere preguntar?
Respondedle que he sonreído...
¡No vaya a llorar!...

(E. GONZÁLEZ MARTÍNEZ)

Ya busqué treinta años, hermanas...

Ya busqué treinta años, hermanas.
¿Sabéis dónde está?
Caminé treinta años, hermanas,
sin poder llegar...

Caminé treinta años, hermanas,
y no puedo más;
dondequiera hallábase, hermanas,
y no existe ya...

Mis sandalias quitad, hermanas,
la hora triste está,
ya agoniza la tarde, hermanas,
y me siento mal...

Idos lejos, diez y seis años
ajustasteis ya;
empuñad mi báculo, hermanas,
y también buscad...

(E. GONZÁLEZ MARTÍNEZ)

RICHARD DEHMEL

(1863-1920—ALEMÁN)

Aires de tempestad

Súbitamente la tarde
se oscurece, y se diría
que las nubes son de bronce
y en nuestros hombros gravitan.

Junto a mi ventana un fresno
resiste la sacudida
de la racha: se desprenden
dos hojas, y raudas giran.

El piano tímidamente
gime la canción antigua
con que nuestro amor, hoy muerto,
se arrulló cuando nacía.

Agarrota la garganta
una atmósfera de asfixia.
El cielo se descolora
con lividez de amatista.

Ella está sentada al piano,
canta en la estancia contigua
la canción de nuestras bodas
evocándose a sí misma.

Y las notas son de angustia,
y son quejas doloridas,
punzantes como puñales,
cortantes como cuchillas.

En la canción olvidada
dos voces de niño vibran...
¡Y un rayo rasga las nubes,
y la estancia se ilumina!

(F. A. DE ICAZA)

El pueblo tranquilo

Sobre el extenso valle yace el pueblo;
el ocaso quimérico agoniza;
todavía unos mágicos momentos
para que, no la luna y las estrellas,
la negra noche fíjese en el cielo.
Sobre todos los montes aparecen
nubes que sobre el pueblo se reúnen...
Ni un tejado—corral o casa—emerge,
ni un son que hable del humo de los lares,
ni aun apenas las torres y los puentes...

Mas como el caminante siente miedo,
apunta una luz ínfima,
y, al través de las nubes, hacia el cielo,
se eleva un dulce canto
de la boca de un niño, en el silencio...

(F. MARISTANY)

Turbación

Íbamos silenciosos por la nieve
—silenciosos en nuestra dicha inmensa—
y andábamos los dos cual sobre flores,
cuando una viejecilla
mendigando, a nosotros acercose.

Cuando fuiste a estrechar sus dedos fríos
y a ella te inclinaste gentilmente,
te pasó inadvertido,
cómo, a través de sus zapatos rotos,
sus pies cárdenos, rígidos,
se habían puesto rojos.

Alguien va a solas con los pies desnudos,
sobre su propia sangre por la nieve,
mientras nosotros vamos sobre rosas...

(F. MARISTANY)

Voz en las tinieblas

No sé dónde una voz gime en la sombra...
Placiérame saber qué es esta voz...
Será que el viento quéjase a la noche.

Mas el viento se plañe menos cerca,
y el viento por las noches siempre gime.
Es mi sangre que gime en mis oídos.
Sí, mi sangre.

Mi sangre gime, empero, de otro modo.
Su gemido es tranquilo cual la hora...
Se plañe un corazón, mas no sé en dónde.

(F. MARISTANY)

GABRIELE D'ANNUNZIO

(1863-1938—ITALIANO)

Las manos

¡Oh manos de mujeres encontradas
una vez en el sueño o en la vida:
manos, por la pasión enloquecida
opresas una vez, o desfloradas
con la boca, en el sueño o en la vida!

Frías, muy frías algunas, como cosas
muertas, de hielo (¡cuánto desconsuelo!)
o tibias cual extraño terciopelo,
parecían vivir, parecían rosas:
¿rosas de qué jardín de ignoto suelo?

Nos dejaron algunas tal fragancia
y tan tenaz, que en una noche entera
brotó en el corazón la primavera,
y tanto embalsamó la muda estancia
que más aromas el abril no diera.

Otra, que acaso ardía el fuego extremo
de un alma (¿dónde estás, oh breve mano
intacta ya, que con fervor insano
oprimí?), clama con dolor supremo:
¡tú me pudiste acariciar no en vano!

De otra viene el deseo, el violento
deseo que las carnes nos azota,
y suscita en el ánima la ignota
caricia de la alcoba, el morir lento
bajo ese gesto que la sangre agota.

Otras (¿aquéllas?) fueron homicidas,
maravillosas en engaños fueron:
de Arabia los perfumes no pudieron
endulzarlas, hermosas y vendidas
¡cuántos ¡ay! por besarlas perecieron!

Otras (¿las mismas?) de marmóreo brillo
y más potentes que la recia espira,
nos congelaron de demencia o ira,
y las sacrificamos al cuchillo,
y, ni en sueños, la manca se retira.

Vive en el sueño inmóvilmente erguida
la atroz mujer sin manos. Junto brota
fuente de sangre y sin cesar rebota
el par de manos en la enrojecida
charca, sin salpicarse de una gota.

Otras, como las manos de María,
hostias fueron de luz vivificante,
y en su dedo anular brilló el diamante
entre la augusta ceremonia pía:
¡jamás sobre los rizos del amante!

Otras, cuasi viriles, que oprimimos
con pasión, de nosotros la pavura
arrebataron y la fiebre oscura,
y anhelando la gloria, presentimos
iluminarse la virtud futura.

Otras nos produjeron un profundo
calofrío de espasmos sin iguales;
y comprendimos que sus liliales
palmas, podrían encerrar un mundo
inmenso, con sus Bienes y sus Males.

¡Oh alma, con sus Bienes y sus Males!

(GUILLERMO VALENCIA)

Consolación

No llores más. Vuelve el amor filial
a tu casa. Estoy laso de fingir.
Ven. Salgamos. Tiempo es de revivir.
¡Cuán blanca estás! Tu rostro está lilial.

Salgamos. El jardín abandonado
conserva todavía algún sendero.

Te explicaré cuán dulce es el misterio
que vela ciertas cosas del pasado.

Aún hay alguna rosa en el rosal,
aún hay alguna rosa perfumada;
todavía la huerta abandonada
nos sonreirá, si ve que haces igual.

Te explicaré cuán dulce es la sonrisa
de ciertas cosas que el olvido hiere.
¿Qué sentirías, di, si floreciere
bajo tus pies la tierra que ahora pisas?

Pues eso ocurrirá aun no siendo abril.
Vámonos. No te cubras. Hace un lento
sol de septiembre, y aun no veo argento
en tu testa, y tu línea aun es sutil.

Tienes el rostro mísero y escuálido.
—La madre hará lo que el buen hijo ansía—.
Necesitas del sol ¡pobre alma mía!
algo de sol sobre tu rostro pálido.

Conviene que estés fuerte; convendría
que no pensaras en las malas cosas;
cuando ambos vamos hacia aquellas rosas
yo hablo bajo y tú sueñas todavía.

Sueña, sueña, alma cara. Todo, todo,
será como en el tiempo aquel, lejano;
yo te pondré sobre tu pura mano
todo mi corazón. Del mismo modo

todo está aún. Yo viviré tu vida
y en una vida íntima y segura
reviviré. ¡Cuán dulce, leve y pura
la hostia de tu mano bendecida!

El tiempo del ensueño ya ha venido.
¿Me comprendes? Di, ¿tu alma me comprende?
¿Ves? fluctúa en el aire y lento asciende
casi el fantasma de un abril perdido.

Septiembre—(di, ¿tu espíritu se oculta?)—
tiene un olor, tiene una palidez,
no sé, casi el olor y palidez
de alguna primavera disepulta.

Soñemos, ya que es tiempo de soñar,
y nuestra dulce primavera es ésta.
Luego en casa, a la hora de la siesta
voy a abrir el piano y a tocar.

¡Cuánto, cuánto ha dormido! Aquí faltaba
ya entonces una cuerda. Y esta cuerda
falta aún. Y aún el ébano recuerda
los dedos que la abuela en él posaba.

Y mientras que en las sedas ya mustiadas
vagará algún perfume delicado,
(¿me escuchas?) como un hálito esfumado
y sutil de violetas marchitadas,

resonará un viejo aire de elegancia
muy antigua y muy noble, pero un poco
triste, y el son será velado y ronco
casi cual si viniera de otra estancia.

Luego, tan sólo para ti, haré un canto
que te mezca lo mismo que una cuna,
sobre un antiguo metro, mas con una
gracia que tenga un vago y dulce encanto.

Viviremos el tiempo aquel lejano,
mi alma será sencilla cual lo era...
Y hacia ti irá, cuando querrás, ligera
como el agua va al hueco de la mano.

(F. MARISTANY)

La imagen

¡Tristeza horrible de la carne inmunda
cuando su llama apágase en el hielo
del deseo saciado, y ningún velo
de amor la inerte desnudez circunda!

(¡Y tú surges del ánima profunda,
pura imagen!... Cual fúnebre asfodelo
inclínase, en su blondo desconsuelo,
sobre el cuello su testa moribunda.)

¡Tristeza inmensa de la carne ahíta
cuando en el pecho el corazón palpita
tan solo como en una sepultura!

(¡Y en la tristeza tu pureza asoma;
y miras sin cesar, imagen pura,
con tus tiernas pupilas de paloma!)

La dama del sarcófago

La extraña dama, en actitud real,
sentada en un sarcófago romano,
donde una ignota y admirable mano
ha esculpido una pompa funeral,

¿esperará al Edipo que, fatal,
resuelva el gran enigma sobrehumano,
o a la Muerte, esa hermana, que el profano
sueña encierra en el mármol sepulcral?

Nada revela el labio adusto y serio...
¿Quién libará de la sangrienta pulpa
de aquel fruto, la esencia del Misterio?

Espera... Y por sus ojos infinitos,
sombreados ya por la futura culpa,
pasan antiguas sombras de delitos.

HENRI DE RÉGNIER

(1864-1936—FRANCÉS)

Soneto

Iremos a la Viña fecunda, inagotable,
para beber a sorbos el vino del olvido;
como la tarde pálida, la aurora se ha extinguido,
y el mundo viejo brinda promesa deleznable.

Iremos de la margen hacia el triunfal decoro
de estanques silenciosos y sitios somnolentes,
donde a la mar callada bifurca sus corrientes
mudo y solemne río sobre la arena de oro.
¡Tú, la falaz Viviente!, la de parlera boca,
quisiste encadenarme entre la viña loca,
mas yo rompí tu pérfido lazo de amor sutil;

fuera del tuyo, ¡oh Muerte!, todo el amor es vano,
a quien conoce el místico país, tenue y lejano,
donde a otro azur se yergue la torre de marfil.

(LEOPOLDO DÍAZ)

RUDYARD KIPLING

(1865-1936—INGLÉS, NACIDO EN INDIA)

El camino del bosque

    Cerraron el camino de los bosques
hace setenta años.
El mal tiempo y la lluvia lo han dejado maltrecho
y ya nunca sabrías
que antaño hubo un camino cruzando por el bosque,
antes de que plantaran esos árboles.

    Está bajo las matas y brezales,
bajo las delicadas anemonas.
Sólo el guarda adivina
que, donde tiene el nido la paloma silvestre,
y a su sabor dan tumbos los tejones,
hubo antaño un camino que cruzaba los bosques.

    Mas si en el bosque entras
un día de verano, ya muy atardecido,
cuando refresca el aire en estanques con truchas,
donde la nutria silba, llamando a su pareja
(no temen a los hombres en el bosque,
pues pasan raramente),
los cascos oirás de algún caballo
y el crujir de una falda en el rocío,
aprisa y sin pararse, por aquellas
soledades brumosas,
como si allí anduvieran, muy seguros
de aquel viejo camino perdido por el bosque...
Mas, cruzando los bosques, no hay ya ningún camino.

(MARIANO MANENT)

WILLIAM BUTLER YEATS

(1865-1939—IRLANDÉS)

Cuando seas muy vieja...

Cuando seas muy vieja y junto al fuego
dormites, este libro lee a solas
calmosamente, y piensa en la dulzura
que tuvieron tus ojos, y en sus sombras...

Muchos amaron tu beldad riente
con pasión, mentirosa o verdadera,
mas un hombre amó tu alma peregrina
y en tu faz variable amó tus penas.

E inclinándote al lar, tal vez un poco
triste te digas que ese amor huyera...
Se ensalzó por las cumbres silenciosas
y su faz escondió entre las estrellas...

(F. MARISTANY)

El sueño de la muerte

Soñé que una mujer moría en tierra extraña,
sin ayuda de manos conocidas;
y clavaron las tablas encima de su rostro
aquellos campesinos;
junto a su soledad, vacilantes, plantaron
sólo un ciprés y un tejo.
Yo llegué, y escribí en una cruz de ramas
(otra cosa ya el hombre no podía):
"Era más bella que tu amor primero
esta dama, en la sombra adormecida".
Y contemplé en lo alto afligidas estrellas
y escuché la tristeza de la brisa.

(MARIANO MANENT)

Un aviador irlandés prevé su muerte

Ya sé que mi sino me espera
entre las nubes altas.

No odio a quienes son mis enemigos,
ni me inspiran amor los que protejo.
Kiltartan Cross le llaman a mi tierra,
son pobres de kiltartan mis paisanos;
mi fin no ha de traerles desventura
y más que antes no serán dichosos.
Por ley ni por deber a combatir no vine,
ni por los hombres públicos o vítores de gente:
un solitario impulso de delicia
me atrajo a este tumulto, entre las nubes.
Lo pensé todo, lo pensé con calma;
los años venideros eran un vano aliento
y eran aliento vano los años ya vividos,
comparados con esta vida, con esta muerte.

(MARIANO MANENT)

OLAVO BILAC

(1865-1918—BRASILEÑO)

Sordina

En el aire una esquila canta,
temblona, en el aire sombrío...
Pálida, Venus se levanta...
　　¡Qué frío!

Canta una esquila. El campanario
surge entre la niebla, distante...
Esquilón viejo y solitario:
¿qué dices con tu voz orante?

¡Qué frío! Yertas las colinas
se embozan, corre y llora el río,
se cubre el cielo de neblinas...
　　¡Qué frío!

Nadie... el camino amplio y silente
se aduerme, sin un caminante...
La esquila canta dulcemente...
¿Qué dice con su voz orante?

¿Qué miedo pánico me oprime
el corazón triste y vacío?
Alma sola, ¿qué esperas, dime?
¡Qué frío!

¡Tanto amé y he sufrido tanto!
Ojos míos, ¿por qué cubiertos
de llanto estáis, al triste canto
que dobla y llora por los muertos?

¡Murió el día! Cubrid el suelo,
tinieblas. Muere, sueño mío,
—La muerte es el postrer consuelo.
¡Qué frío!

Pobres amores, que aniquila
la suerte, y dispérsanse inciertos...
Mi corazón como una esquila
doblando está y os llora muertos.

¡Con qué dolor la esquila canta
en el aire quedo y sombrío!
—Pálida, Venus se levanta...
¡Qué frío!

(E. DÍEZ-CANEDO)

Cielo piadoso

Por tantas horas, loco, de hito en hito,
miré la noche aquella al firmamento,
que si ahora, mirándolo, medito,
lo de entonces me vuelve al pensamiento.

Sofocando en el pecho el postrer grito
salí sin una lágrima, violento...
Brillaba el cielo pálido, infinito,
y un lloro había en el rumor del viento.

¡Cielo piadoso que mi mal oíste!
La luna de oro en el ocaso entraba
rompiendo nubecillas transparentes...

Y sobre mi cabeza, muda y triste,
la vía láctea se desarrollaba
como un raudal de lágrimas ardientes.

(E. DÍEZ-CANEDO)

JAN F. E. CELLIERS

(1865-1940—TRANSVAAL)

Este es el rojizo...

Este es el rojizo,
este es el azul:
este es el campo,
este es el cielo;
y un pájaro aletea en lo alto
con solitario vuelo.
Esto es todo.

Este es un desterrado que llega
de allende el océano,
esta es una tumba en la hierba,
esta es una lágrima vertida.
Y esto es todo.

(JOAQUÍN DEL VAL)

SOPHUS CLAUSSEN

(1865-1931—DANÉS)

Contra el azul del acaso...

Contra el azul del ocaso acrecen
los árboles floridos su esplendor.
Frente a mis dos ojos atónitos,
tu seno y tu brazo desnudo
que me rodea el cuello.

Tienes los pies mojados, ¡oh, pura!
y hueles como el aire del manzanar.

Besémonos quietos y solos,
también somos dos ramas de manzano,
floreceremos y daremos frutos.

(PONZANELLI)

EPHRAÏM MIKHAËL

(1866-1900—FRANCÉS)

Tristeza de septiembre

Cuando al viento de otoño sollozan las encinas,
no sufro yo la angustia por la estación ausente
sino el horror de nuevas floraciones vecinas.

Por el abril futuro mi corazón resiente
su duelo, y por vosotras, ¡oh selvas condenadas
a enverdecer, un año tras otro, eternamente!

Siglos y siglos vuelven las viejas alboradas;
son los mismos trigales y son las mismas flores
sin variación abiertas y luego deshojadas.

Los mismos son los vientos, suaves o bramadores,
el mismo olor de hierba cuajada de rocío,
y hasta los mismos besos y los mismos dolores.

Ahora, ya los bosques van a dormir, al frío
de la glacial ventisca, en calma pasajera;
mañana, sobre el llano aterido y sombrío,

y de los lagos gélidos que cubren la pradera
sobre el blancor monótono, al resonar la hora,
volverá tu implacable fantasma, primavera...

¡Oh la estación no vista: oh la soñada aurora!...

(E. GONZÁLEZ MARTÍNEZ)

JORGE COSBUC

(1866-1918—RUMANO)

Noche de verano

    El sol muriente, el espacio
oblicuamente ilumina.
Vuelan mirlos por el bosque,
desde donde solapadamente
la noche se eleva.

    Regresa el carro cargado
con la cosecha del campo.
Balan los lentos rebaños,
mientras alegran los mozos
con cantares los caminos.

    Las mujeres con el cántaro
al cuadril vuelven del río,
y las mozas, en alegre
grupo, abandonan la era
recogiéndose la falda.

    Cual bandada de cigarras,
juegan, se agitan los niños
El pueblo es todo rumores.
El humo blanco al espacio
va ascendiendo, lentamente.

    Luego el complejo rumor
se va apagando y se extingue.
La calma es completa ahora.
Nada perturba el sosiego
que nutre la oscuridad.

    En el llar, sólo un tizón
arde, el candil se ha apagado.
Todos en la casa duermen.
En su insomnio, un perro ladra
con insistencia gruñona.

Hacia los montes, la luna
surge por entre los pinos,
y se eleva en el espacio
muda y pensativa, como
la imagen de un gran poeta.

Un breve campanilleo
rompe la quietud del bosque,
y el arroyo rumoroso
arroja, a su son, el agua
musical sobre las rocas.

La brisa se aquieta un punto;
el pueblo está silencioso.
Una emoción deliciosa
llena de paz y ternura
a la tierra y a los cielos.

Hay un deseo de amor
joven, errando en la noche;
en el misterio profundo
de las sombras halla a otro
deseo y ambos se estrechan.

ANTONIO NOBRE

(1867-1900—PORTUGUÉS)

¡Oh pinos altos!...

¡Oh pinos altos, oh septuagenarios
que os levantáis aún, allá en la sierra!
Sois los Enviados extraordinarios
del Rey Pan, su embajada aquí en la Tierra.

Bajo aquellos nocturnos lampadarios
conferenciáis con él... ¿La paz? ¿La guerra?
Y toman notas vuestros secretarios,
que el Libro Verde secular encierra.

¡Talleyrands de los montes eminentes!
Erguidos, no humilláis nunca las frentes
en un acto de corte o recepción...

Del hombre, con desdén, volvéis la cara...
¡Ay, si Pan agregado me nombrara,
pinos, a vuestra extraña Legación!

(E. DÍEZ-CANEDO)

Lejos de ti...

Lejos de ti, en la celda de mi cuarto,
llena mi copa de agoreras heces,
rezar te siento en Otro Mundo, harto,
por tu hijo rezar. ¡Madre, no reces!

Mira, para que yo hable así, ya harto,
y para oírme blasfemar a veces,
cruel dolor sufres por mí en el parto
y en el vientre me llevas nueve meses.

¡Si no me hubieras dado a luz, señora,
ni a mamar de tu leche, que ha formado
al hombre en mí, la mágica bebida!

¡Fuera mejor no haber nacido, en hora
triste, que andar, cual ando, desterrado,
por la costa africana de la Vida!

(E. DÍEZ-CANEDO)

Las algas

Las algas negro-cerrado
que traje de junto al mar,
las guarda un misal dorado
donde suelo meditar.

Cuando abatido y cansado
voy el misal a hojear,
dentro del libro encantado
las oigo a veces llorar.

Es que se acuerdan de cuando
vivían todas en bando
junto a los peces y arenas.

Y pienso al ver esos trapos:
las algas son los harapos
del traje de las sirenas.

(F. MARISTANY)

CONSTANTINO BALMONT

(1867-1942—RUSO)

Es tarde

¿Por qué en mi juventud—¡triste destino!—
cual tú me amas, nunca he sido amado?
De un ángel escuché el laúd dorado
buscando la belleza de contino.

Me sonrió la nube: en su camino
la luna se detuvo; enamorado
el corazón de un Ideal ansiado,
creyó verle en un rostro femenino.

La visión se inclinó sobre mi frente
besándome... Cruel fue la mentira,
y el desengaño me tornó cobarde.

Hoy te encuentro; te adoro intensamente,
mas me dice una voz llena de ira:
"Ahora no puede ser: ahora es ya tarde"

(C. EULATE SANJURJO)

Los fantasmas

Leve susurro de las hojas,
raudo murmullo de los vientos,
ondas clarísimas del río,
mayo de luna, puro, intenso...

Yo contemplé en mi tierna infancia,
—¡oh qué felices esos tiempos!—
las bellas ninfas, que en los ríos
flotar dejaban sus cabellos.

Las vi jugar entre la espuma,
bajar, subir, y en lazo estrecho
formar guirnaldas primorosas,
que acariciaba el leve céfiro.

Entre las sombras de los bosques,
oí narrar a los helechos,
de aquellos seres tan hermosos
las dulces risas y los juegos.

Oí decirles, que una escala,
cuelga la luna, desde el cielo,
su luz formando el áureo hilo
que va a la tierra descendiendo.

Y a su vez baja por el rayo,
maravilloso, un galán célico,
para besar las bellas ninfas
como el esposo de sus sueños.

Son para mí, verdad, las sombras,
que contemplé en aquellos tiempos,
y de este mundo, ultrafantástico,
amo la vida y el misterio.

(C. EULATE SANJURJO)

Yo he venido aquí a este mundo...

Yo he venido aquí a este mundo para ver del sol los rayos,
        los azules horizontes;
yo he venido aquí a este mundo para ver del sol los rayos,
        y las cimas de los montes.

Yo he venido aquí a este mundo para ver del sol los rayos
        y la flor en la pradera;
soy el rey del Universo, mi mirada ensoñadora,
        su extensión abarca entera.

Yo vencí al olvido yerto, en combate cotidiano;
        mi ilusión es hija mía.
Al cantar sinceramente, cada instante vibra mi alma,
        una nueva melodía.

Mi ilusión a los dolores despertó, pero ¡qué importa!
del amor subo la escala...
¡Soy amado! La potencia sugestiva y creadora
de mi canto nada iguala.

Yo he venido aquí a este mundo para ver del sol los rayos;
si su foco se extinguiera,
mi canción continuaría en las nubes moribundas
que envolviesen a la esfera.

(C. EULATE SANJURJO)

El cuervo

¡Oh negro cuervo, imagen de la pena!
No graznes, que desgarra tu graznido
el corazón donde, cruel, resuena.

¡Oh negro cuervo, imagen de la pena!
La profetizas con tu pico, rojo
como daga que está de sangre llena.

¡Oh negro cuervo, imagen de la pena!
¡Eres Satán!... ¿El drama de mi vida,
di, llega ahora a su final escena?

(C. EULATE SANJURJO)

Las flores sepulcrales

Un murmullo confuso entre las tumbas
se escucha, cual susurro de los vientos:
este ansioso murmullo es un suspiro
que viene de las cañas, desde lejos.

Vagan entre las tumbas nuestros padres
convertidos en débiles espectros,
y suben la escalera de la iglesia,
las ingrávidas sombras de los muertos.

Y de la iglesia llaman a la puerta,
hasta que ven brillar la luz del Véspero,

iluminando con sus rayos puros
la extensión azulada de los cielos.

Comprenden que su vida ha sido efímera,
que es inútil soñar en algo eterno,
y vuelven a sus tumbas y sollozan
envueltos en las sombras y el silencio.

Por eso brillan húmedas las flores,
por la mañana, allí, en el cementerio;
en ellas, cual rocío, están las lágrimas
que vertieron los ojos de los muertos.

(C. EULATE SANJURJO)

La boda

Yo celebré mis esponsales
con una niña bella y pura;
fueron la iglesia, el bosque; el velo,
los tenues rayos de la luna,
y los testigos de la boda
las flores lindas y menudas.

Cuando sellamos nuestro lazo,
de la arboleda en la penumbra,
de entre las ramas olorosas
se elevó al cielo dulce música:
fue un ruiseñor que, con sus trinos,
cantó el ritual de nuestras nupcias.

Nos desposó la Primavera
en una paz de gracia única...
ya del manzano caen los pétalos;
responde, niña, a mi pregunta:
¿Al lado mío, eres dichosa?
¿No has de olvidarme nunca, nunca?

(C. EULATE SANJURJO)

OTOKAR BREZINA

(1868-1929—CHECO)

Mi madre

Como un triste penitente cruzó mi madre la vida;
su jornada fue sin flores, sin olores y sin brillo;
sin un rayo de alegría, cogía del árbol del tiempo
el fruto acre de la vida que sabe siempre a ceniza.

El polvo de la pobreza marchitaba su hermosura
poniendo un fuego en sus ojos que le apagaban las lágrimas,
polvo de simún que hacía montones en su camino
bajo los cuales hallaba asilo a su desamparo.

Agobiada por los años inclinaba la cabeza
mientras menguaba el trabajo sus humanas energías.
Con amor ella abrasaba a la muerte en su agonía
mientras murmuraba tiernas palabras de gratitud.

En las losas de los templos se arrodillaba soñando
en el olor sepulcral que en el altar dan los cirios,
y, en el cáliz de su alma, como una luz, recogía
la lluvia de los consuelos y la visión de la Gloria.

¡Oh madre, madre lejana ahora transformada en luz,
oh flecha de oro lanzada al hogar ardiente de los
misterios incandescentes, eternos! Tu nombre ya
no suena en la tierra, pero tú estás siempre junto a mí.

De tu tierra helada ya, soy una pálida flor
que, regada por tus lágrimas, abrióse a la luz y crece:
En tus besos me legaste el mal sabor de la vida
y como herencia dejaste a mi alma la tristeza.

Cuando la vida se ahonda en el silencio nocturno
tú te alzas de tu fosa para venir a mi lecho:
oigo en mi respiración el aliento de tu pecho
y, resucitada por la onda de mi voz, lloras.

Siento el calor de tu cuerpo reavivarse en mis venas,
posarse el brillo sombrío de tus ojos en mis ojos,
y transformarse el ardor de fe que en tu alma había
en una devoradora llama mística en mi ser.

Y, como antaño la tuya, la ruta que sigo es triste;
mis días no tienen flores, colores, brillos, olores...
Bajo tu influjo, recojo del árbol del tiempo el fruto
seco de la vida que tiene sabor de ceniza.

STEFAN GEORGE

(1868-1933—ALEMÁN)

Aniversario

Hermana, toma el cántaro
de tierra gris;
no olvides la costumbre, y vente luego
en pos de mí.
Hoy ha siete veranos que lo vimos:
recuerda... en tanto
que Él hablaba, nosotras en el pozo
hundíamos risueñas nuestros cántaros.
Después... un mismo día
nuestro novio perdimos. Hoy, hermana,
iremos a buscar en la llanura
la fuente que sombrean
dos álamos y un haya,
para que allí
llenemos en silencio nuestros cántaros
de tierra gris...

(GUILLERMO VALENCIA)

Mozo de aldea

El tímido mozo de aldea,
cuando muere el sol, a su casa
se dirige, haciendo a menudo
silbar tres sones en la flauta;

es el uno como el lamento
que desde sus sepulcros lanzan
los antepasados que, en muerte,
a Dios ofrecieron el alma;

el otro su virtud oculta
coba a la fúnebre tonada
que murmura junto a las ruecas
un grupo afligido de hermanas;

o dice las mudas congojas
de las doncellas desgraciadas
que salen a vagar de noche
en conquista de pan y agua...

Y es como el grito de la ira
(a la vez pecado y venganza)
el último son que repite
el tímido mozo en la flauta.

En esa simple cantilena
hay un acento que amenaza
con el viejo puñal mohoso
de burda y azulosa vaina,

y con el dolor trasmitido
a las tribus desheredadas,
bajo el signo del astro funesto
que dio su luz a muchas casas...

(GUILLERMO VALENCIA)

FRANCIS JAMMES

(1868-1938—FRANCÉS)

La niña lee el almanaque...

Junto al cesto de huevos el almanaque lee
la niña. En él, a más de santos y de fiestas
y del tiempo que hará, puede ver los celestes
signos: Carnero, Toro, Cabra, Peces, etcétera.

Así piensa, como es una niña del campo,
que en las constelaciones, tan brillantes, tan altas,
hay mercados iguales a los de aquí con asnos,
con carneros, con toros, con peces y con cabras.

Sin duda es el mercado del cielo lo que lee.
Y si en el signo Libra la página da vuelta
juzga que allá en el cielo, como en la tienda, deben
pesar también la sal, el café y las conciencias.

(E. DÍEZ-CANEDO)

Fui a visitar...

Fui a visitar la vieja casa triste
de pueblo, antigua casa de los míos:
el camino en volanta, soleado,
dulce como la miel era y muy triste.
Muy vieja, muy cansada iba la yegua:
movía a compasión como si fuese
de igual edad que lo que yo buscaba.
Sabía que murieron hace un siglo
mis sencillos parientes, bondadosos,
sin un remordimiento en la mirada,
que acudían a misa los domingos
con sus camisas blancas más hermosas.
Sabía yo que, tiempo atrás, vivieron
en el pueblo lejano, a donde iba
para reconocer aquella patria
donde entre ortigas estarán sus tumbas.
Tomé en los brazos, al llegar, al perro
manso que descansaba en mis rodillas.
Buscó sombra en la plaza el campesino,
sombra que hacía el sol fría cual hielo.
Daba las doce el campanario en ruinas;
vieja como el pasado era la torre;
y unos a quien hablé, me contestaban:
"Esos que dice usted..., no recordamos...
Hará tiempo, sin duda, mucho tiempo...
Una ochentona había, que se ha muerto
muy pocos días hace. Acaso ella
le hubiese aquí podido decir algo..."

Seguí de puerta en puerta, fui al estudio
del notario, que fue del bisabuelo
de mi padre; vi al párroco: tampoco...
Vi al pasar portalones carcomidos,
jardines olvidados, de altas verjas,
y casas sin familia, y entre azules
hierbajos, malvarrosas sonrosadas,
y vi puertas cerradas por el polvo
viejo, como ataúd en camposanto.
Y anduve sin mirar las boberías,
las novedades, las banderas nuevas
de la alcaldía y unas letras de oro
que hablan de la república, sospecho.
No; no pensaba más que en mis reliquias;
era el tataranieto que buscaba
recuerdo amado de difuntos, tronco
de que nací. Llegué a cruzar al cabo
la magnífica verja de una casa
de buena y antiquísima familia:
la anciana, con sonrisa bondadosa,
y el anciano encorvado, sostenido
por un bastón, y el hijo de la noble,
de la buena familia, tan poética
como las plantas de la verja. Dijo
la señora: "Es usted un Jammes, ¡Vaya!
Vivieron hace años en el pueblo...
Era un notario, y fuéronse sus hijos
a correr aventuras... Mi familia
compró entonces la casa ruinosa".
Fue a la cocina en busca de la llave
mohosa: me llevó a la puerta triste,
cerrada, junto al muro triste y viejo
de la iglesia, cerrada, con su aldaba
llena de orín, y con ventanas tristes,
cerradas por la muerte, el polvo, el tiempo.

Se abrió la recia puerta, rechinante.
Subí por la escalera carcomida.
También por allí andaban los abuelos
que hoy en el cielo están; dentro, en la casa,
en el estuco roto, los tabiques,
las puertas por los años renegridas,
como lo hubieran sido por el fuego,

no daba el sol: tan negro estaba todo
que de luto también me parecía.

Decían: "Mire, aquí el despacho estaba".
El despacho..., el despacho...; la decrépita
morada estaba llena de silencio:
creía yo que estaban los difuntos,
ya en el cielo, callados en la casa.

Saludé a la familia complaciente
y me fui, lleno de tristeza dulce.
Volvíme, en pleno sol, al cochecito
y a la pequeña población lejana.
Y arrancó tristemente el caballejo,
durmióse triste y muy tranquilo el perro
conmigo y con su amo el campesino.
Levantaron el vuelo unos pichones
ya por el campo...
 "...Y fuéronse los hijos
a correr aventuras..." Tal decía
la anciana tras la verja con rosadas
malvarrosas y hierbas azuladas.

¡Dulce pasar ante el solar nativo
cuando volví por la estación pequeña
con vetustas catalpas de mi pueblo!
Volvió la imagen de mis cuatro años:
agua clara; a la sombra, que corría
entre el follaje helado, y preguntaba
yo que a dónde iba el agua, al sol, tan lejos,
con esa oscuridad que el sol adquiere.
He vuelto a ver la infancia, en que tenía
la ilusión de encontrar el fin del agua.
Y he vuelto a ver aquel arroyo mismo.

(E. DÍEZ-CANEDO)

Las plegarias

Las plegarias, al cielo suben como las flores;
cómo, nadie lo sabe; son algunas lujosas,
cargadas de perfume, como las tuberosas,
otras, míseras, pobres, de mezquinos olores,

como los pensamientos de un jardín indigente,
y el poeta las ve subir al Indulgente
Padre, que sabe el peso del oro y de la plata.
Él es quien de las floree el valor aquilata
cuando las ve subir. Y puede sólo Él
juzgar sobre las luchas del mundo, de horror llenas,
si la humildad azul de un ramo de verbenas
vale igual, más o menos que un altivo clavel.
Porque con el cuidado de un marino que hubiera
corrido temporales en muchos océanos;
muy viejo, desde el cielo de nácar en que impera,
sobre la inmensidad extiende Dios las manos
a cuantos le consagran sus dolores humanos
lo mismo en un diamante que en una primavera.

(E. DÍEZ-CANEDO)

Buen amigo, fiel perro...

Buen amigo, fiel perro, has muerto de la odiada
muerte, de la temida, de la que te escondiste
bajo la mesa tanto... Tu amorosa mirada
se ha clavado en la mía en la hora breve y triste.

Oh, vulgar compañero del hombre, ser divino
que el hambre de tu dueño gustoso compartías,
que acompañar supiste el pesado camino
del ángel Rafael y del joven Tobías.

Oh, servidor: qué ejemplo me has dado tan seguro
tú, que supiste amarme como a su Dios un santo;
el profundo misterio de tu cerebro oscuro
vive en un paraíso de inocencia y de encanto.

Señor; si llega el día que me llevéis, clemente,
a veros cara a cara por una eternidad,
haced que un pobre perro contemple frente a frente
a aquel que fue su Dios entre la Humanidad.

(E. GONZÁLEZ MARTÍNEZ)

PAUL CLAUDEL

(1868-1955—FRANCÉS)

Las nueve Musas

>"Sarcófago hallado en el
>camino de Ostia" (Louvre)

Las nueve Musas, y, en medio, Terpsícore.
Te reconozco, Ménade. Te reconozco, Sibila. No espero copa de tu mano, ni tu seno mismo,
    convulso entre tus uñas, Cumea, en el torbellino de hojas doradas!
    Pero la flauta recia cribada de bocas en tus dedos es harto indicio
    de que necesitas juntarla con el hálito de que estás llena,
    y en pie, oh virgen, acaba de ponerte!
Nada de contorsiones: sin descomponerse los pliegues gallardos de tu veste bajan del cuello a los pies que ver no permiten!
Mas yo sé lo que dicen la cabeza que a un lado se vuelve, la faz embriagada y cerrada y el rostro que escucha, todo fulgente de júbilo orquestal!
Sólo un brazo contener no pudiste. ¡Se levanta, se crispa, todo impaciente por marcar la medida primera!
¡Secreta vocal! ¡Animación de la palabra naciente!
Modulación consonante de todo el espíritu.
Terpsícore, halladora de la danza; ¿qué sería, sin danza, del coro? ¿Quién cautivaría
    juntas a las ocho bravías hermanas, para vendimiar el himno saltador, inventando la figura inextricable?
¿En quién, si primero plantada en el centro de su espíritu, virgen vibrante,
no perdieses su baja y grosera razón, incendiándolo todo con el ala de tu cólera en la sal del fuego crujiente, consintieran entrar las castas hermanas?
Las nueve Musas ¡Ninguna de más para mí!
Veo en este mármol a toda la novena. A tu diestra, ¡Polymnia!, ¡y a la siniestra del altar en que te apoyas de codos!
    las altas vírgenes iguales, la hilera de hermanas elocuentes.
Quiero decir en qué paso las vi detenerse, y cómo se ornaban con guirnaldas la una a la otra,
    de otro modo que por lo que cada mano
    va a coger de los dedos que le tienden.

    ¡Y a ti la primera, te conocí, Talía!
    ¡Del mismo modo reconocí a Clío, reconocí a Mnemosyne, te reconocí, Talía!

y os reconocí, consejo total de las nueve Ninfas interiores;
¡frase matriz! ¡motor profundo del lenguaje, pelotón de las mujeres vivas!
¡presencia creadora! ¡Nada naciera si no fueseis nueve!
¡Ved, súbito, cuando el poeta nuevo colmado de la explosión inteligible,
con el negro clamor de toda vida anudada por el ombligo en la conmoción de la base,
se abre el acceso
quebrantando violento la clausura, el hálito de sí mismo violentando los maxilares cortantes,
al Novenario estremecerse con un grito!
¡Y ya no puede callar! ¡La interrogación que se te escapara como cáñamo
a mujeres jornaleras, se la confió para siempre
al sabio coro, de Eco inextinguible!
¡Nunca duermen todas a la vez! pero antes que Polimnia la Grande se yerga,
es ya, con ambas manos abriendo el compás, Urania, semblanza de Venus,
cuando enseña, tendiéndole el arco, al Amor;
o la risueña Talía, que con el pulgar de su pie lentamente la medida marca; o en el silencio del silencio
Mnemosyne suspira.
¡La primogénita, la que no habla! ¡La primogénita con la misma edad!
¡Mnemosyne, que no habla jamás!
Escucha, considera,
resiente (como sentido interior del espíritu)
¡pura, sencilla, inviolable! recuerda.
Es el peso espiritual. Es la relación expresada por cifra hermosísima.
Posada está de modo inefable
sobre el mismo pulso del Ser.
Es la hora interior; el tesoro que salta y la fuente escondida;
la juntura con lo que no es tiempo del tiempo, expresada por el lenguaje.
No hablará; está ocupada en no hablar. Coincide.
Posee, recuerda, sus hermanas todas atentas están al batir de sus párpados.
¡Para ti, Mnemosyne, estos versos primeros y la deflagración de la súbita Oda!*

(E. DÍEZ-CANEDO)

---

* El poema continúa.

Versos de destierro

Ya me toca la sombra; ya mi luz disminuye.
El pasado es pasado y el porvenir no existe.
¡Adiós, niño lejano! ¡Adiós, joven que fui!
Es la hora desnuda; una mano me toca.
He vivido. El murmullo de los hombres no es mío.
Todo acabó; estoy solo; espero, estoy despierto.
¡Tan sólo me acompaña tu luz bermeja, lámpara!
Estoy sentado, inmóvil, como un hombre a quien juzgan.
¡Largos fueron mi hastío y mi solicitud!
¡Largo el destierro! ¡Largo fue el camino hasta aquí!
El término fue mío, veo lo que he escogido,
firme en mi laxitud y en mi debilidad,
Ahora he concluido de hablar: solo, cautivo
cual rebaño vendido en manos de su dueño,
escucho solamente, y aguardo la llegada
de la última hora y el día decisivo.

(L. RODRÍGUEZ ALCALDE)

EDMOND ROSTAND

(1869-1918—FRANCÉS)

Los Pirineos

¿Por qué me siento, ¡oh, Pirineos!,
hacia vosotros impelido?
¿Por qué a vosotros mis deseos
van cual las aves a su nido?

Cuando a los campos provenzales
lleno de amor y de ansia arribo,
más que el olor de los maizales
es vuestro aroma el que percibo.

Y apenas dejo atrás Tolosa,
en pie me pongo, y con anhelo
quiere evocar mi vista ansiosa
vuestra silueta sobre el cielo.

Y mi contento íntimo crece
cuando, en un valle o un alcor,
ante mis ojos aparece
la barretina de un pastor.

La seducción que vencer quiero
se hace más fuerte con mi afán,
del mismo modo que el acero
dobla la fuerza del imán.

¿Por qué, ¡oh, montañas misteriosas!,
ni los Alpes ni el Apenino
tienen las gracias voluptuosas
de vuestro encanto femenino?

¿Por qué, al romper por la maleza
y al despertar los roncos ecos,
vencen en gracia y ligereza
a sus gamuzas tus rebecos?

¿Por qué es tan íntima y tan viva
la adoración que siento? ¿En dónde
la sugestión que me cautiva,
siempre atrayéndome, se esconde?

¿De dónde nace el hondo hechizo
que me fascina? ¿De qué hierba
sacar supiste el bebedizo
que me trastorna y que me enerva?

¡Verde lagarto, hoja pajiza
que arrastra y lleva el huracán!...
¿En mi botín, cual se desliza
como invencible talismán?

¿Quién descubrir podrá el secreto
que hay en tus piedras y en tus plantas?
¿Cuál de ellas es el amuleto
con que me ligas y me encantas?

Aun cuando lejos he nacido,
¿qué marcasita o qué cristal
me hacen tu suelo tan querido
como mi patria provenzal?

¿En la raigambre de algún pino
una mandrágora pisé
cuando, siguiendo mi camino,
el col de Aspin atravesé?

Sólo—¡oh montaña!—tú mis vagos
y hondos anhelos calmarías,
tú que en los ojos de tus lagos
copiando el cielo te extasías.

¡Circe de nieve que has vertido
tu filtro mágico en la fuente!...
¿Es que en las aguas lo he bebido,
o lo he aspirado en el ambiente?

Buscando causa a mi ternura
en conjeturas mil me pierdo,
mas, si al venir la noche oscura,
se enciende el astro del recuerdo,

vuelvo a sentir lo que sentía
en mi dichosa edad temprana,
cuando mi padre me decía
que fue mi abuela gaditana.

¡Ah!, ya comprendo por qué, ansioso
al recorrer vuestros senderos
marché con paso presuroso
por ver pasar los muleteros,

y sobre el gris de los paisajes
vi con placer el esplendor
de los lujosos atalajes
con vivas notas de color,

y en un recodo polvoriento,
a mi española sangre fiel,
por largo rato escuché atento
el rodorín del cascabel;

¿por qué a la mula mal domada
vi con placer cruzar un puente,
y desgranar la uva morada
sobre la plata del torrente;

por qué en la fiesta, al pueblo grata,
viendo la danza me animé
cuando era blanca la alpargata
y era menudo y leve el pie;

y por qué gozo cuando inquieta
su risa franca y juvenil
une la vasca pandereta
al tolosano tamboril?

En ti no busco, ¡oh cordillera!,
el acre y sano olor del pino
sino el olor de la frontera
del adorado país vecino,

que, poseyéndome, me anima
a que, escalando la montaña,
venga a aspirar sobre la cima
el viento cálido de España.

Mi españolismo hondo y sincero
no es la pueril fanfarronada
del que ha admirado un limonero,
del que ha mordido una granada;

ni el que leyendo a Musset, cruza
por todo ensueño juvenil,
cuando admiramos su andaluza
de mano breve y pie gentil.

España entera en mí palpita,
y cuando late el corazón
es que el vaivén violento imita
de su abanico de crespón.

Y como en mí sueña y suspira
el alma mora de mi abuela,
entre las cuerdas de mi lira
gime el bordón de una vihuela.

Aquí su sombra me acompaña
cuando, anhelante, noche y día,
busco en los límites de España
viril y típica poesía;

y con placer a veros llego,
cumbres ceñudas y bravías,
porque mi abuela pone el fuego
de sus miradas en las mías;

por eso, viendo su alborozo,
las rojas frutas de tu suelo,
la airosa capa de alto embozo,
severos pliegues y amplio vuelo;

y mis quimeras ideales
quiero forjar, cual mis mayores,
en los perennes naranjales
donde hay al par frutos y flores.

Más que el cantar de las cigarras
me agrada el canto de los grillos;
y entre bandurrias y guitarras
gusto del son de los palillos.

Focenses son mis tres abuelos,
originarios de Masilia,
y ven, sin odios y sin celos,
esta extranjera en su familia:

pero mi abuela la española
nadie consiente que la venza,
y me disputa altiva y sola
a mis abuelos de Provenza.

¡Ah! Cuando a veces mi energía
en mí se rompe, y mi alma llena
una tenaz melancolía
que es más bien árabe que helena,

es que, sin duda, conmemoro
triste, indolente y soñador,
la pena ¡oh Cádiz! de algún moro,
mi venerable antecesor.

Es española, ¡oh Pirineo!,
esta pasión que en mí se encierra
porque en tu adusto perfil veo
contornos ásperos de sierra.

Templa, al soplar aquí la brisa,
que es enervante y es sutil,
de Enrique IV la sonrisa
con el suspiro de Boabdil.

Es que la España ya vecina
tanto recuerda al agareno
que allí la gente campesina
a un trigo llama *sarraceno*.

Es que estas cumbres y estos valles
siempre el clamor conservarán
que inútilmente en Roncesvalles
lanzó la trompa de Roldán.

¡Ah! Ya sé bien por qué atavismo,
raza entonada y señoril,
pones un fondo de heroísmo
a toda escena pastoril.

Y ver me agrada que, el idilio
al retocar con férrea mano,
trueque el paisaje de Virgilio
en *selva mágica Lucano.*

¡Con qué placer hacia ese suelo
que me alucina y que me encanta,
dirijo el rumbo de mi anhelo
pero no el paso de mi planta!

Vuestra España para mi España,
que es de sangre una gota sola,
si traspusiera esa montaña
fuera demasiado española;

pero la Francia, aquí, fundiendo
con su altivez su ligereza,
las proporciones reduciendo
y suavizando la aspereza,

nube es que vela, mas no empaña
la cegadora luz del astro...
¡Oh Cid! Tu España es a mi España
lo que a Corneille Guillén de Castro.

¡Rocas que el rayo hirió, y la espesa
hierba recubre y entapiza,
donde la España se afrancesa
y la Francia se españoliza!

Los que pobláis esta comarca,
y a vuestro arrojo y valentía
sabéis poner la noble marca
de austeridad y de hidalguía,

algo tenéis del mosquetero
que, presumido y fanfarrón,
iba arrastrando el largo acero
como las *erres* el gascón.

Loco y sensato, bajo el mote
de su blasón lleva el bearnés
a Sancho bajo Don Quijote,
como un jubón bajo el arnés.

Si aún no se ve junto a las rejas
la airosa capa castellana,
sombra a los ojos dan las cejas
y el sobradillo a la ventana.

Cuando septiembre el campo alegra
van sus racimos a mezclar
la uva dorada y la uva negra
—rubia y morena—en el lagar.

Y ya en los bailes de la villa
tiene gentil la negra toca
la seducción que la mantilla
presta a los ojos y a la boca.

Y aunque las vueltas se complican
y las cinturas se cimbrean,
las castañuelas no repican,
mas los dedos castañetean.

En las parroquias campesinas
el culto aún es sobrio y sencillo,
mas ya en retablos y hornacinas
deslumbra el oro con su brillo.

Prefiere, tímida y francesa
la fe que en esta tierra habita,
a los delirios de Teresa,
la placidez de Bernardita.

¡Oh fronterizas cumbres, llenas
de majestad y de poesía,
corre y circula por mis venas
sangre de Francia, sangre mía!

Mas siento arder la única gota
que es española... ¡En el concierto
de mil alondras da su nota
un ruiseñor que haya en el huerto!

¡Y si hoy, lo mismo que en mi infancia,
vengo gozoso a esta región,
es porque en ella, desde Francia,
oigo de España la canción!

(MANUEL DE SANDOVAL)

EUGENIO DE CASTRO

(1869-1947—PORTUGUÉS)

Mis hijos

I

Violante María Luisa

Con las aves despierta... A pasos ledos
más que andar, vuela ansiosa hasta mi cama:
con suavidad sacúdeme y me llama,
y abre mis ojos con sus blancos dedos.

Al ver mis sobresaltos, finge miedos...
—¿Quieres besitos?—su áurea voz exclama;
y yo pago, en la dicha que me inflama,
sus fuertes besos con mis besos quedos.

¡Señor, qué hija me ha dado tu albedrío!...
¡Dale un camino blando y sin abrojos,
y a la Virtud por guía y compañera!

Y procura también, ¡oh, Padre mío!
que la mano que hoy abre mis ojos
me los cierre mañana cuando muera!

II

Martín

Nació: ¡era un varón! Mi alma ambiciosa
soñó su porvenir tan halagüeño,
que el mundo entero lo juzgó pequeño
para ofrecerlo a aquel botón de rosa.

¡Poeta insigne, conciencia luminosa,
héroe, santo tal vez!... Manso y risueño,
no llenaba la cuna... ¡Y en mi sueño
bañaba en luz la vida tenebrosa!

¡Llevóselo la muerte!... Altas montañas
¡cómo envidio ese musgo tan suave
de vuestros picos rígidos y calmos!

Títulos y poder, glorias y hazañas,
¡cuanto soñaba yo, ¡ay!, todo cabe
en un féretro blanco de dos palmos!

III

Luz

¡No pido para mí!... Fueron negadas,
fueron vanas mis súplicas, Señor!...
¡Yo que un trono soñara, soy pastor
de tristezas, por sierras descampadas!

¡Yo qué cegara ayer, viendo aureoladas
mis ambiciones de un astral fulgor,
hoy contemplo, temblando de dolor,
montones de cenizas apagadas!

¡No me quejo, Señor!... ¡Nada te exijo!...
Mas, si merece al cabo una presea
lo resignado que a mi suerte estoy,

compensa al padre humilde, alzando al hijo...
¡Dale lo que me niegas, y que él sea
todo lo que soñé ser... y no soy!

IV

Constanza

Duerme... En la alfombra que mi paso acalla
sus zapatitos yacen, y al brillar
recuerdan esas conchas con que el mar
entretiene a los niños en la playa.

Mayor que los dos juntos, se desmaya
pálida rosa al resplandor lunar...
Acostumbrados solamente a andar,
tristes, aguardan que su dueña vaya...

Sueño, y te miro, linda flor, crecida...
Con las manos humildes levantadas,
orando, a Dios suplican mis querellas,

¡que por todas las sendas de la vida
por donde pases, dejen tus pisadas
un argentino resplandor de estrellas!

V

Mafalda Ermelinda

¡Un nuevo astro iluminó mi casa!
¡Un nuevo ruiseñor canta en mi nido!...
¡Ved, si no es ave que encantó mi oído!...
¡Ved, si no es luz que el corazón me abrasa!

La frente, sobre el brazo en forma de asa,
igual que sobre un ala, se ha dormido.
Viéndola, acariciándola, he sentido,
un momento, un dolor que me traspasa.

Mientras, confiado en Dios, estoy soñando
para mis hijos una vida bella
hecha de días claros y serenos.

Si comparo su edad, quedo pensando
que si ella es la más joven, será ella
aquella a cuyo lado viva menos.

(F. VILLAESPESA)

Crepúsculo

Primera voz

¡Oh peregrino que estás llorando,
di, ¿por qué lloras?
vente conmigo, reirán cantando
todas las horas.

Vente, no tardes! Soy el Amor,
¡quiero dar alas a tus deseos!
En lindas bocas—tazas en flor—,
beberás muchos besos hibleos.

Sagramor

¿Besos?... Los besos son fiebres locas,
¡venenos son!
Deshojan rosas sobre las bocas,
pero abren llagas al corazón.

Segunda voz

Aquí está el oro, monte de oro,
¡toma! no llores...
Con los ducados de mi tesoro
tendrás palacios, gemas y flores.
Contempla, ve
cuán rubio el oro, ve cómo esplende...

Sagramor

¿Oro?... ¿Y a qué?
La humana dicha nadie la vende...

Tercera voz

¿Por qué tus quejas desesperadas
y ese sombrío doliente modo?
¡Vamos! haremos lindas jornadas.

Sagramor

Breve es el mando. Corrilo todo...

Cuarta voz

Yo soy la Gloria, genio jocundo
de un radioso país solar...
¡Sería el bardo mayor del mundo!

Sagramor

Dicen que el mundo debe acabar...

Quinta voz

Serás un sabio: ¡desde mi estancia
verás en breve todo aclarado!

Sagramor

Si conservase yo mi ignorancia
nunca sería tan desgraciado...

Sexta voz

Yo soy la Muerte conquistadora,
guardo misterios, arcanos vedo...

Sagramor

¡Oh, no me lleves! Márchate ahora,
¡me causas miedo!

Séptima voz

Yo soy la Vida. Ya que el morir
te causa miedo, tendrás mil años.

Sagramor

¡Por Dios! Ya basta de atroz sufrir.
¡Los desengaños!

Muchas voces

¡Pide exquisitos, dulces placeres!
¿Ser astro quieres?, ¿ser rey, o qué?
Vamos, responde: ¡dime que quieres!

Sagramor

No sé... No sé...

(GUILLERMO VALENCIA)

Diamantes y perlas

El soberbio monarca, en vasto lecho
de ébano y oro, yace agonizante;
y a su lado su hijo, sollozante,
ostenta sedas y el Toisón al pecho.

Los nobles cortesanos, en acecho
preparan finas drogas de Levante;
y en un anillo episcopal, brillante
la luz del sol, en gemas se ha deshecho.

En esto el moribundo afore los ojos,
y, en su heredero que solloza, fijo,
levanta el blanco lienzo transparente,

mostrando el cuerpo mordido de piojos,
y triste exclama:—Ve en qué paran, hijo,
los diamantes y perlas del Oriente.

(A. GONZÁLEZ-BLANCO)

A una madre

Madre piadosa, ¿por qué acaricias
a tu hijo con tanto contento?
No le beses las tiernas manecitas
¡antes retuércele el pescuezo!

No le des leche, ¡oh, equivocada!
ten piedad de su suerte:

no le des con tu pecho vida,
la vida es noche, luto y muerte.

¿Acaso no tendrás recelos
del infortunio que le amenaza?
No le des leche, córtate los senos,
¡ciega esas fuentes de desgracia!

Madre de pupilas llorosas,
no beses tanto sus piececitos:
¡No habitúes a pisar rosas
a quien sólo ha de hollar espinos!

No lo cobijes en tu regazo,
obre del manto los dulces pliegues:
¡Si lo acostumbras a los abrazos,
extrañará más tarde las serpientes!

A quien en sombras ha de vivir,
¿para qué estás mostrándole el día?
¿No tienes miedo de verle sufrir?
¿Vas a dejarlo desnudo sobre la nieve fría?

¿Sabes tú, madre equivocada,
cuál será su destino?
Acaso esgrima fratricida espada,
quizá sea mártir, poeta o ladrón de camino...

No lo lances, inerme, a la lucha
de este mundo bárbaro y triste:
¡Muerde esos labios con que le besas,
rasga el vientre en que lo tuviste!

¡No lo tornes cautivo,
no le prepares crueles dolores!
Antes debieras enterrarlo vivo...
¡y de su cuerpo brotarían flores!

(J. GONZÁLEZ OLMEDILLA)

Trece

¡Número trece, negro hermano
de verdes Martes y Viernes negros,
siniestro amante de la Aprensión
y de los búhos agoreros!

Todos los meses, cuando llegas,
óyense rudos y fatales rumores:
son las desgracias y las penas,
blandiendo gladios amenazadores.

En los cumpleaños y bodas
surges como una pesadilla,
diciendo: *¡Hay trece convidados!*
todas las caras pónense lívidas...

Te entras de rondón en los bailes,
máscara a quien nadie convida,
y exclamas: *¡Nos alumbran trece luces!...*
Para la danza, muere la risa...

Aun no has llegado, socio del azar,
y ya tu sombrío fantasma aterra
a los padres que tienen hijos allende el mar
y a las madres que tienen hijos en la guerra.

A media noche, en los descampados,
subes a las negras torres sonoras,
donde los relojes desarreglados
dan trece horas.

En las ciudades y en los campos,
en tu pavor todo lo envuelves...
¡Y cómo ríes en tus cópulas
con Martes o Viernes!

¡Lúgubre cavador de abismos,
fanal de lutos, guía del dolor:
¡Sumando tus dos guarismos
encuentro un cuatro que tiene el perfil de un cavador!

Crueles odios, mil sinsabores
tengo sufrido;
pero aún los he de sufrir peores,
porque un día cuatro he nacido...

Y un día trece vi ese mirar,
que mi alma cubre de desdén...
En un día trece púseme a llorar,
sin saber por qué...

Campana de incendio, grito de socorro,
nube de sangre en un cielo de zinc.
¿Cuándo, del brazo de la Muerte,
vendrás por mí?

(J. GONZÁLEZ OLMEDILLA)

Presagios

Cuando yo nací, denunciaba un Fuego
la parroquia mía,
y un vecino mío, que perdiera al juego,
cortaba sus venas mientras yo nacía.

Una hermana gemela descendió conmigo
de la Nada al Mundo,
que si ahora viviera sería un abrigo
contra la inclemencia de este mar profundo.

Pero la hermanita que el Señor me diera
muy luego moría, apenas naciera,
muy luego partía...
Aun tocaban a fuego en mi feligresía...

Con avisos tales, con tales presagios,
¿qué podré esperar?
Odios y tormentas, pugnas y naufragios,
¡los que ya han pasado, los que han de llegar!...

(J. GONZÁLEZ OLMEDILLA)

ADA NEGRI

(1870-1945—ITALIANA)

Fatalidad

Me apareció una noche en el umbral
　　　una extraña figura:
una llama en los ojos y un puñal;
me dijo con sarcasmo en la negrura:
　　　—"Yo soy la Desventura.
　　　De mí estar separada
　　　no lograrás jamás,
te seguiré a la muerte y a la nada;
contigo siempre voy a donde vas."
　　　Sollocé:—"¡Atrás, atrás!"
Hizo una pausa y prosiguió después:
　　　—"Arriba se halla escrito;
flor escuálida, eres de ciprés,
flor de nieve, de tumba y de delito;
　　　arriba se halla escrito."
Dije gritando:—"Quiero la esperanza
　　　que a los veinte años brilla,
quiero de amor la trépida pujanza,
quiero el beso del Genio sin mancilla.
　　　¡Afuera, afuera, afuera!"
Dijo:—En quien sufre, en quien con sangre crea,
　　　sólo brilla la gloria;
del sublime dolor nace la idea;
para aquel que combate es la victoria.
　　　Y respondila:—"Espera".

　　　　　　　　　　　　(F. MARISTANY)

HELGE RODE

(1870-1937—DANÉS)

Quietos están los grandes árboles...

　Quietos están los grandes árboles,
en silencio elevan sus llenas y verdes coronas
hacia la claridad de la mañana;
tiemblan rosados tonos.

Ningún rumor se desliza en el ramaje.
Diáfana es la mañana, llena y grande.
Silencioso el árbol goza el aire,
la luz, la tierra.

(PONZANELLI)

CHARLES GILL

(1871-1918—CANADIENSE)

El pensamiento

Yo he cubierto mi nada con mi alma inmortal
y he dicho al sol entonces: "Maravilla de oro;
tanto como tu luz es bello un pensamiento,
más allá que tu brillo va su aliento orgulloso;

tu centelleo de astro entre la noche negra
penetra menos que él el hondo porvenir,
porque antes morirá tu fuego que el recuerdo
que mi alma deslumbrada conserva de tu gloria".

PAUL VALÉRY

(1871-1945—FRANCÉS)

El cementerio marino

Tranquilo techo que palomas cruzan
y palpita entre tumbas y entre pinos;
el mediodía justo con su fuego
enciende el mar, el mar, siempre empezando.
¡Oh recompensa tras un pensamiento:
mirar firma la calma de los dioses!

¡Qué encaje de relámpagos consume
tanto diamante de invisible espuma,
y qué paz aparente se concibe!
Cuando sobre el abismo un sol reposa,
efectos puros de una eterna causa,
refulge el tiempo y es saber el sueño.

Tesoro estable, de Minerva templo,
masa de calma y diáfana reserva,
agua parpadeante, ojo que oculta
bajo un velo de llama tanto sueño.
¡Mi silencio!... ¡Edificio sobre el alma,
cima dorada de mil tejas, Techo!

¡Templo del Tiempo, y un suspiro solo!
Subo a este punto puro y me acostumbro,
de mi mirar marino rodeado.
Como a los dioses mi suprema ofrenda,
siempre el imperturbable centelleo
un desdén soberano en las alturas.

Como en placer el fruto se disuelve,
como su ausencia en goce se transmuta
en la boca donde su forma muere,
mi futura humareda aquí respiro,
y el cielo canta al alma consumida
el cambio de la orilla por rumor.

¡Oh bello cielo, mírame que cambio!
Después de tanto orgullo y tan extraña
ociosidad, mas llena de potencia,
a este brillante espacio me abandono:
sobre casas de muertos va mi sombra,
y a su blando moverse me acostumbra.

A antorchas del solsticio el alma expuesta
yo te sostengo, ¡admirable justicia
la de la luz en implacables armas!
Pura te vuelvo a tu lugar primero:
¡Mírate!... ¡Mas la luz que se refleja
exige una mitad triste de sombra!

¡Oh, para mí, en mí, sólo en mí mismo,
en las fuentes cordiales del poema,
entre el vacío y el suceso puro,
de mi grandeza interna espero el eco!
¡Cisterna amarga y tétrica en el alma
sonando un hueco siempre, siempre, lejos!

¿Sabes, falso cautivo de follajes,
golfo voraz de febles celosías,
secreto deslumbrante a mi ceguera,
qué cuerpo a su pereza y fin me arrastra,
a esta tierra de huesos que le atrae?
Una centella piensa en mis ausentes.

Lleno de un fuego inmaterial, sagrado,
cercada tierra que a la luz se ofrece,
me place este recinto bajo antorchas,
con oro, piedra y árboles umbrosos,
donde mármoles tiemblan sobre sombras.
Junto a mis tumbas, fiel, la mar se duerme.

¡Can espléndido, ahuyenta a los idólatras!
Mientras que solitario largas horas
apaciento carneros misteriosos,
blanco rebaño de mis quietas tumbas,
¡aléjame las tímidas palomas,
los vanos sueños, los curiosos ángeles!

El porvenir, llegado aquí, es pereza,
el puro insecto rasca sequedades,
va, quemado, deshecho, todo al viento,
a yo no sé qué esencias inmutables...
Vasta es la vida estando ebria de ausencias,
dulce es el amargor, claro el espíritu.

Dichosos son los muertos en la tierra
que los calienta y seca su misterio.
Quieto y alto se piensa el Mediodía,
se piensa y con sí mismo se conviene...
Testa cabal, diadema insuperable,
yo soy en ti la mutación secreta.

¡Solo yo puedo consolar tu angustia!
Mis contriciones, dudas y reveses
son el defecto de tu gran diamante....
Pero en su noche, tan pesada en mármol,
un vago pueblo entre raíces de árboles,
lentamente ha tomado tu partido.

¡Ya se han fundido en una densa ausencia,
bebió la arcilla roja blanca especie,
la gracia de vivir pasó a las flores!
¿Dónde están de los muertos los decires,
el arte personal, las almas únicas?
La larva hila donde fluía el llanto.

El grito agudo en el lascivo juego,
ojos, dientes y párpados mojados,
seno de encanto que con fuego juega,
brillante sangre en labios que se rinden,
el don postrer, los dedos defensores:
¡Todo se entierra y vuelve a entrar en juego!

¿Todavía, gran alma, un sueño esperas
que no tenga el color que aquí presentan
el oro y la onda que a la vista engañan?
¿Cantarás cuando seas vaporosa?
¡Todo huye! ¡Porosa es mi presencia,
y la santa impaciencia también muere!

¡Seca inmortalidad, seca y dorada,
consuelo laureado horriblemente,
que un seno maternal del morir haces;
el ardid compasivo, el bello engaño!
¡Quién no conoce, a quién no le repele
ese cráneo vacío y risa eterna!

Padres profundos, no habitadas testas,
que, so el peso de tantas paletadas,
tierra sois confundiendo nuestros pasos;
no es el roedor gusano irrefutable
para vosotros yertos bajo tablas.
¡Vive de vida y nunca me abandona!

¿Quizás amor? ¿Es odio de sí mismo?
¡Tan cerca está de mí su diente oculto
que puede convenirle cualquier nombre!
¡Qué importa! ¡Quiere, mira, sueña, palpa!
Mi carne le agradó. ¡Desde la cuna
yo aliento porque soy de este ser vivo!

¡Zenón! ¡Cruel Zenón! ¡Zenón de Elea!
Me atravesaste con tu flecha alada
que vibra, vuela, y quieta permanece!
¡Me mata el dardo, engéndrame el sonido!
¡El sol, el sol!... ¡Qué imagen de tortuga
para el alma, veloz Aquiles quieto!

¡No, no! ¡De pie! ¡En la era sucesiva!
¡Rompe, mi cuerpo, esta pensante forma!
¡Bebe el nacer del viento, pecho mío!
Una frescura que la mar exhala
me trae mi alma... ¡Oh, gran poder salado!
¡A revivir, corramos a la onda!

¡Oh, sí! Gran mar dotado de delirios,
piel de pantera, acribillada clámide
por los mil y mil ídolos del sol,
de tu azul carne ebria, hidra absoluta,
muerdes y muerdes tu fulgente cola
en tumulto parejo del silencio.

¡Se alza el viento! ¡Vivir es necesario!
¡Abre y cierra mi libro el aire inmenso,
audaz salta la rosa la ola en polvo!
¡Volad, páginas siempre deslumbradas!
¡Romped, olas! ¡Romped alegremente
el techo en paz que foques picotean!

(FEDERICO MUELAS y RAFAEL PÉREZ DELGADO)

Palma

Con su gracia temerosa,
velando el fulgor externo,
en mi mesa un ángel posa
leche diaria, pan tierno.
Y a una seña de sus ojos,
que insinúa sus antojos,
así habla a mi visión:
¡Calma, calma, queda en calma!
¡Miro el peso de una palma
cediendo a su profusión!

Por sus frutos enlazada,
en tanto que ella se aviene
a su abundancia de bienes,
queda su forma lograda.
Considera cómo vibra,
y por una lenta fibra
que descompone el momento,
entran, sin misterio, en guerra
la querencia de la tierra
y el peso del firmamento.

¿Este árbitro, móvil dueño,
entre la luz y la sombra,
finge sibila que asombra
por la cordura y el sueño.
Fija a un mismo punto, mansa,
la amplia palma no se cansa
de apelaciones y adioses.
¡Qué noble, blando crear!
¡Digna sólo de esperar
la alta mano de los dioses!

Oro ligero murmura
si el dedo del aire incierto
la impulsa, y suave armadura
cubre el alma del desierto.
Una voz inconsumida,
al viento de arena unida,
que con sus granos la riega,
a sí mismo se responde
y exhibe el milagro, donde
tristeza y gozo congrega.

En tanto que ella se ignora,
entre la arena y el cielo,
cada día, en su desvelo,
un poco de miel le dora.
¡Qué dulzura mesurada
por la divina jornada,
que jamás en cuenta toma
las horas que disimula
en un jugo que acumula
del amor todo el aroma!

Si a veces se desespera,
si el adorable rigor,
sordo a tus quejas, opera
bajo un secreto sopor,
no delata ser avara
una ciencia que prepara
tanto oro y solidez.
¡Fluye por la savia interna
solemne esperanza eterna
que asciende a la madurez!

Días de ocios felices
para el universo muertos.
Mas con ávidas raíces
que socavan los desiertos,
la esencia desmelenada,
por las tinieblas hallada,
no se detiene, se anima,
y en las entrañas del mundo
busca el líquido profundo
que solicitan las cimas.

¡Paciencia activa presencio!
¡Paciencia en el aire puro!
¡Cada átomo de silencio,
azar de un fruto maduro!
Vendrá el asombro, sin prisa;
una paloma, la brisa,
dulce ademán de bonanza,
el peso de una mujer,
harán la lluvia caer,
que de rodillas se alcanza.

Un pueblo ahora se emplea,
palma—¡irresistible intento!—
en el polvo que rodea
los frutos del firmamento.
No, no has perdido tus horas
si haces, tras bella demora,
que lo ágil no te abandone;
tan parecida al que piensa
y del alma a sus expensas
se acrecienta con sus dones.

Habla Narciso

Narcissae placandis manibus.

Oh, hermanos, tristes lises, de beldad languidezco
porque en vuestra sublime desnudez me apetezco,
y hacia vosotras, ninfas, ninfas de las fontanas,
voy; a dar al silencio puro lágrimas vanas.

Una gran calma me oye, donde oigo a la esperanza.
Cambian de voz las aguas y me hablan de la tarde;
la inquietud de las hierbas de plata en la sombra arde
y la pérfida luna, elevándose, alcanza
—espejo—los secretos de la apagada fuente.

¡Y yo! A mi longitud la rosaleda exigua,
languidece ¡oh, zafiro! mi hermosura doliente.
Ya no puedo amar más que al agua providente
en donde olvidé la risa y la rosa antigua.

¡Cómo deploro tu eclosión fatal y pura
de mí tan suavemente, fontana, circundada;
de donde segregasen mis ojos mi figura
muerta de azul, de flores húmedas coronada!

¡Ay, la imagen es vana y los lloros eternos!
Tras los bosques umbríos, tras los brazos fraternos
un tierno resplandor de hora ambigua subsiste;
con un jirón del día un novio me ha pintado
desnudo; allí, de donde me llama el agua triste...
¡Delicioso demonio, deseable y helado!

Mi carne de rosada y luna el agua apresta
—¡oh, figura obediente a mis voces apuesta!—
He aquí mis brazos de plata, de gestos puros...
Fatigando mis lentas manos en su fe, estoy
llamando al prisionero de las algas; y doy
a los ecos los nombres de los dioses oscuros.

Perdida estría, entre ondas esquivas de congoja,
Narciso, adiós... Tu nombre mismo el doliente pecho
aroma. Ante los manes del difunto, deshoja
la rosa funeral sobre el mortuorio lecho.

Sé, mi labio, la rosa que, un beso deshojando,
apacigüe a un espectro querido; pues la leve
voz de la lueñe y próxima noche están escuchando
las flores melancólicas, ebrias de sueño blando.
La luna entre los mirtos sus danzas entretiene.

Y entre esos mirtos yo te adoro, luna incierta,
carne a la soledad penosamente abierta
que se mira al espejo en el dormido bosque.
¡Libertad, ansia vana! En tu presencia huésped,
la aura falaz tan tibia es que el viento a que enrosque
sus nostalgias mis miembros tundirá sobre el césped.

Adiós, Narciso... Expire como esta tarde verde
en que late mi pecho y mi imagen ondula.
Hoy la flauta, en mortajas de atmósfera, modula
el dolor del sonoro rebaño que se pierde.

Mas, sobre el mortal hielo que al astro da realce,
antes de que la bruma lento túmulo me alce,
flote mi beso y líbrelo de su calma fatal.
Y, al bastar la esperanza a romper tal cristal,
pásmanme el rizo tenue que hizo mi beso fácil
y que mi soplo anime su caramillo grácil
de indulgente tañir que en un hilo desata.

Desmaya tus perdidas calmas, divinidad,
mientras a la luna vierte la flauta en soledad
nuestras distintas lágrimas de plata.

(FÉLIX ROS)

Nacimiento de Venus

Del hondo mar aún frío y humeante observad
que, al deshacerse la tormenta conjurada,
su amarga carne, al sol por el mar vomitada,
repudia el diamantino collar de tempestad.

Sonríe, viendo cómo tus largos brazos blancos
desvanecen de la húmeda Tetis la pedrería
—la que el oriente mártir de su espalda gemía—;
como su trenza escórzale de caricias los flancos.

El arenal se agrieta al vallar que lo abate;
cae, abriendo rumores de sed, y, a su acicate,
sorbe el agua, besando sus pueriles cabriolas.

Pero por mil pupilas de perfidia o pereza
su ojo móvil fugándose—temor—, de nuevo breza
por las risueñas aguas la danza de las olas.

(FÉLIX ROS)

Helena

¡Azul! Soy yo... Del antro de la muerte a ti llego
a oír al mar quebrarse en escalas sonoras,
y vuelvo las galeras a ver, en las auroras,
resucitar de sombras por un mechón de fuego.

Mis solitarias manos llaman a los monarcas
cuya barba de sal divertía mis dedos.
Yo lloraba—al cantar ellos sus triunfos quedos—,
hurtándome a los golfos las popas de sus barcas.

Oigo en profundas conchas, en bélicos extremos
de clarines, el ritmo del vuelo de los remos;
con su voz los remeros apresan en tumulto,

y, al heroico discurso los dioses impelidos,
de su sonrisa antigua, donde es la espuma insulto,
tienden a mí, indulgentes, sus brazos esculpidos.

(FÉLIX ROS)

El vino perdido

Un día, sobre algún gozoso
mar ya sin nombre para mí,
ofrenda a la nada, vertí
un poco de vino precioso.

¿Quién su pérdida decretó?
¿Qué corazonada me advino?
¿O convertirse en sangre el vino
mi febril preocupación vio?

Su transparencia, enrojecido
un punto a tintas infecundas,
recuperó el límpido mar.

Sus olas—del vino perdido—
ebrias, por el aire danzar
vi las figuras más profundas.

(FÉLIX ROS)

Las granadas

Rajados frutos, cuya masa
se desborda, a exceso de granos:
son cual cerebros soberanos
cuyos hallazgos les rebasa.

Los soles que llevan en sí
hendieron las rotas granadas,
colmando, a orgullo trabajadas,
las celdas de cada rubí:

la piel estalla a la suprema
fuerza múltiple que le sube
desde cada sangrienta gema.

Y tal luminosa ruptura
extasía a un alma que obtuve
de su secreta arquitectura.

(FÉLIX ROS)

Aurora

La confusión mohinosa
que de sueño me servía
disípase ante la rosa
concepción del sol, al día.
Mi pie por el alma avanza
alado de confianza:
¡es la primera oración!
Fuera arenas aventables,

resurgen las admirables
pisadas de mi razón.

    ¡Salud! Aún vuestras gemelas
sonrisas no ven, oh unidas
semejanzas (brillo entre las
palabras); están dormidas...
Al zumbar del abejal,
cestillos os diré. Y, al
prever el peldaño infranco
de mi escalera dorada,
mi prudencia evaporada
apoya, al fin, su pie blanco.

    Sobre estas carnes que acatan
de nuevo el temblor, ¡qué aurora!
Ya por grupos se dilatan
las durmientes hasta ahora.
Una brilla, otra bosteza,
y su peine, hecha pereza,
la doncella, en tanto—en pos
aún de inconsciencias—lo llena
de su sueño, a éste encadena
las premisas de su voz.

    ¡Qué! ¿Con vosotras se ensalma?
Esta noche, ¿qué habéis hecho,
ideas, novias del alma,
cortesanas por despecho?
—Nuestras presencias (responden)
inmortales no se esconden
lejos de tu techo, aleves.
Ni fuera de él. ¡Para hallarlas,
finas arañas, buscarlas
entre tus tinieblas debes!

    ¿Nadie ebrio en gozo te encuentre,
de la sombra al ver brotados
cien mil soles de seda entre
tus enigmas continuados?
Ve nuestras obras opimas:
tendimos sobre tus simas
nuestros hilos primitivos

y extrajimos la natura
de entre una urdimbre que cura
trémulos preparativos—.

   Su tejado espiritual
destruyo: y del canto blando
voy en mi bosque sensual
el oráculo buscando.
¡Ser...! ¡Universal oreja!
Toda el alma se apareja
al límite del deseo...
Y atiende cual se estremece.
Sus temblores me parece
que a mis labios sentir veo.

   He aquí mis viñas umbrosas,
las cunas de mis azares;
de imágenes numerosas
al igual que mis mirares.
Toda hoja me hace presente
un manantial complaciente
do bebo este frágil ruido.
Todo pulpa, almendra; todo
cáliz, en diverso modo,
que aguarde el fruto han pedido.

   ¡Ya no temo las espinas!
¡Velar es bueno, aunque duro!
Intenciones tan mezquinas
no quieren cauce seguro.
A un mundo no puede hurtarse
tan honda herida sin darse
ella, en venganza, al raptor.
Le asegurará después
su sangre que de ella es
único poseedor.

   Del cauce invisible alcanza
mi cuerpo el diáfano lecho
porque nada la Esperanza
mía, con el agua al pecho.
Corta el tiempo vago, monda
su cuello; y agita esta onda

que un cuerpo sin par prevé...
Bajo el ondulante atuendo
el infinito sintiendo,
se estremece desde el pie.

(FÉLIX ROS)

PAUL FORT

(1872-1960—FRANCÉS)

Esta muchacha ha muerto...

Esta muchacha ha muerto, ha muerto enamorada.
A enterrar la llevaron hoy en la madrugada,
y la han dejado sola, sola y abandonada.
En el féretro, sola la dejaron cerrada.
Gozosos regresaron a la nueva alborada
y uno a uno cantaron alegres melodías:
"Esta muchacha ha muerto, ha muerto enamorada."
Y se fueron al campo, como todos los días.

(E. GONZÁLEZ MARTÍNEZ)

Si todas las mozas...

Si todas las mozas del mundo la mano se quisieran dar, en torno del mar un corro podrían formar.

Si todos los mozos del mundo se hicieran marinos, podrían formar con sus barcas un puente por cima del mar.

Y entonces en torno del mundo podríase un corro formar, si toda la gente del mundo la mano se quisiera dar.

(E. DÍEZ-CANEDO)

JÚLIO BRANDÃO

(1869-1947—PORTUGUÉS)

Las hadas buenas

¡Es media noche! Buenas hadas,
lavando, entonan su cantar.
Se ve por sendas apartadas
a don Rodrigo galopar.

Pero el corcel aventurero,
caballero, no puede andar:
—dejan las hadas de lavar
y rodean al caballero...

Todas van vestidas de nieve,
se ponen a cuchichear...
El caballo no puede andar.
Contra las hadas ¿quién se atreve?

—Caballero del blanco airón
y el pelo rubio, ¿adónde vas?—
le dice, llena de pasión,
la de ojos que brillan más.

—Baja de tu caballo artero,
ven con nosotras a danzar...
¿A dónde vas, buen caballero,
en la noche plenilunar?

—Dejad pasar al caballero,
ved que no puede desmontar.

—¿Por qué llevas dorada espuela
y arreos de plata y collar?—
le dice la de cabellera
más rubia, de fulgor lunar.

Y el caballero, en un suspiro,
—¡Quién se pudiera demorar!

Ágil una salta a la grupa
y al mancebo quiere abrazar...
Claman las otras ¡upa! ¡upa!
y hacen corro para danzar...

Y todas, todas, todas, todas
empezaron a rodear
al caballero que a sus bodas
va en la noche plenilunar...

—¿Por qué corres? ¿Te damos
besos y no te quieres apear?

—Está la Flor de mis deseos
en su torre a orillas del mar.
Mañana en cuanto nazca el día
conmigo se ha de desposar...

Todas las hadas a porfía:
—¡Caballero, puedes pasar!

(E. DÍEZ-CANEDO)

ALFONSO LOPES VIEIRA

(1878-1946—PORTUGUÉS)

Con la pena...

Con la pena el ruiseñor
de su gorjeo doliente,
cantando murió de amor,
muerto cayó a la corriente.

Luego el río, murmurando,
manso y fino, sin parar,
lo fue llevando, llevando,
y lo sepultó en el mar.

¡Sueño al último fulgor
del sol, sobre el mar, un cántico:
es la voz del ruiseñor
que hinche el alma del Atlántico!

(E. DÍEZ-CANEDO)

JOHANNES SCHLAF

(1862-1941—ALEMÁN)

Un día te besé...

Un día te besé de un modo raro.
En un sillón tranquila descansabas
y con las manos, terca,
la cara te ocultabas.
Yo frente a ti, de hinojos,
contemplaba tan sólo entre tus dedos
tus ojos.

¿Cómo puedo
verlos así, tan raros, tan distantes?
Pensaba...

Tuve miedo...
Vi otros dos bellos ojos,
¡dos ojos muy lejanos, muy lejanos!...
¡Los dulces ojos de ella!
Te separé las manos
y frente a ti, de hinojos,
inclineme y besé amorosamente
sus ojos..

(F. MARISTANY)

GUILHERME DE ALMEIDA

(1890-1969—BRASILEÑO)

De la pureza

¡Sé como espejo quieto, indiferente,
que, reflejando lodo y dolor,
siempre es el mismo, inalterablemente!
—Sé pura—me dijo el Señor.

Mas si dijese yo a mi espejo un día
—"Sé siempre puro"—al decir tal,
con mi hálito de fuego empañaría
la superficie del cristal...

(E. DÍEZ-CANEDO)

HENRI BATAILLE

(1872-1922—FRANCÉS)

La fuente de compasión

El llanto está en nosotros. Las penas, porque saben
que siempre ha de haber lágrimas, tienen tranquilidad.
Pechos desencantados, bien saben si son fieles.
De niños, lo aprendemos para jamás dudarlo.
Mi madre, a la primera, dijo: " ¿Cuántas serán?"

El llanto está en nosotros, y es profundo misterio.
¡Corazón infantil, qué lástima me das;
corazón infantil, cuando así te deshaces
de tus lágrimas, pródigo, sin temor de agotarlas!
¡Y cómo la postrera debiéramos guardar!

Son ellas, no las flores; son ellas, no el estío,
lo que con su ternura consuelo nos dará.
Ellas nos conocieron niños, nos consolaron;
en nosotros están, vigilantes y fieles,
y al dejarnos, las lágrimas, también llorando van.

(E. DÍEZ-CANEDO)

LOUIS MANDIN

(1872-1944—FRANCÉS)

Sueño

Duermes; contra mi pecho, blanca y tibia, te apreso,
sintiendo blandamente alzarse la marea
ardiente de tu seno, tendiéndose hacia un beso;
deseo que, aun dormida, dentro de ti aletea.

Que tu ternura, siempre, honda y voluptuosa,
de continuo me sigue y me envuelve en sus llamas;
y cuando, fatigados de la lucha amorosa,
dormida, todavía no duermes, sino amas,

en la paz de tu sueño me reposo, me escondo,
y en su tierna frescura mi amor hundirse quiere,
como se entra una abeja de una rosa en el fondo,
donde el áureo suspiro de su vuelo se muere.

(FERNANDO FORTÚN)

VALDEMAR RORDAM

(1872-1946—DANÉS)

Crepúsculo

Al crepúsculo volvió la paz
cuando los vientos inquietos se fueron a casa,
y las estrellas en la puerta del cielo,
parpadeaban detrás de ellos.

En el campo se yergue un álamo
cuyo forraje hace mucho ruido.
En él está escondido un pájaro sin casa,
que tiene frío y se entristece.

(PONZANELLI)

CHARLES GUÉRIN

(1873-1907—FRANCÉS)

Entre mi sueño y tú...

Entre mi sueño y tú, canta la luz. Escribo.
Y oímos, mudos de voluptuosa emoción,
el volar de un insecto ciego en la habitación.
La claridad sonrosa tu rostro pensativo.

Acaricias los dedos que te abandono, y piensas:
—Si me quiere de veras, ¿cómo puede escribir?—
¡Oh suspiro, temblor de tu mano y batir
de pestañas que fingen rejas finas y densas!

Un oculto pesar adivino, y apreso
tu talle; sonreír quieres cuando te beso...
mas presto los sollozos que retener ansías

brotan, y mucho tiempo, muda, desconsolada,
lloras, lloras celosa de estas palabras mías,
que sólo hablarte saben de nuestro amor, amada.

(E. DÍEZ-CANEDO)

CHARLES PÉGUY

(1873-1914—FRANCÉS)

Eva, primera mortal

Pero yo te saludo, oh primera mortal,
besaste tantas veces las frentes silenciosas,
y los labios, la barba, los dientes y los ojos
de tus hijos, caídos en esta ciudadela.

Pusiste tantos de ellos en el arce y la encina,
y la piedra y la tierra y los más bellos mármoles,
pusiste tantos de ellos al borde de las tumbas,
oh tú, la última siempre y la más miserable.

Son tantos los que en pobres sudarios enterraste,
y sobre tus rodillas, como cuando eran niños,
y te han robado tantos que iban solos, desnudos
para tu salvaguardia y para tu defensa.

Pusiste tantos de ellos en augustos sudarios,
y sobre tus rodillas, como recién nacidos,
y te han robado tantos de esos débiles niños
que a la muerte marchaban, temerarios y solos.

Llevas tantos atados con fuertes ataduras,
las únicas que nunca podrán ser desatadas,
de esos pobres muchachos que iban graves, desnudos,
hacia muertes eternas, en seguida olvidadas.

Pusiste a tantos de ellos esa pesada carga,
la única que nunca podrá ser descargada,
de ese joven rebaño que avanzaba, rebaño
de corderos cargados de un valor absoluto.

Tantos en el secreto de las tumbas pusiste,
el único que nunca podrá ser desvelado,
el único que nunca podrá ser revelado,
de esos niños caídos en grandes hecatombes.

A algún Dios ofrecidos y no al Dios verdadero,
sin holocausto muertos sobre un ara cualquiera,
perdidos en la lucha o en alguna avanzada,
o en un lugar que no es el lugar verdadero.

En hondas catacumbas pusiste tantos de esos
niños que perecieron por salvar un honor,
pusiste en el silencio de las tumbas a tantos
niños que naufragaron al borde de la dicha.

En los pliegues de un largo duelo envolviste tantos
de entre los que marchaban taciturnos y graves,
y te han robado tantos al umbral de tu puerta,
de entre los que marchaban invencibles y graves.

Tan larga es la necrópolis de los que tú pusiste,
de los que en tus sagradas rodillas tú tomaste,

hijos que desde todas las ciudades llegaban
y que por ti marchaban, caían y morían.

(VICENTE GAOS)

FERNAND GREGH

(1873-1960—FRANCÉS)

Minueto

Al triste son de los minuetos
cantan mis deseos secretos
   y estoy llorando
de oír el temblor de esta vana
voz de otro tiempo, voz lejana
   que está llorando.

Canción del clavicordio antiguo,
notas leves, enjambre exiguo
   que huye y se borra,
sois pastel de un tiempo distante
que se anima, ríe un instante
   y al fin se borra.

Cantar por lágrimas turbado,
placer verdadero, ignorado,
   recato tierno,
llanto en despedidas de amor
ahogado en el silencio por
   orgullo tierno.

¡Cómo llenáis los corazones
con tonos dulces y burlones
   y a la vez tristes,
minuetos apenas oídos,
risas tenues, leves gemidos
   y besos tristes!

(E. DÍEZ-CANEDO)

WALTER DE LA MARE

(1873-1956—INGLÉS)

Los centinelas

"¿Hay aquí alguien?", dijo el Viajero,
y a la puerta llamó, que alumbraba la luna;
su caballo, en silencio, mordiscaba la hierba,
entre helechos del bosque;
y sobre la cabeza del Viajero un pájaro
echó a volar desde la torrecilla;
y por segunda vez llamó a la puerta.
"¿Hay alguien aquí?", dijo.
Mas hacia el Viajero no fue nadie;
no se asomó ninguna cabeza entre las hojas
del umbral, ni miró sus ojos grises,
en tanto que allí estaba, inmóvil y perplejo.
Sólo un tropel de duendes centinelas,
que habitaban la casa solitaria,
escuchó en el silencio que alumbraba la luna
aquella voz del mundo de los hombres;
se agolpaban en leves rayos de luna, sobre
la oscura escalinata del gran salón desierto,
escuchando en el aire turbado por las voces
que daba el Viajero solitario.
Y aquel raro silencio su corazón sentía,
la quietud en respuesta a su llamada, mientras
se movía el caballo, paciendo hierba oscura,
bajo el cielo estrellado, que cubrían las hojas;
y, de pronto, llamó con más fuerza a la puerta
y, la cabeza erguida,
"Decidles que he venido y no me contestaron;
que cumplí mi palabra", el Viajero dijo.
Pero los que escuchaban no hicieron ni el más leve
movimiento, aunque cada palabra pronunciada
llevose el eco en sombras por la casa tranquila,
y era el único hombre que quedaba despierto.
Cierto: su pie le oyeron poner en el estribo,
y oyeron el sonido del hierro por las losas,
y cómo resurgía blandamente el silencio
al perderse los cascos allá en la lejanía.

(MARIANO MENENT)

FAIK AALI BEY

(1876-1950—TURCO)

Para una belleza ausente

Te has ido: Ahora, aquí, las auroras se acaban con una sonrisa sin gracia.
    Te has ido: Ahora, aquí, frío, nieve, tempestad; te has ido: ahí, lejos, se desplegarán todas las bellezas de las estaciones.
 En mis sueños, cada noche, un siglo de ansiedad carga sobre mi vida un fardo de sombras. Si no te hubieses ido, el horizonte cubierto de espejismos que has creado para mí, engañaría en mí este dolor de siglos.

Te has ido: Cada uno de los tonos de las cuerdas de mi lira resuenan en el vacío, sin respuesta.
    Temo que nuestras vidas lloren mañana lágrimas inútiles sobre este amor extinguido.

Mis sueños se pierden en las noches del pasado; mis días están errando en oscuridad pavorosa.
    Y, para expresar bien mi dolor, siembro por todos los horizontes poemas vagos, en un flujo y reflujo de sentimiento.

HUGO VON HOFMANNSTHAL

(1874-1929—AUSTRÍACO)

Los dos

En la mano llevaba ella la copa;
su borde parecíase a sus labios;
ni una gota siquiera derramose;
tan ligero y seguro era su paso.

Montaba él un caballo ágil y joven,
y con un breve gesto abandonado
lograba se cuadrara estremecido;
tan ligera y segura era su mano.

Pero cuando a tomar él fue la copa
liviana de la mano de la bella,
para ambos se trocó harto pesada;
pues temblaron los dos de tal manera,
que una mano no supo hallar la otra
y el vino derramose y cayó en tierra.

(F. MARISTANY)

De la fragilidad

Siento aún en las mejillas su aliento venerado.
¡Ay, cómo puede ser que tan cercanos días
no tornen nunca más, ya sean el pasado!...

Es algo que no hay nadie que vea claramente,
y es inútil y horrible mostrar sobre ello queja:
Todo fluye y aléjase, deja de ser presente.

Y es raro que mi yo, que nada ha retenido,
se haya poquito a poco de un niño ido escapando,
tal como un perro extraño, mudo, desconocido...

¿Y no lo es el pensar que ha un siglo yo existía,
y mis antepasados, que están en el sepulcro,
tal como mis cabellos son una cosa mía?

¡Son una cosa mía íntimamente mía!

(F. MARISTANY)

Sueño vivido

El Valle del Crepúsculo llenaban
perfumes grises de color de plata,

como cuando la luna se tamiza
por entre nubes de borrosas tintas.

No era la noche, sin embargo. Presto
con los aromas de matiz de argento

se disiparon en el valle oscuro
mis vagos pensamientos de crepúsculo,

y entre las aguas de una mar tranquila
me hundí callado... y se me fue la vida.

Vi cálices de flores misteriosas
y negras, que brillaban en la sombra;

y en corrientes de tinte anaranjado
—como tibios fulgores de topacio—

una luz que pintaba la floresta,
de triste claridad amarillenta,

y todo estaba lleno por las olas
de una rara cadencia melancólica.

Y sin lograr siquiera comprenderlo
mi turbada razón, pero sabiéndolo,

clamaba sin cesar entre mi mente
que aquella realidad era la Muerte...

y la Muerte hecha música; la hermana
de los hondos anhelos; la que ama

a los seres que viven, y los busca,
toda vigor entre la noche adusta.

Y en silencio y oculta entre mi alma
lloraba por la vida una Nostalgia,

y lloraba y lloraba como llora
el que se va—llevado por las olas

en una enorme embarcación marina
de fantásticas velas amarillas—

que a los tenues fulgores del ocaso,
desde las aguas de un azul opaco

consigue divisar en la ribera
todo el cariz de la ciudad paterna:

y se ofrecen las calles a sus ojos
y percibe el murmullo de los pozos,

y de los caros bosques familiares
aspira los aromas otoñales,

y se finge de pies entre la arena,
como en las horas de la edad primera,

transido de inquietud, con las pupilas
arrasadas en lágrimas esquivas,

y ve el roto cristal de su ventana
y tras ella su alcoba iluminada...

Pero la enorme embarcación marina
que no surte jamás de las orillas,

sigue adelante en el silencio mudo
que hacen las aguas de un azul oscuro,

sobre los viejos mástiles tendidas
¡melancólicas velas amarillas!

(GUILLERMO VALENCIA)

TRISTAN KLINGSOR

(1874-1966—FRANCÉS)

El soldadito de plomo

Mi padre, asador; mi madre, cuchara;
yo soy soldadito de liviana tropa;
mi padre, asador; mi madre, cuchara
    de sopa.

Tengo una peana de raíz de brezo;
redonda, no tiene de talón asomo;

tengo una peana de raíz de brezo
    y el cuerpo de plomo.

Tengo la barriga pintada de azul,
y de hinchada temo que estalle y me muera
tengo la barriga pintada de azul
    y de rojo la parte trasera.

No me muevo ni poco ni mucho
y en mi aparador hago centinela;
no me muevo ni poco ni mucho
viendo a doña Rata por dónde se cuela.

Y si, andando el tiempo, llego a capitán,
tres galones de oro mis mangas tendrán;
y si, andando el tiempo, llego a capitán,
me uniré con una muñeca de palo.

La pondrán sus damas linda y blanca toda,
su traje de cola, del novio regalo,
y alegres tonadas de clarín oiréis
como cuando celebran su boda
    la reina y el rey.

(E. DÍEZ-CANEDO)

Canción del molinero

¿Qué hace dar vueltas y vueltas como loco a tu molino?
molinero, ¿el torbellino de agua que del río mana,
    o del norte el fuerte viento?
    ¿Qué le da tal movimiento
    desde esta mañana?

¿Qué hace voltear tu cabeza,
molinero, es la cerveza
del domingo, o es el vino?
¿qué hace voltear tu cabeza
    como tu molino?

¿Qué hace una devandera
de tu alma? ¿Es la molinera
o la risa que en camino
te dirigió la gitana?

¿Qué hace tornar tu cabeza, tu espíritu y tu molino
de la mañana a la noche, de la noche a la mañana?

(FERNANDO FORTÚN)

JULIEN OCHSÉ

(1874—FRANCÉS)

La noche blanca

Llora el perro en la sombra del jardín; el gemido
de otros canes, cruzando del espacio el sopor,
inquieto le contesta con el sordo terror
del que siente el avance de lo desconocido.

Nuestra casa en el claro de luna es diferente.
Lívida rigidez le da el nocturno ambiente
y es como muerta que su sepulcro ha dejado
por las sendas brillantes del jardín empapado.

Una lejana luz es un ojo profundo:
ve sombras que a dos vidrios se asoman, y en su espejo
transparente, aterradas, advierten el reflejo
de un árbol, y en las hojas rostros de moribundo.

Y en torno de la fuente—mi corazón lo sabe—
por veredas de plata, por el césped suave,
con sudarios de ópalo, la multitud camina
de invisibles que forman la niebla matutina.

(E. DÍEZ-CANEDO)

KAI HOFFMANN

(1874-1949—DANÉS)

Ahora llega la oscuridad...

Ahora llega la oscuridad
como si brotara del suelo,
como agua que sube.
Ahora se oscurece el norte.
De los árboles caen las hojas.
Hacia el sur ha huido el canto.
Rojo florece el suelo
en el ocaso.

Ahora llega la oscuridad;
del espacio brota
su negro torrente,
y todo desaparece.
Ahora llega la noche.
Detrás de los rígidos troncos,
el borde del cielo
es una embriaguez de llamas...

(PONZANELLI)

RAINER MARIA RILKE

(1875-1926—AUSTRÍACO)

Si aunque cierres mis ojos...

Si aunque cierres mis ojos he de verte,
si aunque cierres mi oído he de escucharte,
si te he de hablar, aun con la boca inerte,
si aunque no tenga pies iré a buscarte;
e irá a abrazarte, si no tengo brazos;
mi corazón, y si háceslo, pedazos,
entonces mi cerebro latirá,
y aun cuando me lo abrases, tu porfía
no te valdrá.

No te valdrá, porque la sangre mía
te llevará.

(F. MARISTANY)

Bailarina española

Como un fósforo químico que antes
de inflamarse se extiende a todos lados
en llamas palpitantes, en el círculo
de los espectadores, clara, vívida,
surcando el aire, iníciase la danza.

Y es de pronto como una llama plena.

Con la mirada enciende sus cabellos,
y en seguida, con aire atrevidísimo,
su vestido pasea en este incendio,
donde como serpientes espantosas
retuércense sus brazos, crepitando.

Después, como si el fuego repugnárale,
lo coge y lejos de ella lo arrebata,
con un gesto orgulloso, y luego observa:
Furioso está extendido sobre el suelo,
y abrasa todavía y no se rinde.

Segura y victoriosa, sin embargo,
y con una sonrisa, que saluda,
gallardamente ensalza el bello rostro
y al fin con su pie firme apaga el fuego.

(F. MARISTANY)

La muerte de la amada

Sabía de la Muerte lo que sabíamos todos:
que nos coge en sus brazos, que nos lleva al silencio;
pero cuando su amada partió, no arrebatada,
sino cual una nube que se esfuma a lo lejos
suavemente, con rumbo a la sombra ignorada,
y él sentía que allá, lejos del sol y del tiempo,
su sonrisa de niña y su bondad piadosa

eran como una luna de aquel lejano cielo,
como si a través de ella fuera hermano de todos,
conocía a los muertos.
Y, sin oír las voces de los que nada saben,
pensaba eternamente que el país del misterio
era el mejor situado, y eternamente dulce...
Y para los pies de ella lo tentaron sus sueños...

(L. RODRÍGUEZ ALCALDE)

El interior de la rosa

¿Qué exterior hallaríamos a este
interior inefable de la rosa?
¿Sobre qué herida abierta se aplicaron
estas rosadas telas impalpables?
¿Qué cielos encantados espejean
en el mar interior
de estas rosas abiertas
con gracioso descuido?
Mira cómo reposan
como si fuera imposible que una mano
temblorosa pudiera deshojarlas.
No pueden contenerse en su hermosura;
salen de su interior y se confunden,
colmadas, con la luz de tantos días
que en torno suyo cierran
cada vez más su círculo vibrante...
y al fin todo el verano es una estancia,
una estancia encerrada en un ensueño.

(L. RODRÍGUEZ ALCALDE)

THOGER LARSEN

(1875-1928—DANÉS)

Tierra, de nuevo yo...

Tierra, de nuevo yo canto un himno en tu loor,
como el gallo embriagado de verdura y de alba,
como el cuclillo del bosque que anhela las nubes.

Te amo, Tierra, en lo profundo de tus barrancos,
y arriba en la húmeda lana de las nubes
llena está mi alma de rebosante felicidad...

(PONZANELLI)

ROBERT FROST

(1875-1963—NORTEAMERICANO)

Abandonado

¿Dónde había escuchado ya aquel viento,
trocándose en rugido?
¿Por qué de pie estaría, con la mano
en una inquieta puerta, contemplando,
cerro abajo, la playa con su espuma?
Se habían disipado el verano y el día.
Hacia Poniente nubes sombrías se agrupaban.
Fuera, en el ondulado suelo del porche, en círculo
ascendían las hojas, lanzaban un silbido;
ciegamente rozaban mis rodillas, huyendo.
Una nota siniestra en mi voz me decía
que habían descubierto mi secreto;
de algún modo sabían los extraños
que estaba en el hogar sin compañía;
que me hallaba en mi vida solitario;
que, salvo Dios, ya nadie me quedaba.

(MARIANO MANENTI)

AVETIK ISAHAKYAN

(1875-1957—ARMENIO)

Mi dulce hermana

Mi dulce hermana: ¿ves? ¿ves mi
corazón herido?
Abrázame, bésame; he sufrido mucho;
seca mis lágrimas con tus manos suaves.

No me dejes sufrir.
He llorado mucho.
Disipa las brumas que se amontonan
en mi frente. ¡Bésame!
¡Ya no puedo llorar más!

(JOSEFINA LERENA ACEVEDO DE BLIXEN)

NICOLAS CRAINIC

(SIGLO XX—RUMANO)

Canto de monte

Con el abeto me disuelvo en el cielo alto
y canto en las cavidades cuando el viento sopla,
duermo con los silencios en la soledad
y con el eco me pierdo en los chiscones.

Me disperso con la luz que se pierde
herida en las altas enramadas,
y en el bosque, que desde la aurora hasta el crepúsculo
tiene perfumes pútridos y perfumes frescos.

Con la cumbre sostengo con mi frente las nubes
y descanso en los valles mezclado con las flores,
y con las ramas extiendo la mano hacia el cielo
para mecer en ella a los pájaros como en un nido.

Soy como el helecho que se agita sin reposo,
con el musgo quiero quedar en las rocas,
pero me uno con las fuentes y voy
con ellas hacia el mar, hacia el mar.

(CAYETANO APARICIO)

ESTEBAN O. JOSIC

(1876-1913—RUMANO)

Jesús

Una pobre lamparilla en un rincón de la sala
alumbra el cuadro piadoso con sus rayos amarillos.
Se ve mamando a Jesús en el pecho de la Virgen
y a los magos y pastores en adoración postrados.

Una infinita dulzura se exhala de sus miradas.
Sonríe Jesús, en tanto que un breve pliegue profundo,
igual que un presentimiento de sufrimiento ideal,
amasa noche y pasión sobre su frente divina.

¿Sabías, Jesús, ya entonces que al término de tu vida,
como ingrata recompensa por tanto infinito amor,
los hombres te acosarían con clamores injuriosos?

¿Sabías que subirías la áspera falda de un monte
bajo el peso de la cruz y coronado de espinas,
y morirías lanzando un gemido hacia los cielos?

AART VAN DER LEEUW

(1876-1931—HOLANDÉS)

Una caña vacía...

Una caña vacía, un junco rumoroso,
un soñador que lo ve ondear,
y para consagrar la soledad, lo corta
y lo transforma en una pequeña flauta:
un soplo y después el canto.

Este era tu deseo: una voz ¡oh planta!
Helo satisfecho; una mano ágil, la ayuda
de dos labios expertos, y tu alma,
exultando, escapa, reina
sobre la baja campiña.

(PONZANELLI-PRAMPOLINI)

YAVOROV

(1877-1914—BÚLGARO)

No me preguntes

No me preguntes, madre, de dónde es esta herida,
ni dónde ha ido mi fuerza, la fuerza estremecida
que tan duro y tan hombre me hizo ser.
Pon, madre, aquí tu mano, ponla sobre mi pecho,
y siente en su latido lo que hay en él deshecho,
y cuéntame algo del ayer.

Pon, madre, aquí tu mano y dime una palabra,
una palabra sola que el porvenir me abra,
abriéndome el tesoro de tu viejo saber.

Dime cómo llorabais, llorabais en tus años
cuando un querer de fuego quebrábase en engaños.
Así también quiero llorar.
Porque hoy, en el abismo donde la luz no alcanza,
un algo necesito, cualquier necia esperanza
que me haga al menos olvidar.

(TEODORO P. NEICOV y LUIS LANDÍNEZ)

No me la despertéis

Mi alma se aduerme en brazos de la noche:
no me la despertéis.
Extraña para todos, como un huérfano pobre
sin cobijo en el mundo,
quizá morirá en brazos de la noche.
No me la despertéis.

Bajo su manto que sostienen ángeles
—ángeles que titilan como estrellas—
la noche melancólica vigila.
Y oprime con fervor contra su pecho
al pobre niño, huérfano.
Lloran quizá allá arriba las estrellas.

Pero quieta,
quieta bajo su manto
la noche melancólica vigila.

Y el alma—pobre huérfano—se aduerme
y sonríe apacible.
La noche calla, calla,
y hasta contiene, maternal, su aliento.
El alma—pobre huérfano—ya ha muerto
y aún queda, viva, su sonrisa.

(TEODORO P. NEICOV y LUIS LANDÍNEZ)

ADY ENDRE

(1877-1919—HÚNGARO)

Ni descendiente...

Ni descendiente ni abuelo feliz, ni pariente
ni conocido, yo no soy de nadie, de nadie.
Yo soy, como todos los hombres,
majestad, polo norte, secreto, extrañeza,
fuego fatuo, luz lejana.
Pero ¡ay de mí! así no puedo permanecer;
quisiera mostrarme para ser visto, para ser visto.
Por esto me torturo y canto; quisiera ser amado.
Oh, fuese de alguien, de alguien!

(PONZANÉLLI)

MAXIMILIANO VOLOCHINE

(1877-1932—RUSO)

La primavera roja

    Este invierno, a lo largo de los caminos,
había hombres y caballos muertos;
los perros en bandadas devoraban sus carnes.
Rugía el viento Este en los cristales rotos
y bajo las ventanas las ametralladoras
silbaban como látigos en los cuerpos desnudos
de hombres y mujeres. Llegó la primavera
siniestra, hambrienta, enferma.
El sol miraba al mundo con su mirada triste.
Caderas contraídas engendraban abortos
sin brazos ni ojos. En lugar de barro,
corría por las pendientes un purulento líquido;
surgían huesos bajo la nieve derretida;
brillaba como un cirio la nevadilla; olían
la violeta y el lirio a muerte y pestilencia;
los troncos de los árboles roídos por las bestias
se erguían indecentes como pies de cadáveres.
Fue este invierno una larga semana de pasión.
La primavera roja se unió a sangrientas Pascuas.
Pero este año Cristo ya no resucitó.

OSCAR WLADISLAO DE L. MILOSZ

(1877-1939—LITUANIA)

Coro de la procesión

(Final del cuadro tercero de "Miguel de Mañara")

El sudor de la muerte corre sobre sus ojos.
Anda bajo la Cruz sin ver su último día. Dinos,
Hijo del Hombre, ¿qué podemos ver de bello en la tierra?
El agua de este país es como el ojo del ciego, la piedra de este
    país da como el corazón del Rey, el árbol de este país da
    un poste de tortura para ti, Amor, Hijo del Cielo.
Él ha partido el pan y ha escanciado el vino.

Esta es mi carne y esta es mi sangre.
¡Quien tenga oreja que escuche!
Ha orado y se ha levantado; sus amados estaban tendidos bajo los olivos.
¿Duermes, Simeón?
Ha gritado y se ha levantado; sus hijitos soñaban bajo los olivos. Dormid desde ahora, dijo el Hijo del Hombre.
Han venido con espadas y con antorchas: "Maestro, te saludo". El hermano ha besado al hermano en la mejilla. Fue cortada la oreja derecha y vedla ya curada: para que el hombre escuche.
El gallo ha cantado dos veces; ya no existe el amor, todo está olvidado.
El gallo ha cantado en la soledad de tu corazón, Hijo del Hombre.
La corona está en su cabeza, la caña está en sus manos, el rostro está ciego de salivazos y de sangre.
Salve, Rey de los Judíos.
Las vestiduras han sido repartidas y los ladrones han muerto.
Tengo sed, grita el corazón de la vida.
Pero ha caído la esponja y el costado ha sido herido y todo se ha consumado.
Ahora sabemos que es el Hijo de Dios vivo y que está con nosotros hasta la consumación de los siglos. Amén.

(LEOPOLDO RODRÍGUEZ ALCALDE)

FRANÇOIS PORCHE

(1877-1947—FRANCÉS)

¿Qué quieren estos muros?...

¿Qué quieren estos muros y la alfombra pisada
por tantos pasajeros que se alejarán mudos,
las ambiguas cortinas y la triste ventana
en donde caen los días tan fríos, tan desnudos?...

¿Y este lecho trivial que alquiló tanta gente,
en la equívoca sombra de la alcoba, el espejo
donde veo surgir a mi calva naciente,
    todo verdoso y viejo?

En un rincón estallan rojores; ¡pobres rosas!,
su frágil gracia cerca de estos negros colores
asombra, y uno siente la injuria que las cosas
hacen a su dulzura, hacen a sus pudores.

Para ver las ideas claras y florecidas
hace falta agua fresca y límpida, aire puro...
Mas la vida... ¡Son tantas las rosas ofendidas
que languidecen tristes en un rincón oscuro!...

Vagando por el cuarto, donde vive y se ahoga,
mi mirada tropieza con el espejo, acaso:
mi frente, atormentada, veo que me interroga
como una aparición del doloroso ocaso.

Y se alza en mi camino la conciencia en acecho,
me mira, escrutadora, al verme regresar:
"¿Qué has hecho tú—me dice—en dos años, qué has hecho?
¿Nada más que vivir, nade más que soñar?"

Confieso: "Sí; mi alma aspira con dolor
de su cerrada concilia derramarse en bondad.
Pero no ser mejor que ayer, es ser peor:
es el deseo sin la voluntad".

(FERNANDO FORTÚN)

CONDESA MATHIEU DE NOAILLES

(1877-1933—FRANCESA, DE FAMILIA RUMANA)

Frente a España

Resplandecen al sol los parques agostados.
Sus tallos verdes y altos, por la lluvia doblados
tras de los blancos muros, las dalias nuevas hunden
y el respirar del mar sus vértigos confunden.
Y el viento, fauno azul, violenta en el llano
mujeres, que contra él, se velan con la mano...
En esta tarde vasca, y en su tibia dulzura,
allá, a un brillante rayo que súbito fulgura,
se ve a España, bravía y severa, brillando.

—¡Que no pueda mi brazo al confín alargando,
tocar el suelo ardiente y sus rojas granadas,
país de oro y fiebre! ¡Tus horas abrasadas
bajo un cielo sin sombra, sin aves, luminoso
en las amarillentas llanuras del Toboso!
¡Cómo escucho, ya agria, la cadencia irritante
que hace España danzando, bravía y resonante,
España, que armoniza en su vestido flojo
de la naranja el fuego, y del pimiento el rojo!
Una inmensa locura la avasalla y la ensalza
en el estrepitoso tumulto de la plaza,
donde, héroe luminoso, trovador rojo y oro,
algún ardiente mozo aguijonea un toro...
Provincias castellanas, tierras de Andalucía,
¿de qué os viene esta fiebre tan sorda y tan sombría?
¡Turbación y deseo loco y extenuante!...
Pasifae que quiere la sangre de su amante,
y ebria—viendo morir esa fuerza amorosa—
de la sangre vencida, pero aún tan poderosa
en un espasmo único de deseo y de horror
sabe unir al placer el divino terror...

Pero yo estoy aquí... mi corazón me pesa;
estoy aquí, en la dulce atmósfera francesa.
La suave tierra vasca sonríe en el paisaje:
sobre Guéthary fórmase, suspendido, un celaje...
¡Yo pienso en ti, Rodrigo, y en ti, Santa Teresa!
Y mientras que la tarde, de perfumes cargada,
pinta de sombra y plata la tierra sonrosada,
tras de los tamariscos que alineados se ven
uno a uno, en la áspera y menuda montaña,
oigo que va hacia Irún el silbido de un tren.
—¡Qué afán tengo de ti, ahora, divina España!

(FERNANDO FORTÚN)

JOAQUIM TEIXEIRA DE PASCOAES

(1877-1952—PORTUGUÉS)

Al crepúsculo

Librad, labios, el rezo que os atrae.
Es la hora del enigma. Es el momento
de la Unción de la Luz. Todo decae
con ella; sólo queda el pensamiento.

Por la flor que en olvido da su aliento;
por el ala que se alza y luego cae,
por el sol, por las nubes, por el viento,
liberad, labios, el rezo que os atrae.

Rezad por cuanto llévase la muerte
a esa hora triste en que la sombra inerte
muestra su negra faz que escalofría.

De mí se ampara un vago horror profundo,
una tristeza cual de fin del mundo,
como si nunca más hubiese día...

(F. MARISTANY)

La sombra de Jesús

Entre el sombrío y bíblico arboledo
del jardín, donde Cristo reposaba,
en un alborear suave y ledo,
se hizo una luz que al aire se enlazaba.

Más bien era una niebla que entoldaba
el azul y hacia el centro de ella, quedo,
por milagro gentil, forma tomaba
de hombre y Dios en el bíblico arboledo.

Era Jesús. Y luego Magdalena,
en esa alba genésica y serena,
corrió al encuentro de Él, enloquecida.

Fue a besarle, a abrazarle con fervor...
Mas Jesús era sueño, amor, dolor;
era vida sin cuerpo, ¡sólo Vida!

(F. MARISTANY)

La Virgen de los Milagros

Virgen de los Milagros; un romero
de pies descalzos y cabeza al viento,
quiere entregarte el corazón, entero
por la fe, más partido de tormento.

Cuando aún estaba vivo el sentimiento
creose tu leyenda en este otero.
Ibas por aquí afuera al sol y al viento,
y hallábante el pastor y el pordiosero.

Mi corazón te vengo ahora a entregar,
anciana imagen de un anciano altar
con dos flores: silencio y soledad.

Cuando un pájaro en ti repose el vuelo
dile que se lo lleve por el cielo,
que donde vaya el viento allí él irá...

(F. MARISTANY)

Buda

Siguiendo Buda, un día, su camino,
bajo el sol, cuyos rayos le abrasaban,
vio echado un pobre can, viejo, mohino:
sus carnes en gusanos pululaban.

Llegose a él; con amoroso tino
limpió las llagas pútridas, ¡que daban
tal hedor!... libertando al can mezquino
de los gusanos que le remataban.

Y siguió caminando, descontento...
Pensaba en los gusanos, de alimento
privados, que iban luego a perecer.

Volviose a donde estaban; y un pedazo
de carne allí cortose de su brazo,
y los bendijo, y se la dio a comer.

(E. DÍEZ-CANEDO)

KAREL TOMAN

(1877-1946—CHECO)

Marzo

Temprano, hoy silbó un mirlo junto al brocal del pozo.
¡La primavera viene! ¡La primavera viene!
Y cuando sobre el huerto abrí yo mi ventana,
decían los capullos desplegando sus pétalos:
¡La primavera viene! ¡La primavera viene!

Las lilas tiemblan y los perales aguardan:
¡La primavera viene! ¡La primavera viene!
Brilló tu cabellera con un resplandor nuevo
y oigo un cascabeleo nuevo cuando te ríes:
¡La primavera viene! ¡La primavera viene!

Señor,
Renovador, Regenerador,
piensa que hay corazones hundidos en la nieve.

MÁRIO BEIRÃO

(1890-1965—PORTUGUÉS)

Ángel

Cuando para mirarte el sol declina
y tu cabello espléndido fluctúa,
en la mía tu alma se insinúa
y es tu rostro prez que álzase, divina.

Nuestras voces son luz que nos fascina;
—¿nuestras?... Amor, perdona, sólo una..—

Y miras, y en la paz crece la luna,
como flor, en la tarde peregrina.

Tu pura gracia—eterno Abril jocundo,
bendición del Señor que a todo alcanza—
sonríe en flor en el negror del mundo.

La luz del cielo ha trascendido a ti,
y en un silencio lleno de esperanza
oigo tu corazón latir por mí.

(F. MARISTANY)

ANTONIO FERREIRA MONTEIRO

(PORTUGUÉS)

El anhelo

En el dolor extremo y la alegría
siempre hay alguna cosa que nos falta,
siempre un anhelo inasequible exalta
su vívida y eterna sinfonía.

Y es ese anhelo que nuestra alma cría,
en su misterio, la inquietud más alta.
Insatisfecho, con dolor me asalta
un afán ardoroso de armonía.

Sólo es anhelo nuestra propia vida.
Cambiando formas, varía, indefinida,
busca la perfección, mas vana empresa.

¡Una estrella del cielo es mi destino!...
¡Fuese yo Dios, el párvulo divino!...
¡Lleva el mundo en la mano y no le pesa!...

(F. MARISTANY)

JOÃO DE BARROS

(1881-1960—PORTUGUÉS)

Triste

¡Cómo oprime el silencio a nuestro amor cansado!
Disuelta está en el aire la sombra del pasado;
respirarla es penoso; sentirla desconcierta.
El caer de una hoja, el batir de una puerta
dejan al aire gris anhelo de sonido.
Simples, leales, buenos, valientes hemos sido...
¿Y qué fue, sin embargo, de nuestra juventud?
La intraducible pena, la perenne quietud
de quien, si muchos sueños tiene aún, nada espera.
Va, por fin, a llegar la soñada quimera,
mas, al querer cogerla, caen los brazos rendidos.
¡Cómo estamos, banales, lasos, adormecidos,
los dos, ay, pobre amiga!
Ya el pecho se nos hunde. ¡Y el respirar fatiga
de pesado que hoy está el ambiente muerto!
No hay viento que encamine las velas hacia el puerto
que no haga del reposo calma letal, sombría...
¿Quién hablará de amor, deseo y alegría
si el aire es de silencio y de melancolía?...
¡Mañana, sí, mañana la vida otra vez vuelve
—dice el suspiro que una promesa acaso envuelve—:
¡Sí, mañana otro sueño, otra ilusión, hermana
de la que fue, o quizá de otro que he sido yo!...
Mas—¿quién ha de vivir el día de mañana
si dentro de nosotros ya todo feneció?...

(E. DÍEZ-CANEDO)

LEO LARGUIER

(1878-1950—FRANCÉS)

Despertar

¡Oh, el claro despertar con el sol sobre el muro!
Abrir nuestra ventana al límpido aire puro
que en tu cuarto una abeja o una hoja te arroje.

Sentir que es la mañana, que todo se recoge:
en la enramada el pájaro, bajo la sombra el grillo,
en los campos que cubre el trigal amarillo;
escuchar la canción lejana y decreciente
de la pastora moza, en pie, junto a la fuente
que refleja al rebaño sobre el agua en sosiego;
seguir al sol que besa, en un vibrante juego,
el entreabierto libro, la página acabada...
y recordar de pronto la áurea estrofa soñada.

¡Oh, rosas del jardín, rosas del claro cielo,
juventud matinal de las cosas sin velo!
Ver humear la choza, y pensar que a esta hora
riendo, una muchacha de piel dorada y blanca
en la pradera en flor, bajo la sombra, arranca
un ramo de cerezas empapadas de aurora.

(FERNANDO FORTÚN)

EINO LEINO

(1878-1926—FINLANDÉS)

¿Qué es más hermoso?

¿Qué es más hermoso?
¿Creer que tendrá un alba la libertad,
que la luz dará fin a las tinieblas,
y luchar por la libertad y por
la luz, o estar cierto de que
no se conseguirán jamás la luz y la alegría,
y que la libertad no triunfará en la tierra,
y, a pesar de creerlo, seguir luchando siempre?

¿Qué es más hermoso?
Pensar: nunca amanecerá la libertad,
la luz ha de perder la esperanza en el triunfo...
¿Para qué, entonces, esforzarse y luchar?
O bien: Luchador escogido,
aunque no para la victoria, que se hunde,
que no se alcanza, pero nacido para ascender al sol:
Sucumbiendo, ¿vivo mi vida?

BERTHEL GRYPPENBERG

(1878-1947—FINLANDÉS)

El sueño de España

En un hondo letargo de desierto
duerme el pueblo español altivo y rudo:
para las lides del Progreso muerto,
la vida acepta con desprecio mudo.

Soñar con el pasado le divierte
y con la gloria que alcanzara un día;
es su sueño el que acaba con la muerte
y su paz la que sigue a la agonía.

En un silencio de desierto, España
toda labor fructífera desdeña,
del sol en la alba claridad se baña,
y siempre altiva e indolente, sueña.

Sueña a la falda de desnudos montes
bajo laureles, junto a exhaustos ríos,
mientras borra sus torvos horizontes
el tórrido vapor de los estíos.

No turban la vejez de sus solares
que se derrumban al trepar la hiedra,
ni consiente clamores populares
ni el humo fértil del carbón de piedra.

Hombre del porvenir, vano es tu empeño
de despertar la España legendaria
que, refugiada en la región del sueño,
aun tiene para ayer una plegaria.

No despiertes, España, del profundo
sopor de las pretéritas edades
aunque el cimiento a conmover del mundo
sientas venir tremendas tempestades.

Duerme, duerme, país maravilloso,
bajo el azul intenso de tu cielo,
que es tu atávico sueño más hermoso
que de otras razas el febril anhelo.

(ANTONIO DE ZAYAS)

WILFRID GIBSON

(1878-1962—INGLÉS)

La amazona invisible

  Los aludes cerraban las sendas cuando Elena
murió. Cruzamos páramos, ya la nieve barrida,
para ir al pequeño cementerio del valle,
atado con correas su ataúd a la silla
de su potranca parda, llamada "Flor de brezo";
refrenada e inquieta, llevaba el peso muerto
de aquella extraña carga. Bajando el Elkridside,
nos envolvió, cegándonos, el granizo en su ráfaga;
y el mozo que la brida sostenía, en la hierba
resbalando, cayose; "Flor de brezo"
dio un tirón, quedó libre, se hundió, se encabritaba;
y cuando el asustado mozo quiso agarrarla,
se lanzó por el páramo, y pronto se perdía
en la borrasca densa. Ya demasiado tarde,
galopamos tras ella, y nunca alma viviente
vio la potra de nuevo, ni la terrible carga
que llevaba. De noche, empero, muchas veces,
los apagados cascos de "Flor de brezo", como
un tambor, los pastores solitarios escuchan,
cuando Elena a caballo como antaño, fogosa,
la que, en día bravío, a pesar de la muerte,
huyó del camposanto, de la prisión de limo,
cruza, ya para siempre, los páramos que amaba.

(MARIANO MANENT)

JOHN MASEFIELD

(1878-1967—INGLÉS)

El caballero muerto

    Con límpido lanzarse, el aire montañero
y los abejarrones de irritado zumbido
son las únicas cosas que allí vagabundean;
los lamentables huesos a su sabor descansan;
su enmarañado pelo con la hierba se funde;
y una zarza, vagando, ha atado sus rodillas.

    Para salvarle el alma de la eterna congoja,
las únicas campanas que doblaron
fueron las campanillas del prado y de los brezos.
Callado está, con aquel sacro hechizo
que en su himno apacible puso el viento,
y reposa tranquilo, en dulce sueño.

    Muy blanco lo tornaron los soles del estío;
el helado rocío y la lluvia brumosa
le quitaron aquella majestuosa talla
que admiraba su dama y sus hombres sabían,
y en pequeño esqueleto lo trocaron.

    Las alverjas se enlazan a sus huesos;
la derramada yedra, enroscada, ha invadido
las cuencas de sus ojos; la ortiga vigilante
está junto a su sueño.

    Sobre su cuerpo, el viento quejumbroso
canta con su voz triste todo el día,
en coro pensativo, y lúgubre, y agudo
cual grito de gaviota—como grito en la rada—,
la doliente palabra que los mares nos dicen
cuando suben o bajan las mareas.

(MARIANO MANENT)

HARUKO

(SIGLOS XIX y XX—EMPERATRIZ DEL JAPÓN)

La voluntad del pueblo

Lento en su cauce va marchando el río
hasta sumir sus aguas en el mar;
¡probad de detenerlo con un dique!
Aumentará su fuerza y su volumen,
y cuanto encuentre al paso arrollará.

Así vemos que ocurre a las ideas
que expresan de un país la voluntad.
¡Probad de a todo riesgo detenerlas!
Las veréis transformarse en rebeliones
que estallan con la fuerza de un volcán.

(CARMELA EULATE SANJURJO)

DZEMAWO

(SIGLO XIX—POETISA DE EWHE, ÁFRICA CENTRAL)

He cantado...

He cantado, y después lloré lágrimas amargas.
El mundo es grande, inmenso.
Dije: el día de mi muerte,
¡acerque el remero la barca a la orilla!
Con la izquierda haga una señal a los vivos:
ya estoy en camino.

Ahora se acerca balanceándose
la barca de la muerte:
ya estoy en el camino,
yo que tantas canciones he cantado.

SHI-WOI-UKO

(SIGLOS XIX y XX—JAPONÉS)

El tañedor de flauta

1

De la selva de abetos en la sombra
se oye el sonido de una dulce flauta.
Un joven pescador, ¿es que así olvida
las penas que, sin duda, hay en su alma,
en un mundo que hicieron amarguísimo
la sal del odio y muchas yerbas malas?

Cuando brilla la luna, o entre sombras
se oye el sonido de la dulce flauta,
noche tras noche en el bambú sonoro
el pescador su tierna queja exhala,
expresando la íntima ternura
de la pasión que entonces llena su alma.

Una noche, más tarde se escucharon
las risas de las Geishas cortesanas,
mientras de otoño la creciente luna
por el azul del cielo se alejaba,
como en la noche en que por vez primera
del joven pescador se oyó la flauta.

Las mujeres del dueño de aquel sitio,
se solazaban en su linda barca,
a la música dulce, que, lejana
de la selva la brisa les traía
y al dulcísimo canto sin palabras,
como en la noche en que primeramente
del joven pescador se oyó la flauta.

2

Cuando en tranquilas noches el rocío
las cañas humedece en la ribera,
se mueven los abetos con deleite;
todo se anima en la intrincada selva.

Allí está el pescador; entre las sombras
su flauta de bambú dulce resuena.

En las noches de cierzo tempestuoso,
cuando el agua se hiela en la ribera
y los arroyos corren aumentados,
y del viento la voz ruge en la selva,
allí está el pescador; entre las sombras.
su flauta de bambú dulce resuena.

En las noches de frío, cuando al aire
de la montaña agítase la selva
y en la costa se forman remolinos,
al elevarse en ráfagas la arena,
allí está el pescador; entre las sombras
su flauta de bambú se escucha apenas.

En las noches de lluvia, armonizándose
con la ola que gime en la ribera,
que humedece las rocas con su espuma,
y con el agua celestial se mezcla,
allí está el pescador; confusamente
su flauta de bambú se escucha apenas.

3

De la luna otoñal cambió la fase;
del joven trovador también trocado
el sentimiento está; duró tan sólo
lo que durará el tránsito del astro.
Mas siempre en la ribera, dulcemente,
la flauta de bambú sigue sonando.

Su sonido se mezcla de la selva,
con el silvestre y poderoso hálito;
se acorda con el ruido amenazante
de las olas profundas del Océano,
cuando rompe frenético en las rocas
cual si a azotarlas fuese con un látigo.

Las nubes que se ciernen sobre Onoya,
detienen a esta música su paso;
tal vez al escuchar la melodía

sobre la selva abrupta se inclinaron,
y absorbieron ansiosas en su seno
los dulces ecos de aquel dulce canto.

Tal vez... porque el sonido de la flauta
de bambú su armonía ha transformado;
es más fuerte; sus tonos melodiosos
en el espacio escúchanse vibrando,
y a la flauta responden desde el cielo
los dulces ecos de un laúd dorado.

Las nubes al cernirse sobre Onoya,
en sus senos ubérrimos llevaron
los tañedores de las dulces flautas,
y a recibirles ha salido el Astro,
de su faz retirando la celada,
para mostrarles su eternal encanto.

ALEJANDRO BLOK

(1880-1921—RUSO)

Una muchacha

Una muchacha en el templo ha cantado
para cuantos barcos salieron al mar,
para los hastiados que se fueron lejos
sin abrazar nunca la felicidad.

Su voz se impulsaba subiendo a la altura;
un brillo en su veste veíase errar;
quienes, en la sombra, su cantar oían
en ella un sol nuevo veían brillar.

Y todos creían de vuelta la Dicha:
los que huyeron lejos del rincón natal;
los desventurados sueñan desde entonces
una vida clara de amor y de paz.

La voz era dulce y el brillo era puro.
Sólo un niño, vuelto su rostro al altar,
lloraba, elegido de un designio ignoto,
porque ni uno solo la gracia tendrá.

HRAND NAZARIANTZ

(1880-1962—ARMENIO)

Mater Dolorosa

Sé que me esperas, madre, allá a lo lejos,
envuelta en tu tristeza vigilante.
Sé que me esperas, madre, acongojada,
vertiendo la pureza de tu llanto
en las urnas sagradas del dolor.
Sé que me esperas, madre, y que bendices
al hijo ausente. Y que el destino fiero
e implacable maldices. Lacerada
tu carne en las espinas de su exilio
—pura y alba en la sombra vespertina—;
con heroica confianza el brazo tiendes
hacia las ilusiones del mañana...

¡Oh, dulzura suprema y luminosa;
desespero suave,
cual la agonía de otoñal crepúsculo,
que lucha, en languidez, con las tinieblas,
y no puede extinguirse! Tal esperas
en la casita, allá, sobre el collado
donde viste crecer
el fruto de tus únicos amores.

¡Alma mística y pía cual ninguna!
Cada puesta de sol que pasa aflige
y apaga tus dos ojos venerados;
bellos ojos cansados, harto débiles
para las vanas vigilias,
harto cansadas para los hostiles
horizontes desiertos y el camino
por donde un día yo partí al destierro,
en ascuas el corazón,
por un sol misterioso enrojecido.
Era una tarde grávida
de presagios terribles y ruinas...

Pero yo volveré.
Volveré, acaso, en una noche oscura,
en la hora justiciera,
en la hora del desquite.
Ante la Fe reculará la Muerte:
traeré conmigo nuestro acervo llanto
vindicativo, el genio del Triunfo.
Y tú me esperarás. Y acogerás
mis sienes de canicie prematura,
pero fortalecidas en la lucha,
en tus brazos suaves y profundos
como el olvido; pues mi alma anhela
una vez más, la última, el perdón
de tu bondad, por mi existencia vacua,
que nunca vio cómo, violenta, hería
el corazón del opresor, la espada
paterna, aquella espada fulgurante
sobre la cual juré cuando partía.

  Pero mi vida, madre,
créelo, no fue vana ni fue indigna.
Mi alma cansada buscará tu abrazo
y añorará y recibirá tu canto,
tu viejo y dulce canto que escuchaba
en la primera juventud florida,
en aquel tiempo de locuras santas;
escuchará aquel canto humilde y férvido
tan amado por mí, cuando brotaba
de tus suaves labios,
y en plegarias e incienso se perdía,
¡oh, madre, santa madre!

(ALFONSO MASERAS)

ANDRÉS BIELY

(1880-1934—RUSO)

Rusia

¡Llamea, elemento ígneo,
en los torbellinos de la destrucción!

¡Rusia, Rusia, Rusia mía,
vaga fuera de ti, consumiéndome!

En el remolino de tu fatal caos
y entre tus profundidades sombrías,
los espíritus alados difunden
la irradiación de sus sueños.

No lloréis: doblad las rodillas
vueltos a las tormentas de fuego,
hacia el tronar de los himnos seráficos,
hacia el aluvión de los días cósmicos.

¡Desiertos áridos de la vergüenza,
mares insondables de lágrimas:
con el fulgor de su mirada muda
Cristo vendrá a daros nuevo calor!

¡Para el cielo el anillo de Saturno
y la plata de la Vía Láctea!
Hierve en una tempestad fosfórea
núcleo ígneo de la tierra.

Y tú, elemento tempestuoso,
vaga fuera de ti, consumiéndome.
¡Oh Rusia, Rusia, Rusia mía,
Mesías de los días que vendrán!

MILAN CURCIN

(1880-1960—SERBIO)

En la escondida senda

Llegó el amado Otoño,
es decir: "las hojas secas"
se dejaron caer, et caetera.
Y bajo cada rama
se colocó un poeta
¡para observar "la muerte"
de la naturaleza,
y asistir al sepelio!

Yo también he intentado una vez
respetar la costumbre poética:
entristecerme mucho
y gemir con cadencia.
Pero encima de mí el cielo claro,
con el alma sin penas,
sé de mi falsa tristeza
tanto que, a pesar de mis buenos deseos,
no pude descubrir la muerte
en la naturaleza.

Al contrario: me gusta el caer de las hojas
y el manto que ellas dejan
de mil colores, desde el rojo vivo
al de tierra de Siena,
que va cubriendo el suelo,
y el sol que cae encima
acaba de tejer el tapiz con su fuerza.

(JOAQUÍN DEL VAL)

P. CERNA

(1881-1912—RUMANO)

Mirad el cielo estrellado...

Mirad el cielo estrellado
y escuchad a los planetas:
"En la inmensidad rodamos
sin saber qué nos atrae.

"Gracias a nuestro tormento
el canto en el éter nace
y es él el celeste imán
que, ignorándolo, se sigue.

"Desde hace tiempo, esta vida
sin duda habríamos dejado,
si debiéramos girar
sin contar con la armonía."

ÉMILE DESPAX

(1881-1915—FRANCÉS)

Soneto

Las rosas cubren el umbral de tu mansión,
y el sol muerto dejose un rayo en la colina.
Escucha por vez última la dulce y cristalina
campana. Bésame. Vete... Tienes razón.

Delante de un paisaje que canta, el corazón
siempre espera. La noche monótona declina
y el alma en esta noche su orfandad adivina
y el corazón es para el sueño una prisión.

Un ensueño nos basta. ¿Para qué más? Y si
algún día un amor profundo se alza en ti,
sufre de gozo, y deja llorar a tu alegría.

Pero, si en el camino que te lleva a la aurora
ves a un niño perdido, que por su madre llora,
sonríele, y recuerda mi alma, hermana mía.

(PEDRO SALINAS)

SAROJINI NAIDU

(SIGLOS XIX y XX—INDIA)

El Amor y la Muerte

Que era libre el Amor mi alma soñaba;
sobre el Destino la victoria era,
cuando en la vida la batalla acaba
y estamos de otro mundo en la frontera.
Soñó el alma, gloriosa en su rescate,
vencer también a la implacable suerte,
y lograr, como premio del combate,
que triunfara el Amor, aún de la Muerte.

Me desperté: mi amor miré vencido;
del corazón no pudo ni un latido
prolongar; su poder tanto no alcanza.
¡Oh, Amor! ¿Por qué te miro desarmado,
y no dejas al hombre desdichado,
más allá de la Muerte la esperanza?

(CARMELA EULATE SANJURJO)

JOHN DRINKWATER

(1882-1937—INGLÉS)

Los que me precedieron

Largo tiempo, en algún camposanto olvidado, en el condado de Warwick,
con su progenie yacen mis padres, allende el deseo,
y sé que nada turba el descanso de Juan Drinkwater ahora,
el que en mil setecientos setenta dejó su yunta de buenos ruanos.

Y Jacobo, el hijo de Juan, está allí, también gran labriego,
era hábil haciendo techos de paja y preparando cerveza,
y tuvo, en su día, en el corazón pesadumbre,
pero la dejó, hace ya algunas veintenas de años.

Luego vino Tomás, que tocó el violín, con melodiosa madera labrado,
y dicen que le quebró el corazón un amor jamás venturoso.
Cien inviernos doblaron campanas sobre su lecho.
¡Oh pobre, eterno dolor, que hace ya tanto tiempo halló fácil consuelo!

Y eran sólo tumbas lucientes en el ayer apacible,
o historias, sinos de antaño, para contar al amor de la lumbre;
yo, vivo, y ellos sin vida, ¿qué podía llevar a su polvo
sino el frío entender de la muerte en mi mensaje de mayo?

Ahora hay dolor a mi sombra, y bien pareciera
estar allí con mis padres, donde ni amores ni miedos
ya no podrían llegarme, ni humano desprecio, ni mi reproche importuno,
mientras tejen, lentos, los musgos el fin de mi nombre olvidado.

(MARIANO MANENT)

MARTIN ARMSTRONG

(1882-1974—INGLÉS)

Sobre un pajarito

   Un pájaro chiquito aquí descansa.
Antaño, todo el día
en el hogar de Marta se escucharon,
murmurando, sus trinos.

   Levemente pisad donde reposa
bajo esta piedra fría,
con las alas sin fuerzas, con los ojos cerrados,
la dulce voz perdida.

(MARIANO MANENT)

ABEL BONNARD

(1883-1968—FRANCÉS)

El faisán

   Me van a desplumar en los fogones rojos,
y espléndido festín soy ya para tus ojos;
en mis alas está, como en el bosque, octubre,
un ojo es cada pluma que mi cuello recubre;
suntuoso, azul y grana, en la mesa extendido
soy hermoso: parezco todo el otoño herido,
y antes de que en la oscura cocina me recojas,
finjo un gran señor muerto que visten muertas hojas.

(FERNANDO FORTÚN)

El escarabajo

   Yo soy aquel que vive escondido en las flores
como en divina tumba, y cuando los calores
recargan el jardín con sus masas brutales,
recibo todo el cielo bajo techos florales.

Al asomar mi cuerpo por la rosa que adoro,
me parezco a un avaro oculto en su tesoro.
Vivo como eremita en su celda apartado,
sin deseos, habiendo mi corola heredado.
Absorto en ella, lejos de algún mirar curioso,
profundizo el inmenso estío minucioso.
Tengo alas. Y en mi celda cada vez más me hundo,
pudiendo, entre chispazos, ir a volar al mundo.
Mas en el rojo claustro que he querido escoger
vivo siempre, y medito y exprimo mi placer
lejos del torbellino sonoro de las cosas:
he renunciado al mundo, porque tengo las rosas.

(FERNANDO FORTÚN)

La tortuga

Mi viaje es sedentario todavía. Y ahora
si adelanto o si estoy detenida se ignora.
Voy en mi lentitud, y el paisaje percibo;
y entonces, ¡oh alegría!, mi lenta marcha avivo.
Mas veo que las cosas no cambian de lugar,
y cansada, un momento me paro a descansar.
Mañana partiré de nuevo: es mi destino.
Y parezco una piedra en mi propio camino.

(FERNANDO FORTÚN)

El viejo can

Antaño, emborrachado con sus miembros robustos,
brincaba por los setos, hendía los arbustos,
sus saltos calurosos nos cercaban; rendido
hoy en su humilde alma la noche se ha tendido.
Dormita. El fuego envuélvele en su caricia humosa.
Y cuando nos alcanza su mirada vidriosa,
ábrela, alza la testa con movimientos flojos,
y busca nuestro amor de antaño en nuestros ojos.

(FERNANDO FORTÚN)

GEORGES CHENNEVIÈRE

(1884-1927—FRANCÉS)

Inmovilidad

I

Todo lo que he hecho surge ante mí en este instante;
todos mis actos se alzan, juntos, a un llamamiento
que no viene de mí: del sitio, de la hora...
Los afronto, sumiso, sintiéndome ante ellos
sin reproches, sin pena, sin recuerdos, sin gozo,
con la única emoción que crea una presencia.
Son igual que los naipes cuando el juego está hecho,
no pueden recogerse, y aunque yo lo intentara,
sé que mis propias manos no habrán de obedecerme,
y si quiero gritar, para así recobrarme,
palabras y sollozos, en tumulto se empujan,
tapando mi garganta, donde quedan, ahogándome.
Si quiero solamente levantarme, me hallo
preso por un abrazo que se iguala a mi esfuerzo,
y reviste y moldea mi cuerpo justamente;
y aún si tuviera fuerzas para arrancarme a él,
sería como un perro que desgarra un harapo,
y sin romperlo, huye con espuma en los dientes...
Todo lo que he hecho surge ante mí en este instante.
Sin embargo, soy joven y de mí fluye alma...
Si una manzana hubiera aquí, la mordería,
no por comer su carne, por sentir sólo el jugo
brotar en torno al trozo que mis dientes mordieran.

II

Pronto caerá la noche. Las ramas están secas.
El alma que difunde cada objeto, lo borra,
flotando sobre él con la suave ternura
de la niebla que exhalan los ríos, a las tardes.
Aunque todo ante mí pasa sin detenerse,
siento la gravedad ansiosa de una espera;
siento que de las gentes que pasan, de los coches,
de las casas que alzan a lo lejos sus techos,
va a surgir pronto un ser para llegar a mí.

Y lo distinguirán mis entreabiertos ojos
más por su dirección que por su mismo rostro.
Mi vida está segura esperando que llegue.
Y corro las cortinas, sin encender la lámpara,
dejándome borrar por la sombra creciente,
para que sólo el alma subsista inalterable,
y el cuerpo participe de la vida del cuarto.
Pongo en la cerradura la llave; quieto, espero.
Y mi vida, en el tiempo que es como un mar inmóvil,
apenas, palpitando, alza una leve ola,
y se arranca a su fija existencia en el tiempo.
Pero aún veo pasar a hombres y caballos
sin color ni volumen, para que así mis ojos
no guarden de ellos más que la forma que pasa.
De pronto, he aquí el anuncio; y me alzo tembloroso:
ese ruido de pasos es para mí tan sólo,
pronto resonarán dentro ya de mi casa;
después en la escalera los apaga la alfombra;
nada detendrá ya su progreso solemne;
la llave, al abrir, ata un destino cumplido.
Algo termina ahora en mi vida y mi ser:
ya el pasado no importa; y la ansiedad se vuelva
a lo que en este instante acaba de nacer.

III

La noche que estés triste, llégate a la ventana
y hunde el rostro en el mar que sube de la calle.
Las voces, los rumores, no podrán distraerte;
bastará a conturbarte alguna de esas risas
que parece que estallan al instante preciso,
de una baja alegría, anónima y rastrera.
Y sentirás, de pronto, que fluyen bruscamente
mil pequeños recuerdos que creíste perdidos,
y que te evocan todo tu pasado:
un camino en que marcha el niño que tú fuiste,
un granero que se abre de par en par al campo;
en la cima de un muro, un geranio de púrpura,
y un implacable rostro que avanzará hasta ti,
para aplastar de un golpe contra el tuyo, veinte años...
Recordarás también iluminadas calles
por las que siempre pasas, pero que en esta noche
surgen con el prestigio de lo que ya no existe.

Olvidarás tu edad y estarás inclinado...
No esperes a llorar; cierra el balcón de pronto,
y si a tu lado hay una presencia femenina,
mírala, hasta encender el fuego del deseo,
y huye luego al silencio de un cuarto en que estés solo.
Deja el rincón del sueño y el balcón hasta donde
sube la voz, como onda nerviosa por la médula;
deja los libros bajo la lámpara estudiosa,
la vidriera que muestra el prestigio del viaje,
y el lecho donde todos tus días tienen fin.
Busca el solo lugar que anule estos hechizos;
y el alma del contorno que al llegar alteraste
recogiendo tus pasos entre su remolino,
te levantará al fin sobre su ola más alta,
para dejarte como testimonio y ofrenda.
Y entonces, sin saber que oras, juntas las manos,
no guardando del cuerpo sino la humana forma,
sentirás que eres dios, y tu sostén el mundo;
y lo mejor de ti, consagrado en ti mismo,
lo tendrás apresado entre tus manos juntas...

IV

Pesa tanto en mi alma, esta noche, la vida,
tan cargado está el aire de mi angustia y mi luto,
que sólo sé pensar en lo que he abandonado;
y a pesar que, en la noche, aún saben ver mis ojos,
mis oídos oír y mi piel afinarse
para ponerme así más próximo a la vida,
me separa de ella un espeso silencio.
Pero escucho, de pronto, que surge de un rincón
el ruido de las horas que me llega amistoso.
Y presiento el instante de la liberación.
Y después, es un rayo que deslumbra mis ojos,
y a través de la sombra me une a los otros hombres,
y endulzo, sin quererlo,
su trabajo y su llanto que creen solitarios.
Silencio activo que hacia la plenitud me llevas,
mi inmovilidad basta a extenderte en la noche,
pues sólo quiero ser como una llama ardiendo
en la sombra que llena las bóvedas del sueño.
...Y he aquí los campesinos que ya van al mercado,
aquí y allá las sillas guardando nuestras formas,

un objeto, al azar, que recuerda una mano,
el fuego consumido, la casa silenciosa,
y la respiración a través de los muros
de todos los que duermen, y los pasos tardíos
de alguien que se recoge, y a quien amo de pronto;
y yo mismo en la noche, heme aquí como un niño
que, en el baño, sonríe a su cuerpo desnudo...

(FERNANDO FORTÚN)

GEORGES DUHAMEL

(1884-1966—FRANCÉS)

Un adolescente

No puedo aconsejarte que te aquietes, sumiso;
ni tampoco decirte que ahora seas dichoso;
mas te digo que esperes:
el día llegará.

Hasta ese día tiembla, que esa es tu ley;
hasta ese día dura, que esa es tu suerte.
Trabaja en ti lo mismo que la semilla en tierra;
honra al río impetuoso
que en torno tuyo lanza las ignoradas fuerzas,
pero no hundas aún ni un dedo de tu mano.

Hasta ese día acepta tu blandura;
y si te espanta
el ser un niño aún por largos años,
mide la inmensa altura de esperanza, de donde
tú, ¡tan pequeño! puedes caer al menor soplo.

Espera el día y gusta tu debilidad,
frecuenta el hondo miedo de cosas y de gentes,
sin rehusarte nunca al miedo de ti mismo,
y alternativamente
teme y ama la rápida corriente de los días.

Espera el día. Y como puedes, ama la espera.
Y si alguna vez buscas

vivir dentro del alma el hombre que serás,
vuelve a ser al instante sin cólera ni gritos
el infante que aún eres.

   El día llegará.

   Y será súbito y sensible,
como pubertad del espíritu;
y te sorprenderá, quizá, sobre los campos,
y hasta ti llegará en un soplo del aire,
o en hora de vergüenza
te hará que olvidar puedas, en torno tuyo, todo,
o asaltarte en la mesa,
o detener tu vida entre los hombres,
o venir cuando duermes tranquilo, y despertarte...

   Y prenderá en tus labios
una sonrisa nueva.
Y te dirás: El día ya llegó.

   Al punto sentirás la fuerza por tu cuerpo.
Y cuando eches a andar parecerás el mismo,
siendo tan diferente.

   Y sabrás que ninguna de las cosas que pasen
puede, desde aquel día, alcanzarte ni herirte;
y sabrás que la Ley que te quería tierno,
te quiere ahora robusto, y sin duda, invencible.
Y gozarás al extender tus manos
y apresar voluntades,
para parar su vuelo, o torcerlo o romperlas.
Tendrás la certidumbre de que en el mundo nada
puede empequeñecerte más que lo que permitas,
y que en tu vida nunca las comunes desgracias
alterarán tu límpido candor y transparencia.
Marcharás en la erguida altura de tu cuerpo,
y podrás avanzar con un brazo extendido,
apartando a la gente entre la muchedumbre...

¡Y por toda una vida de hombre, estarás salvado!

                                 (FERNANDO FORTÚN)

JULES ROMAINS

(1885-1972—FRANCÉS)

Un niño de diez años...

Un niño de diez años está enfermo en la casa.
No se sabe si a punto de morir. Las mujeres
y el médico la voz bajan para hablar de ello.

Es de noche. Y estoy desolado, impaciente,
con el cuerpo turbado, sin calma, como si
la fiebre de aquel niño cruzase las paredes
y llegase hasta mí. Mas no le tengo lástima.
Pero temblando está la casa entera; siente
que la muerte, despacio, como con una paja,
su fuerza sorbe, y yo me estremezco también.

El dolor de un ser solo por los muros va errante.
Y es como si en mitad de la carne común
se plantase una bala, la hiciese supurar.
En mi lecho, a pesar de las mantas, tirito;
el niño aquel enfermo, sufre en mi ser, su cuerpo
manda al mío mensajes, confidencias oscuras,
y tal como un desfile de coches, que obsesiona,
sus pesadillas vienen hasta mi frente húmeda.

(E. DÍEZ-CANEDO)

Oración a la casa

¡Casa!, ten compasión de la carne en que moro;
que no haya espacios muertos entre mi carne y tú;
tápame la ventana con su movible lona,
y esos cobres domésticos en que tiembla la luz.

¡Casa! Continuamos mi cuerpo y tú; que pueda
pasar sencillamente de uno a otra, a pie llano,
sin saltar para ello zanja ni trampolín.

Tengo el cuerpo cansado de haberme contenido.
¡Socórrele! Quisiera moverme, ir y venir,
sintiendo al caminar que el suelo es duro y firme—
paso a paso amarrada desde muelle de piedra;

y cuando estoy en ti, cuando tú me circundas,
no echar de ver siquiera que he salido de mí.

(E. DÍEZ-CANEDO)

GUIDO GOZZANO

(1886-1916—ITALIANO)

La última infidelidad

Dulce tristeza, no hace muchos años
eras del niño pálido y ansioso,
que comía sin gana la merienda
sobre el libro de griego fastidioso.

Luego, sentimental adolescente,
nos hallamos de nuevo en el camino:
ciego de afanes espiaba el eco
de una voz o de un paso femenino.

Hoy la tristeza se ha ido separando
para siempre de mi alma corroída,
y una amarga sonrisa en mi persiste.

Una sonrisa que la boca tuérceme
sin tregua... Ay, en verdad, no sé una cosa
más triste que no estar ya nunca triste.

(F. MARISTANY)

NICOLAI GUMILEV

(1886-1921—RUSO)

Tú y yo

Créeme, yo no te convengo,
hijo soy de un muy otro país;
prefiero al son de la guitarra
el son bárbaro de la *zurna*.

¿Mis versos? No los digo en los salones
ni son para personas bien vestidas:
yo los grito a la faz de los dragones
y al estrépito de las cascadas.

¡No amo al caballero de las láminas
que contempla soñando las estrellas!
Mi ideal es el árabe salvaje
que se lanza a beber sobre las fuentes.

No moriré en mi cama, de seguro,
asistido de médico y notario,
sino más bien en una abrupta grieta
envuelto en la espesura de la hiedra.

No entraré en el abierto paraíso
correcto, protestante, bien peinado,
sino que iré al lugar donde el ladrón
y la ramera me dirán: ¡Levántate!

GEORGES A. TOURNOUX

(1886—BELGA)

Van por senderos floridos...

Van por senderos floridos de rosas
los corazones floridos de amor;
los corazones van a coger rosas
y las rosas van a coger amor.

No hay corazón que no tenga su rosa:
logra cogerla en su día mejor;
y el corazón se olvida de la rosa,
y la rosa se olvida del amor.

(E. DÍEZ-CANEDO)

GEORG TRAKL

(1887-1914—AUSTRÍACO)

Sebastián en sueños

La madre traía al niño a la luna clara
a la sombra del nogal y del viejo saúco,
ebria del zumo de la adormidera, del lamento del tordo;
y se inclinaba hacia ella,
en lo oscuro de la ventana, lleno de compasión, un rostro barbado,
y el ajuar de la casa del padre era caduco y triste.
Amor y otoñales ensueños.

Era oscuro el día del año, una infancia triste,
y el niño bajaba quedo a las aguas frías, a los peces de plata,
su rostro y su reposo;
porque se lanzó ante los furiosos caballos.
En la noche gris su estrella descendió sobre él.

Pero cuando de la helada mano de su madre
al anochecer pasaron ante el cementerio otoñal de San Pedro,
un pacífico cadáver reposaba en la oscuridad de su tumba
y levantó los fríos párpados al verle pasar.

Pero él ya era un pajarillo en una rama desnuda;
llegaba el tañido de las campanas del atardecer de Noviembre.
El padre descansaba cuando el niño dormido bajaba la oscura
escalera de caracol.

(JAIME BOFILL Y FERRO)

RUPERT BROOKE

(1887-1915—INGLÉS)

El soldado

Si he de morir, pensad esto de mí:
que hay un rincón de tierra extranjera
que es ya Inglaterra para siempre.
Habrá en esa tierra un rico polvo oculto,
polvo al que Inglaterra dio vida, forma y cultura,

que él mismo hubo de dar un día sus flores al amor,
sus sendas al inquieto vagar,
un cuerpo inglés, acariciado por el aire de Inglaterra,
templado por sus soles hogareños, bañado por sus ríos.

Y pensad, este corazón, remoto ya su daño,
latido sólo en la mente eterna,
devuelve allí los sentimientos que le dejó su patria,

sus paisajes y sonidos, sus sueños dichosos como sus días,
su risa, don para sus amigos, su grave delicadeza
que, bajo un cielo inglés, vivía entre corazones en paz.

(JOSÉ LUIS CANO)

Amor y afecto

Cuando el amor se ha trocado en afecto...

Oh amor, recuerdas nuestros ávidos labios
que oprimían aquel celeste sueño de un instante,
susurrando palabras tan llenas de pasión
que siete millones de años no serían bastante para meditar sobre ellas.
Todo aquel sueño es hoy menos que el hálito de un niño,
y aquellas palabras suenan a triste burla, a grotesca blasfemia,
hoy que el amor se ha trocado en afecto...

Lo mejor que cada uno conoce acaba marchitándose,
y llega a valer menos que nuestro bienestar
o su propio recuerdo.

Y cuando alguna caricia brindada por costumbre
(lo que otrora era una llama que tocaba a los cielos)
que no habíamos querido confesar,
en la mirada fija en el aire
brilla trémula una pregunta:
¿qué hacer, qué hacer ese día?
Somos demasiado nobles para matarnos,
demasiado sensatos acaso para romper amistosamente
y huir bajo otros cielos tras nuevas tentaciones
lejos ya el uno del otro.
Pero ¿acaso podremos permanecer, ya muerto el amor,
serenos en el débil crepúsculo del día,
y no recordar, ni lamentarlo?
He aquí el tiempo en que todo ha terminado,
en que las manos no sorben el roce de otras manos,
y la sangre yace fría, aunque estés tú tan cerca.
Porque ya sólo hay palabras indiferentes que escuchar
donde en otro tiempo cantaba la voz del corazón,
cuando el sencillo cielo es más extraño y puro que tus ojos,
y la carne, aquella llama que ardía, es sólo carne,
y el deseo infinito ya no inclina su locura
sobre cada pliegue de tu traje...

cuando el amor se ha trocado en efecto.

(JOSÉ LUIS CANO)

Polvo

Cuando nos abandone el alba llama,
y el mundo no nos brinde ya su encanto,
y en la densa penumbra sumergidos
nos vayamos a solas derrumbando;

cuando tu cabellera se deslustre,
y la putrefacción trabaje sólo
donde mi pobre aliento trabajaba;
cuando seamos polvo y sólo polvo;

no muertos, con anhelos extinguidos,
sensibles todavía e insatisfechos,
en el aire brillando, junto al sitio
donde morimos, ambos flotaremos;

y danzando, cual danza al sol el polvo
del todo; libres, libres y ligeros,
de camino en camino, solitarios,
caminaremos a merced del viento.

Y en la tierra o el aire todo átomo
destellará hasta en días remotísimos,
y por sendas premiosas e invisibles
correrá cual secreto peregrino,

sin descansar jamás, hasta que fuera
de nuestro alcance actual, en lo invisible,
un átomo del polvo que fui un día,
se encontrará con otro del que fuiste;

y en un vergel, del viento resguardado,
tibio y con resplandores de crepúsculo,
hallarán en las flores los amantes
extraña agitación, y como un mundo

de más que paz, de anhelos sosegados,
y una beldad tan plácida en el aire,
y una tal luz y un libro tan abierto,
y un éxtasis tan puro y radiante,

que no sabrán si es fuego o si es rocío,
si es la tierra o el cielo refulgente,
si es canto o llama, si es matiz o aroma,
o son dos que de luz en luz ascienden,

por sobre del vergel, siempre más alto...
Conocerán, conocerán entonces
el éxtasis cordial de nuestro fuego,
y arderán sin pasión sus corazones;

y en esta llama irán desvaneciéndose
hasta quedar en la negrura envueltos...
Y habrán probado ¡pobres criaturas!
la delicia de aunar, unos momentos...

(F. MARISTANY)

ROBINSON JEFFERS

(1887-1962—NORTEAMERICANO)

Borrasca abrileña

Belleza inmensa y temible, ¿cómo pudo la estirpe humana con leves nervios desnudos,
guiar aguas abajo su nave pequeña, desde aquel varadero lejano?
Ahora, porque sólo sopla el nordeste y ondula, densa, la hierba,
y el Oeste mellan los grandes mares y sobre el granito
se emblanquecen, rebosa la nave, y tiene pasión excesiva la danza del mundo.
Si una borrasca de abril tanto llena el espíritu,
¿quién osaría vivir, aunque, como la Tierra, tuviera recios los huesos, arcos de un monte?
Aunque fuese su sangre como los ríos y tuviese férrea carne,
¿cómo osaría vivir? Fuerte uno ha nacido; ¿cómo los débiles?
Se reclinan los fuertes sobre la muerte como sobre una roca:
ochenta años, y luego se encuentra cobijo y cubre los nervios desnudos un hondo sosiego.
¡Sigue, sigue, oh belleza del mundo! ¡Oh tortura
del intenso alborozo! Ya ha pasado con creces mi tiempo;
a Dios le he dado las gracias y mi labor ha acabado;
en la tiniebla me envuelven milenarias raíces de árboles;
el viento de noroeste agita sus almas, pero no llega, no, a las raíces; y me he trasladado
de una belleza a otra belleza; a la paz, al esplendor de la noche.

(MARIANO MANENT)

JULES SUPERVIELLE

(1877-1960—FRANCÉS, NACIDO EN MONTEVIDEO)

Aparición

¿Quién va? ¿Quién es este hombre que se sienta en nuestra mesa
como un navío que emerge de la niebla ilimitada,
con esa frente de fuego, con esas manos de espuma,
y con las ropas cubiertas de un jirón de cielo negro?
En su voz teje una estrella su blanca tela de araña,

cuando respira deforma y forma una nebulosa.
Tal como la noche, lleva gafas con montura de oro,
y se estremecen abejas en sus labios abrasados,
pero sus ojos, su voz y su alma son los de un niño.
¿Quién es el hombre que hace lentos signos con su alma?
Ya viene Pilar, sus ojos llenan de luz el misterio,
arrastra un recuerdo vago de familia y de dulzura,
y ese sol del Uruguay que para nosotros brilla,
y mis hijos, mis amigos; su ternura traza un cerco
alrededor de la mesa, orgullosa como el mundo;
sus sonrisas fieles, claras, revuelan de boca en boca,
prisioneras unas de otras, resplandores de arco iris.
Y como en el lindo cuadro del aduanero Rousseau,
nuestra mesa sube al cielo embarcada en una nube.
Hablo a media voz—¡estamos tan cerca de las estrellas!—
sin mapas y sin timón, con el cielo por velamen.
Cómo llegan a nosotros millares de aves marinas
cuando los dos respirábamos la atmósfera de los ángeles.
Cogíamos sin cesar el romero de las nubes,
y el helecho celestial que sin raíces florece,
y como en el aire puro nos crecieron blancas alas
mezclamos nuestro plumaje a la línea de los mundos.

(LEOPOLDO RODRÍGUEZ ALCALDE)

La noche que reina en mí...

La noche que reina en mí
y la que reina en el mundo,
sin darse cuenta, confunden
sus rutilantes estrellas.
Y navego a toda vela
entre las noches amigas;
al fin me detengo y miro.
¡Ay, qué lejano me veo!
No soy más que un débil punto
que se mueve y que respira
sobre las profundas aguas.
La noche palpa mi cuerpo,
me escoge para su hambre.
Pero, ¿cuál de las dos noches,
la de dentro o la de fuera?

La sombra, el cielo y la sangre
forman una sola masa.
Hace siglos esfumada,
busco mi estela en las olas
estrellada a duras penas.

(L. RODRÍGUEZ ALCALDE)

Cuando duermen los soles...

Cuando duermen los soles bajo nuestros ropajes
en el negro universo que nuestro cuerpo forma,
los nervios, que divisan lo que ignoran los ojos,
nos preceden al fondo de nuestra carne lenta,
pueblan nuestro horizonte con sus hierbas de luz
y arrancan a la carne temblorosas auroras.
Un mundo cuyo espacio nace de nuestra sangre:
pajarillos sangrientos que sin cesar renacen
no consiguen volar en nuestro corazón
y sólo con la muerte podrán alzar el vuelo,
porque están en nosotras las peores llanuras
donde la sed abrasa junto a falsos arroyos.
Y así vamos andando entre los demás hombres
diciéndonos a veces palabras al oído.

(L. RODRÍGUEZ ALCALDE)

Alta mar

Entre las aves y las lunas
que habitan el fondo del mar,
adivinadas solamente
por la locura de la espuma,
entre el oscuro testimonio
y los surcos que bajo el mar
dibujan mil peces sin rostro
que en su paso esconden su ruta,
el ahogado busca sin tregua
la canción de su juventud,
pulsa en vano los caracoles
y los deja caer al fondo.

(L. RODRÍGUEZ ALCALDE)

PIERRE-JEAN JOUVE

(1887-1976—FRANCÉS)

Mira como suben...

Mira cómo suben esos mares oscuros
que rechazan con dolor
los hundimientos de las estrellas.
El alba. Una conciencia ácida
estremece la carne del hombre
sobre el punto más elevado
donde la noche escapa de su légamo.
Un grueso planeta boga
defendiendo las aguas nocturnas.
Pero un movimiento de resplandores
rompe ya el sello de la extensión.
Las estrellas están tensas
de claridad hasta morir.
¿Y quién tendrá conciencia de ello,
sino la mirada del hombre?

(LEOPOLDO RODRÍGUEZ ALCALDE)

ANTONIO SARDINHA

(1888-1925—PORTUGUÉS)

Soneto del huerto

Son los olivos de color de plata
cuando, en la tarde lenta, el sol declina.
(¡Cómo el paisaje fino se recata
lleno de austera placidez latina!)

Suaves monjitas de expresión beata,
vedlos, mansos, subir por la colina.
Parece que aun el alma se dilata,
que el alma con su gracia se ilumina.

¡Testigos del sudor de Jesucristo,
cuánto, bajo ese aspecto de reposo,
penando estáis para dar luz al mundo!

¡Plegue a Dios que entre cuantos hoy avisto
brote el aceite, blando y cariñoso,
con que han de ungirme un día, moribundo!

(E. DÍEZ-CANEDO)

FERNANDO PESSOA

(1888-1935—PORTUGUÉS)

Una música cualquiera...

¡Una música cualquiera
que pronto arranque del alma
la incertidumbre que quiere
alguna imposible calma!

Cualquier música—guitarra,
o viola, armonio, realejo..—
Un canto que se desgarra...
Un sueño en que nada veo...

¡Cualquier cosa, no la vida!
Jota, fado, confusión
de la última danza vivida...
¡Que no sienta el corazón!

(RAFAEL MORALES)

ADRIAN ROLAND HOLTS

(1888-1976—HOLANDÉS)

El niño

Donde hay un niño dormido, todo se hace bueno:
el alma y la sangre reposan acurrucadas juntas;
todas las cosas malas hechas en una casa,
encontraron perdón en un arrullo.

Nene y juguete están quietos y blancos
de la luna frente a la abierta ventana;
alegre porque Dios de nuevo puede amar sin descontento,
la amiga luna mira a hurtadillas hacia dentro.

(PONZANELLI)

THOMAS S. ELIOT (T.S. ELIOT)

(1888-1965—NORTEAMERICANO)

La figlia che piange

¡Permanece en lo alto de la escalinata!...
¡Reclínate sobre una urna del jardín!...
¡Teje, teje la luz del sol en tu cabello!...
¡Aprieta contra el seno las flores, con el dolor de la sorpresa!...

¡Arrójalas al suelo! Y vuélvete
con un furtivo enojo en la mirada:
pero ¡teje, teje la luz del sol en tu cabello!

Así yo a él partir habría dejado;
a ella, así, permanecer y penar.
Así él habría partido
como el alma deja destrozada y deshecho el cuerpo,
como deja el espíritu el cuerpo que ya ha usado.

Yo debería hallar un medio,
un medio incomparablemente leve y hábil,
algo que los dos entendiéramos,
simple y falso lo mismo que un sonreír y dar la mano.

Se fue. Pero con la otoñada
muchos días acució mi sentido.
Sí, muchos días, muchas horas:
con el suelto cabello sobre los brazos,
y los brazos llenos de flores.
¡Y pienso cómo habrían estado los dos juntos!
Yo habría perdido un gesto, una postura.

Con estos pensamientos aún a veces se pueblan
los sueños de la noche, los descansos del día.

(DÁMASO ALONSO)

DOROTHY WELLESLEY

(1889-1956—INGLESA)

El niño enterrado

(Epílogo de la casa desierta)

    No está muerto ni vivo
el niñito en la tumba,
y ya saben los hombres para siempre
que de nuevo camina;
en noches de noviembre oyen sus pasos,
cuando caen bellotas en la lluvia.

    Hondo, en los corazones de los hombres,
en su tumba descansa,
y cuando el corazón está muy triste,
suspira con tristeza.

    Dime del corazón del niño muerto
que, llevando en la mano una tulipa, sube
por la escalera, envuelto en su mortaja breve,
y se sienta en la silla pequeñita,
cerca de la galleta y la naranja,
en la estancia que él sabe.

    Dime lo que ese niño, que conoció la vida
y la paz de la muerte,
al vago son de la canción de cuna
y junto a la camita del hermano,
al fondo de la estancia, entre las sombras,
va diciendo a su madre.

(MARIANO MANENT)

BORIS PASTERNAK

(1890-1960—RUSO)

Es primavera...

    Es primavera. Vuelvo de la calle, donde tiembla el álamo
donde se ajusta la lejanía, donde la casa teme hundirse,
donde el aire es azul como el petate
de un enfermo que sale del hospital.

    El crepúsculo está vacío como un cuento interrumpido
dejado sin continuar por una estrella
sorprendida de mil ojos ardientes,
insondables y faltos de expresión.

J. W. F. WERUMEUS BUNING

(1891-1958—HOLANDÉS)

Soneto

    El tierno mal que las flores temen
de las ligeras lluvias de mayo,
ese mal tierno y frío
me ha causado tu morir y nunca se aliviará.

    Una vez que juntos nos levantamos después de una noche nuestra,
las rosas estaban húmedas y deshojadas,
y tú y yo en esa larga noche conocimos la lluvia;
ni tú ni yo nos satisfaremos nunca de ternura.

    Tu mano sutil había recogido los pétalos de rosa
blancos y rojos; trémulos y muelles,
ellos caían de nuevo en la espesa hierba.

    ¿Cómo podrá nunca el corazón curarse de mal tan tierno
ahora que a tu alrededor han caído las rosas,
ahora que tus manos reposan en la hierba?

(PONZANELLI)

ARCHIBALD MAC LEISH

(1892-1982—NORTEAMERICANO)

Gobi

Si alguna vez vivieron
hombres en estos valles...
Si bajo esta capa de arena y bajo la delgada
capa de humus hay cenizas, trozos de cántaros, y miembros de diosas
comidos por la nieve...
         Si los que ahora
veo en el aire confuso son hombres como yo
que vagan en esta región...
             ¿Cómo lo sabré?
¿Cómo hablaremos de esto?, diciendo:
Vosotros, vosotros también, también habéis sentido, también vosotros
despertándoos de noche, ¡oh de noche!, y andando
bajo los árboles al atardecer, ¡los árboles!... ¡También vosotros!
Si esos rostros de hombres... ¡Vamos, sed francos!
¿Por qué no queréis contestarme? ¿Por qué no queréis nunca
entender lo que no digo? Conozco vuestras caras.
Conozco también vuestros nombres. Y sin embargo,
no sois buenos para mí; no sois de los míos.
Y en cuanto al lugar donde voy... Buscamos agua.
El agua aquí es salada. No hemos visto
ni una pájaro ni una hoja verde desde que encontramos este país.
¿Por qué no queréis nunca oírme? ¿Por qué volvéis siempre
vuestras miradas cuando os hablo? Decidme,
¿ninguno de vosotros teme a este país como yo le temo?
¿Quién os envió hacia mí? Os han enviado
como espías. No sois amigos.
              ¡Tal vez
no están allí!
       O tal vez he sido yo
el único hombre que ha atravesado estas montañas.

(RAMÓN VILLALOBOS)

MATEO ZARIFIAN

(1804-1924—ARMENIO)

Niña blanca...

Niña blanca, a mi oído murmuraste:
—Querría ser tu pequeña amada melancólica.

Que así sea. Pero escucha la queja
de la selva, a la que los vientos del
otoño han robado su sueño altivo.
Y mi corazón es como la selva.

(JOSEFINA LERENA ACEVEDO DE BLIXEN)

SERGEI ESSENIN

(1895-1925—RUSO)

No me quejo...

No me quejo, ni invoco, ni lloro;
todo pasará como la nieve en los manzanos.
Los vientos rojos me han envuelto;
ya no seré joven jamás.

Ya no latirás como antes,
corazón mío que ha apresado el frío.
Ya el bosque espeso de abedules
no tentará a mis pies desnudos.

Ya el soplo del vagabundear
no atiza la llama de mis labios.
¡Oh mi fragancia prodigada!
¡Oh fuego de mis ojos, oh ímpetus de mis amores!

Me he vuelto avaro de mis deseos.
Vida mía, ¿habrás sido sólo una aparición?
Todo es como si una mañana cantando
hubiese montado un caballo ilusorio.

Todos somos perecederos,
gotea el cobre de los arces...
¡Bendito, por los siglos de los siglos,
todo lo que florece y muere!

PAUL ÉLUARD

(1895-1952—FRANCÉS)

Gritar

Aquí la acción se simplifica
He derribado el inexplicable paisaje de la mentira
He derribado los gestos sin luz y los días impotentes
He arrojado por encima de la tierra lo que he leído y oído
Me he puesto a gritar
Todos hablaban bajo hablaban y escribían
Demasiado bajo

He hecho retroceder los límites del grito

La acción se simplifica
Pues arrebato a la muerte esta visión por encima de la vida
Que le adjudicaba su lugar ante mí

Con un grito

Tantas cosas han desaparecido
Que ya no desaparecerá nunca nada
De lo que merece vivir

Estoy seguro ahora que el verano
Canta debajo de las puertas frías

Bajo armaduras opuestas
Las estaciones arden en mi corazón
Las estaciones los hombres sus astros
Que tiemblan porque son tan semejantes

Y mi grito desnudo sobre un peldaño
De la inmensa escalera del gozo

Así he aquí el fruto que madura
Quemado de frío escarchado de sudor
He aquí el lugar generoso
Donde no duermen más que los que sueñan
El tiempo es hermoso gritemos más fuerte
Para que los soñadores duerman mejor
Envueltos en palabras
Que hacen bello el tiempo en mis ojos

Estoy seguro que en todo momento
Hijo y abuelo de mis amores
De mi esperanza
La dicha brota desde mi grito

Para la busca más alta
Un grito del que el mío sea el eco

(GABRIEL CELAYA)

EDMUND BLUNDEN

(1896-1974—INGLÉS)

Antepasados

Anduvieron aquí, con sayo y con cayado,
trabajaron al sol, tendiéronse en la sombra;
del lecho del arroyo quitaron aquí el limo,
aquí limpió su hacha los calveros.
La cena despertó su ingenio en la cosecha
y la luna otoñal alumbró sus amores.

Con su novia salieron de esta iglesia;
desde esta iglesia misma ellos fueron llevados
en hombros; y por estas apartados caminos
sentáronse; y tomaron el pan y la cerveza.
Se olvidaron los nombres... Mas lo que ellos fueron,
sus casas campesinas lo declaran.

Los nombres se borraron, salvo pocos,
escritos torpemente en vieja y parda Biblia.
Hombres de corazón fueron, de temple,

a quienes la ciudad nunca llamaba.
Poco leían, poco sostenían la pluma,
pero el troj construyeron, la fragua y el molino.

En el césped, miraban a sus hijos
solazarse en los juegos, hasta cerrar la noche,
como, en tiempos, sus padres los miraron,
como mi padre me miraba un día;
y en tanto, escarabajos, murciélagos, volaban
por el aire oloroso de rocío y caliente.

Sin fama ni recuerdo,
hombres donde mis sendas comenzaron,
os conozco mirando vuestra tierra,
mas no sé lo que dentro de vosotros había...
Hay silencio; no queda ni un momento
que de vuestro vivir se haya salvado.

Como la abeja que me lanza al viento,
muy grávida de miel, hasta la mano,
desde su alto trono de hierba lombriguera,
por la tierra lozana y borrascosa,
en el trébol estoy ahora, y no sabría
quién hizo miel antaño.

(MARIANO MANENT)

HORACE GREGORY

(1898-1982—NORTEAMERICANO)

Poemas para mi hija

Decidle que me gusta
pensar que he de vivir en su recuerdo
siempre, pues está hecha
de mi carne; estarán en su memoria
las calles donde cae la sombra de la luna
y mi sombra se mezcla
con las sombras surgidas
de un árbol, en lo hondo de la noche.

	Decidle que me gusta
pensar que ni en la tierra ni en el cielo
estoy, ni en los roquedos o las nubes,
sino en el huerto
amurallado, que tan bien conoce
y que es su cuerpo mismo.
Solamente sus ojos
harán que yo florezca para ella;
en ella contenidos,
echarán flor o morirán mis días,
entierro o nacimiento
ocultos donde el ojo de los hambres
no logrará encontrarme, si ella no les dice:
"Lo que él era yo soy,
y él era de mi carne".

(MARIANO MANENT)

ROEL HOUWINK

(1899-1987—HOLANDÉS)

Entre los muros...

	Entre los muros sin ecos,
los días se contraen con el toque de las horas,
y del mundo no queda otro indicio
que el de las voces que se rompen contra la ventana.
En mis manos las cosas mueren,
solitarias, estremeciéndose hasta el borde.

(PONZANELLI)

LANZA DEL VASTO

(1901-1981—POETA DE LENGUA FRANCESA, NACIDO EN ITALIA)

Aquél que dice: Señor, Señor

¿Qué camino ha elegido la cruel naturaleza
para llevarme lejos de mí y de Ti, Señor?
Señor, ¿por qué jardines, con rumor de aguas vivas,
donde la brisa agita, distraída, los árboles
cuyos pájaros vuelan con mi alma detrás?
¡Ay, qué dulce el error en donde el hombre anida,
lamentos y canciones; que entrega sus colores
azules y dorados al vacío infinito,
a la mujer su enigma, su perfume a las rosas!
¿Por qué, si es ficción trémula este mundo tan bello,
más que al perfecto enjambre de números y estrellas
me obligas a que ame lo que, sombrío, busco,
y no puedo soñar, al salir de esta sombra,
en despertar tan bello que tal sueño merezca?
¿Por qué este tibio légamo donde cayó mi alma,
abierto de hambre, armado de dientes y de ojos,
lleno de remolinos de lujuria y torpeza,
hace gozar al alma que se enreda en su fondo
y allí, como las ondas, cae, y canta al caer?
¿Por qué, Señor, oreaste el cuerpo femenino
que ha sabido tentarme, y le hiciste flexible,
sensitivo al aliento cual dulcísima flauta,
y me hechizan sus párpados, las volutas de un rizo,
y he vendido mi alma por la joya mortal?
Si quien sus tristes ojos amados me ha rendado,
si la turbia piedad de su carne tan frágil
es tan sólo un señuelo, ¿por qué sé hasta tal punto
(aunque vea que el diablo inspira sus manejos)
el arte de caer siempre y siempre en su trampa?
¿Y por qué haberme dado el don de ser poeta,
y el de saber cantar mis arrepentimientos,
mi dolor verdadero, si más bien me parece
que miento cuando clamo, pues me veo, en el fondo,
feliz de ser tan débil y de llorar mi pena?
¡Qué buena es la luz para mis ojos que pecaron!
Ya mis remordimientos callaron su rebato.

Oh, mi Dios bien-amado, cuyas obras adoro,
¿quién volverá hacia Ti mi vida en poco tiempo?
Señor, soy demasiado feliz para ser santo.

II

Pecador, más que malo; sin malicia y por nada,
sin ninguna razón, preferí los placeres,
y sufrí un suplicio profundo e insensible,
aunque hubiera querido la cuerda y el cilicio,
y hasta el bien fuera bueno y agradable a mis ojos.
Me cansan estas manos, prestas siempre a tomar;
y mi sed de bondad, tras beber el deseo;
y el orgullo de haber podido hacer el mal;
mi corazón henchido como un fruto, y mi frente
harta. Dame, Señor, la fuerza de rendirme.

III

Soy superior a algunos por la gracia adquirida,
por la delicadeza, por los bellos defectos.
De algunas cualidades que conmigo nacieron
obtengo un beneficio de placeres y elogios
y esta satisfacción que mulle mi pereza.
Apareceré ornado de todas mis virtudes,
cual lacayo vestido con galas de su dueño
ante Ti que me observas con Tu ceño fruncido,
cuando suene Tu paso sobre las zarzas rotas
y Tu voz diga: Adán, Adán, ¿por qué te escondes?
La lluvia de los días tibias cae, y corroe
mi cabeza de piedra donde el musgo ha brotado.
Uno de los tres diablos que guardan mi camino
dice: Sé cuerdo; el otro gruñe: Basta; el tercero:
¿Para qué? Gota a gota mi corazón ha muerto.
Señor, sólo Tú sabes qué dura joya duerme
en el fondo del cofre, y sólo Tú conoces
el acero y su punta y el filo, que me asusta.
Blandes mi alma a los cuatro vientos de lo Absoluto,
herrumbrosa en su vaina de dolor y vergüenza.
Si nada turba el mar sin fin donde rodamos,
encuentra y llora en mí la imagen de tu Hijo.

sufrimos nosotros lo que este día fuimos.
Sólo es feliz el sabio, pues dormirá su muerte.
Tan sólo el sabio brotará de su sueño,
e irán sus ramajes allí donde Dios quiera,
según que caiga lluvia o que el viento se alce,
para llevar al aire una canción de hojas.

(RICARDO JUAN BLASCO)

JOHN LEHMANN

(1907-1987—INGLÉS)

Camposanto escondido

Entre esas densas flores en vano buscarías
miedo y dolor, los viejos emblemas de la muerte;
si levantas las hojas del gordolobo, nunca
encontrarás la imagen de un cráneo sin mirada,
ni grabada sentencia que guarde la memoria
de pasadas traiciones del azar y el destino;
una palabra apenas queda intacta y nos muestra
qué durmientes se ocultan bajo las amapolas;
sólo una urna, acaso rota, y adivinada
entre las digitales, guarda el verde montículo,
o cerca del rosal donde un mirlo gorjea,
rostros de querubines grises y alas musgosas.
Antaño recordados, sin nombre aquí descansan,
disipadas las cuitas mudas o quejumbrosas;
y el Tiempo que, forzados, los trajo a estos lugares,
les da ahora la gracia viviente del olvido:
las vidas, las historias separadas, se mezclan
entre flores del velo lozano del estío.

(MARIANO MANENT)

Regreso al castillo

Era raro encontrarse tan sosegadamente,
dormidos regresar donde antaño estuvimos,
oír nuestras pisadas tranquilas resonando
por el recto, alargado corredor de los sueños.

Era un septiembre; solos vagamos todo el día.
Al subir la escalera vimos ardientes nubes;
dejando el laberinto de las desnudas piedras,
buscamos la fragancia vespertina del aire.

En el tejado oímos a los faisanes; hojas
de los castaños vimos en el yermo amarillo;
los frutos relucientes, las dalias en el muro
y escaleras en ramas tardías de manzanos.

Hablar no era preciso, y nuestros pensamientos
decían flores, árboles, el cielo del crepúsculo,
el estío, el otoño mezclados: cada uno
miró el alma del otro como una lejanía.

(MARIANO MANENT)

ALBERTO DE SERPA

(1906-1992—PORTUGUÉS)

Interferencia

¿Quién vino a llamar a mi puerta? ¿Quién?
¿Quién me hizo abrir la ventana y la noche muerta?

El camino estaba desierto y su silencio tenía horas.
¿Viento? Esta noche tiene la paz y el sosiego de la muerte.
Solamente yo y las estrellas sentíamos la soledad fantástica...

En los oídos, en la ansiedad guardé el rumor que llamó,
mis manos tuvieron la caricia de otras manos perdidas,
y una compañía invisible encendió una luz en mi alma...
¿Alguien habrá pensado en mí, lejos?

(CH. D. LEY y R. MORALES)

JOHN PUDNEY

(1909-1977—INGLÉS)

Rosas y ruinas

Vuelve la rosa, júbilo de las almas inglesas,
a surgir en el cráter y en el umbral caído,
donde quedó la vida y el amor, donde parte
de ti o de ti se queda.

Ninguna ofensa pública ni dolor escondido
manchan su tinte, roban su silueta orgullosa.
El pétalo y la hoja el otoño se lleva,
mas ahora la flor entera es tuya y mía.

Venturoso es vivir, saludar a la rosa,
que florece en la muerte y luce en el espanto;
contemplar el emblema de los íntimos huesos
con esa frágil carne de la flor revestido.

(MARIANO MANENT)

NOTO SAUROTO

(SIGLO XX—JAVANÉS)

El corazón

Guarda el corazón humano
las más grandes maravillas,
es como un mar sin orillas
más hondo que el Océano.
En su indefinible arcano
nunca quieto le verás;
siempre anhela más y más
y su anhelar incesante
se renueva a cada instante
sin agotarse jamás.

(CARMELA EULATE SANJURJO)

Las dos gotas

La gota de cristal, que está temblando
sobre la flor de loto, es como amante
de otra gota, que vive confundida
con la agua encenagada de un estanque.

Prisioneras, se encuentran separadas,
y en su anhelo, vivísimo y constante,
aguardan el momento de reunirse,
que el término será de sus afanes.

Viene un rayo de Sol, las evapora,
libres las hace el hálito radiante,
y una mañana límpida y serena,
cuando la nube oscura va a formarse,

y sus bordes de oro resplandecen
cual de lluvia inequívocas señales,
las dos gotas reúnense en su seno,
y fundidas se quedan al instante.

(CARMELA EULATE SANJURJO)

FUAND-JI

(SIGLO XX—POETISA DE INDIA)

Onta

(Canción)

Ha surgido impetuoso
el amor en mi alma,
cual torrente que brota
sobre la alta montaña,
y en la sombra del bosque
se desliza al través;
y al mirar a los cielos,
en las noches muy claras,

pienso en alguien que vive
en regiones lejanas,
bajo un cielo distinto
que mis ojos no ven.

    El amor, que me oprime,
ya mi cuerpo quebranta
transformándome en sombra,
una sombra muy pálida,
a quien mueve y anima
un aliento fugaz.
Y a mis ojos se agolpan,
tempestuosas, las lágrimas,
mis mejillas surcando
como ríos de lava,
y son ondas de fuego,
no una lluvia feraz.

    Pero siento en mi pecho
renacer la esperanza,
que la dulce promesa
no ha de ser olvidada,
recobrando muy pronto
mi perdida salud.
Yo creí que el olvido
era flor que brotaba
de una negra semilla,
en región solitaria,
arrojándola al surco
sin cultivo y sin luz.

    Pero algunos me afirman,
afirmando mi alma,
que en el pecho del hombre
que abonó la inconstancia,
ha brotado en un día,
del olvido la flor.
¿Tendrá acaso mi amado
la traidora falacia
de olvidar mi cariño,
y sus tiernas palabras,
y las dulces promesas
de un leal corazón?

Aún espero y confío:
La mujer, en su alma,
con ternura cultiva
una flor de esperanza,
y esta flor al olvido
ha logrado eclipsar.
Los dos polos humanos,
son Amor y Esperanza,
y en sus límites cabe
la ventura del alma,
cuyo símbolo exacto
es "Amar y Esperar".

(CARMELA EULATE SANJURJO)

PATRICE DE LA TOUR DU PIN

(1911-1975—FRANCÉS)

Hijos de septiembre

Los bosques se cubrían de bruma impenetrable,
desiertos, silenciosos y colmados de lluvia:
durante mucho tiempo sopló el viento del Norte
donde huyen en bandadas, cuando la noche llega,
los Jóvenes Salvajes, que van hacia otros cielos.
Atento, oí silbar sus alas en la noche
cuando todos bajaron a buscar la espesura
donde se encerrarían mientras durase el sol;
y oí el inconsolable clamor de salvajina
en los tristes pantanos que espantan a las aves.
Tras sorprender el blanco deshielo de mi cámara
penetré con el alba en el bosque, a cazar:
por una buena luna de neblina y de ámbar,
pude encontrar la huella, dudosa muchas veces,
de un hijo de septiembre, al borde de un sendero.
Sus pasos eran suaves y tiernos, mas confusos,
locos y entrecruzados alrededor de un surco
donde había intentado, en la sombra, beber
tras de alegrar sus sueños en solitarios juegos,
muy tarde, al terminar el crepúsculo húmedo.

Se perdía más lejos, entre las verdes hayas
donde apenas su pie se grababa en el suelo;
y me dije: quizá vuelva atrás cuando brille
el día, y buscará, temblando, a sus hermanos,
temeroso al pensar que desaparecieron.
Pensé: seguramente volverá a estos parajes
a la luz indecisa que surge en la mañana,
con las grandes bandadas de las aves de paso,
y con los grandes ciervos que hechizaran los brujos
y va a abandonar la paz de sus guaridas.
Se levantaba el día glacial en los pantanos;
y yo seguía inmóvil en la espera ilusoria,
mirando desfilar la fauna que tornaba
a la sombra, los corzos que venían al río,
y los cuervos chillones en las cimas del bosque.
Y me dije: yo soy un hijo de septiembre,
sí, por el corazón, la fiebre y el espíritu,
y el ardiente placer que palpita en mis miembros,
y el deseo que tengo de correr en la noche,
salvaje, abandonando el calor de mi cuarto.
Tal vez me tratará como a su dulce hermano,
quizá va a concederme un nombre entre los suyos;
en mis ojos verá diamantes amistosos
si no sintiera miedo al verme aparecer
con los brazos abiertos en el claro del bosque;
esquivo, escapará como un pájaro herido,
yo le perseguiré hasta que pida gracia,
hasta que me detenga bajo el cielo, agotado,
deshecho hasta la muerte, vencido, alas caídas,
ojos que se resignan a morir y se cierran.
Y al mirarle dormido le tomaré en mis brazos,
y habré de acariciar las plumas de sus alas
y habré de conducir su cuerpecito, entre
los junquillos, soñando con cosas irreales,
sin cesar confortado por mi sonrisa amiga...
Mas los bosques estaban cubiertos de neblina
y el viento comenzaba a encaminarse al Norte,
abandonando a aquellos cuyas alas se cansan,
a los que se perdieron y a los que se murieron
y siguen otras rutas en los mismos espacios.
Y me dije: es seguro que en mis pobres llanuras
los hijos de septiembre no se han de detener:
uno solo que hubiera errado su camino

¿hubiera comprendido la oscura atrocidad
del desierto pantano privado de leyenda?

(L. RODRÍGUEZ ALCALDE)

CHEN-HUNG-CHE

(SIGLO XX—POETISA CHINA)

Plenilunio

Envuelta en velos de flotantes nubes
la luna llena oculta su hermosura,
e, irónica, sonríe, imaginando
que nos engaña entre la sombra obscura.

Pero su luz sobre las ondas riela,
y su fulgor, aún tenue, la delata,
porque su luz refléjase en el lago
como en espejo de bruñida plata.

(CARMELA EULATE SANJURJO)

HENRY TREECE

(1911-1966—INGLÉS)

Muerte de un piloto de caza

Consagrada a la muerte ya de niño,
la sombra de sus ojos auguraba
el lento desplomarse por el cielo de estío,
con el paracaídas cerrado, sin espanto
en la mansa faz joven, ni frenético asirse
al aire, cuando el sino se desplegaba. Sólo sus sosegadas manos,
abiertas sobre el pecho en paz, como diciendo
que era el modo mejor de dejar aquel mundo
que el corazón de un niño no entendía.
Los pájaros, en torno, contemplaron su incierta
parábola, y la brisa, al caer, agítole el lustroso cabello.
La tierra, levantándose, lo recogió en la mano.

(MARIANO MANENT)

MOHAMED BEN BRAHIM EL MARRAKCHI

(SIGLO XX—MARROQUÍ)

Los labios de miel

Su talle es delicado y su presencia transporta al Paraíso,
y es el infierno cuando nos abandona.
Fuma, no por vicio, sino solamente para impedir
que las abejas vengan a libar a sus labios.

Las alas de la belleza

Nos mostraba indiferencia cuando sus mejillas eran tersas,
y a nuestra vez fuimos indiferentes cuando él tuvo barba.
Su cara era el nido de la belleza.
Pero la belleza le abandonó
volando con las alas de su barba.

DYLAN THOMAS

(1914-1953—INGLÉS)

En mi oficio o mi arte monótono...

En mi oficio o mi arte monótono,
ejercido en la noche sosegada,
cuando sólo se enoja la luna
y los enamorados descansan en su lecho,
con todas sus tristezas en los brazos,
trabajo cerca de la luz que canta,
no por el pan ni por ser ambicioso,
ni por el lucimiento y el comercio de hechizos
en marfileñas tablas,
sino por la paga sencilla
de su corazón más secreto.

(MARIANO MANENT)

ALUN LEWIS

(1915-1944—INGLÉS)

El centinela

A morirme he empezado.
Al fin, he descubierto
que no podré fugarme
de la Noche. Ni un sueño,
ni las raudas imágenes de los que están dormidos
me rozan estos ojos de murciélago. Pendo,
áspero cuero, en el tejado oculto
de la Noche, y vigilo desvelado,
los dominios del Sueño.
He dejado los lindos
cuerpos de la muchacha y su doncel, perdidos
en apacible abrazo;
he dejado las bellas
veredas de los sueños
que siguen los amantes, descalzos hasta el último
y frío litoral de la mente guardado
por mí. He empezado ya a morirme,
y el silencio implacable de los cañones forma
mi intermedio sombrío, mi mocedad, mis años,
en la flor de la furia, la amapola
cerrada de la Noche.

(MARIANO MANENT)

PIERRE EMMANUEL

(1916-1984—FRANCÉS)

Limbos

Ciudad del bajo amor deshecha piedra a piedra,
reina desnuda llena de fulgentes miradas:
Él pasa bajo el arco trunco de los palacios
cargados de cadenas, postrados en el polvo.
Cimas sin esperanza brillan. En los frontones
la tormenta encabrita sus caballos soberbios
y el fósforo desnudo de las negras barriadas

invade la extensión sin puesto. Es un terrible
canto. Los huesos crujen en la blancura. Oyen
las lágrimas, las siempre tintineantes lágrimas,
de un surtidor vivaz olvidado tal vez
por el hacha... O los párpados inmensos del desierto,
si pudieran abrirse más ligeros, ¡oh signo
puro! Conocerías la única morada
posada sobre Ti desde tu nacimiento.

(L. RODRÍGUEZ ALCALDE)

MAGALI HELLO

(SIGLO XX—SUIZO)

La voz del país

Aquel que está aquí,
salido de esta montaña,
aquel que oye el rumor del torrente,
escucha el viento y el gemir de la tierra,
aquel que ve la montaña inmóvil sobre su base,
Tell, que oye la voz de los antepasados,
obedece a su fe,
aquel será quien rompa el círculo de acero,
el vencedor del plomo que aniquila:
Tell, que ha visto la noche,
Tell salvará al pueblo que es suyo.

PIERRE VALLETTE

(SIGLO XX—SUIZO)

Agradecimiento

Gracias, Dios mío,
por haberme probado.
Por el sufrimiento
he llegado a comprender tantas cosas.
Gracias, Dios mío,
por tu santa asistencia;

si mi cuerpo ha sufrido,
si mi corazón ha sangrado,
por tu presencia, Señor,
me has salvado.

En las horas más sombrías,
en que la duda y la angustia
en un esfuerzo común
iban ya a vencerme,
hacia mí, Señor,
te has inclinado.

Entonces vi en la sombra
tu divina luz,
indicándome el camino
por donde debía ascender.

Después vino el alba de alegría,
de paz y de luz,
que antes, igual que un ciego,
había buscado en vano.
Gracias, Dios mío,
por haberme probado.
Hacia tu salvación, Dios mío,
me has encaminado.

EDMOND DUNE

(1914-1988—LUXEMBURGUÉS)

Despertar

Vertiginosa
una imagen de piedra
cae del cielo del pensamiento
y rompe el hilo del sueño.

Un pez de oro
asciende lentamente entre la onda oscura,
traga un poco de aire y mira al azur
que lo contempla sin piedad.

(MARCOS FINGERIT)

SIDNEY KEYES

(1922-1943—INGLÉS)

Poeta de guerra

    Soy aquel que buscaba la paz y halló en sus ojos
las púas del acero.
El que a tientas buscaba las palabras y un día
vio una flecha en su mano.
Soy constructor que ve junto a sus muros firmes
la tierra que se hunde.
Si algún día me veis enfermo o loco
no hagáis burla de mí ni me pongáis cadenas;
cuando persiga al viento
no queráis derribarme,
aunque sea mi faz libro quemado
y devastada villa.

                                             (MARIANO MANENT)

Dos oficios de un centinela

1

Oficio del mediodía

    En la linde de un campo, donde el grillo sus élitros
frágiles roza, en medio de la hierba amarilla,
me detengo a escuchar el mar, cernido siempre
por los dedos graníticos del cabo.
En este mediodía del estío implacable
pienso en los que su boca parlera tienen muda
y en los acurrucados en una tumba angosta.
Lloro a los que los ojos tienen llenos de arena.

II

Oficio de medianoche

Los que a todo momento se ofrendaron,
hasta ser dulce el tiempo, como amante saciado;
donceles de pie raudo, viejos de agudos ojos
—son libertad sus rutas, constantes sus estrellas—
me acompañan si miro esta ciudad vacía.
Me enamora esta extraña rudeza de los vivos.
Me enamoran los ritmos de los miembros ya muertos.
Me enamoran aquellos que ya entraron
en la noche que huele a pétalos y a polvo.

(MARIANO MANENT)

ÍNDICE DE POETAS POR PAÍSES

AFGANISTÁN

Kushal Khan

ÁFRICA NEGRA

Dzemawo (siglo XIX)
Poesías de africanos
Cantos populares hotentotes
Canto de los pigmeos

ALEMANIA

Johann Matthäus Mayfarth (1590-1642)
Martin Opitz (1597-1639)
Paul Gerhardt (1607-1676)
Joachim Neander (1610-l680)
Friedrich Gottlieb Klopstock (1724-1803)
Gottfried August Bürger (1747-1794)
Johann Wolfgang von Goethe (1749-1832)
Friedrich von Schiller (1759-1805)
Friedrich Hölderlin (1770-1843)
Novalis (Friedrich von Hardenberg) (1772-1801)
Clemens Brentano (1778-1842)
Adalbert von Chamisso (1781-1838)
Justinus Kerner (1786-1862)
Ludwig Uhland (1787-1862)
Joseph Freiherr von Eichendorff (1788-1857)
Friedrich Rückert (1788-1866)
Heinrich Heine (1799-1856)
Eugen Höfling (1808-1880)
Friedrich Hebbel (1813-1863)
Emmanuel Geibel (1815-1884)
Georg Herwegh (1817-1875)
Theodor Storm (1817-1888)
Hieronymus Lorm (1821-1902)
Moritz Graf von Strachwitz (1822-1847)
Friedrich Nietzsche (1844-1900)
Detlev von Liliencron (1844-1909)

Gustav Falke (1853-1891)
Johannes Schlaf (1862-1941)
Richard Dehmel (1863-1920)
Stefan George (1868-1933)

ARMENIA

Sembat Chahazizian (1840-1907)
Avetik Ishakian (1875)
Hrand Nazariantz (1880-1962)
Mateo Zarifian (1894-1924)

AUSTRIA

Eduard Mörike (1804-1875)
Hugo von Hofmannsthal (1874-1929)
Georg Trakl (1887-1914)

BÉLGICA

Georges Rodenbach (1855-1898)
Émile Verhaeren (1855-1916)
Maurice Maeterlinck (1862-1948)
Georges A. Tournoux (1886)

BRASIL

Olavo Bilac (1865-1918)
Guilherme de Almeida (1890-1969)

BULGARIA

Yavorov (Peyu Kracholov) (1877-1914)

CANADÁ

Canto de las estrellas (Anónimo)
Luis Fréchette (1839-1908)
Charles Gill (1871-1918)

CHECQUIA

Jaroslav Vrchlicky (1853-1912)

Rainer Maria Rilke (1875-1926)
Karel Toman (1877-1946)

CHINA

Anónimo (siglo XII antes de C.)
Anónimo (siglo VIII antes de C.)
Emperador Wu Ti (siglo V después de C.)
Emperador Yang Ti (siglo VII)
Li Tai Po (siglo VIII)
Tu Fu (siglo VIII)
Wang Wei (siglo VIII)
Wei Tchen Kin (siglo VIII)
Tse Lang (siglo VIII)
Tsoel Hon (siglo VIII)
Li Tchang Yin (siglo VIII)
Yuan Chieh (siglo VIII)
Oki-Kasé (siglo VIII)
Uang-Sing-Yu (siglo VIII)
Po Chu Yi (siglo IX)
Tong Chow (siglo XI)
Wang Ngan Che (siglo XI)
Chow Su Cheng (siglo XI)
Li Ts'ing Chao (siglos XI y XII)
Su Che (siglo XII)
Sou Tong Po (siglo XII)
Hwuang Ting Tsren (siglo XII)
Lou You (siglo XII)
Ch'en Tze Lung (siglo XVII)
Sung Chi (siglo XVII)
Yuan Tsen T'sai (siglo XVIII)
Chen-Hung-Che (siglo XX)

DINAMARCA

Herman Bang (1857-1912)
Sophus Claussen (1865-1931)
Helge Rode (1870-1937)
Valdemar Rordam (1872-1946)
Kai Hoffmann (1874-1949)
Thoger Larsen (1875-1928)

ESTADOS UNIDOS DE AMÉRICA

William Cullen Bryant (1794-1878)
Henry Wadsworth Longfellow (1807-1882)
Edgard Allan Poe (1809-1849)
Walt Whitman (1819-1892)
Emily Dickinson (1830-1886)
Robert Frost (1875-1963)
Thomas S. Eliot (1888-1965)
Archibald Mac Leisch (1892-1982)
Horace Gregory (1898-1982)

ESTONIA

Elegía tradicional

FINLANDIA

Augusto Oksanen (1826-1880)
Alexis Kivi (1834-1872)
Eino Leino (l878-1926)
Berthel Gryppenberg (1878-1947)

FRANCIA

François Villon (1431-1484)
Pierre de Ronsard (1524-1585)
Joachim du Bellay (1525-1560)
François de Malherbe (1555-1628)
Pierre Corneille (1606-1684)
Marceline Desbordes-Valmore (1785-1859)
André Chénier (1762-1794)
Alphonse de Lamartine (1790-1869)
Alfred de Vigny (1797-1863)
Victor Hugo (1802-1885)
Felix Arvers (1806-1850)
Aloysius Bertrand (1807-1841)
Gérard de Nerval (1808-1855)
Alfred de Musset (1810-1857)
Théophile Gautier (1811-1872)
Charles Leconte de Lisle (1818-1894)
Charles Baudelaire (1821-1867)
Théodore de Banville (1823-1891)

Léon Dierx (1838-1912)
Sully-Prudhomme, Armand (1839-1907)
Catulle Mendès (1840-1909)
Stéphane Mallarmé (1842-1898)
José María de Heredia (1842-1905)
François Coppée (1842-1908)
Paul Verlaine (1844-1896)
Tristan Corbière (1845-1875)
Maurice Rollinat (1846-1910)
Jean Richepin (1849-1926)
Jean-Arthur Rimbaud (1854-1891)
Laurent Tailhade (1854-1919)
Jean Moréas (1856-1910)
Albert Samain (1858-1900)
Gustave Khan (1859-1936)
Jules Laforgue (1860-1887)
Henri de Régnier (1864-1936)
Ephraïm Mikhaël (1866-1900)
Francis Jammes (1868-1938)
Edmond Rostand (1869-1918)
Paul Claudel (1868-1955)
Paul Valéry (1871-1945)
Paul Fort (1871-1960)
Henri Bataille (1872-1922)
Louis Mandin (1872-1960)
Charles Guérin (1873-1907)
Charles Péguy (1873-1914)
Fernand Gregh (1873-1960)
Tristan Klingsor (1874-1966)
Julien Ochsé (1874)
Condesa Mathieu de Noailles (1877-1933)
François Porché (1877-1948)
Léo Larguier (1878-1950)
Émile Despax (1881-1915)
Abel Bonnard (1883-1968)
Georges Duhamel (1884-1966)
Georges Chennevière (1884-1927)
Jules Romains (1885-1972)
Jules Supervielle (1887-1960)
Pierre-Jean Jouve (1887-1976)
Paul Éluard (1895-1952)
Lanza del Vasto (1900-1981)
Patrice de la Tour du Pin (1911-1975)

Pierre Emmanuel (1916-1984)

GRECIA MODERNA

Juan Vilaras (1770-1823)
Atanasio Jristopulos (1772-1847)
Dionisio Solomos (1798-1856)
Jorge Zalokostas (1805-1858)
Aristóteles Valaoritis (1824-1879)
Aquiles Parasjos (1838-1895)

GROENLANDIA

Canción de un cazador
Canto de la maga de Iglulik

HOLANDA

Frederik van Eeeden (1860-1932)
Aart van der Leeuw 1876-1931)
Adrian Roland Holts (1888-1976)
J. W. F. Werumeus Buning (1891-1958)
Roel Houwink (1899)

HUNGRÍA

Sandor Petöfi (1823-1849)
Ady Endre (1877-1919)

INGLATERRA

Edmund Spenser (1552-1599)
Samuel Daniel (1562-1619)
William Shakespeare (1564-1616)
John Donne (1573-1631)
William Drummond (1585-1649)
George Herbet (1593-1632)
James Shirley (1596-1666)
Edmund Waller (1606-1687)
John Milton (1608-1674)
Richard Crashaw (1613-1649)
Richard Lovelace (1618-1658)
Andrew Marvell (1621-1678)

Henry Vaughan (1621-1695)
Alexander Pope (1688-1744)
Thomas Gray (1716-1771)
Oliver Goldsmith (1728-1774)
William Blake (1757-1827)
Robert Burns (1759-1796)
William Wordsworth (1770-1850)
Samuel Taylor Coleridge (1772-1834)
Robert Southey (1774-1843)
Walter Savage Landor (1775-1864)
Lord Byron (1788-1824)
Percy B. Shelley (1792-1828)
John Keats (1795-1821)
Thomas Hood (1798-1845)
Elisabeth Barret Browning (1806-1861)
Lord Alfred Tennyson (1809-1892)
Robert Browning (1812-1889)
Matthew Arnold (1822-1888)
Coventry Patmore (1823-1896)
Dante Gabriel Rossetti (1828-1882)
George Meredith (1828-1909)
Cristina Georgina Rossetti (1830-1894)
James Thomson (1834-1896)
William Morris (1834-1896)
Algernon Charles Swinburne (1835-1909)
Thomas Hardy (1840-1928)
Robert Bridges (1844-1930)
William Ernest Henley (1849-1903)
Robert Louis Stevenson (1850-1894)
Francis Thompson (1859-1907)
Rudyard Kipling (1865-1936)
Walter de la Mare (1873)
Wilfrid Gibson (1878-1962)
John Masefield (1878-1967)
John Drinkwater (1882-1937)
Martin Armstrong (1882-1974)
Rupert Brooke (1887-1915)
Robinson Jeffers (1887-1962)
Dorothy Wellesley (1889-1956)
Edmund Blunden (1896-1974)
John Lehmann (1907-1987)
John Pudney (1909-1977)
Henry Treece (1912-1966)

Dylan Thomas (1914-1953)
Alan Lewis (1915-1944)
Sidney Keyes (1922-1943)

INDIA

Viasa ("El Mahabbarata")
Momin (siglo XIX)
Riza (siglo XIX)
Rabindranath Tagore (1861-1941)
Sarojini Naidu (siglos XIX y XX)
Fuand-Ji (siglo XX)

IRLANDA

Oscar Wilde (1856-1900)
William Butler Yeats (1865-1939)

ISLANDIA

Bólu-Hjálmar (1796-1875)
Sigurdur Breidfjord (1798-1846)
Pall Olafsson (1827-1905)
Stephan G. Stephansson (1853-1927)

ITALIA

Guido Cavalcanti (1260-1300)
Dante Alighieri (1265-1321)
Francesco Petrarca (1304-1374)
Angelo Poliziano (1454-1494)
Niccolò Machiavelli (1469-1527)
Ludovico Ariosto (1474-1533)
Annibal Caro (1507-1566)
Torcuato Tasso (1544-1595)
Victor Alfieri (1749-1803)
Ugo Foscolo (1778-1827)
Alessandro Manzoni (1785-1873)
Giacomo Leopardi (1798-1837)
Giosué Carducci (1838-1907)
Enrico Panzacchi (1841-1904)
Antonio Fogazzaro (1842-1911)
Mario Rapisardi (1843-1912)

Lorenzo Stecchetti (1845-1916)
Arturo Graf (1848-1913)
Vittoria Aganoor (1855-1910)
Giovanni Pascoli (1855-1912)
Gabrièle d'Annunzio (1863-1938)
Ada Negri (1870-1945)
Guido Gozzano (1886-1916)

JAPÓN

Anónimos japoneses
Idzumi Sikibu (siglo VIII)
Suto-Kuin (siglo VIII)
Motokata
Mikunino Machi
Fukayubu (anterior al siglo X)
Oushikauchi Mitsune (anterior al siglo X)
Uanh-Sing-Yu
Sosei
Tomonori
Kino Toshisada
Yoruka
Yasuhide
Sone Yoshitada (siglo X)
Tsurayuki (siglo X)
Kusunoki Masatsura (siglo XV)
Ota Dokwan (1433-1486)
Sor Regentsu (1794-1875)
Toaiama Marzakazu (siglo XIX)
Haruko (siglos XIX y XX) Shi-Woi-Uko (siglos XIX y XX)

LAPONIA

Anders Fielner (siglos XVIII-XIX)

LITUANIA

Canciones populares
Oscar Wladislao de L. Milosz (1877-1939)

LUXEMBURGO

Edmond Dune (siglo XX)

MARRUECOS

Ahmed ben Yahia (siglo XIV)
Muley Zidan (siglo XVI)
Mohamed ben Braim et Marrakchi (siglo XX)

NORUEGA

Petter Dass (1647-1708)

OCEANÍA

Canto de los isleños de Fiji

PERSIA

Ferdusi (siglo X)
Omar Khayyam (1071-1123)
Moassi (siglos XI y XII)
Sadi (siglos XII-XIII)
Djelal Eddin Rumi (1207-1273)
Acimi (siglo XIII)
Hafiz (siglo XIV)

POETAS ÁRABES

Antar Ben Scedad (siglo VI)
Abderramán I (siglo VIII)
Abul Makschi (siglo VIII)
Gemil (siglo VIII)
Abu Abd al-Malik (963-994)
Ben Zaydun (1003-1070)
Ben Ammar (m. en 1086)
Al-Motamid de Sevilla (1041-1095)
Ben Al-Labbana (m. en 1113)
Ben Sara (m. en 1123)
Ben Al-Zaqqaq (m. hacia 1135)
Ben Jafacha (1058-1138)
Ibn-Zuhr o Abenzoar

Al-Homaidi
Ibn-Chafadsche
Ibn-al Abbar
Abu Sahet al-Hedhil.
Abul-Beka (siglo XIII)
Ibn Zamrak (1333-1393)

POETAS GRIEGOS

Homero (siglo X antes de C.)
Alceo (siglo VII antes de C.)
Arquíloco de Paros (Siglo VII antes de C.)
Safo (siglo VII antes de C.)
Tirteo (siglo VII antes de C.)
Íbico (siglo VI antes de C.)
Simónides (siglo VI antes de C.)
Píndaro (522-442 antes de C.)
Anacreonte (siglo V antee de C.)
Paladas de Alejandría (siglo IV antes de C.)
Asclepíades (siglo III antes de C.)
Teócrito (siglo III antes de C.)
Bión de Esmirna (siglo III auntes de C.)
Mosco de Siracusa (siglo III antes de C.)
Meleagro (siglo I antes de C.)

POETAS HEBREOS

David (siglo XI antes de C.)
Salomón (siglos XI-X antes de C.)
Juda-Ben-Samuel-Levi (1080-1140 después de C.)

POETAS LATINOS

Tito Lucrecio Caro (98-55 antes de C.)
Cayo Valerio Catulo (87-56 antes de C.)
Publio Virgilio Maron (70-19 antes de C.)
Quinto Horacio Flacco (66 antes de C. a 8 después de C.)
Tibulo (54-19 antes de C.)
Sexto Aurelio Propercio (52-16 antes de C.)
Publio Ovidio Nason (43 antes de C. a 18 después de C.)
Marco Anneo Lucano (38-65 después de C.)
Marco Valerio Marcial (42-104 después de C.)

POLONIA

Adan Mickievicz (1768-1855)

PORTUGAL

Gil Vicente (1470-1539)
Francisco de Sa de Miranda (1485-1558)
Diogo Bernárdez (1520-1605)
Luis de Camões (1525-1580)
Antonio Ferreira (1528-1569)
Pedro de Andrade Caminha (1529-1589)
Francisco Rodrigues Lobo (1580-1625)
Manuel María Barbosa du Bocage (1765-1905)
Antonio Feliciano de Castilho (1800-1875)
Joao de Deus (1830-1896)
Anthero de Quental (1842-1891)
Antonio Gomes Leal (1849-1921)
Abilio Guerra Junqueiro. (1850-1923)
Alberto d'Oliveira (1859-1937)
Antonio Nobre (1867-1900)
Eugenio de Castro (1869-1947)
Affonso Lopes Vieira (1878-1946)
Júlio Brandão (1871-1947)
Joaquim Teixeira de Pascoaes (1877-1957)
Mario Beirão (1890-1965)
Antonio Ferreira Monteiro.
Joao de Barros (1881-1960)
Antonio Sardinha (1888-1925)
Fernando Pessoa (1888-1935)
Alberto de Serpa (1906-1992)

RUMANIA

Jorge Asaki (1788-1869)
Basilio Alecsandri (1819-1890)
Mihail Eminescu (1850-1889)
Jorge Cosbuc (1866-1918)
Otokar Brezina (1868-1929)
Esteban O. Josic (1876-1913)
P. Cerna (1881-1912)
Nicolàs Crainic (siglo XX)

RUSIA

Alejandro Pushkin (1799-1837)
Ivan Turguenev (1818-1896)
León Tolstoi (1828-1910)
Constantino Balmont (1867)
Maximiliano Volochine (1877-1932)
Nicolás Minsky (1880-1904)
Andrés Biely (1880-1934)
Alejandro Blok (1880-1921)
Nicolai Gumilev (1886-1921)
Boris Pasternak (1890-1960)
Sergei Essenin (1896-1925)

SIRIA

Abu L'Ala al-Maarri (973-1057)

SUECIA

Parábola sueca
Carlos Snoilski (1840-1903)

SUIZA

Gottfried Keller (1819-1890)
Conrad Ferdinand Meyer (1825-1808)
Magali Hello (siglo XX)
Pierre Vallette (siglo XX)

TRANSVAAL

Jan F. E. Celliers (1865)

TURQUIA

Fouzoli (1493-1556)
Ekren Bey (1839-1887)
Abdul Hak Haamid Bey (1851)
Faik Aali Bey (1873)

SERBIA

Petrowitch-Niegoch (1811 a 1851)
Simon Jenko (1835-1869)
Milan Curcin (1880-1960)
Canciones populares serbias

EL CRÍTICO y EDITOR - JUAN BAUTISTA BERGUA

Juan Bautista Bergua nació en España en 1892. Ya desde joven sobresalió por su capacidad para el estudio y su determinación para el trabajo. A los 16 años empezó la universidad y obtuvo el título de abogado en tan sólo dos años. Fascinado por los idiomas, en especial los clásicos, latín y griego, llegó a convertirse en un célebre crítico literario, traductor de una gran colección de obras de la literatura clásica y en un especialista en filosofía y religiones del mundo. A lo largo de su extraordinaria vida tradujo por primera vez al español las más importantes obras de la antigüedad, además de ser autor de numerosos títulos propios.

SU LIBRERÍA, LA EDITORIAL Y LA "GENERACIÓN DEL 27"

Juan B. Bergua fundó la Librería-Editorial Bergua en 1927, luego Ediciones Ibéricas y Clásicos Bergua. Quiso que la lectura de España dejara de ser una afición elitista. Publicó títulos importantes a precios asequibles a todos, entre otros, los diálogos de Platón, las obras de Darwin, Sócrates, Pitágoras, Séneca, Descartes, Voltaire, Erasmo de Rotterdam, Nietzsche, Kant y los poemas épicos de La Ilíada, La Odisea y La Eneida. Se atrevió con colecciones de las grandes obras eróticas, filosóficas, políticas, y la literatura y poesía castellana. Su librería fue un epicentro cultural para los aficionados a literatura, y sus compañeros fueron conocidos autores y poetas como Valle-Inclán, Machado y los de la Generación del 27.

EL PARTIDO COMUNISTA LIBRE ESPAÑOL Y LAS AMENAZAS DE LA IZQUIERDA

Poco antes de la Guerra Civil Española, en los años 30, Juan B. Bergua publicó varios títulos sobre el comunismo. El éxito, mucho mayor de lo esperado, le llevó a fundar el Partido Comunista Libre Español que llegaría a tener mas de 12.000 afiliados, superando en número al Partido Comunista prosoviético oficial existente. Su carrera política no duró mucho después que estos últimos le amenazaran de muerte viéndose obligado a esconderse en Getafe.

LA CENSURA, QUEMA DE LIBROS Y SENTENCIA DE MUERTE DE LA DERECHA

Juan B. Bergua ofreció a la sociedad española la oportunidad de conocer otras culturas, la literatura universal y las religiones del mundo, algo peligrosamente progresivo durante esta época en España.

En el 1936 el ejército nacionalista de General Franco llegó hasta Getafe, donde Bergua tenía los almacenes de la editorial. Fue capturado, encarcelado y sentenciado a muerte por los Falangistas, la extrema derecha.

Mientras estuvo en la cárcel temiendo su fusilamiento, los falangistas quemaron miles de libros de sus almacenes por encontrarlos contradictorios a la Censura, todas las existencias de las colecciones de la Historia de Las Religiones y la Mitología Universal, los libros sagrados de los muertos de los Egipcios y Tibetanos, las traducciones de El Corán, El Avesta de Zoroastrismo, Los Vedas (hinduismo), las enseñanzas de Confucio y El Mito de Jesús de Georg Brandes, entre otros.

Aparte de los libros religiosos y políticos, los falangistas quemaron otras colecciones como Los Grandes Hitos Del Pensamiento. Ardieron 40.000 ejemplares de La Crítica de la Razón Pura de Kant, y miles de libros más de la filosofía y la literatura clásica universal. La pérdida de su negocio fue un golpe tremendo, el fin de tantos esfuerzos y el sustento para él y su familia…fue una gran pérdida también para el pueblo español.

PROTEGIDO POR GENERAL MOLA Y EXILIADO A FRANCIA

Cuando General Emilio Mola, jefe del Ejército del Norte nacionalista y gran amigo de Bergua, recibe el telegrama de su detención en Getafe intercede inmediatamente para evitar su fusilamiento. Le fue alternando en cárceles según el peligro en cada momento. No hay que olvidar que durante la guerra civil, los falangistas iban a buscar a los "rojos peligrosos" a las cárceles, o a sus casas, y los llevaban en camiones a las afueras de las ciudades para fusilarlos.

–El General y "El Rojo"–Su amistad venia de cuando Mola había sido Director General de Seguridad antes de la guerra civil. En 1931, tras la proclamación de la Segunda República, Mola se refugió durante casi tres meses en casa de Bergua y para solventar sus dificultades económicas Bergua publicó sus memorias. Mola fue encarcelado, pero en 1934 regresó al ejército nacionalista y en 1936 encabezó el golpe de estado contra la República que dio origen a la Guerra Civil Española. Mola fue nombrado jefe del Ejército del Norte de España, mientras Franco controlaba el Sur.

Tras la muerte de Mola en 1937, su coronel ayudante dio a Bergua un salvoconducto con el que pudo escapar a Francia. Allí siguió traduciendo y escribiendo sus libros y comentarios. En 1959, después de 22 años de exilio, el escritor regresó a España y a sus 65 años comenzó a publicar de nuevo hasta su fallecimiento en 1991. Juan Bautista Bergua llegó a su fin casi centenario.

Escritor, traductor y maestro de la literatura clásica, todas sus traducciones están acompañadas de extensas y exhaustivas anotaciones referentes a la obra original. Gracias a su dedicado esfuerzo y su cuidado en los detalles, nos sumerge con su prosa clara y su perspicaz sentido del humor en las grandes obras de la literatura universal con prólogos y notas fundamentales para su entendimiento y disfrute.

Cultura unde abiit, libertas nunquam redit.
Donde no hay cultura, la libertad no existe.

LA CRÍTICA LITERARIA
www.LaCriticaLiteraria.com

Todo sobre literatura clásica, religión, mitología, poesía, filosofía...

La Crítica Literaria es la librería y distribuidor oficial de Ediciones Ibéricas, Clásicos Bergua y la Librería-Editorial Bergua fundada en 1927 por Juan Bautista Bergua, crítico literario y célebre autor de una gran colección de obras de la literatura clásica.

Nuestra página web, LaCriticaLiteraria.com, es el portal al mundo de la literatura clásica, la religión, la mitología, la poesía y la filosofía. Ofrecemos al lector libros de calidad de las editoriales más competentes.

Leer los libros gratis online
www.LaCriticaLiteraria.com

La Crítica Literaria no sólo está dedicada a la venta de libros nacional e internacional, también permite al lector la oportunidad de leer la colección de Ediciones Ibéricas gratis online, acceso gratuito a más que 100.000 páginas de estas obras literarias.

LaCriticaLiteraria.com ofrece al lector un importante fondo cultural y un mayor conocimiento de la literatura clásica universal con experto análisis y crítica. También permite leer y conocer nuestros libros antes de la adquisición, y tener la facilidad de compra online en forma de libros tradicionales y libros digitales (ebooks).

Colección La Crítica Literaria

Nuestra nueva **"Colección La Crítica Literaria"** ofrece lo mejor de los clásicos y análisis de la literatura universal con traducciones, prólogos, resúmenes y anotaciones originales, fundamentales para el entendimiento de las obras más importantes de la antigüedad.

Disfrute de su experiencia con nosotros.

www.LaCriticaLiteraria.com

www.ingramcontent.com/pod-product-compliance
Lightning Source LLC
Chambersburg PA
CBHW032026150426
43194CB00006B/172